Michael Freemans Komposition

Michael Freeman
www.michaelfreemanphoto.com

Lektorat: Rudolf Krahm
Übersetzung: Michael Schmithäuser
Copy-Editing: Friederike Daenecke, Zülpich
Satz: Ruhland Text&Design
Herstellung: Stefanie Weidner, Frank Heidt
Umschlaggestaltung: Helmut Kraus, *www.exclam.de*
(unter Verwendung eines Fotos des Autors)
Printed and bound in China

Bibliografische Information der Deutschen Nationalbibliothek
Die Deutsche Nationalbibliothek verzeichnet diese Publikation in der Deutschen Nationalbibliografie; detaillierte bibliografische Daten sind im Internet über *http://dnb.d-nb.de* abrufbar.

ISBN: 978-3-86490-886-6

1. Auflage 2022

Wieblinger Weg 17
69123 Heidelberg

First published in the United Kingdom in 2022 by Ilex,
a division of Octopus Publishing Group Ltd,
Carmelite House, 50 Victoria Embankment, London EC4Y 0DZ

Schreiben Sie uns:
Falls Sie Anregungen, Wünsche und Kommentare haben,
lassen Sie es uns wissen: *hallo@dpunkt.de.*

5 4 3 2 1 0

Michael Freeman

Michael Freemans Komposition

Eine Masterclass für die fotografische Bildgestaltung

Übersetzung aus dem Englischen von Michael Schmithäuser

dpunkt.verlag

INHALT

EINLEITUNG

Mehr als 15 Jahre sind vergangen, seit ich *Der fotografische Blick* über die Komposition in der Fotografie geschrieben habe. Während dieser Zeit hat das Buch nicht an Aktualität verloren und wurde in fast 30 Sprachen übersetzt. Zwischenzeitlich habe ich viel fotografiert, oft nachgedacht und mehr als genug neue Ideen gesammelt, um ein weiteres Buch damit zu füllen.

Komposition – oder Design, wenn Sie diese Bezeichnung bevorzugen –, ist jene Komponente eines Fotos, über die Sie volle Kontrolle haben und mit der Sie beeinflussen können, wie die Betrachter die Aufnahme wahrnehmen. Sie können Dinge hervorheben oder deren Wahrnehmung verzögern. Sie können leicht zu konsumierende oder herausfordernde Bilder machen. Sie haben die Wahl zwischen einfach und komplex. Sie können Harmonie oder Dissonanz erzeugen. Vor allem aber drücken Sie einem Foto damit Ihren Stempel in Sachen Look, Stil und Charakter auf. Fotografie ist ein sehr persönliches Handwerk. Sie allein blicken durch den Sucher und arbeiten durch die Komposition Ihre Individualität heraus.

In der Kunst sorgt das Thema »Komposition« für Diskussionen. David Campany argumentiert in seinem Katalogbeitrag zur Ausstellung *Cruel and Tender*, die 2003 in der Galerie *Modern Tate* stattfand, gegen bewusste Komposition: »Das reine Foto ohne kompositorische Elemente wird oft als unstrukturiert und wenig kunstvoll bewertet, was bis zu einem gewissen Grad auch richtig ist.«[1] Der Begriff »reine Fotografie« wird hier nicht in seiner ursprünglichen,

1 Campany, David, »Almost the Same Thing: Some Thoughts on the Photographer as Collector«, in: *Cruel and Tender: The Real in the Twentieth-Century Photograph* [Ausstellungskatalog], London: Tate Publishing, 2003.

von amerikanischen Fotografen wie Edward Weston oder Ansel Adams propagierten Form verwendet, denen es um Präzision und Klarheit im Gegensatz zum Piktorialismus ging, sondern steht eher für Fotos ohne kompositorische Regeln. »Wenn wir Komposition als eine Orchestrierung des Bilds und seiner Rezeption betrachten, verweigert ein reines Foto die Lenkung des Blicks. Solche Fotos sind zwar großzügig, offen und demokratisch, aber auch schwer zu erfassen und herausfordernd.«[2]

Der amerikanische Fotograf Lewis Baltz, der an dieser Ausstellung teilnahm, schrieb: »Das ideale fotografische Dokument kommt ohne Autor oder künstlerische Ambitionen aus. Meine Arbeiten sollten so aussehen, als könne sie jeder selbst machen. Ich habe nach typischen Dingen gesucht, die beliebig, alltäglich und unauffällig sind, und sie auf eine Art und Weise repräsentiert, die maximal beliebig, alltäglich und unauffällig ist.«[3]

Selbst bei wohlwollender Betrachtung ist der vollständige Verzicht auf kompositorische Merkmale (kurz: eine Kamera in die Luft werfen und sie ein zufälliges Bild schießen lassen) im besten Fall Selbsttäuschung und im schlimmsten Fall Betrug. Gegner von Komposition führen konzeptuelle Argumente ins Feld und lassen fotografische Fertigkeiten außer Acht. Dabei kommen nicht einmal die Arbeiten von Baltz und anderen ohne kompositorische Elemente aus. Sowohl Baltz als auch Bernd und Hilla Becher nutzen oft und gern die »Squared up«-Taktik (siehe Seite 42), und dazu ist bei Weitem nicht jeder in der Lage. Kompositionsgegner haben mit einem hartnäckigen Problem zu kämpfen: langweilige Bilder. Denn das stärkste Argument für Komposition ist die Gestaltung von Bildern, die möglichst viele Menschen genießen können.

2 Ibid.
3 Baltz, Lewis, »Architecture as Photography: Document, Publicity, Commentary, Art«, in: *Constructing Worlds: Photography and Architecture in the Modern Age* [Ausstellungskatalog], München und London: Barbican Gallery/Prestel, 2014.

KAPITEL

1

DESIGN IST GUT FÜR SIE

Die meisten guten Fotografen arbeiten intuitiv, denn in der Fotografie geht es um Geschwindigkeit: Ständig wechselnde Motivsituationen, die passenden Einstellungen und äußere Einflüsse, wie Veränderungen des Lichts, erfordern schnelle Reaktionen. Lediglich bei geplanten Shootings oder bei der Arbeit im Studio kommen Sie in den Genuss von ausreichend Zeit für weitreichende Anpassungen des Designs. Aber auch dann fühlt sich die gewonnene Zeit nicht mehr ganz so luxuriös an, wenn viele Entscheidungen gleichzeitig zu treffen sind und der Plan – selbst wenn er nur in Ihrem Kopf existiert – mehr Probleme als Lösungen aufwirft. Egal ob geplant oder ungeplant: Meist klafft eine große Lücke zwischen dem, was Sie sich vorstellen, und dem Ergebnis, das im Sucher zu sehen ist. Hier kommt wiederum die Intuition zum Tragen.

Wie jede kreative Aktivität ist auch der kompositorische Aspekt beim Fotografieren mit einem gewissen Aufwand verbunden. Ein ebenso hartes wie kontinuierliches Training ist erforderlich, da Sie oft schnell und ohne große Vorlaufzeit agieren müssen. Dazu gehört die ständige Visualisierung von Szenen vor dem geistigen Auge. Ambitionierte Fotografen betrachten die Welt um sie herum ohne Unterlass auf diese Art und Weise – egal, ob sie eine Kamera in der Hand halten oder nicht. Ihre visuellen Sinne müssen sofort anspringen, sobald Sie ein interessantes Motiv erspähen.

Jeder, der sich über einen langen Zeitraum mit Bildern beschäftigt hat – sei es beim Fotografieren, bei der Auswahl oder in Layouts –, nimmt neben dem eigentlichen Foto auch eine stilisierte, grafische Version des Bildes wahr. Bilder im Allgemeinen und starke, effektive Aufnahmen im Besonderen verfügen über einen internen Bauplan, der unter anderem aus verschiedenen Elementen, Kontrast, der Verteilung von Licht und Farbe sowie aus Formen zusammengesetzt ist. In diesem Buch arbeite ich deshalb oft mit schematischen Darstellungen. Diese Illustrationen sollen die zugrunde liegende Dynamik und die grafischen Verhältnisse herausstellen.

Zu guter Letzt habe ich in diesem Buch etwas ganz Neues eingeführt – sozusagen einen Alltagstest für meine kompositorischen Anregungen. Mithilfe von *iMotions*, einer Softwareschmiede für Systeme zur Erkennung menschlicher Verhaltensweisen, und der neuesten Technologie zur Blickverfolgung wurde ermittelt, wie die Betrachter ein Bild rezipieren und ob meine Ideen Früchte getragen haben. Mit anderen Worten: Funktionieren Design-Ideen oder verfehlen sie ihre Wirkung? Meistens hat es funktioniert (puh!), doch schlechte Ideen wurden gnadenlos entlarvt. Auch solche Erkenntnisse möchte ich in diesem Buch mit Ihnen teilen. Eine solche Vorgehensweise mag nicht jedem gefallen, doch es ist an der Zeit, unser theoretisches Wissen auf den Prüfstand zu stellen.

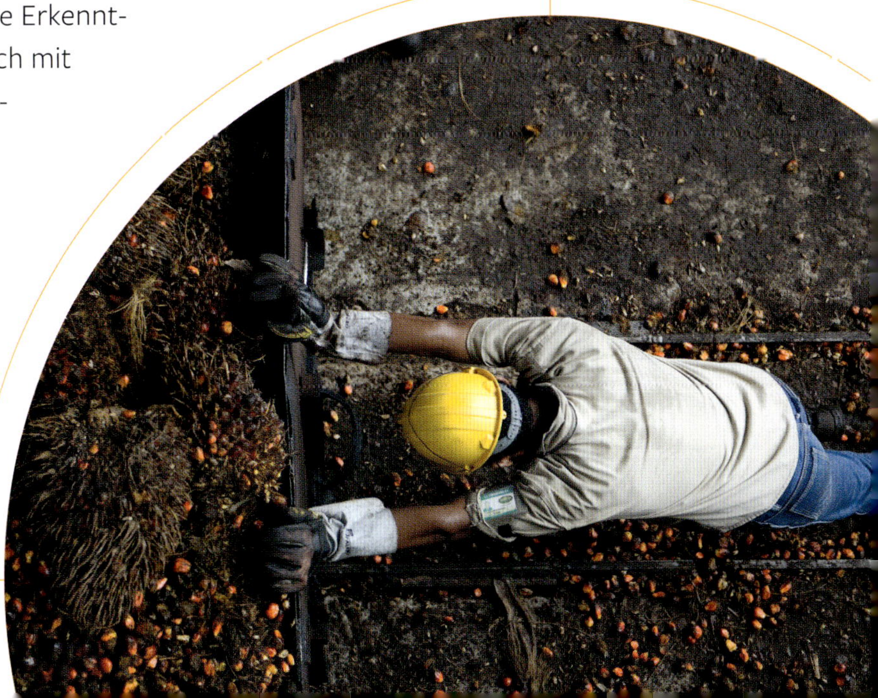

ORDNUNG, RICHTUNG, INTERESSE

Um etwaige Zweifel auszuräumen, warum Sie Ihre Bilder aktiv gestalten sollten, möchte ich Ihnen zuerst drei grundlegende Elemente einer guten Komposition näherbringen.

Oder auch drei Aufgaben, wenn Sie möchten. Erstens können Sie visuelle Ordnung in die zufällige Anordnung der Elemente einer Szene bringen. Zweitens beeinflussen Sie die Art und Weise, wie Personen das Bild »lesen«, respektive wahrnehmen. Und drittens machen Sie eine Aufnahme schlichtweg interessanter für die Betrachter. Kurz: Sie sorgen für Ordnung, lenken den Blick des Betrachters und generieren Interesse. Jedes Foto wird besser, wenn Sie diese Maßnahmen regelmäßig und sorgfältig anwenden.

Verschiedene Motive erfordern unterschiedliche Maßnahmen, wobei mindestens eine der drei Gestaltungsregeln mit hoher Wahrscheinlichkeit anwendbar ist und eine davon eine dominante Rolle einnehmen wird. Gleichzeitig verstärken sich die Maßnahmen gegenseitig. So kann etwa eine Struktur, die Ordnung ins Bild bringt, gleichzeitig den Blick des Betrachters von einem Bildbereich zum nächsten führen. Im Beispielbild auf der rechten Seite lenkt eine Diagonale den Blick, während eine die pyramidale oder dreieckige Form für visuelle Ordnung sorgt. Strukturen dieser Art lassen ein Bild darüber hinaus auch interessanter wirken – so wie im Beispiel rechts, wo Formen angedeutet, hervorgehoben und/oder manipuliert werden.

ORDNUNG HERSTELLEN

Das Wort »Ordnung« klingt für viele Menschen nach Starrheit, Zwang oder Einschränkung – also dem exakten Gegenteil von Freiheit und liberalen Grundsätzen. Eines vorweg: Die Art von Ordnung in Fotografien hat nichts mit all diesen negativen Aspekten zu tun. Eine bessere Beschreibung ist »Ordnung aus dem Chaos schaffen« – klingt klischeehaft, trifft den Nagel aber auf den Kopf. Die Welt vor dem Kameraobjektiv ist meistens ein visuelles Chaos. Aus dieser unorganisierten Vielfalt wollen wir Fotografen etwas herausstellen, sodass eine Strukturierung unerlässlich ist. Der iranische Fotograf Abbas hat einen Großteil seiner Karriere mit dem Ablichten von Ereignissen verbracht, in denen Gewalt und Aufruhr herrschen – hauptsächlich die Iranische Revolution. In seiner Sprache Farsi steht das Wort *shulughi* für Chaos und hat in seiner ursprünglichen, gewaltfreien Form einen festen Platz in der iranischen Psyche. Dennoch bekennt Abbas: »Ich kann einfach nicht *shulughi* fotografieren. Selbst mittendrin im Chaos versuche ich dieses zu organisieren.«[1] In der Tat ist es eine natürliche, unvermeidbare Aufgabe eines jeden Fotografen, Bildelemente zu organisieren und miteinander zu verbinden. Die meisten Kompositionstechniken und -strategien sind bis zu einem gewissen Grad Maßnahmen, um Ordnung in unruhige visuelle Situationen zu bringen. Und auf solche Situationen treffen wir als Fotografen regelmäßig.

1 Pakdel, Kamy (Regisseur), *Abbas by Abbas*, 2019, 56 Min.

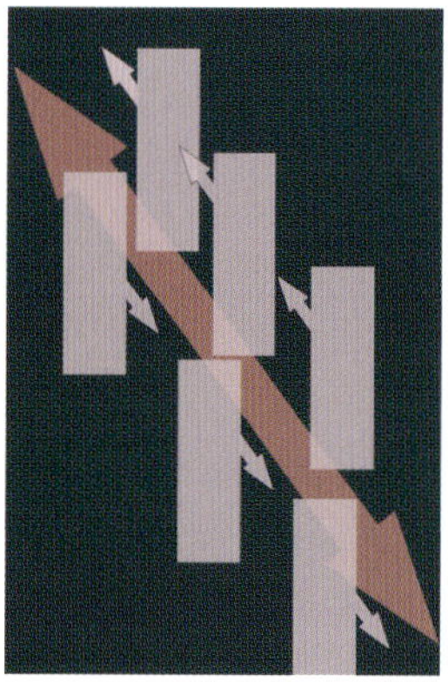

Diese Aufnahme eines Bootsstegs in Burma mit zu- und aussteigenden Passagieren bildet eine unruhige Situation aus einem festen Blickpunkt ab. Zwei organisierende Maßnahmen fallen sofort ins Auge. Erstens fixiert sich der Bildausschnitt ausschließlich auf Planken und Menschen, wobei eine Diagonale von einer zur anderen Bildecke entsteht. Zweitens hat das richtige Timing dafür gesorgt, dass sechs Menschen visuell voneinander separiert dargestellt werden (Grafik oben). Unten ist ein früherer, weniger organisierter Zeitpunkt zu sehen.

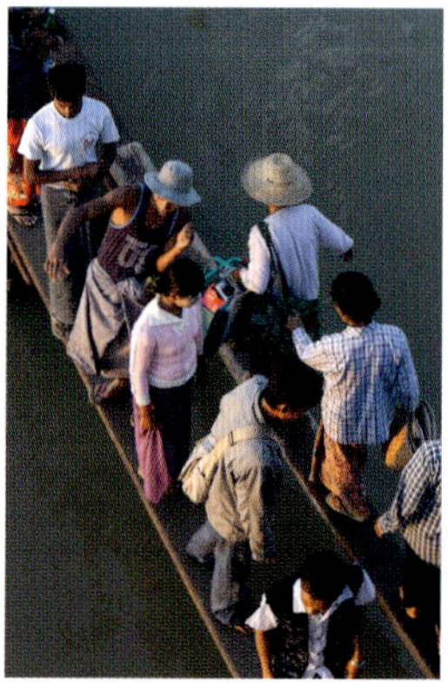

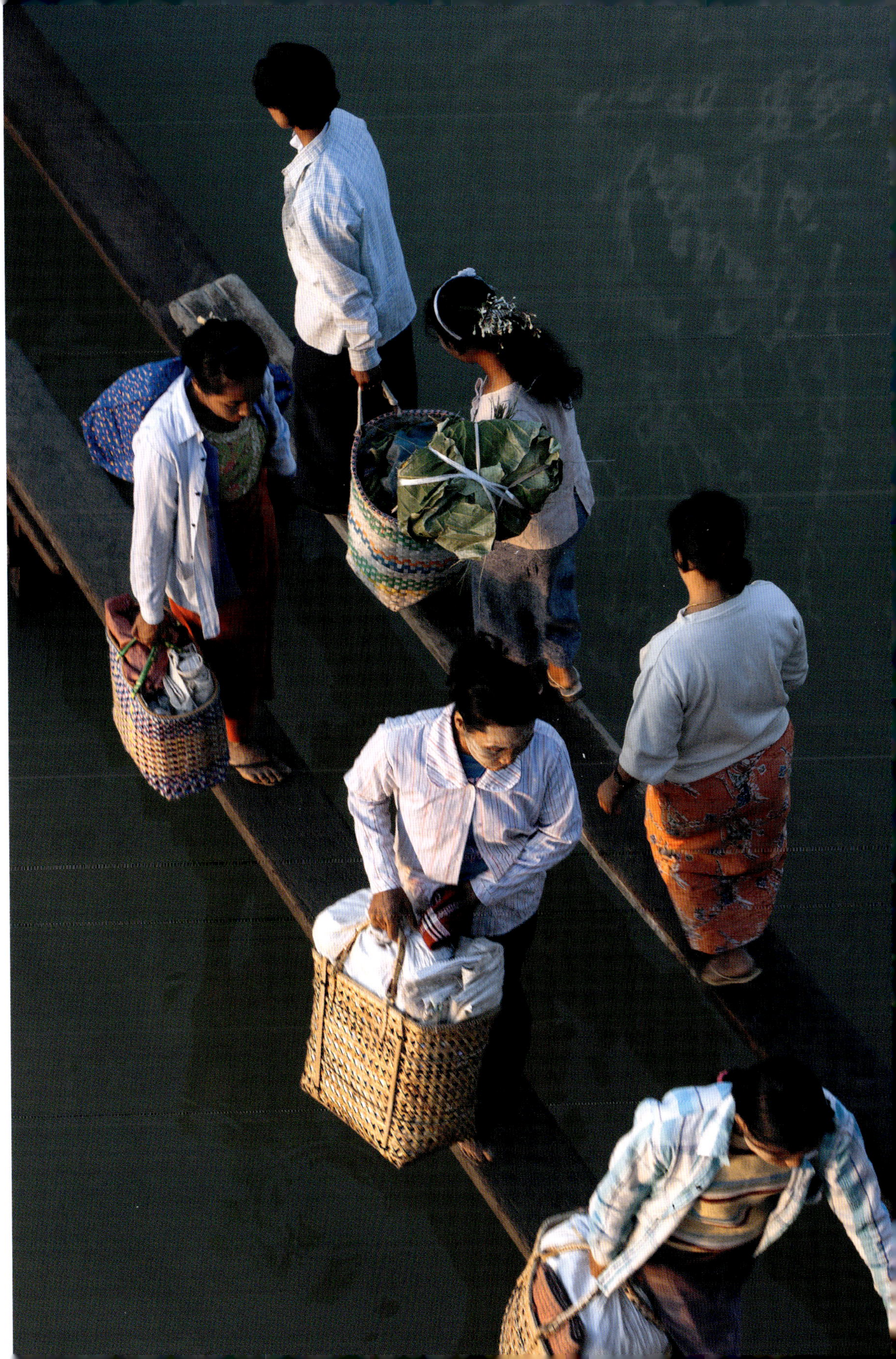

AUFMERKSAMKEIT LENKEN

Die zweite Aufgabe bei der Komposition bezieht sich vornehmlich auf die Betrachter. Dabei geht es darum, Motivbereiche hervorzuheben oder in den Hintergrund treten zu lassen. Die Methodik ist eng verwandt mit der Strukturierung eines Bilds, doch dabei geht es um viel mehr: Sie versuchen, dem Betrachter Ihre ganz persönliche Sichtweise auf eine Szene zu vermitteln. Dabei streben Sie keineswegs die volle Kontrolle über die Rezipienten ab, sondern suchen einen subtilen Weg, bestimmte Elemente zu betonen und die Betrachter sanft in die gewünschte Richtung zu »schubsen«. Das steht im Gegensatz zu einer vollkommenen »Orchestrierung«, wie Campany auf Seite 7 herausstellt. Ein gutes Beispiel ist die Strategie des Einrahmens auf Seite 122, wo man den Betrachter quasi einlädt, in das Bild vorzudringen. Im Beispiel auf dieser Seite habe ich die Präsenz der einsamen Person etwas abgemildert, damit sie das Bild nicht dominiert. Stattdessen wird der Mensch mit ein wenig Glück nur einen Sekundenbruchteil später wahrgenommen.

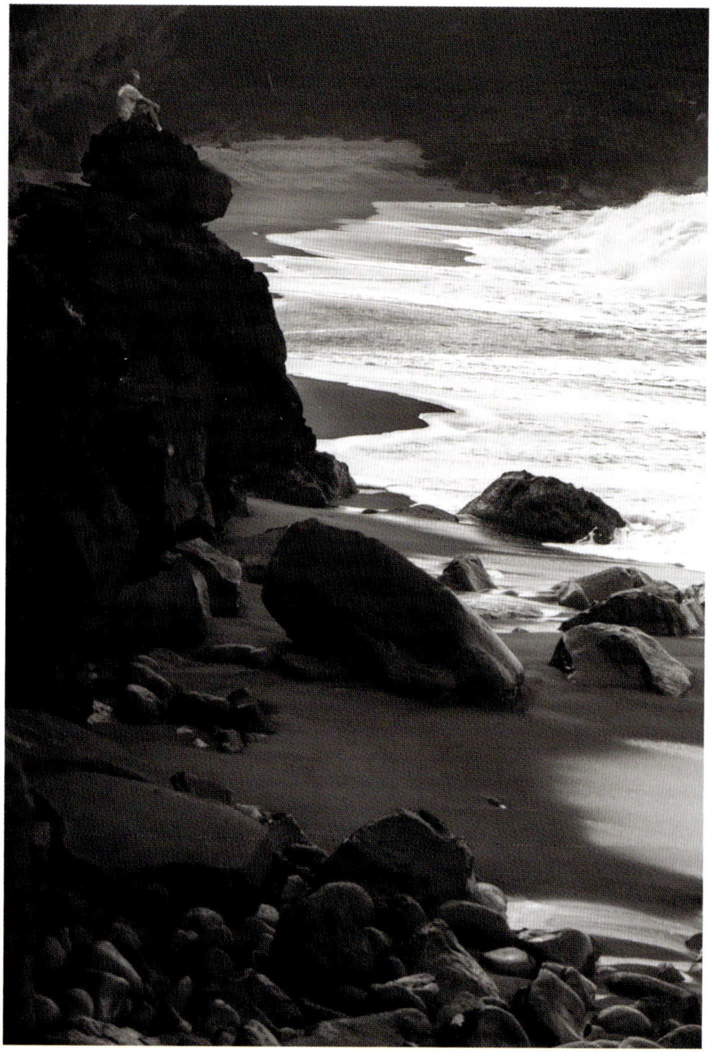

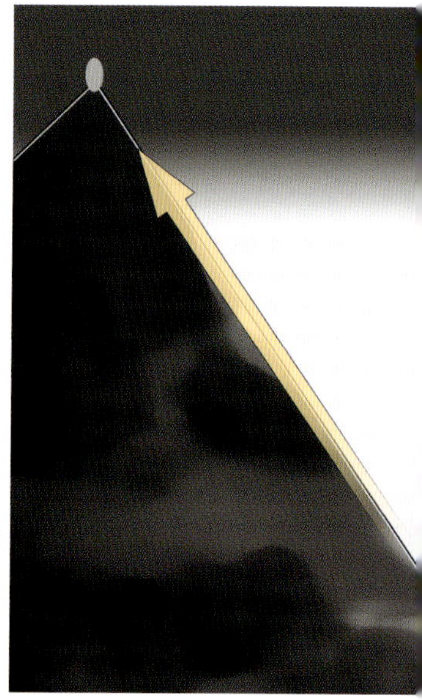

Diese Aufnahme für ein Buch über die französische Insel La Réunion im Indischen Ozean sollte zwei Aufgaben erfüllen. Erstens sollte ein durch den Ausbruch eines aktiven Vulkans entstandener Strandabschnitt dokumentiert werden. Zweitens sollte ein Fischer beim Studium der Wellen für seine Arbeit am nächsten Tag festgehalten werden. Beide Elemente erzählen eine Geschichte, wobei die schwarze Lava die Hauptrolle spielt. Ich habe erkannt, dass ich den Fischer von der richtigen Position aus mit einem mittleren Teleobjektiv (125mm) in der linken oberen Ecke positionieren konnte. Die entstehende Diagonale lenkt den Blick über kurz oder lang auf ihn. Die unschöne Vegetation am linken Bildrand habe ich abgeschnitten, sodass der Fischer wie die Spitze einer felsigen Pyramide wirkt. Die Aufnahme ist nicht arrangiert: Der Fischer saß bereits auf dem Felsen.

INTERESSE GENERIEREN

Die dritte Aufgabe auf der Liste für effektive Komposition ist schnell erklärt: Das Bild soll schlichtweg interessant aussehen. Ein interessantes Bild kann sowohl visuell ansprechend sein als auch durch Ecken und Kanten beeindrucken. In jedem Fall soll es interessanter aussehen als ein Schnappschuss ohne kompositorische Elemente. In meinen Online-Kursen kann ich diesen Gestaltungsaspekt oft nur schwer beschreiben, denn er hat nichts mit dem Grad an Interesse zu tun, den das Motiv selbst generiert. Es geht mehr um die gekonnte Kombination aus Motiv, Timing, Beleuchtung und möglicherweise Farbe. Kann das Bild dadurch verbessert werden? Kann es eine weitere interessante Ebene in die Aufnahme einziehen, die den Betrachter visuell zufriedenstellt?

Unten sehen Sie den Schnappschuss eines burmesischen Hafenarbeiters am Irrawaddy-Fluss. Sein Gesicht mit den ausgeprägten Wangenknochen und dem intensiven Blick ist der essenzielle Inhalt, doch die präzise Komposition betont geschickt geometrische Formen und Komplementärfarben. Form und Farbe bilden die besagte zweite Ebene, die dem ohnehin schon starken Motiv eine zusätzliche strukturelle Ästhetik verleiht.

Ein großzügiger Bildausschnitt brachte die geometrischen Elemente Rechteck, Kreis und Linie ins Spiel. Für Betrachter, die der burmesischen Sprache nicht mächtig sind, bilden die Lettern des Schriftzugs ein Muster aus abgerundeten Rechtecken, was die Bildgeometrie zusätzlich intensiviert.

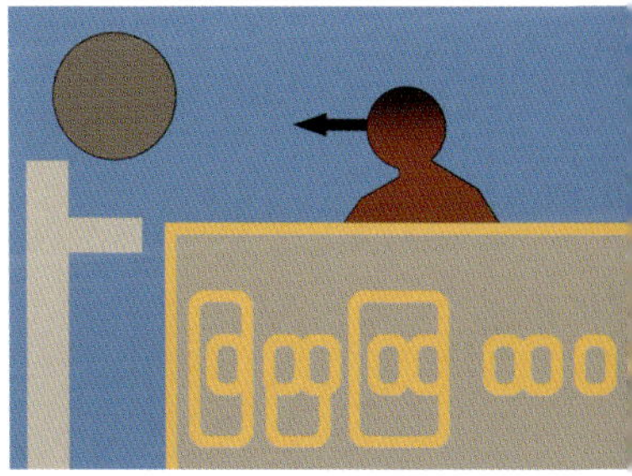

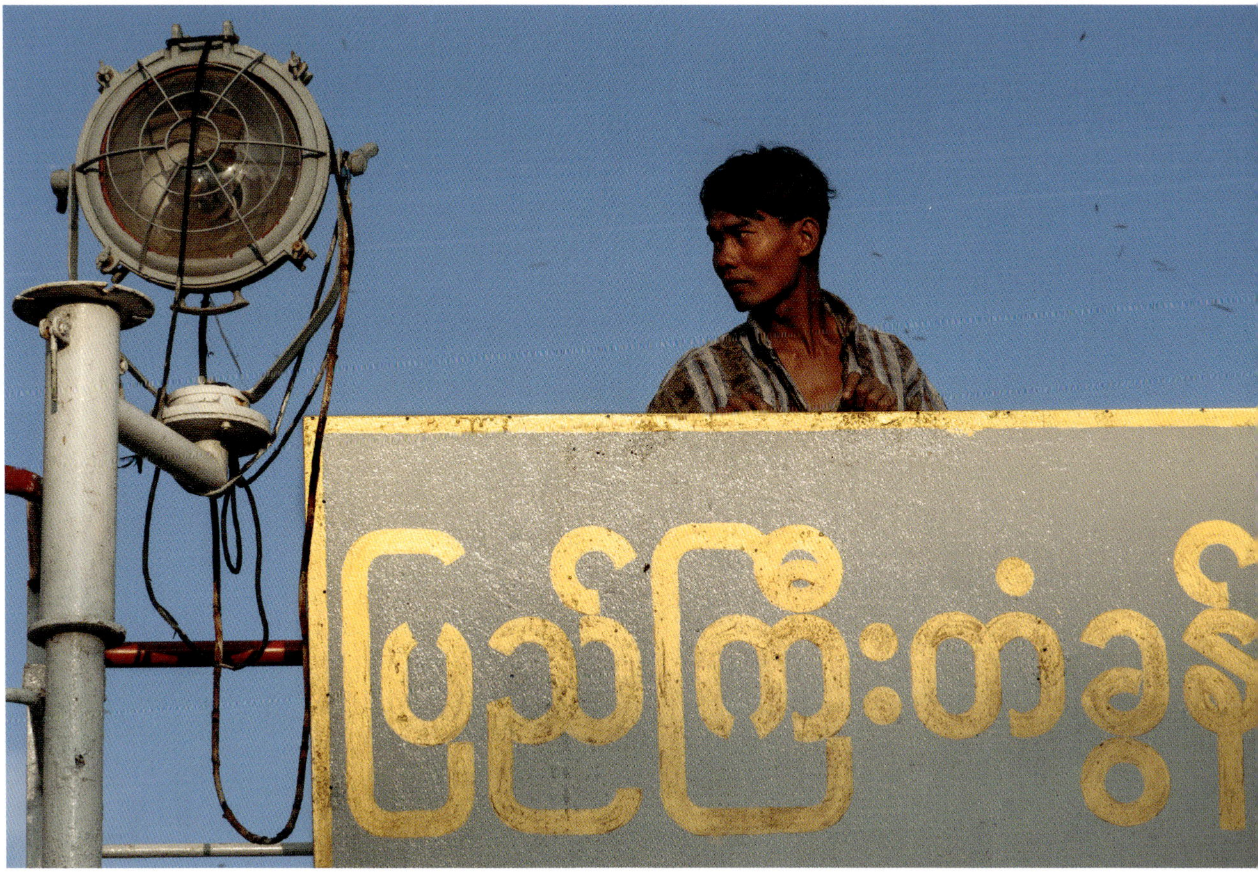

IMPROVISIERT ODER GEPLANT

Der Prozess der Komposition unterscheidet sich je nach Situation: Wenn Ereignisse unkontrollierbar vor der Linse stattfinden, ist eine völlig andere Herangehensweise gefragt, als wenn Sie volle Kontrolle über die Szene haben.

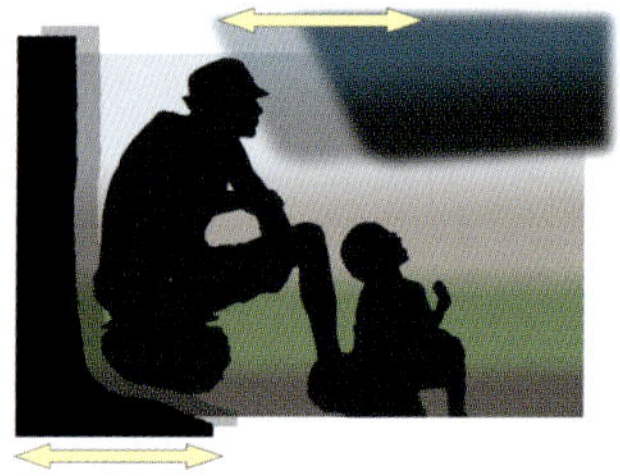

Neben dem nahezu perfekten Timing mit beiden Köpfen im Profil besticht diese Aufnahme durch weitere Feinheiten, z.B. die strikte Separation der Körper von den Hintergrundelementen wie dem Baum links und dem vorbeifahrenden Schiff rechts oben.

Mit anderen Worten: Gemeint ist der Unterschied zwischen der realen Welt und dem Studio, wobei ich den Begriff »Studio« für alle Situationen verwende, in denen Sie Szenen selbst beeinflussen, statt sie nur zu beobachten. In der realen Welt versuchen wir das Beste aus dem Geschehen vor unseren Augen herauszuholen – Henri Cartier-Bresson hat das als Fotografieren »*à la sauvette*« bezeichnet, was frei übersetzt etwa »auf die Schnelle« bedeutet (sein amerikanischer Verleger hat daraus den bekannten »entscheidenden Moment« gemacht, der aber eine andere Bedeutung hat). Üblicherweise ist das Fotografieren »draußen« ein Rennen gegen Zeit und Bewegung. Während Landschaften und Gebäude eher geduldige Motive sind, geht es in der Straßenfotografie meist um Sekunden. In beiden Fällen möchten Sie Ihre erlernten Fähig-

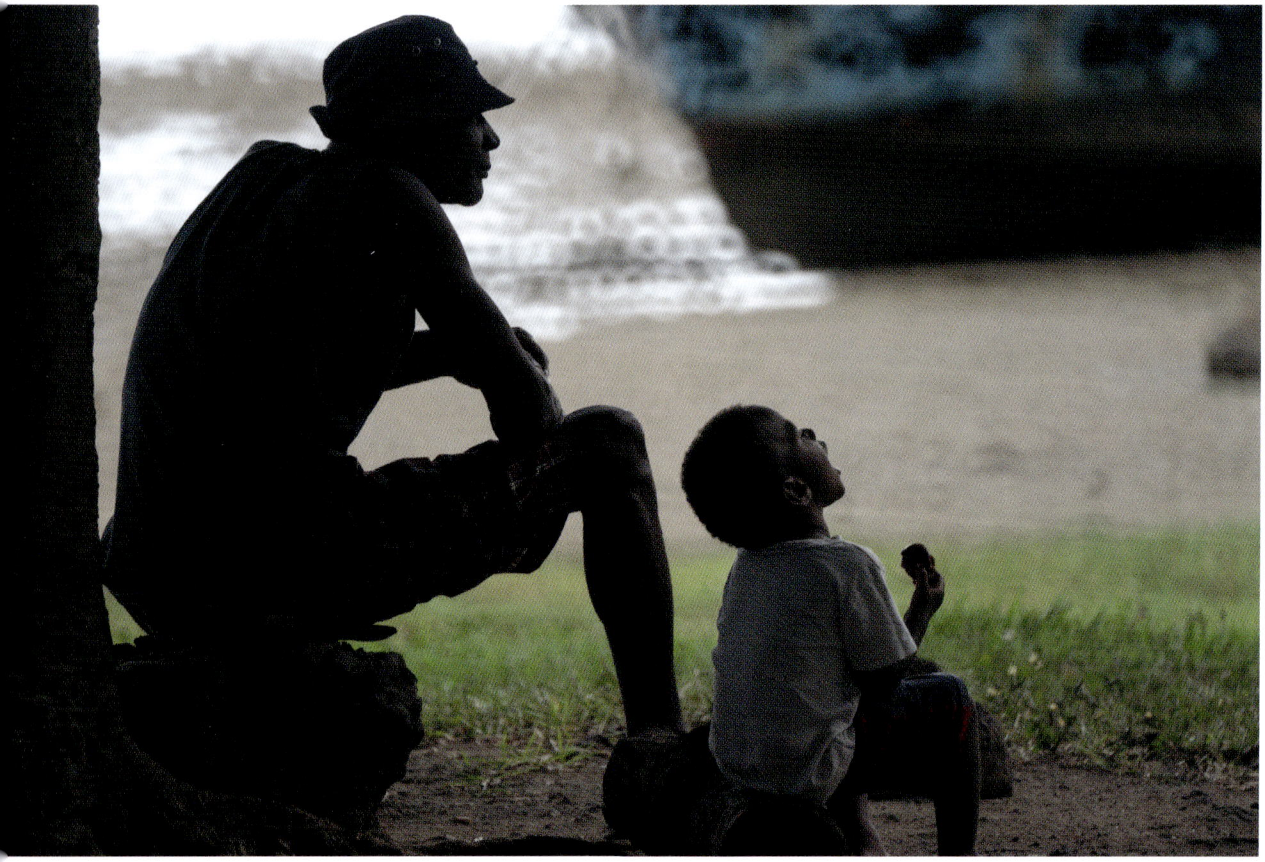

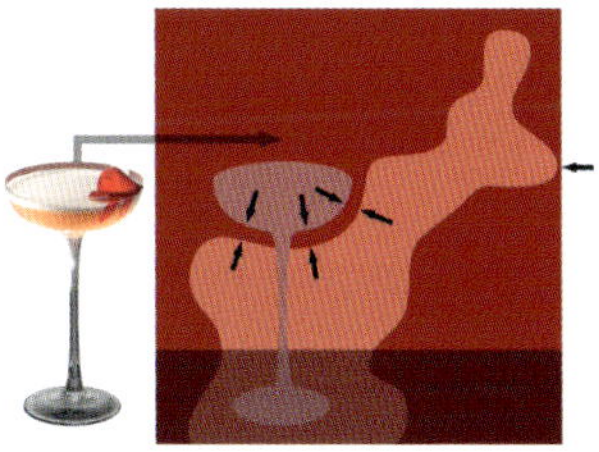

Die größte kompositorische Herausforderung in diesem Bild war die Integration des Cocktailglases in den vorgegebenen Hintergrund. Das florale Design ließ sich gut ins quadratische Format einpassen. Die exakte Positionierung und Höhe der Kamera ermöglichte die gefällige Einpassung des Glases in das Blumenarrangement im Hintergrund.

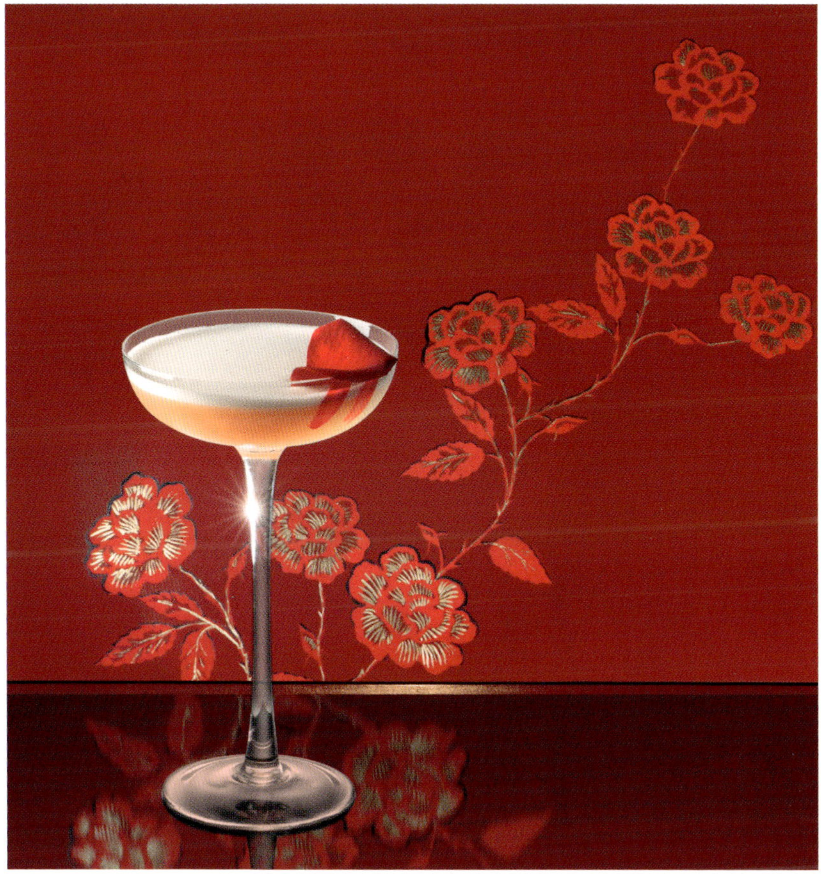

keiten auf Situationen anwenden, die von Ihren Idealvorstellungen abweichen. Auf der anderen Seite kommen Ihnen bei Ihren Exkursionen in der realen Welt oft unerwartete und unbezahlbare Momente vor die Linse.

Begeben Sie sich ins Studio, verkehren sich die Voraussetzungen nahezu komplett ins Gegenteil. Sie können alles machen, was Sie wollen, und alles kann Ihren Wünschen entsprechen. Doch diese Vorgehensweise birgt gleich zwei große Nachteile. Erstens wirken solche Aufnahmen meist statisch und strikt vorhersehbar, sodass der kreative Aspekt darunter leidet. Zweitens bleiben in einer Welt, die völlig Ihrem Willen unterworfen ist, jegliche Überraschungen aus. Das erste Problem lässt sich mit den richtigen Techniken abmildern, die oft von der Malerei abgeleitet sind und auf den Seiten 124, 128 und 158 vorgestellt werden. Und wenn Sie in Ihren gewohnten Fluss von Einstellen, Bewegen, Umkehren, Hinzufügen und Entfernen verfallen, können sich auch während einer Studio-Session überraschende Aspekte offenbaren, die Sie vorher nicht geplant haben.

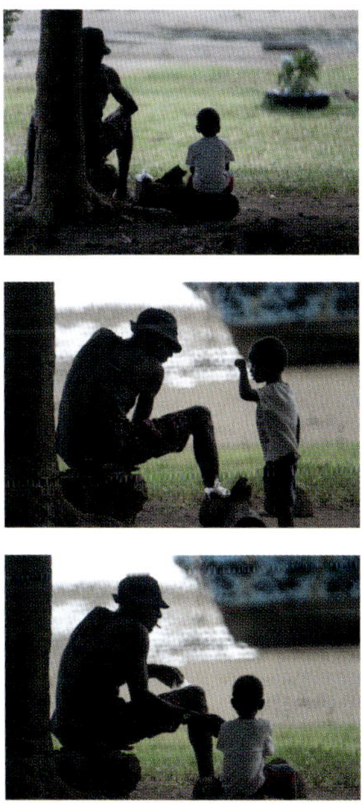

Das erste Bild nach der Ankunft war nicht verwertbar, doch mit der Zeit hat sich die Sequenz bis zum finalen Bild stetig verbessert. Am Ende waren Körper, Köpfe und Hintergrund nahezu perfekt im Einklang.

WIE WIR FOTOS BETRACHTEN

Auf den vorangegangenen Seiten habe ich Ihnen die Grundlagen der Komposition nähergebracht – doch funktionieren diese tatsächlich? Als Fotografen glauben wir zu wissen, wie die Betrachter unsere Bilder wahrnehmen – bei allen kompositorischen Maßnahmen erwarten wir eine entsprechende Reaktion. Doch wie nehmen Menschen Bilder in der Realität wahr? Antwort gibt die Psychologie des Sehens, deren Erforschung in den letzten Jahren große Fortschritte erzielt hat.

Das erste Problem ist die Frage, ob die Betrachter ernsthaft an Ihren Fotos interessiert sind. Blättern sie ohne große Achtsamkeit durch die Bilder oder zeigen sie echte Aufmerksamkeit? Mit diesem Problem haben hauptsächlich Werbeagenturen und Webdesigner zu kämpfen, während die meisten von uns den Vorteil genießen, für ein generell an der Fotografie interessiertes Publikum zu arbeiten. Dieses zeichnet sich durch einen geübten Blick und die Fähigkeit zur kompetenten Beurteilung aus.

Menschen empfinden einen Blickwinkel von rund 30° bei der Betrachtung eines Fotos oder eines Bildschirms als angenehm. Üblicherweise treten Menschen von großen Bildern zurück und nähern sich kleinen Formaten. Der Blickwinkel wirkt sich nicht nur auf die gefühlte Größe eines Bildes aus, sondern auch darauf, wie wir die Inhalte innerhalb des Bildrahmens wahrnehmen. Dies liegt hauptsächlich am Aufbau unserer Augen. Wir nehmen Details unterschiedlich wahr – von überaus detailliert bis hin zu sehr grob. Der grobe Blick verschafft uns einen Überblick über eine Szene und ermöglicht die Aufteilung in Sektoren. Feine Details nehmen wir nur im zentralen 5°-Winkel wahr, was als *foveale* oder *zentrale Sicht* bezeichnet wird. Die grobe Sicht, die auch als *periphere Sicht* bezeichnet wird, ist entscheidend für die Wahrnehmung des Kontexts in einem größeren Rahmen.

Die meisten Menschen verstehen unter der peripheren Sicht lediglich die Bereiche am äußersten Bildrand, die kaum mehr wahrgenommen werden. Doch der Übergang von der zentralen zur peripheren Sicht ist fließend. Das hier soll keine Biologiestunde werden, doch die Illustration auf der nächsten Seite gibt Ihnen einen Überblick über die Wahrnehmungsbereiche des menschlichen Auges. Darin manifestiert sich auch der für uns Menschen komfortable Blickwinkel von 30°. Innerhalb dieses Segments finden sich weitere Unterteilungen. Manche davon sind in der Wissenschaft umstritten, doch ein Blickwinkel von rund 18° erfasst weite Bereiche mit mittleren Details, während 8° weitere Details offenbaren, bis hin zur feinsten Wahrnehmung im 5°-Segment.

Der Blick auf ein Bild erfolgt in zwei Phasen. In der *prä-aufmerksamen Phase* wird zunächst das gesamte Bild wird wahrgenommen, bevor die Entscheidung folgt, welche Details in Augenschein genommen werden sollen. Umgangssprachlich nennt

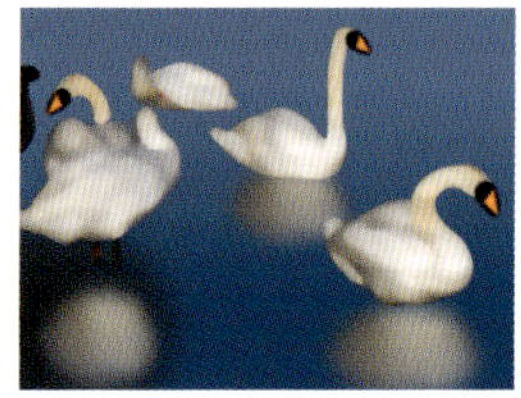

Ein flüchtiger Blick (Prä-Aufmerksam) erfasst das gesamte Bild ohne Details. Dabei erkennt das Gehirn Schwäne auf dem Wasser sowie die vorherrschenden Farben Weiß auf Blau mit orangen und schwarzen Sprenkeln.

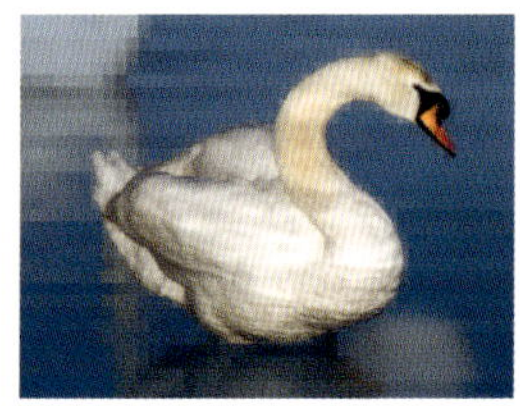

Die Aufmerksamkeit geht anschließend in den makularen Bereich über, um beispielsweise einen einzelnen Schwan zu begutachten.

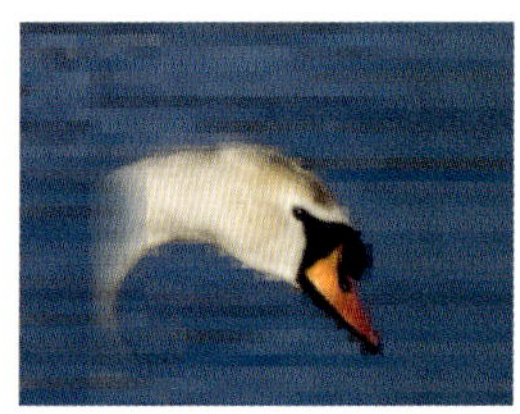

Im nächsten Schritt könnten die Betrachter den Kopf eines Schwans aufgrund der starken Farbkontraste ins Visier nehmen. Dieses Detail blendet dann alle anderen Teile des Szene aus.

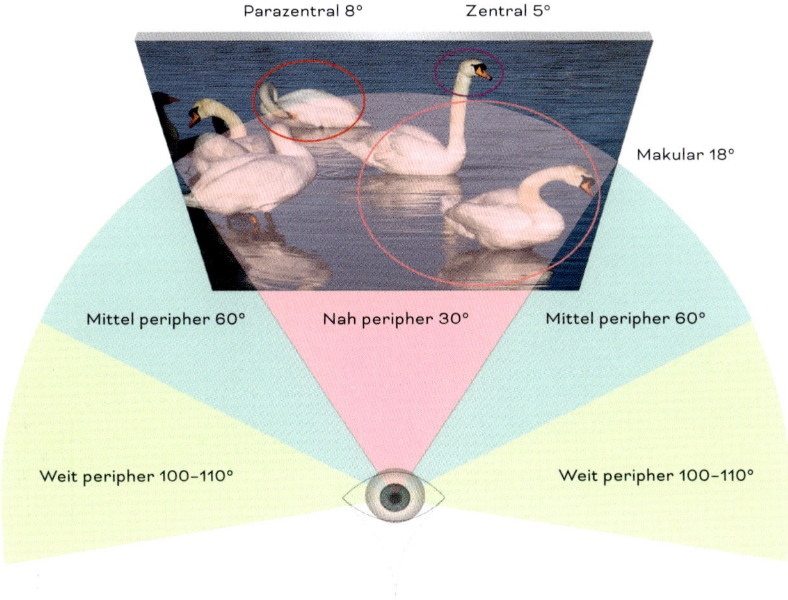

Unser Blickfeld ist nicht exakt definiert, doch diese Abbildung enthält Anhaltspunkte über unsere visuelle Wahrnehmung von grob an den Rändern bis fein im Zentrum. Der Blick auf ein Foto unterscheidet sich stark von der Wahrnehmung der realen Welt, da es Begrenzungen hat. Die meisten Menschen positionieren sich so, dass ihr nah peripheres Blickfeld ausgefüllt ist.

Der Blick auf ein Foto ist anders als der Blick auf die reale Welt. Ein Bild ist in sich geschlossen und wir suchen darin nach interessanten Aspekten.

man dies den »flüchtigen Blick«. Unser Gehirn arbeitet dabei im Multitasking-Betrieb und erfasst gleichzeitig unterschiedliche visuelle Informationen wie Farbe, Form und Kontrast. Dabei wird der nahe periphere Bereich für bis zu einer halben Sekunde lang abgetastet. In all meinen Experimenten mit Eye-Tracking in diesem Buch haben die Betrachter zunächst die Bildmitte anvisiert, um sich einen Überblick zu verschaffen. Anschließend tauchen die Betrachter in die interessantesten Details ab, was sehr schnell geht und die Ansicht komplettiert. Die investierte Zeit ist vom Grad des Interesses abhängig – sind die Betrachter gelangweilt, wird der Vorgang sehr schnell abgeschlossen.

Da die Wahrnehmung eines Fotos stark von individuellen Präferenzen und Interessen beeinflusst wird, müssen wir mit einer großen Varianz rechnen. Nicht jede Person wird genau das wahrnehmen, was Sie ihr in einem Foto vermitteln möchten, während andere auf Inhalte stoßen werden, die Ihnen selbst gar nicht bewusst waren. Wenn Sie mit Ihren Fotos die größtmögliche Schnittmenge an Betrachtern befriedigen wollen, werden Sie schnell allzu vorhersehbare und vor allem austauschbare Arbeiten anfertigen. Individuelle und herausfordernde Arbeiten sorgen dagegen für Alleinstellungsmerkmale, werden aber von verschiedenen Betrachtern stark unterschiedlich wahrgenommen.

EYE-TRACKING

Der Blick der Betrachter auf ein Foto lässt sich mittlerweile exakt im Millisekunden-Bereich nachverfolgen – lediglich die Interpretation der Ergebnisse ist oft eine Herausforderung. Seit ich *Der fotografische Blick* geschrieben habe, hat sich Eye-Tracking fast zu einer Mainstream-Technologie entwickelt. Wohin der Blick von Betrachtern fällt und wie lange er dort verweilt, wird in Form von Punkten und Linien über das Foto projiziert.

Im Bild unten beschreiben die als *Blickpfade* bezeichneten Linien den Weg der Augen vom Startpunkt aus (Nummer 1 in der Mitte) zum jeweils nächsten interessanten Punkt. Die Stellen, an denen das Auge kurz verweilt, werden *Fixpunkte* genannt. Die Verweilzeiten unterscheiden sich je nach Interessenlage des Betrachters. Im Beispiel unten wurde das Bild 30 Sekunden lang betrachtet, wobei das Auge 71 Fixpunkte angesteuert hat. Der Zeitraum der jeweiligen Fixierung wird auch als *Verweildauer* bezeichnet und reicht von kurz (Grün) bis lang (Rot).

Beginnend im Zentrum des Bildes (während der Prä-Aufmerksamkeitsphase), scannt das Auge des Betrachters mit hoher Geschwindigkeit alle interessanten und/oder kontrastreichen Punkte – darunter auch die Streifen des T-Shirts. Dabei kehrt der Blick wiederholt zum Gesicht in der Mitte und zu den Schachfiguren zurück. Jede Fixierung dauerte im Schnitt weniger als eine halbe Sekunde, lediglich auf dem Gesicht verweilte das Auge länger.

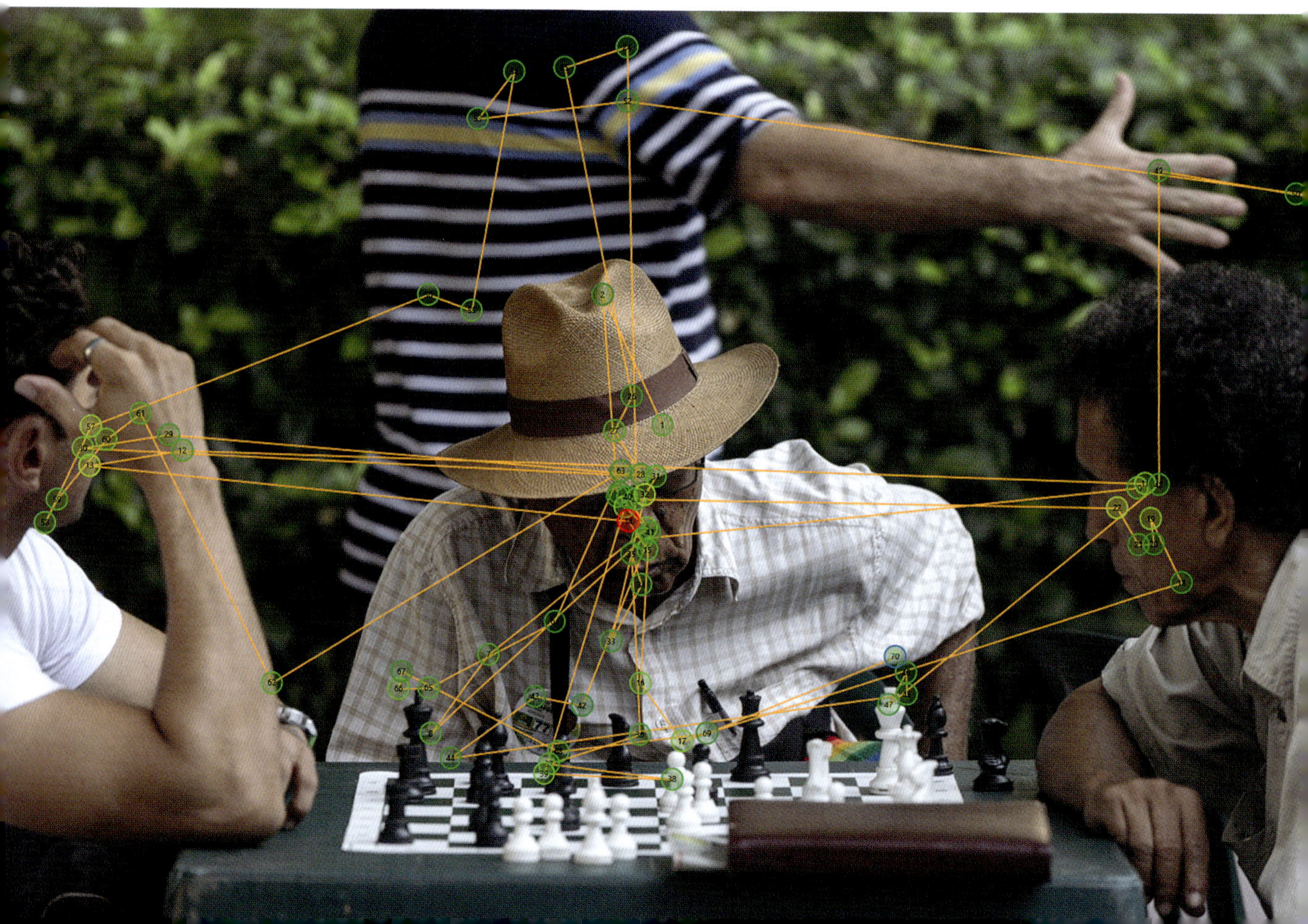

DIE IDEE HINTER DER AUFNAHME

Wenn Sie wissen, was sich der Fotograf bei der Komposition der Aufnahme gedacht hat, können Sie anhand der Blickpfade erkennen, ob sein Kalkül aufgegangen ist. In diesem Beispiel kann ich genau erklären, was ich versucht habe. Die Aufnahme entstand im kolumbianischen Cartagena, das ich gut kenne und oft besuche. Die Schach-Location im Park habe ich bereits zu schätzen gelernt, da es sich um einen Ort handelt, an dem ich Menschen in Aktion und oft in höchster Konzentration unbemerkt fotografieren kann. An diesem Tag faszinierte mich das interessante Gesicht des Mannes mit Hut. Die Kameraposition erlaubte eine frontale Aufnahme des Mannes, der von zwei weiteren Personen flankiert wurde. Diese Anordnung sprach für eine klare, zentrierte und damit symmetrische Komposition. Der interessante Hut machte die teilweise verdeckten Augen wett. Die Szene war gut, doch sie hätte es niemals in meine Bestenliste geschafft, wenn nicht der Mann im Hintergrund seine Hand zum Gruß ausgestreckt hätte. Diese Geste stellt für mich einen wertvollen Bonus dar – insbesondere deshalb, weil ich die offene Hand genau im richtigen Moment unverdeckt in freier Umgebung ablichten konnte.

Während der Aufnahme hatte ich zwei Prioritäten: den Mann mit Hut im Zentrum, symmetrisch eingefasst von den beiden anderen Männern, die ihre Köpfe in unterschiedliche Richtungen wenden. Das Schachbrett war für mich lediglich eine Requisite – viel wichtiger war die asymmetrische Aktion der ausgestreckten Hand im Hintergrund.

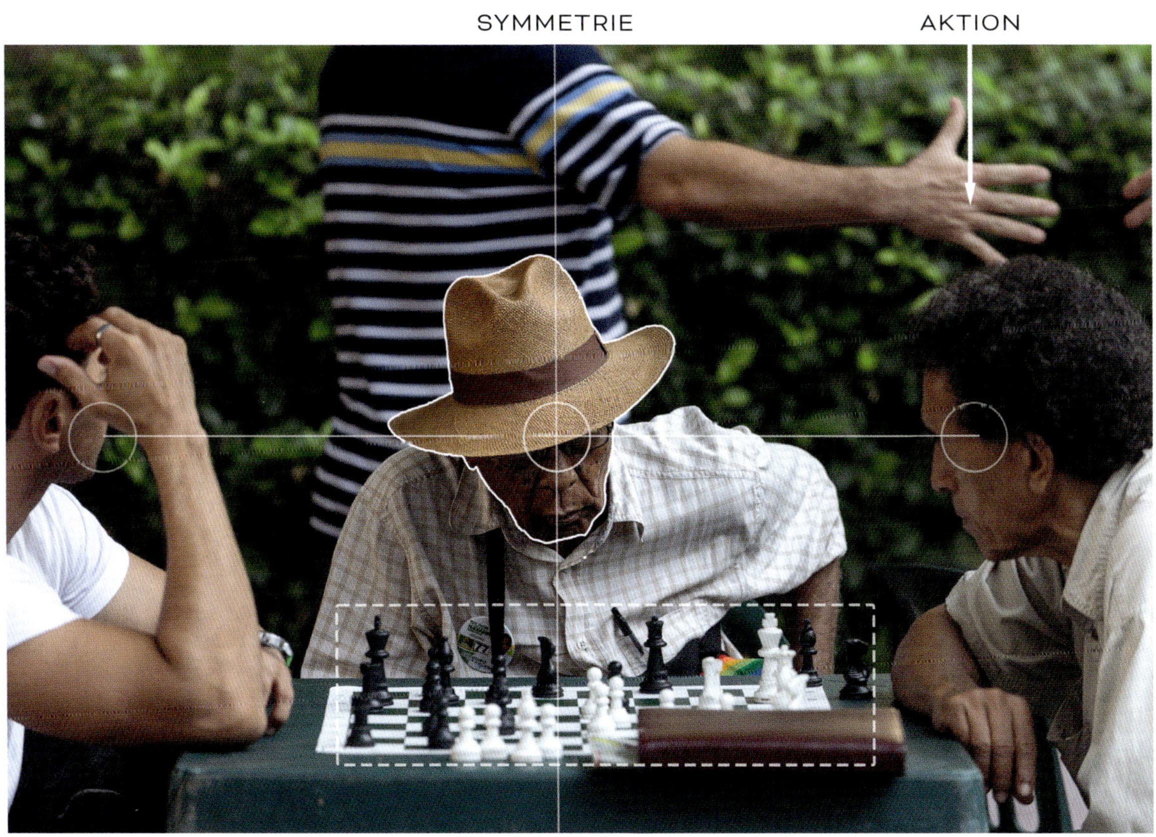

WIE DAS BILD WAHRGENOMMEN WURDE

Ich stellte das Bild dem Software-Unternehmen iMotions zur Verfügung, das sich auf die Analyse menschlicher Verhaltensweisen spezialisiert hat. Hier wurde es mehreren Probanden in einer definierten Testumgebung vorgeführt. Ich war gespannt, ob die Testpersonen die Szene in einer ähnlichen Weise wie ich selbst wahrnehmen würden. Jede Person betrachtete das Bild auf eine unterschiedliche Art mit eigener Reihenfolge, doch die grundlegende Reaktion war stets dieselbe: Der Blick fiel zunächst auf das Gesicht und den Hut des alten Mannes, wanderte dann nach unten zum Schachbrett, nahm flüchtig die (abgewandten) Gesichter der anderen Männer wahr und erreichte schließlich die ausgestreckte Hand.

So weit, so gut – doch was hatte ich nicht erwartet? Zwei Dinge: Das erste war die enorme Aufmerksamkeit, die das Schachbrett erhielt. Für mich war es lediglich eine Requisite, da ich mich auf die Menschen konzentrierte, doch für viele Betrachter stellte es das Hauptmotiv dar. Zweitens überraschte mich das mangelnde Interesse an der ausgestreckten Hand: Ein Proband fixierte diese während der gesamten 30 Sekunden nur ein einziges Mal.

Eine *Heatmap* ermöglicht eine klare Auswertung der Motivbereiche, die von den Probanden am längsten fixiert wurden. In diesem Fall demonstriert das Wärmebild die Macht des menschlichen Gesichts, starke Aufmerksamkeit auf sich zu ziehen. Darüberhinaus illustriert es das rege Interesse an den Schachfiguren und das mangelnde Interesse an der ausgestreckten Hand.

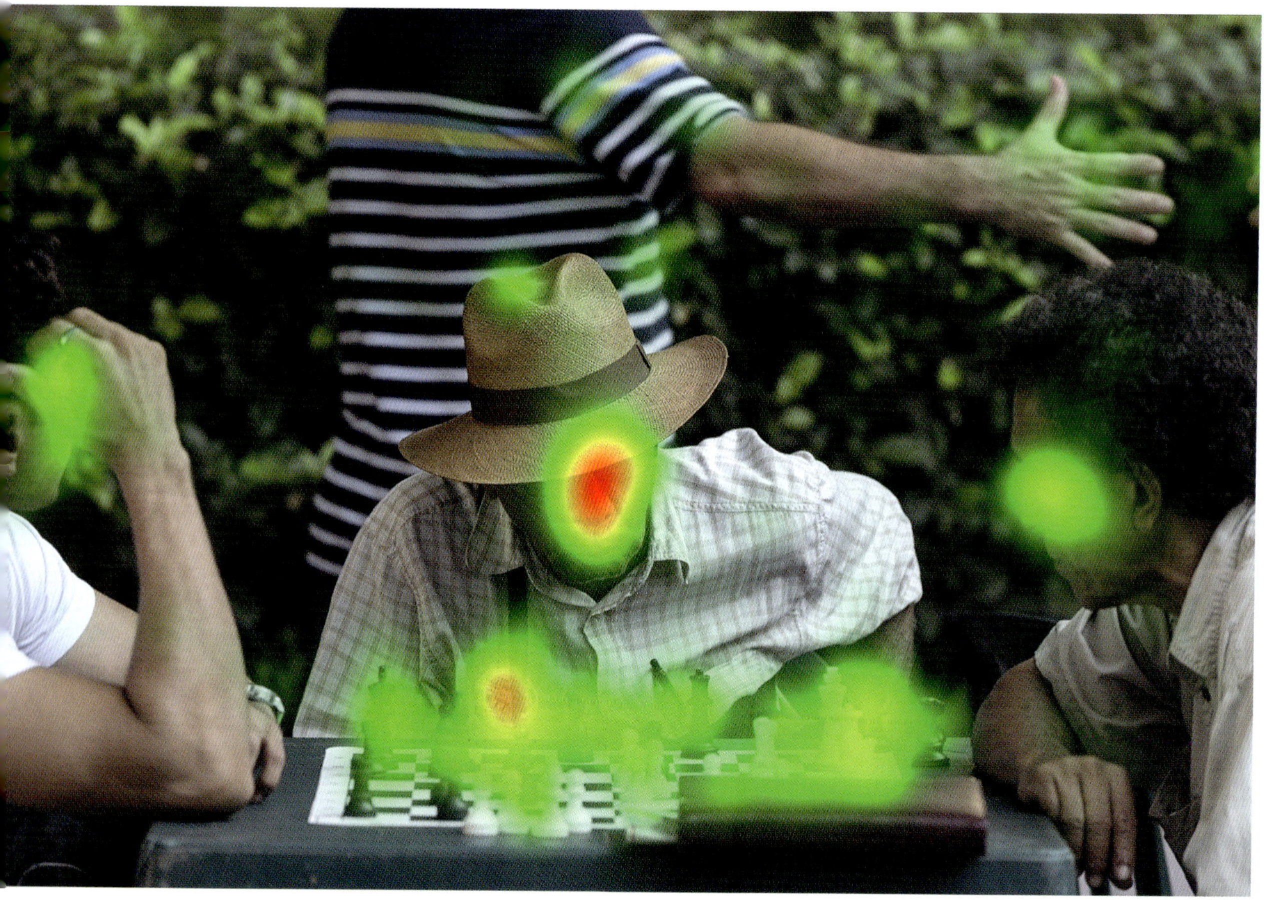

TESTPERSON 1

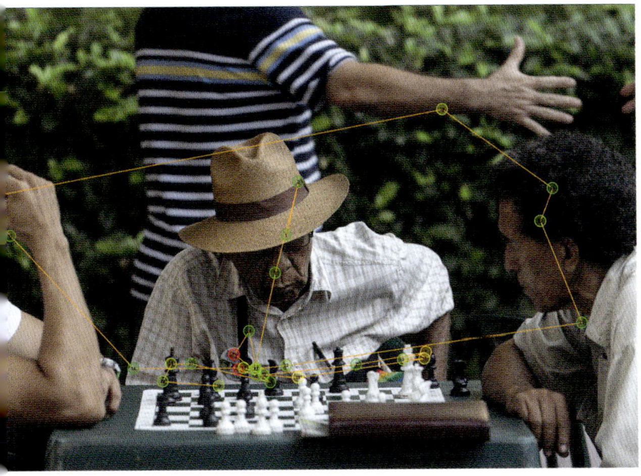

TESTPERSON 2

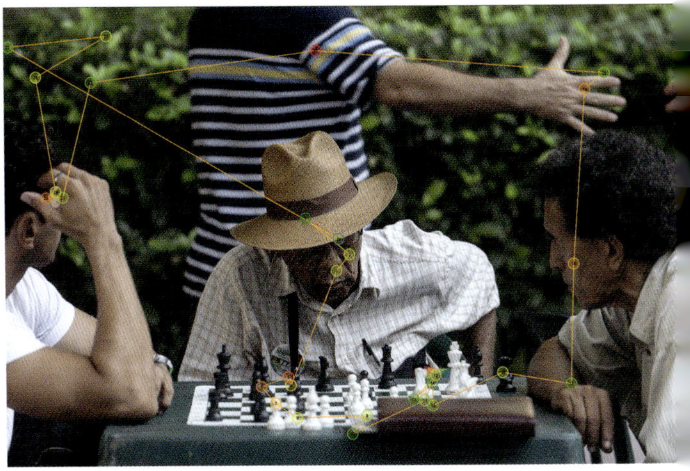

TESTPERSON 3

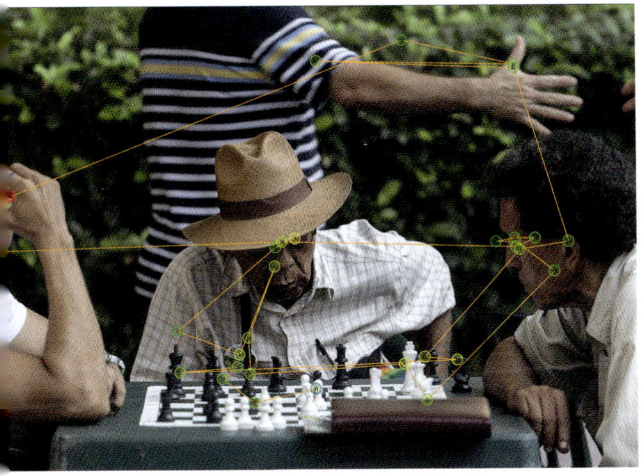

TESTPERSON 4

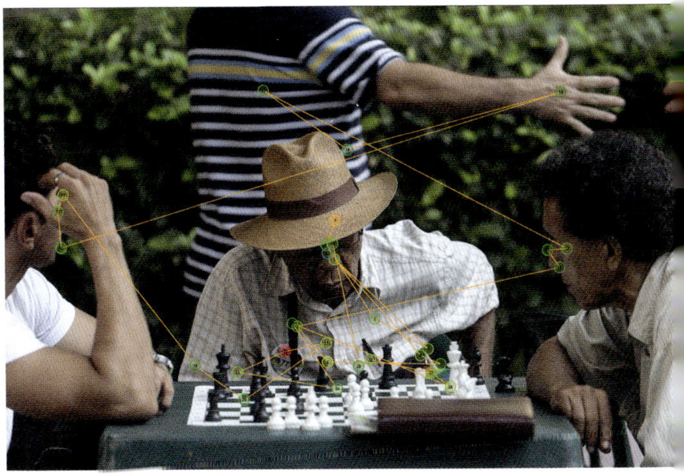

Was ich selbst als schöne Bonus-Geste empfand, war für die Testpersonen laut Heatmap nur wenig reizvoll. Diese Information kann auf unterschiedliche Weise dargestellt werden, doch das Wärmebild mit den kumulierten Informationen der Fixpunkte und Verweildauern aller Probanden ist der beste Weg für einen schnellen Überblick. Der Aufmerksamkeitswert der Betrachter steigt von Grün über Gelb bis hin zu Rot.

LEKTION GELERNT

Ohne Zweifel waren die meisten Betrachter von der ausgestreckten Hand weit weniger beeindruckt als ich selbst. Die enorme Wirkung von Gesichtern (siehe Seite 94) wurde wenig überraschend bestätigt. Eine weitere wertvolle Lektion ist die Varianz, mit der verschiedene Betrachter ein Bild wahrnehmen. Am eindrucksvollsten zeigt sich diese Tatsache, wenn die Personen nur wenig Zeit haben – deshalb treten die Unterschiede während der ersten zehn Sekunden umso deutlicher zutage.

↑ Während der ersten zehn Sekunden ist sehr gut zu erkennen, wie unterschiedlich verschiedene Personen ein und dasselbe Bild wahrnehmen. Während die Heatmap links alle Ergebnisse mittelt, sind in den vier Bildern oben die stark voneinander abweichenden Blickpfade hervorragend zu erkennen.

DESIGN-WERKZEUGE

Zum Komponieren braucht es nicht viel, vor allem keine zusätzliche Ausrüstung. Allerdings sollten Sie darüber nachdenken, was Sie in Ihren Händen halten – Kamera und Objektiv – und welche Komponenten bei der Gestaltung einer Aufnahme von Nutzen sind.

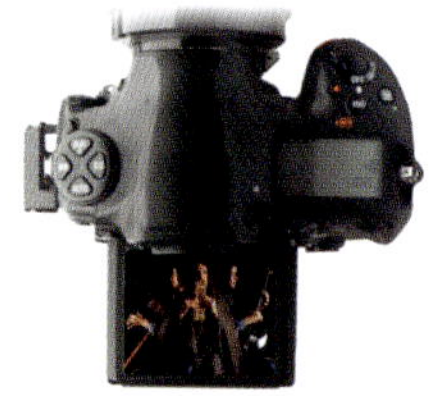

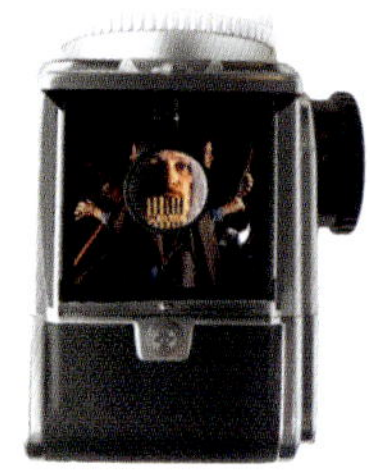

Ein schwenkbarer Monitor ist Bestandteil vieler guter Digitalkameras und ermöglicht eine ähnliche Sicht auf die Dinge wie die großen Aufsichtsucher traditioneller Mittelformatkameras. Der direkte Blick auf das Motiv fördert eine ausgewogene Komposition.

Von großer Bedeutung für die Bildgestaltung ist die Art und Weise, wie die Kamera das Geschehen vor der Linse anzeigt. In der Blütezeit der Analogfotografie, kurz vor dem Siegeszug der Digitalkameras, gab es mehrere Anzeigevarianten. Eine ebenso simple wie gewöhnungsbedürftige Variante war eine große Mattscheibe hinter dem Einschub für den Film, die das Geschehen vor der Linse 1:1 abbildete, allerdings auf dem Kopf stehend und abgedunkelt. Im Bild unten ist eine entsprechende 4×5-Zoll-Sucherkamera zu sehen, die entschleunigte und akkurate Kompositionen ermöglicht.

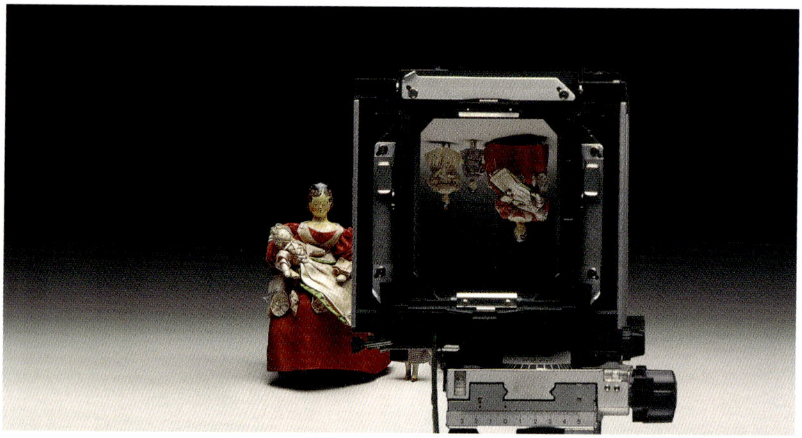

Traditionelle Platten- und Rollfilmkameras werden von einigen Fotografen noch immer eingesetzt. Sie ermöglichen eine große Präzision bei der Komposition, bevor der Film eingelegt wird. Die invertierte Ansicht lenkt die Aufmerksamkeit auf die visuellen Bestandteile des Motivs statt auf die Aussage der Szene, was der Komposition zuträglich ist.

Andere Kameras, beispielsweise von Leica, enthielten einen Sucher mit eigenem Objektiv samt Entfernungsmesser zum Scharfstellen. Rolleiflex baute Kameras mit zwei vollwertigen, identischen Objektiven (Fachjargon »Zweiäugige Spiegelreflex«), wobei das Bild des Sucherobjektivs auf der Oberseite des Kameragehäuses angezeigt wurde. Eine revolutionäre Neuerung stellte die Spiegelreflex-Technik mit nur einem Objektiv und schwenkbarem Spiegel dar – in Fachkreisen als *Single-Lens Reflex*, kurz *SLR* (»Einäugige Spiegelreflex«) bezeichnet. Das große und helle Sucherbild direkt durch das Objektiv setzte Maßstäbe in Sachen Geschwindigkeit und Genauigkeit und hat auch den Wandel zur Digitaltechnik (DSLR) überlebt.

Der direkte Blick durchs Objektiv wirkt wie eine Verlängerung des eigenen Auges, während die schwarzen Bereiche um das Sucherbild herum die Szene visuell isolieren. Das erleichtert die Konzentration auf die Bildgestaltung, blendet aber Elemente außerhalb des Rahmens aus. Deshalb halten viele Fotografen beide Augen geöffnet.

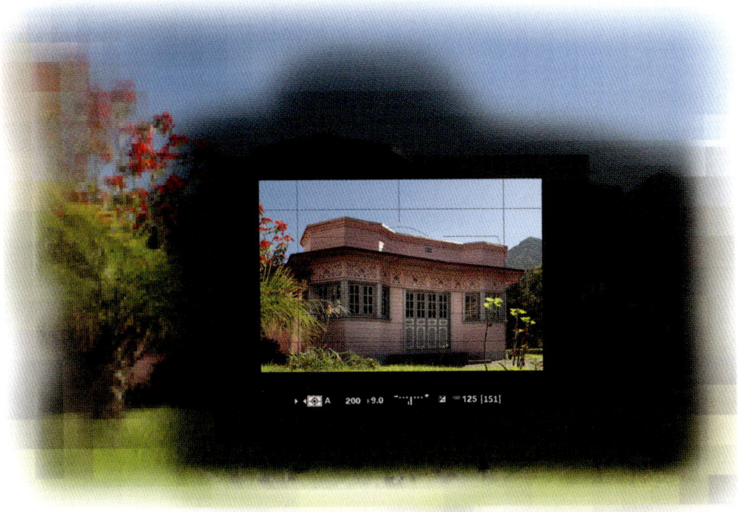

Eine visuelle Annäherung an das, was ein Fotograf unter Verwendung eines Suchers sieht, wenn er beide Augen geöffnet hält. Viele Profis arbeiten so, um die Umgebung im Blick zu behalten. Der Fokus liegt auf dem Sucherbild, während die nähere Umgebung immer noch wahrgenommen wird.

Das Display ist bei den meisten Digitalkameras die Alternative zum Sucher. Die Komposition übers Display geht etwas langsamer vonstatten und schränkt den direkten Bezug zur Szene ein wenig ein. Doch der große Vorteil ist die Darstellung auf einer zweidimensionalen Fläche, quasi als Vorabversion des flachen Fotos. Das hilft vielen Menschen bei der Übersetzung einer dreidimensionalen Szene in ein zweidimensionales Bild. Bei einer Handykamera nutzen Sie automatisch das Display. Einige Hersteller erlauben die Anpassung des Seitenverhältnisses, wobei Bereiche außerhalb des Bildrahmens abgedunkelt dargestellt werden. Das kann beim Feintuning der Komposition sehr hilfreich sein.

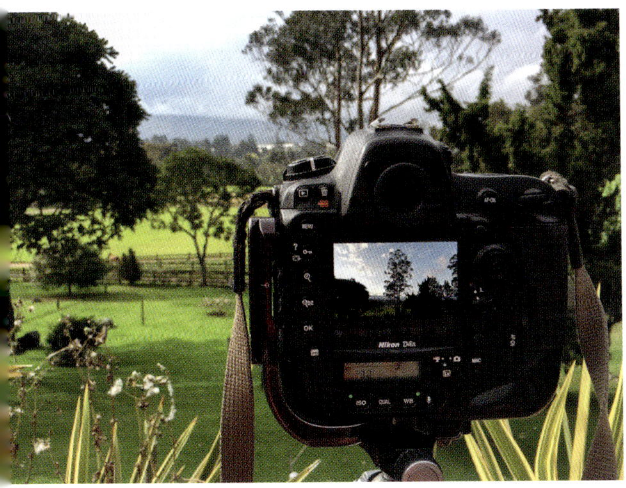

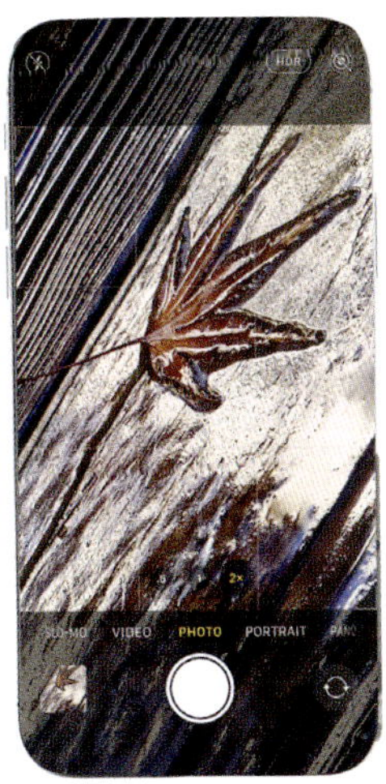

Das Live-Display einer DSLR bildet das Geschehen in zwei Dimensionen ab, was im Kontrast zum eher dreidimensional wirkenden Sucherbild steht. Handykameras bieten Darstellungsoptionen wie ausgegraute Bereiche außerhalb des Bildrahmens, was die präzise Komposition erleichtert.

KAMERAPOSITION

Das nächste sogenannte »Werkzeug« ist die Kameraposition, mit anderen Worten der Blickwinkel. Dabei sind Ihre Beine die nützlichsten Ausrüstungsgegenstände, um den Blick aufs Geschehen zu verändern.

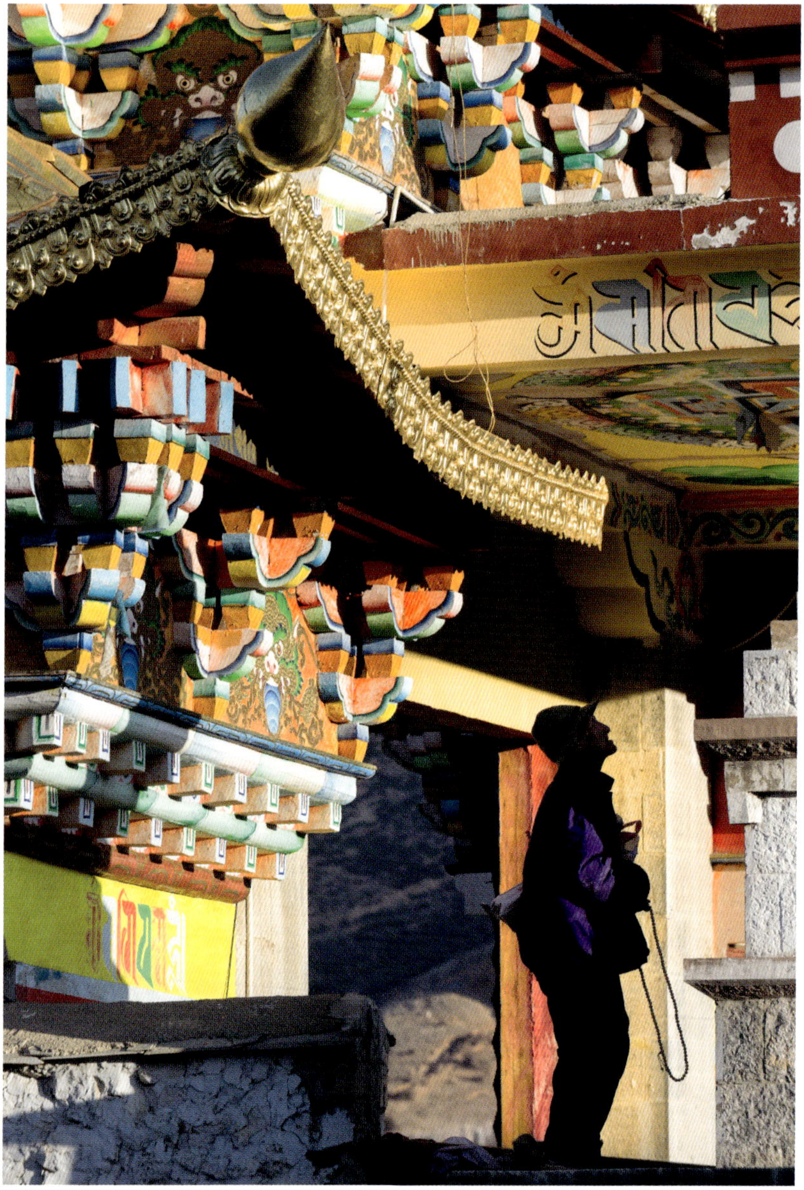

Indem die Kamera nach vorne, hinten oder zur Seite bewegt wird, verändert sich die visuelle Gewichtung der Bildelemente zueinander. In diesem Bild eines buddhistischen Tempels in Yunnan, China, dominieren folgende Elemente: die angedeutete Silhouette des Mannes, die Säule mit den Ornamenten zur Linken, die niedrige Mauer im Vordergrund und der hell ausgeleuchtete Türrahmen. Vergleichen Sie die gelungene Version links mit der kleinen Abbildung unten, wo der Mann nahezu vollkommen in den Schatten untergeht.

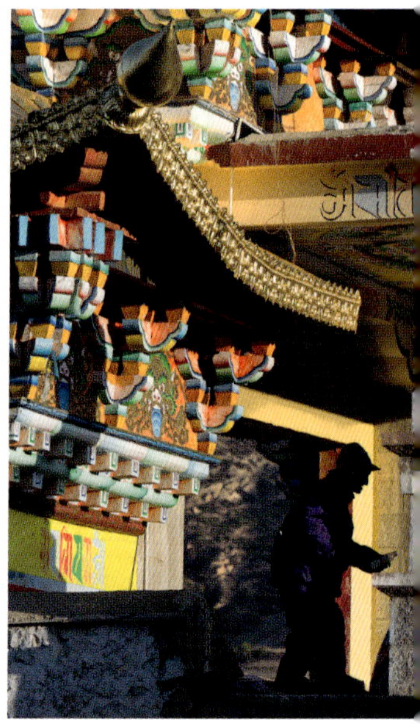

Ich bin oft überrascht, wie wenig sich einige Fotografen bewegen, um einen besseren Blickwinkel zu finden – viele scheinen mit dem ersten Blick durch den Sucher zufrieden zu sein. Dabei können schon minimale horizontale oder vertikale Bewegungen einen deutlichen Unterschied bewirken – besonders beim Einsatz eines Weitwinkelobjektivs.

In der Abbildung des bunten Torbereichs eines fernöstlichen Klosters sind die üppigen und komplexen Verzierungen zweifelsohne das Hauptmotiv – doch inmitten der prachtvollen Kulisse bereitet sich ein Mann aufs Gebet vor, was der strikt architektonischen Aufnahme einen menschlichen Touch verleiht. Damit die Komposition funktionierte, musste ich die Silhouette des Mannes vor einem hellen und möglichst einheitlichen Bereich abbilden. Die erste Aufnahme, in der sich der Mann nach vorne neigt, ist ein gutes Negativbeispiel. Ich musste also einen Moment abpassen, in dem der Mann aufrecht vor dem schmalen Bereich des Torbogens steht. Während der Wartezeit habe ich mich eine Nuance nach vorne und links bewegt. So klein diese Bewegungen auch ausfielen, sie entschieden zwischen Erfolg und Niederlage, denn dazwischen gab es aufgrund der komplexen Hintergrundsituation nichts.

Während die Tempelaufnahme ein gutes Beispiel für feine Korrekturen des Blickwinkels darstellt, ist das zweite Bild ein Plädoyer für einen drastischen Wechsel der Sichtweise. Eine solche Herangehensweise impliziert die Suche nach ungewöhnlichen Blickwinkeln, die dem Bild eine eher grafische Dimension verleihen. Dabei nutzen Sie auf opportunistische Weise alle Vorteile, die eine bestimmte Situation zu bieten hat. Überkopf-Aufnahmen sind ein typisches Beispiel für diese Art der Fotografie. Obwohl sie die Gefahr bergen, arg formelhaft zu wirken, haben sie das Potenzial, ein langweiliges Bild in eine sehenswerte Aufnahme zu verwandeln. Genau diese Situation eröffnete sich in der Palmöl-Fabrik, in der Arbeiter Behälter voller Palmfrüchte durch die Hallen schoben. Da es sich um eine Auftragsarbeit handelte, musste ich die Szene in den Kasten bekommen und habe mich für den Blick von oben entschieden. Das Motiv muss für einen solchen Perspektivwechsel geeignet sein. Das war bei dieser Aufnahme der Fall, wodurch ein visuell besser strukturiertes und klareres Bild entstanden ist.

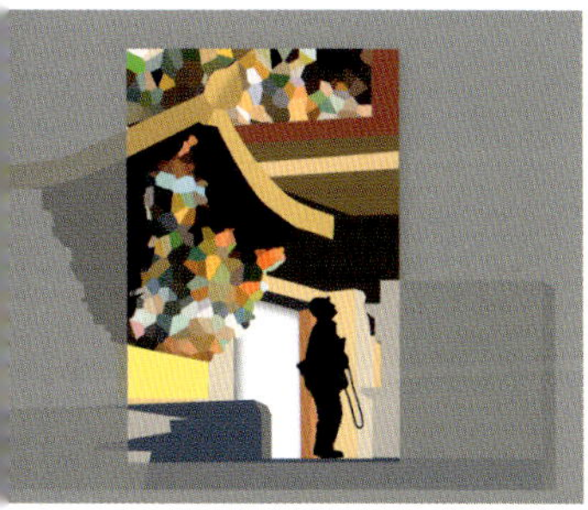

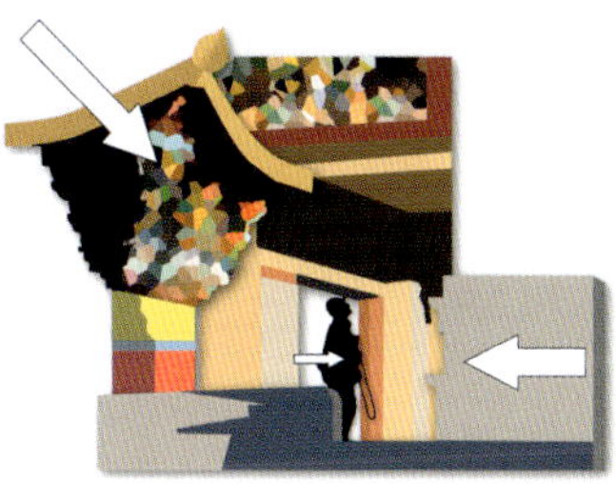

Ein radikaler Wechsel des Blickwinkels macht eine wenig beeindruckende Industrieaufnahme in einer kolumbianischen Palmölfabrik zu einem grafisch geordneten und simplifizierten Bild mit rechtwinklig verlaufenden Objektkanten (siehe auch Seite 42 und 78).

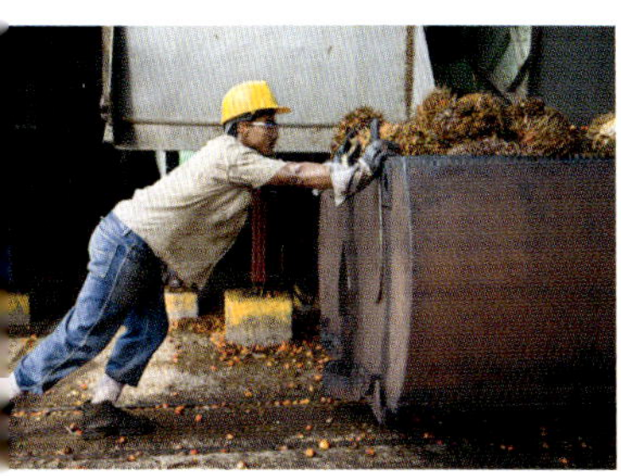

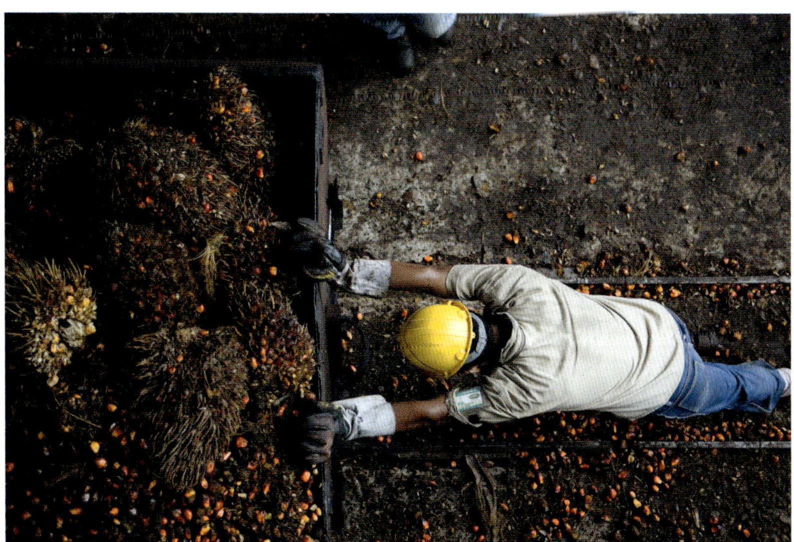

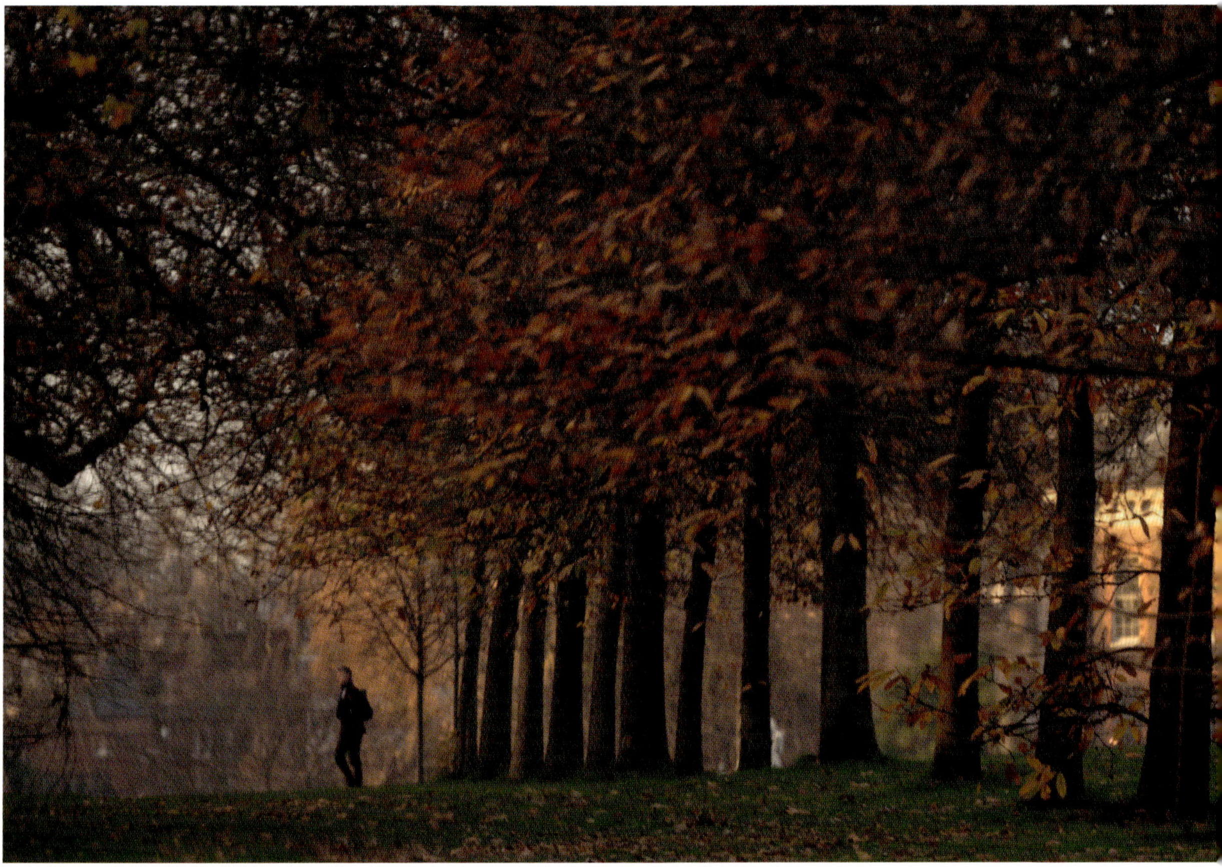

OPTIK

Die Vorteile verschiedener Objektive sind uns allen bekannt. Die Unterschiede bestehen hauptsächlich in der Brennweite, die den Blickwinkel und die Vergrößerung bestimmt. Egal, ob es sich um ein Zoomobjektiv mit einem bestimmten Brennweitenbereich oder um Festbrennweiten handelt – solche Objektive helfen uns dabei, den Raum vor der Kamera zu organisieren.

Kleine Brennweiten erfassen mehr von einer Szene, beispielsweise bei Innenaufnahmen oder um die Weite von Landschaften auf den Sensor zu bringen. Große Brennweiten holen entfernte Objekte nah heran. Neben diesen praktischen Aspekten sind Objektive ein wichtiges Design-Tool, dem die gleiche Bedeutung zukommt wie dem Sucher und der Kameraposition.

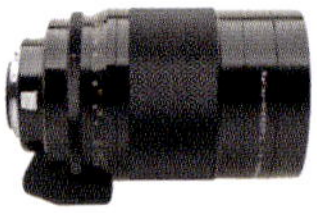

↑ Ein von zwei Extremen in Sachen Brennweite ist diese Aufnahme in einem Park, die mit einer Brennweite von 500 mm entstanden ist. Das horizontale Blickfeld ist mit gerade einmal 4° extrem schmal, was etwa 10 % des Abbildungsmaßstabs eines Standardobjektivs entspricht. Das Ergebnis ist ein für unsere Augen sehr ungewöhnliches Blickfeld, das etwa der zentralen Sicht entspricht, die auf den Seiten 16 bis 17 vorgestellt wurde.

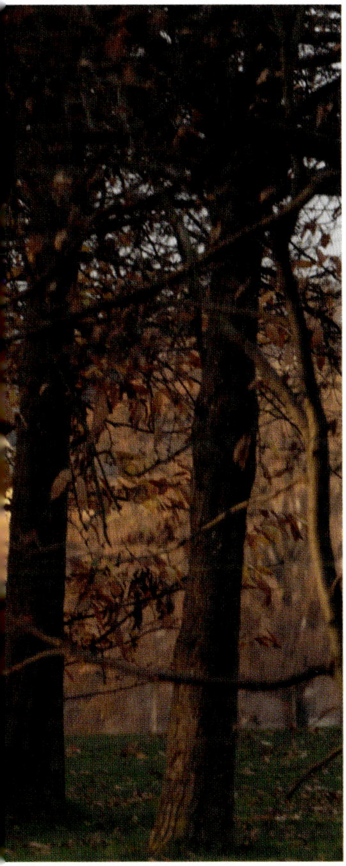

Ein neutraler Brennweitenbereich wird von den meisten Betrachtern als Standard empfunden, da das Blickfeld in etwa jenem unserer Augen entspricht. Die genaue Definition dieses Bereichs ist knifflig, da sich unser Blick auf die reale Welt deutlich von einem Blick auf ein flaches, rechteckiges Bild unterscheidet. Wie Sie bereits auf Seite 17 erfahren haben, ist das nah periphere Blickfeld bei 30° die beste Wahl. Mit einer DSLR oder einer spiegellosen Vollformatkamera kommt ein 50-mm-Objektiv diesem Sichtfeld am nächsten. Seit Anbeginn der 35-mm-Fotografie gilt eine Brennweite von 50 mm als bestmögliche Annäherung an das menschliche Blickfeld. In der Realität liefern Brennweiten zwischen 40 und 60 mm das gewünschte Ergebnis.

Kürzere Brennweiten erzeugen Winkelverzeichnungen, die je nach persönlichem Geschmack als Gestaltungsmethode genutzt werden können. Die beiden Bilder auf diesen Seiten zeigen zwei Extreme, um die Auswirkungen anschaulich darzustellen. Die Aufnahme der Brücke in China deckt bei 12 mm Brennweite ein fast schon anstrengendes Blickfeld ab. Dieser Effekt dominiert das Bild, sowohl positiv als auch negativ. Henri Cartier-Bresson, der nicht sehr gerne über seine Ausrüstung gesprochen hat, empfand bereits 35 mm als viel zu weit: »Solche Brennweiten werden oft von Menschen benutzt, die Schreien möchten. Aufgrund der Verzeichnung rückt jemand effektvoll in den Vordergrund. Ich mag aber keine Effekte.«[1]

Das andere Extrem ist eine sehr lange Brennweite, die das Blickfeld verschmälert und Verdichtungseffekte erzeugt, wie Sie auf Seite 36 erfahren werden. Ein Teleobjektiv mit 500 mm Brennweite sorgt hier für ein Blickfeld von 4°. Gestalterisch entsteht der Eindruck eines gut gefüllten Bildrahmens, in dem die einzelnen Bäume in einer einzigen Reihe auf gleicher Höhe zu stehen scheinen.

1 Henri Cartier-Bresson, Interview von Sheila Turner-Seed, 1971; zitiert in »Henri Cartier-Bresson: There Are No Maybes«, *New York Times*, 21. Juni 2013.

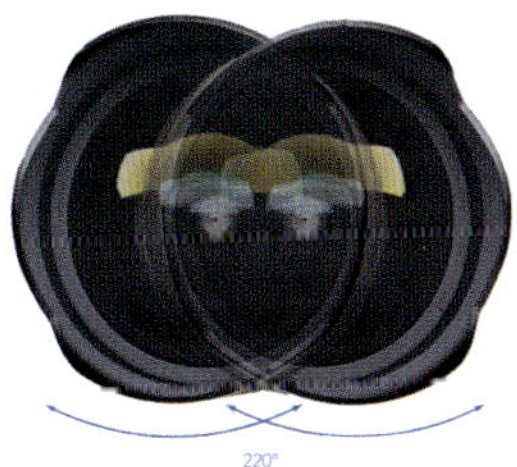

Durch das Zusammenfügen zweier Aufnahmen mit je 14 mm Brennweite deckt diese Aufnahme einer überdachten Brücke in der chinesischen Zhejiang-Provinz ein extremes Blickfeld von 220° ab. Auch diese Aufnahme weicht extrem von unseren Sehgewohnheiten ab und ist damit ein gutes Beispiel für die Verwendung extremer Brennweiten.

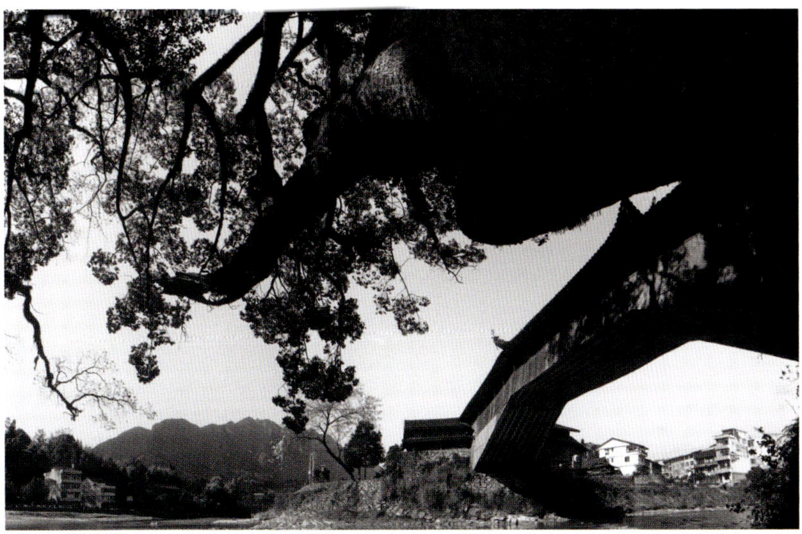

KAPITEL

2

TIEF ODER FLACH

Eines der grundlegenden, aber oft übersehenen Probleme bei der Fotografie ist die Übersetzung einer dreidimensionalen Szene in ein flaches 2D-Bild, das dennoch Sinn ergibt und gut aussieht. Dafür gibt es zwei konträre Herangehensweisen. Die erste Methode soll die Illusion räumlicher Tiefe bewahren. Mit anderen Worten: Sie legen Wert auf die reale Szene und wollen dem Betrachter das Gefühl vermitteln, das Geschehen mit eigenen Augen zu sehen. Alternativ lassen Sie den Eindruck von Vorder-, Mittel- und Hintergrund außer Acht und arbeiten die grafischen Aspekte der flachen Abbildung entsprechend heraus.

Beide Stile sind empfehlenswert, doch Sie müssen sich für eine Variante entscheiden. Fragen Sie sich: »Möchte ich mich und meine Betrachter in die Szene projizieren? Oder möchte ich eine eher abstrakte Version der Szene gestalten, die sich von der Realität unterscheidet?«. Nichts hindert Sie daran, zwischen den Aufnahmen zur jeweils anderen Methode zu wechseln.

In der realen Welt herrscht Bewegung. Die Dinge um uns herum und wir selbst bewegen uns. Das sagt fast alles aus über die Tiefe der Szene, in der wir uns befinden. Wenn Sie Ihren Kopf leicht drehen, springt sofort der Parallaxen-Effekt an. Nahe Objekte scheinen sich schneller zu bewegen als weit entfernte. Selbst ohne diesen Effekt nehmen wir die Tiefe einer Szene dank unserer stereoskopen Sicht wahr. Das Gehirn formt aus den geringfügig unterschiedlichen Bildern unserer Augen eine dreidimensionale Ansicht. In der Fotografie gibt es weder den Parallaxen-Effekt noch die stereoskope Sicht, sodass mehr Freiheit bei der Kombination weit entfernter Objekte mit nahen Objekten bleibt – ähnlich wie in der Abbildung der thailändischen Tempelanlage auf Seite 41, wo durch einen kleinen Schritt zur Seite die Entfernung zwischen mehreren Objekten aufgehoben scheint.

Solche Techniken müssen gegen die visuellen Sinne der Betrachter abgewogen werden, die auch auf einer flachen Abbildung instinktiv nach der Tiefe der realen Welt suchen. Egal, wie sehr Sie eine Szene abstrahieren, indem Sie Hinweise auf die dritte Dimension entfernen – die Betrachter werden weiterhin nach Bildelementen und Verhältnissen suchen, die sich in der realen Welt verorten lassen. Je stärker Sie eine Szene verflachen, desto mehr desorientieren Sie den Betrachter, was für eine erhöhte Aufmerksamkeit sorgt. Somit ist die Wahl zwischen »tief« und »flach« viel entscheidender, als es auf den ersten Blick scheinen mag.

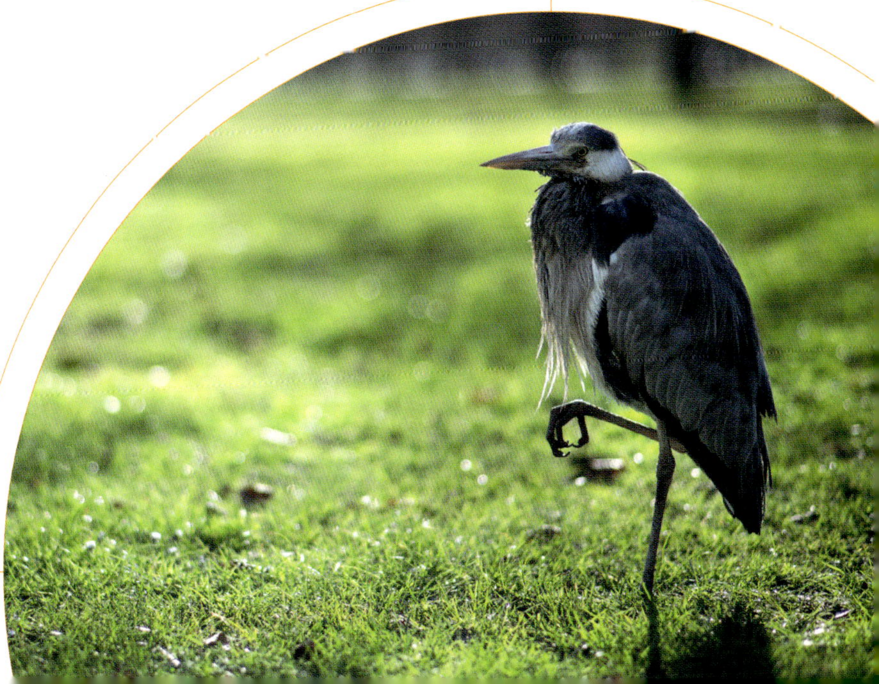

DISTANZ**PERSPEKTIVE**

Die Perspektive definiert in jeder Art von Bild die visuelle Tiefe – genauso wie im realen Leben. Eine Reihe von Hinweisen gibt Aufschluss über die Entfernung und das Verhältnis von Bildbestandteilen zueinander.

Die korrekte Darstellung der Perspektive war in der Geschichte der Malerei eine große Herausforderung, doch in der Fotografie liefern uns die Objektive unserer Kameras alle nötigen Informationen. Durch Standpunkt, Blickwinkel und kompositorische Maßnahmen können Sie den Eindruck von Tiefe verstärken oder zurücknehmen. Die Distanzperspektive definiert sich über die Tatsache, dass gleich große Objekte bei zunehmender Entfernung kleiner abgebildet werden – so wie im Bild unten, wo sich die Kamera nah an der Position des Mannes im Vordergrund befindet, während das Paar im Hintergrund weiter entfernt ist.

In Rafael Nuñes, Cartagena, Kolumbien, findet ein Großteil des Lebens auf der Straße statt. Hier genießt ein Paar sein Mittagessen, während ein Händler frischen Fisch zum Verkauf vorbereitet. Dokumentarische Fotos wie dieses sollen Informationen vermitteln, weshalb sie auf eine große Schärfentiefe setzen. Dabei kommt es auf die richtige Blende und den Abstand zum Vordergrund an. Je näher sich das Objektiv am Vordergrund befindet, desto stärker wird der Eindruck von visueller Tiefe.

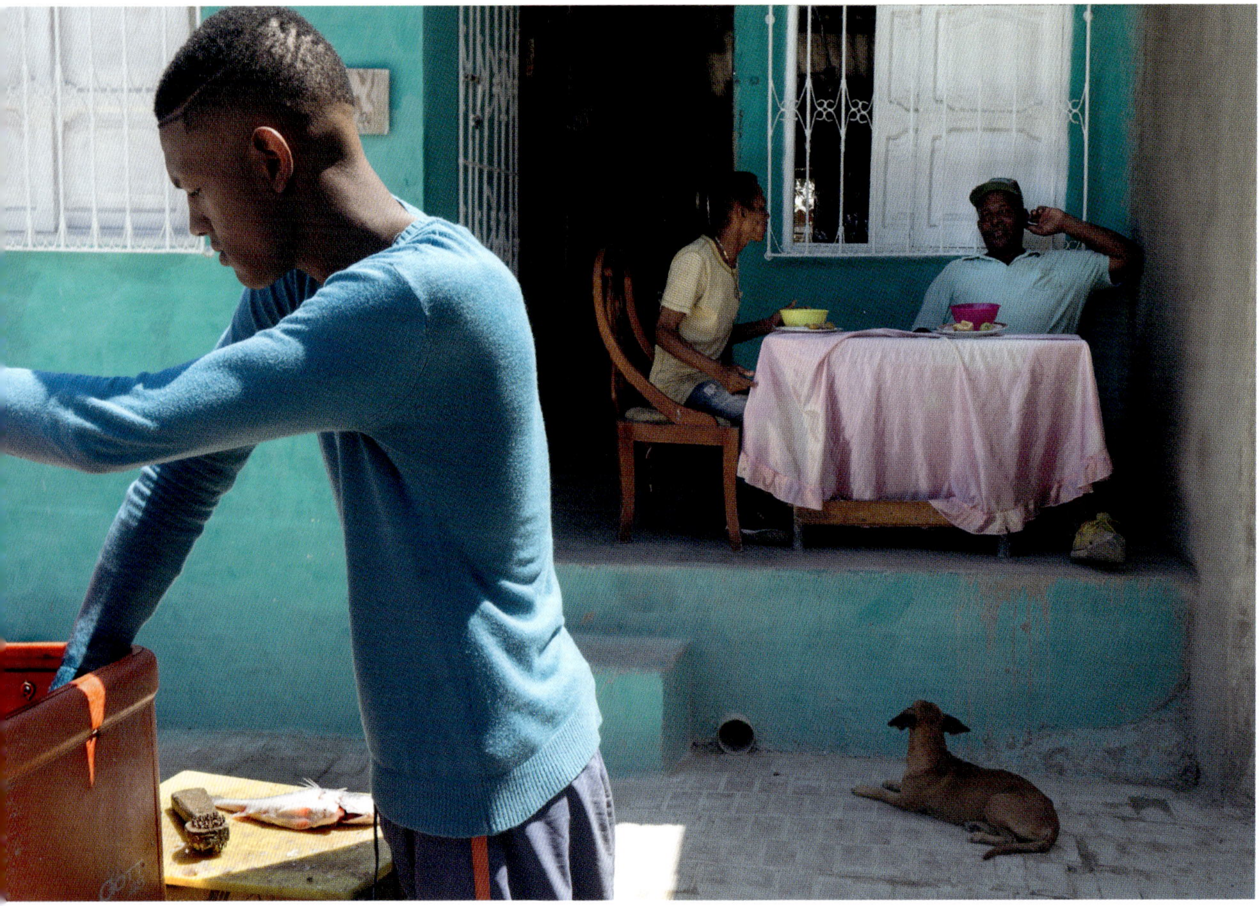

Das Beispielbild zeichnet sich noch durch weitere kompositorische Merkmale aus, wie die Wiederholung von Türkistönen, die strikte rechteckige Aufteilung und die gefällige Verteilung der Motive; doch die starke Perspektivwirkung dominiert das Bild. Die Brennweite beträgt 48 mm, da ein Weitwinkelobjektiv die nah am linken Rand befindliche Person stark verzerren würde. Um die gesamte Szene scharf abzubilden, kommt eine hohe Schärfentiefe (*f*/14) zum Einsatz. Wie sich Schärfentiefe auf die perspektivische Darstellung auswirkt, erfahren Sie auf Seite 40.

Die Distanzperspektive ist formal unauffällig, weil wir an sie gewöhnt sind. Dabei interpretiert unser Gehirn die Information der Augen anhand der Größenkonstanz: Wir kennen die durchschnittlichen Größen von Menschen, Autos oder Telegrafenmasten, sodass wir Größenunterschiede automatisch in Perspektive übersetzen. Dabei spielen die Brennweite und der daraus resultierende Blickwinkel eine entscheidende Rolle, da die Größenunterschiede zwischen nahen und fernen Objekten verstärkt werden, wie an den nebenstehenden Heuballen gut zu sehen ist. Ein Teleobjektiv vermindert die Größenunterschiede und führt damit zu einer flacheren Anmutung, wie Sie schon bald erfahren werden.

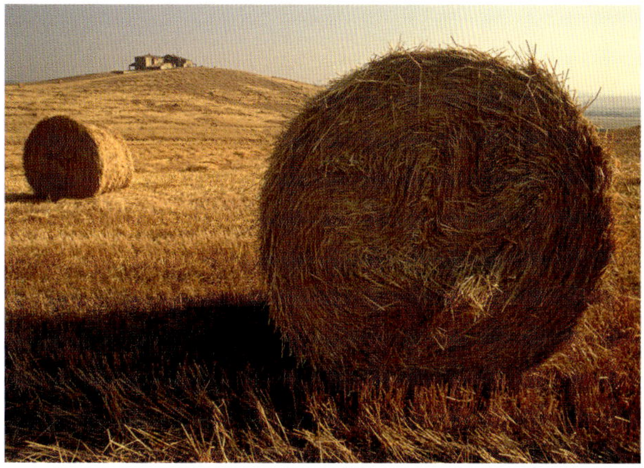

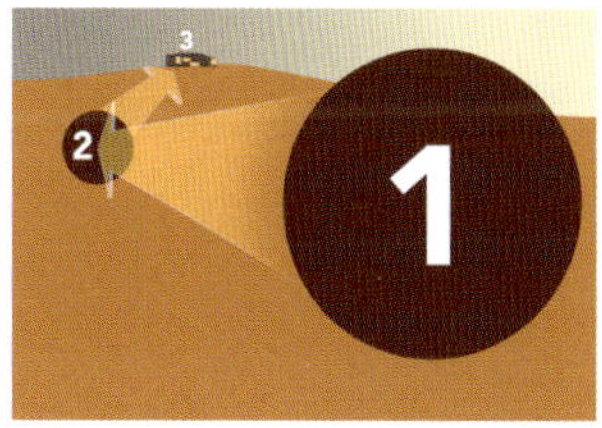

Diese Aufnahme eines Weizenfeldes zur Erntezeit in der Toskana ist eine simple Dreipunkt-Komposition unter Verwendung eines 20-mm-Weitwinkelobjektivs. Durch die konsistente Größe der Heuballen entsteht ein starker Eindruck von Perspektive und Entfernung. Der Blick des Betrachters wird in schneller Abfolge durch die drei Fixpunkte des Bildes gelenkt.

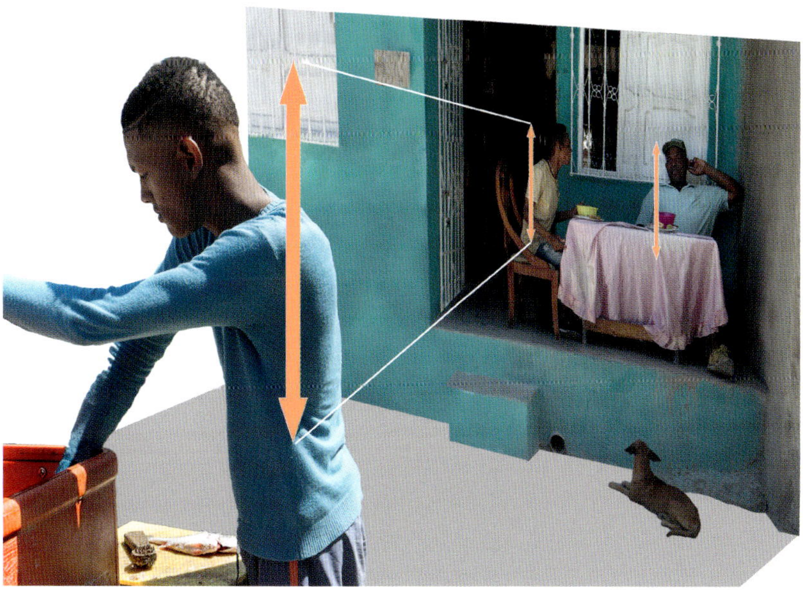

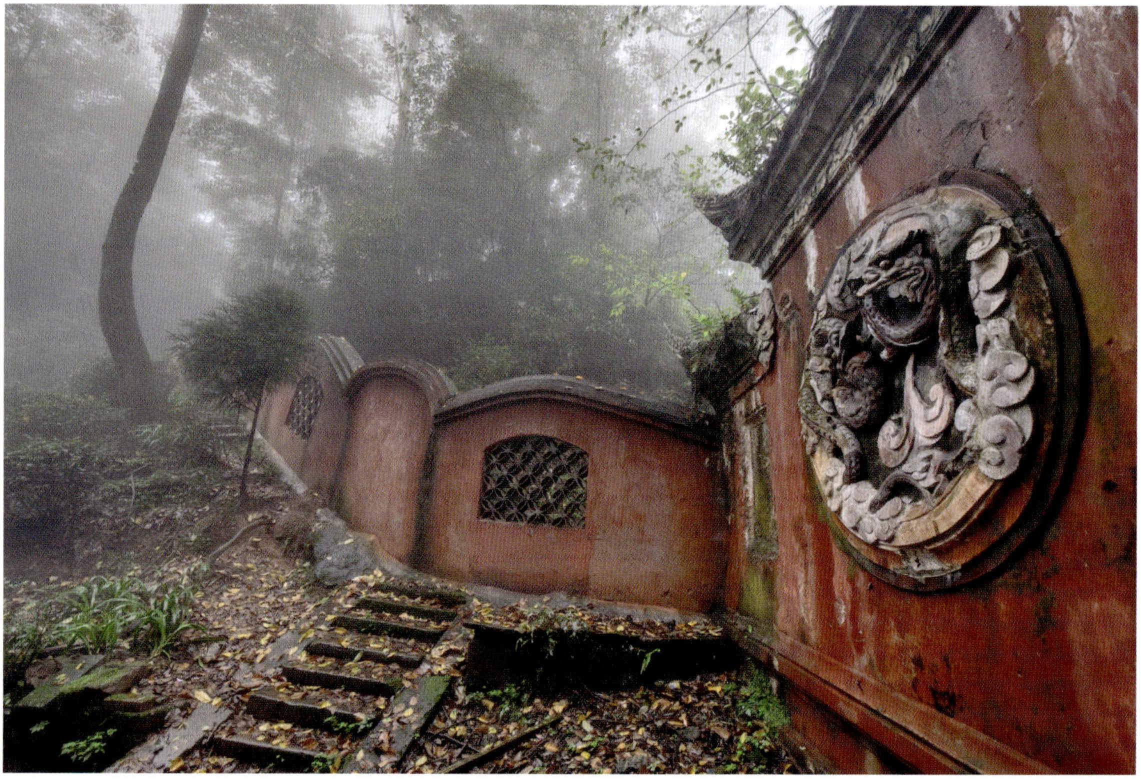

LINEARE **PERSPEKTIVE**

Bei der linearen Perspektive dreht sich alles um konvergierende Linien. Ähnlich wie bei der Größenkonstanz der Distanzperspektive sorgt auch bei der linearen Perspektive unser Erfahrungsschatz für die richtige Interpretation der räumlichen Verhältnisse.

Bei dieser Aufnahme einer roten Mauer in China wissen wir – oder nehmen wir zumindest an –, dass die Ober- und Unterseite der Mauer parallel verlaufen und alle Stufen gleich breit sind. Hier kommt unsere Erfahrung ins Spiel, die uns suggeriert, dass sich die Mauer scharf nach hinten verjüngt. Statt des naheliegenden Beispiels einer Straße mit Fluchtpunkt am Horizont habe ich dieses Bild gewählt, da es anschaulich zeigt, wie sich mehrere Perspektivenvarianten vereinen lassen. Hier fügt der Nebel im Hintergrund eine Luftperspektive hinzu, auf die ich im nächsten Abschnitt eingehen werde. Unabhängig davon spielt in diesem Bild die lineare Perspektive die Hauptrolle, beginnend mit der extremen Konvergenz am rechten Bildrand. Dieser Bereich enthält die stärksten Hinweise auf Tiefe in der Abbildung. Der Effekt

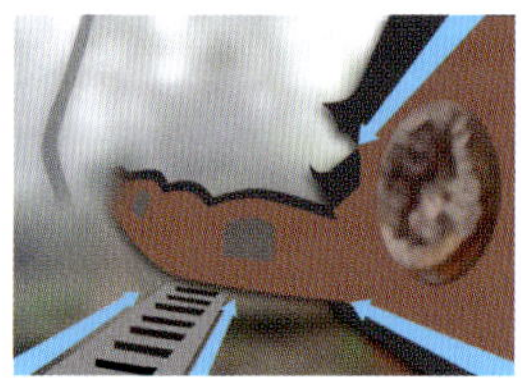

↑ Die größte Tiefendynamik entsteht in diesem Bild von einem historischen chinesischen Teeberg durch die starke Konvergenz der Linien, die unser Gehirn als Parallelen deutet. Die Zutaten für den Effekt sind ein Ultra-Weitwinkelobjektiv (14 mm) und ein Standort nahe der rechten Mauer. Dadurch entstehen ein spitzer Winkel und eine maximale Verzeichnung am rechten Bildrand.

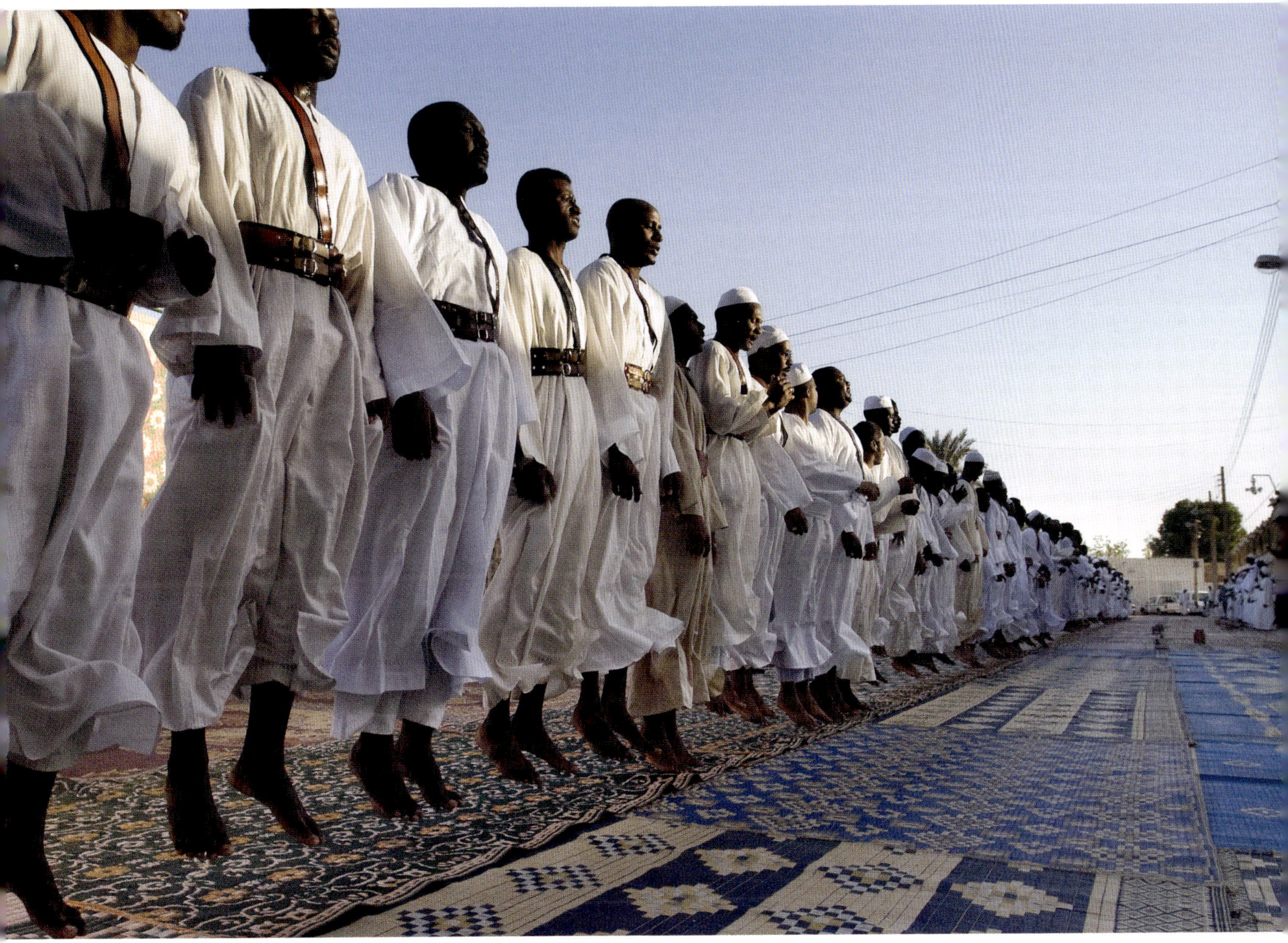

wird zusätzlich durch den Standort und die Objektivbrennweite verstärkt. Indem das Objektiv ganz nah an die rechte Mauer herangerückt wird, die dadurch einen extrem spitzen Winkel bildet, wird die Konvergenz der Linien maximiert. Ein 14-mm-Weitwinkelobjektiv intensiviert diesen Effekt. Am stärksten wirkt der Perspektiveffekt ganz rechts im Bild, sodass eine akkurate Wahl des Standortes unerlässlich ist.

Das Bild einer sudanesischen Sufi-Gemeinde beim Freitagsgebet entstand aus hockender Position mit einem 26-mm-Weitwinkelobjektiv. Mehrere Linien – vom Teppich über die springenden Männer bis hin zu den Telefonleitungen – konvergieren stark in Richtung eines Punkts nahe des rechten Bildrands. Auch dieses Bild involviert eine Luftperspektive sowie zusätzlich eine Distanzperspektive durch die mehr als 60 in einer Reihe springenden Männer.

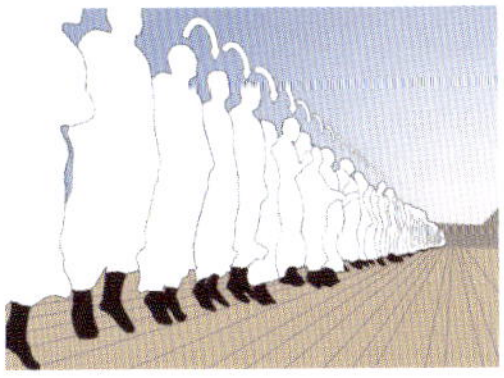

↑ Auch in diesem Bild von Sufi in Omdurman, Sudan, sorgt die richtige Kombination von Brennweite und Kameraposition für den Tiefeneffekt. Das 25-mm-Weitwinkelobjektiv befand sich nah an den Männern am linken Bildrand, um die lineare Perspektive zu verstärken. Der Blickwinkel wurde so gewählt, dass alle Männer bis zum Ende der Reihe abgebildet werden konnten.

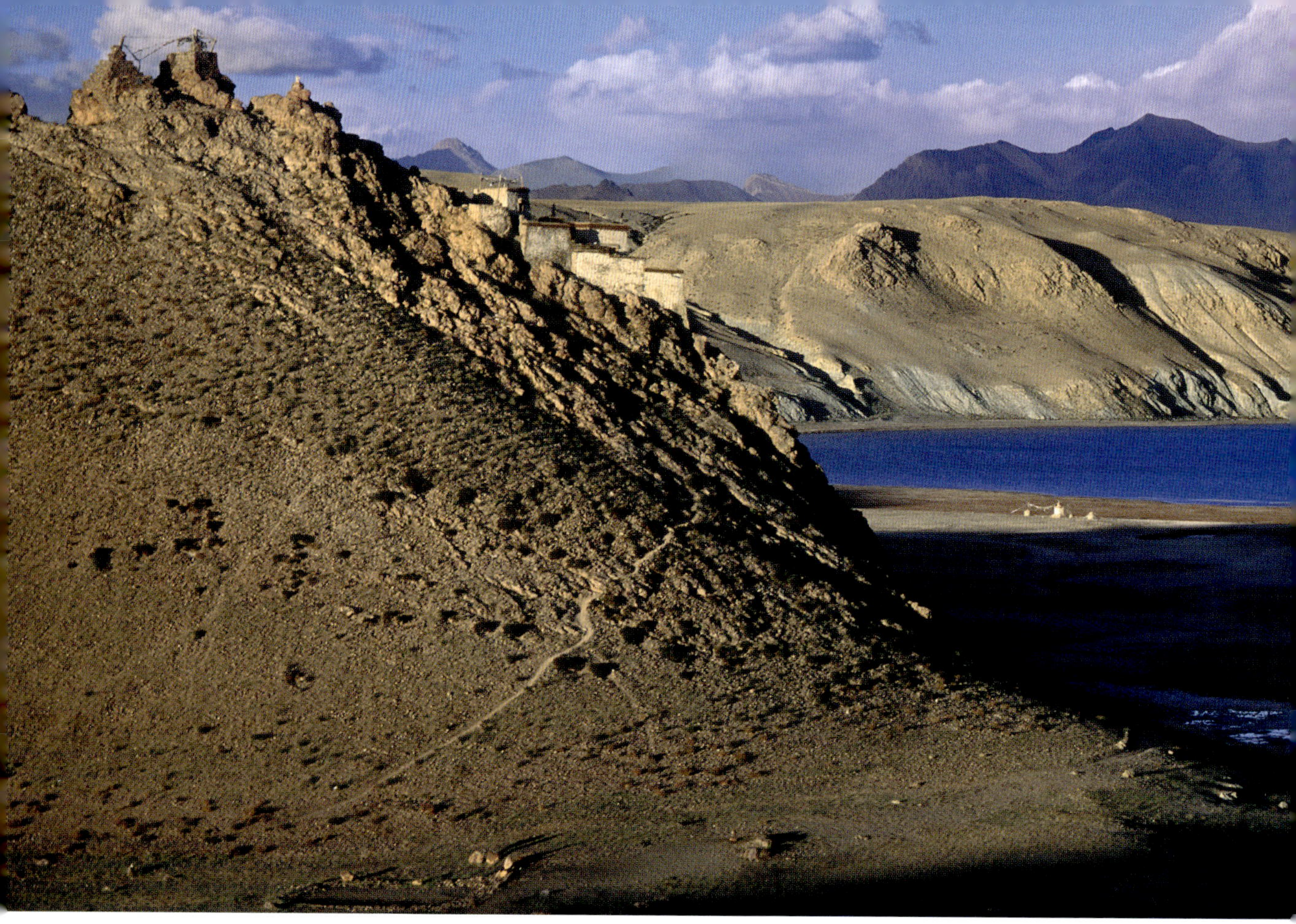

LUFTPERSPEKTIVE

Die dritte Kategorie der Perspektive ist von der Atmosphäre abhängig. Winzige Partikel in der Luft sind auf kurze Distanz unsichtbar, während sie über größere Entfernungen einen nebligen oder dunstigen Effekt erzeugen.

Die Farben sind entsättigt, der Kontrast nimmt ab und wir sehen weniger Details. Je mehr Partikel in der Luft schweben, desto stärker wird der Effekt und desto intensiver wird der perspektivische Eindruck. Das hat viel mit dem Wetter und der Luftverschmutzung zu tun. Kleine Wassertropfen bilden Dunst oder Nebel, und auch trockene Partikel wie Staub oder Rauch können die Sicht einschränken. Nebel entsteht meist am frühen Morgen kurz nach Sonnenaufgang bei kalten Temperaturen und klarem Himmel. Tau oder Frost am Boden wird von den Sonnenstrahlen erwärmt und steigt in Form von Wasserdampf auf. Die Beleuchtung kann die Luftperspektive verstärken, speziell dann, wenn Sie bei tief stehender Sonne fotografieren. Dabei machen die in der Luft enthaltenen Partikel oft auch einzelne Sonnenstrahlen sichtbar.

↑ Gebirgsregionen sind ein Garant für eine intensive Luftperspektive. Diese bei klarem Wetter entstandene Aufnahme des Manasarovar-Sees profitiert zusätzlich von der Ausleuchtung durch die tief stehende Sonne, die den perspektivischen Eindruck verstärkt.

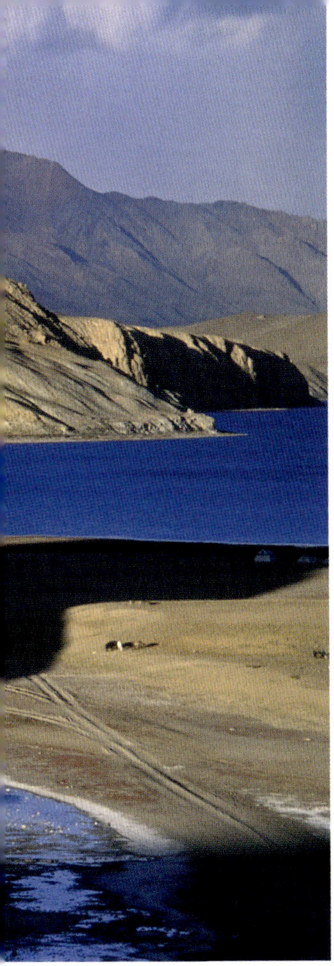

Ein Weitwinkelobjektiv hilft dabei, die Luftperspektive zu intensivieren – speziell dann, wenn wie in der unten stehenden Aufnahme aus Bali der Vordergrund detailliert abgebildet wird. Nutzen Sie dagegen ein Teleobjektiv, liegt der Bildausschnitt in der Ferne, ohne einen klaren Vordergrund abzubilden.

Ein gegenteiliger Effekt dominiert das Foto eines fernöstlichen Gebirgszugs auf der linken Seite. Auf einer Höhe von rund 5.000 m ist die Luft nur halb so dicht wie auf Meereshöhe. Die Kombination aus mittlerem Teleobjektiv und der hinter der Kamera tief stehenden Sonne ergibt eine enorm detaillierte Landschaftsaufnahme mit faszinierender Klarheit. Die Hügel am Seeufer sind etwa 3 km entfernt, während die Berggipfel im Hintergrund 20 km weit weg sind. Die Schattenkanten sind bis in die Ferne gestochen scharf, was den perspektivischen Eindruck zusätzlich verstärkt. Darüber hinaus sind wir mit einer solch extremen Lichtsituation nicht vertraut, was die Aufnahme noch faszinierender macht. UV- und Polfilter oder entsprechende Softwarefilter helfen, starke Dunsteffekte abzumildern.

Diese mit einem 20-mm-Weitwinkelobjektiv angefertigte Aufnahme des Vulkans Gunung Agung in Bali erzielt ihre perspektivische Tiefe hauptsächlich aus dem Kontrast zwischen dem klaren Vordergrund und der fahlen, entsättigten Kontur des in mehr als 40 km Entfernung aufragenden Vulkans.

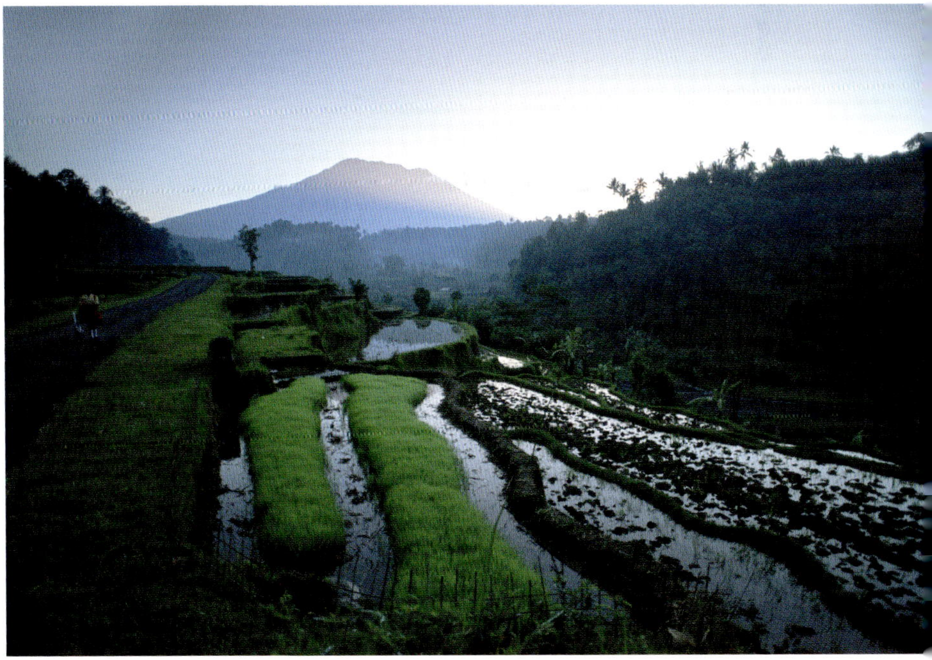

ABFLACHEN UND VERDICHTEN

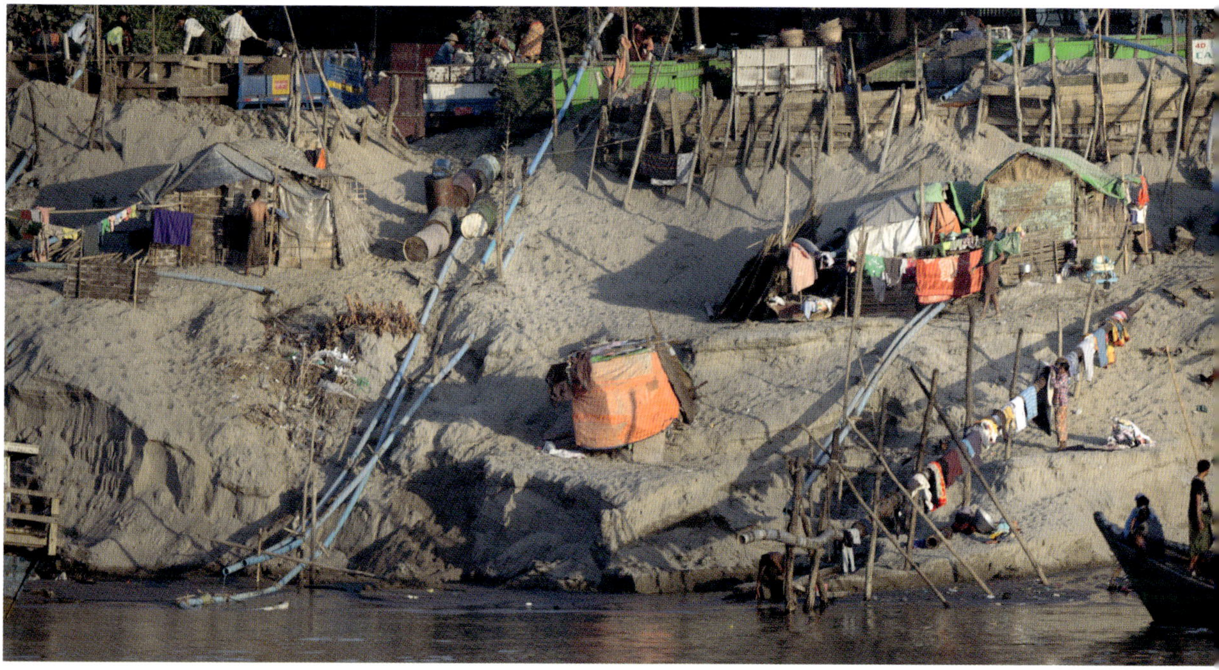

Die Gebirgsaufnahme auf der vorangegangenen Seite beweist eindrucksvoll, wie sich eine Szene abflachen oder komprimieren lässt. Diesen Effekt erzielen Sie, indem Sie entweder den Vorder- und Mittelgrund weglassen oder das Bild mit der passenden Optik verdichten.

Beide Maßnahmen sind von der Brennweite abhängig, die ein langes Teleobjektiv erzielen kann. Auch die Objektiveinstellungen und die Wahl des Kamerastandorts spielen eine große Rolle. Den resultierenden Stil bezeichne ich selbst als »telefotografische Distanz«. Wenn die Aufnahme über ein weites, offenes Terrain hinweg einen Ausschnitt erfasst, geht sofort der Eindruck von Vorder- und Mittelgrund verloren, sodass der Betrachter sozusagen in die Ferne projiziert wird. Dabei geschehen zwei Dinge: Erstens entsteht der Eindruck, dass der Betrachter zurücktritt und das Geschehen beobachtet, ohne direkt involviert zu sein. Dadurch entsteht eine Entkopplung vom Inhalt zugunsten der Objektivität, was das Gegenteil der nachfolgend erläuterten Immersion darstellt. Das erklärt auch die (Ab-)Neigung bestimmter Fotografen in Bezug auf Teleobjektive. Zweitens entsteht der Eindruck einer flachen, verdichteten Szene, da keine Referenzpunkte für Nähe und Distanz vorhanden sind. Das ist sehr gut am Foto von einem Flussufer in Mandalay, Myanmar, zu erkennen, das von einem auf dem Fluss Irrawaddy fahrenden Boot aus aufgenommen wurde: Es wirkt grafisch flach und entkoppelt den Betrachter vom Geschehen.

↑ Wie auf Seite 26 kam auch hier ein 500-mm-Teleobjektiv mit einem Blickfeld von nur 4° zum Einsatz. Die große Entfernung von rund 300 m zum Geschehen erzeugt den Eindruck, als befänden sich alle Bestandteile der Szene – vom Boot vor dem Ufer bis zu den dahinter liegenden Hütten – auf derselben perspektivischen Ebene.

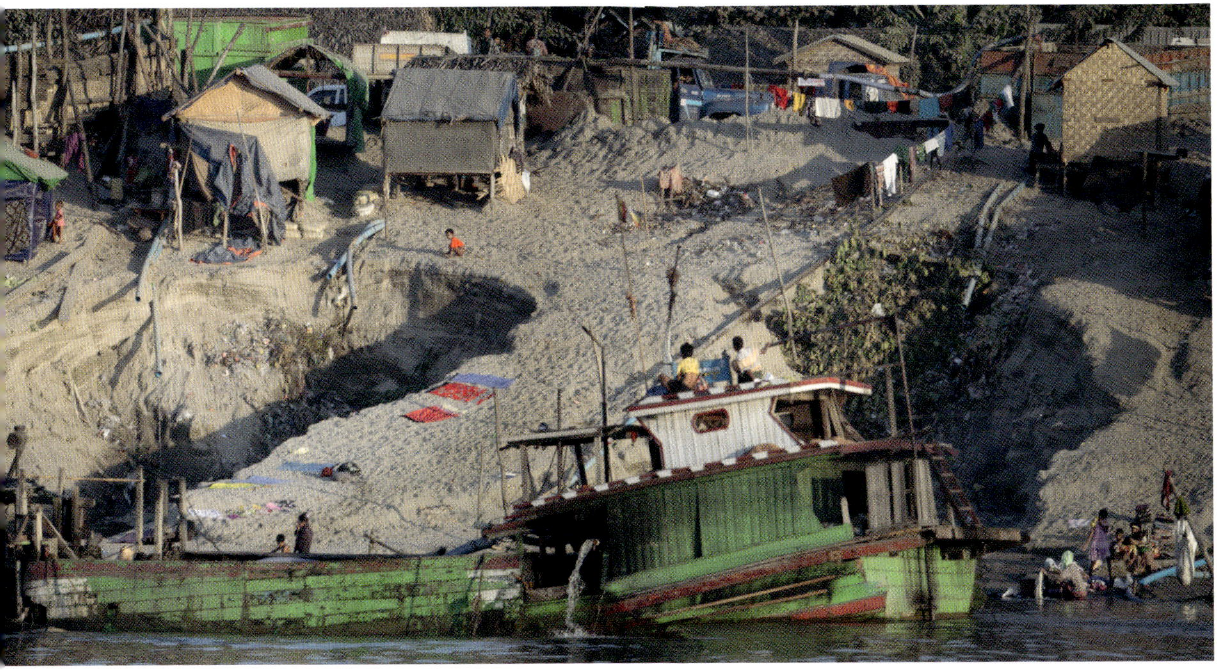

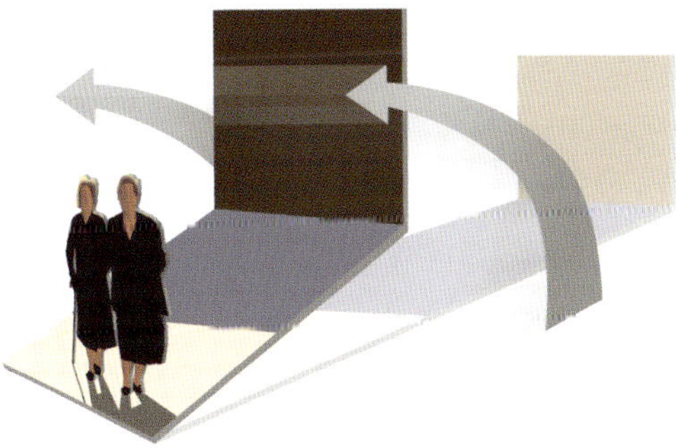

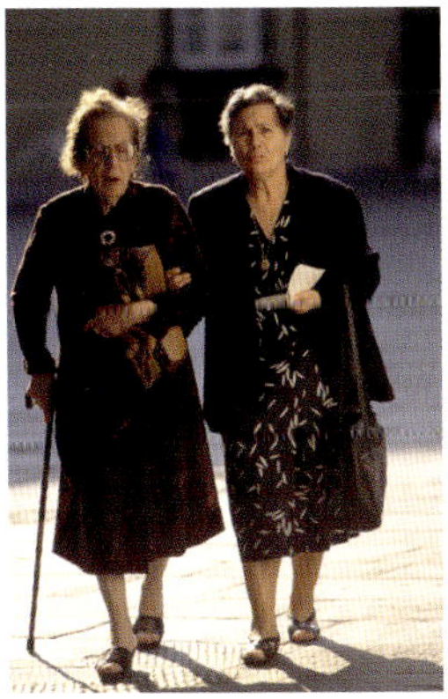

Auch der optische Verdichtungseffekt eines Teleobjektivs nimmt visuelle Tiefe aus einem Bild. Schon bei mittleren Tele-Brennweiten wie 180mm im Beispiel der zwei italienischen Damen, die sich auf die Kamera zu bewegen, schrumpft die visuelle Distanz zwischen Motiv und Hintergrund.

IMMERSION

Mit einem Weitwinkelobjektiv erzielen Sie den gegenteiligen Effekt wie in den Beispielen auf den letzten zwei Seiten. Eine kurze Brennweite befördert den Betrachter mitten ins Geschehen und sorgt damit für einen hohen Grad von Realismus und Immersion.

Solche Aufnahmen sind subjektiv und immersiv, wie die Beispiele auf diesen Seiten zeigen. Für eine maximale Tiefenwirkung sollten Sie einen möglichst großen Abstand zwischen Vorder- und Hintergrund erzielen. Im Idealfall platzieren Sie gleichzeitig ein nur wenige Zentimeter entferntes Objekt und einen Hintergrund in großer Distanz gleichzeitig im Bildrahmen. Mit einer kurzen Brennweite ist das ein Leichtes. Noch mehr Tiefe gibt ein Hintergrund in der Bildmitte und ein nahes Objekt an den Bildrändern. Sind die nahen Elemente angeschnitten, entsteht ein interessanter Abwicklungseffekt, der die Illusion von Kontinuität erzeugt. Der immersive Stil lebt von einer ausgewogenen Schärfentiefe, um nahe und ferne Details sichtbar zu machen. Auch hierbei hilft die kurze Brennweite eines Weitwinkelobjektivs.

Diese Aufnahme in einer sudanesischen Religionsschule (*Khalwa*) der Sufi weist in der linken Version eine extreme Eckenverzeichnung auf. Mit einem sphärischen Verzeichnungsfilter wurde der Effekt im rechten Bild entschärft. Diese Korrektur verursachte jedoch eine Tonnenverzeichnung, wie an der großen Schriftplatte zu erkennen ist.

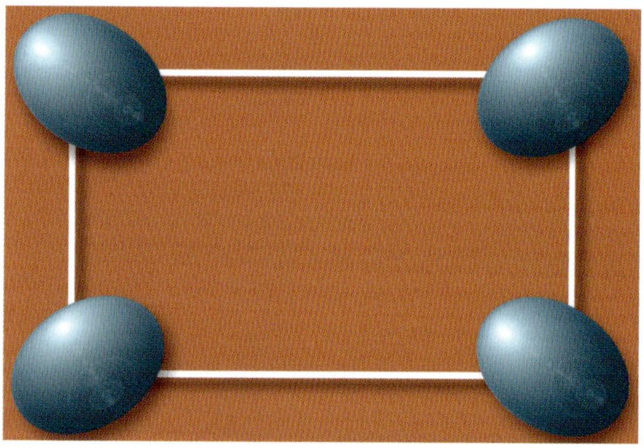

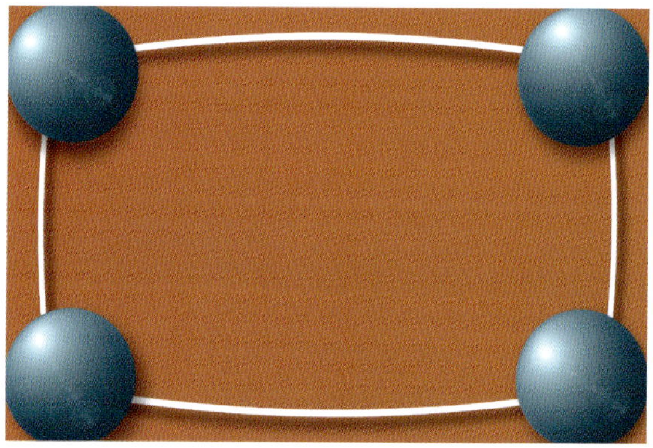

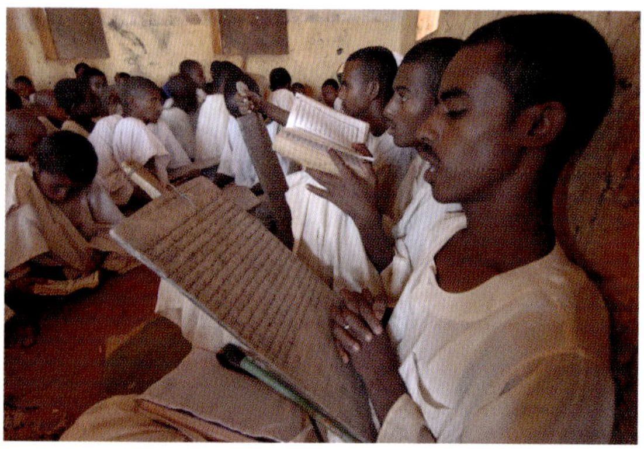

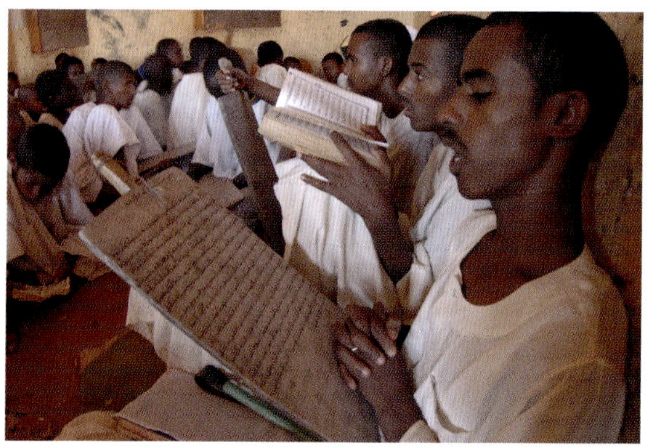

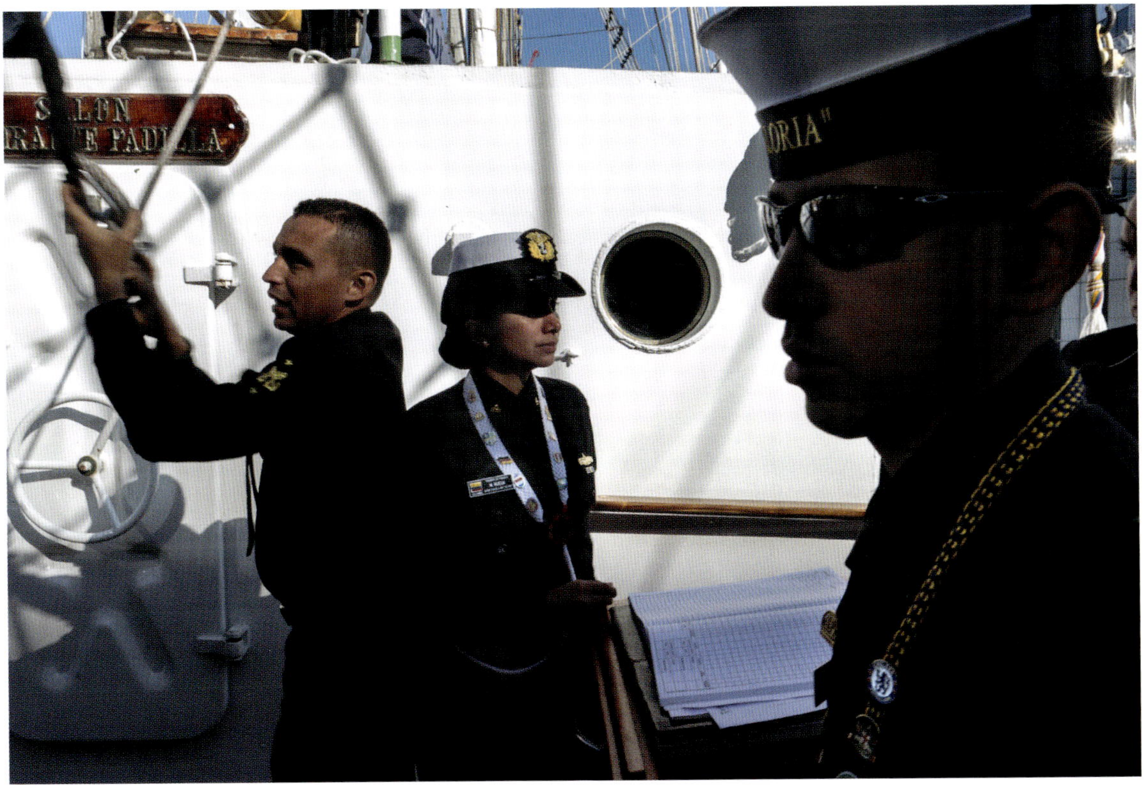

Beim Einsatz sehr kurzer Brennweiten haben Sie nicht nur mit radialen Verzeichnungen zu kämpfen, sondern auch mit Volumendeformationen, die besonders bei nahen Personen an den Bildrändern und -ecken auffallen. Typischerweise werden dabei Gesichter und Köpfe von Personen zum Bildrand hin verzerrt. Das ist gut am Kopf des Matrosen im Bild oben zu erkennen – und noch extremer am Hinterkopf des Sudanesen auf der vorigen Seite links unten. Unsere Erwartungshaltung und Sehgewohnheiten können den Effekt zwar abmildern, wenn er aber zu extrem ausfällt, ist eine digitale Nachbearbeitung erforderlich. Die Volumendeformation lässt sich mit einem radialen Verzeichnungsfilter in den Griff bekommen. Dieser führt allerdings zu sichtbaren Verzeichnungen im Bild. Am besten achten Sie bereits während der Aufnahme darauf, lange horizontale und vertikale Linien zu vermeiden, speziell in der Nähe der Bildecken.

↑ Diese Übung auf einem kolumbianischen Flaggschiff wurde mit einer Brennweite von 31mm aufgenommen. Die Deformationen am Hinterkopf des nahe stehenden Matrosen sind gerade noch akzeptabel. Bei solchen Aufnahmen sollten Sie deshalb stets auf die Balance zwischen Nähe und Verzeichnung achten.

SCHÄRFENTIEFE

Da es beim Fokus ausschließlich um Distanz geht, ist er ein idealer Kandidat zur Manipulation der Tiefenwirkung. Diese wird maßgeblich von zwei Dingen beeinflusst: dem Fokuspunkt und der Blende, die über die scharfe Abbildung der Szene von nah bis fern entscheidet.

Ein selektiv fokussiertes Motiv wie die Buddha-Statue im Bild unten ist gestochen scharf abgebildet und suggeriert räumliche Tiefe durch den unscharfen Hintergrund. Allerdings lassen sich hier keine weiter entfernten Details mehr erkennen. Obwohl ein gewisser Grad an räumlicher Tiefe vorhanden ist, wird der Betrachter das Bild als vornehmlich flach wahrnehmen. Eine durch eine kleine Blendenöffnung erhöhte Schärfentiefe wie in der archäologischen Szene rechts mag auf den ersten Blick weniger plastisch erscheinen, doch wie Sie auf den vorangegangenen Seiten gelernt haben, gibt es noch viele andere Methoden zur Intensivierung der perspektivischen Wirkung – und diese profitieren alle von einer hohen Schärfentiefe.

Oft sehen wir uns mit dem Problem der passenden Schärfeverteilung konfrontiert: Mögen wir lieber eine gleichmäßige Schärfentiefe über alle Motivebenen hinweg oder eher eine selektive Fokussierung auf das Hauptmotiv mit unscharfem Hintergrund? Wenn mehrere Objektive in verschiedenen Entfernungen stehen: Sollen alle scharf abgebildet werden oder soll nur eines in den Fokus gerückt werden? Wenn die Szene eine große räumliche Tiefe aufweist, können Sie diese entweder intensivieren oder abflachen. Die Schärfentiefe ist unabhängig von den bereits vor-

→ Die ausgewogene Schärfentiefe durch ein 20-mm-Äquivalent (ein 47-mm-Objektiv auf einer 5×4-Zoll-Kamera) bei minimaler Blendenöffnung sowie ein sorgfältig gewählter Standpunkt forcieren den perspektivischen Eindruck durch das Zusammenspiel der nahen Steinsäule und dem in der Ferne aufragenden Turm.

↓ Ein 85-mm-Objektiv bei weit geöffneter Blende (*f*/1.4) rückt die Buddha-Statue und deren Einfassung in den Fokus, während die Vegetation und das Gebäude im Hintergrund dank der großen Distanz zum Motiv stark weichgezeichnet dargestellt werden.

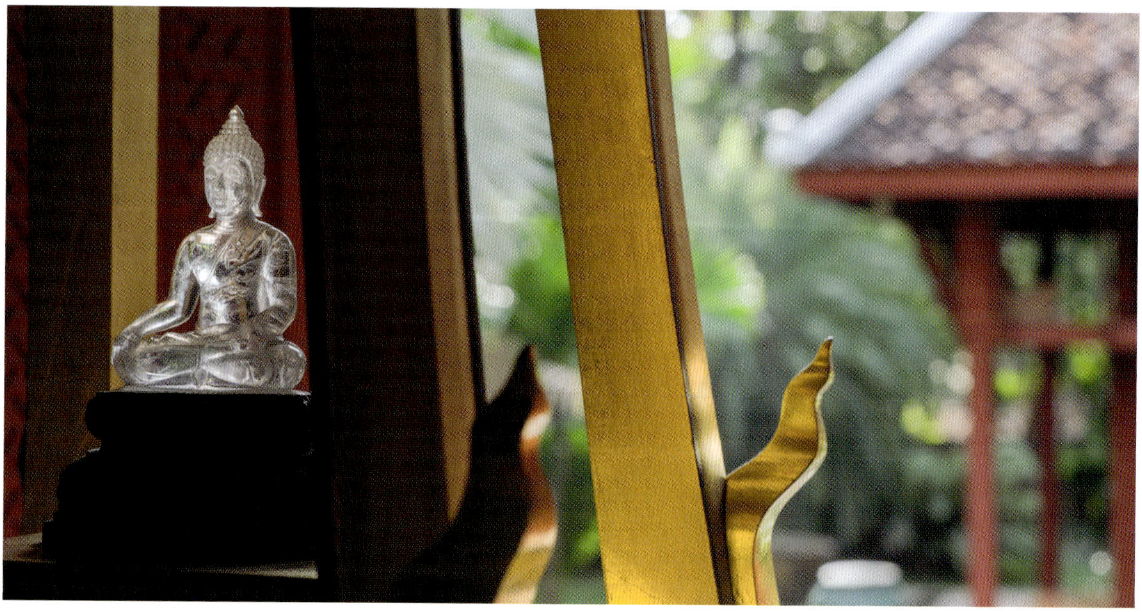

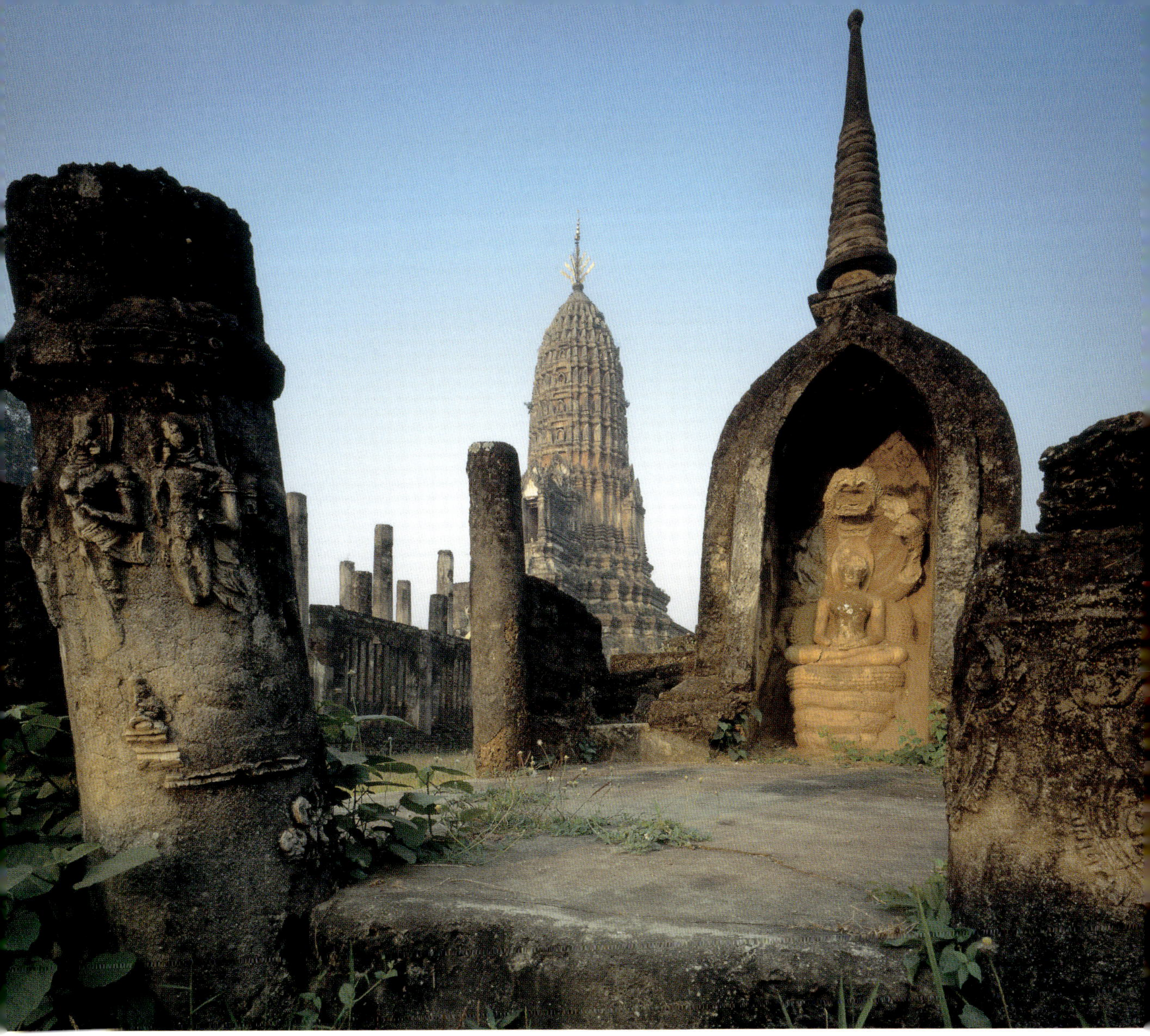

gestellten Methoden und kann ergänzend eingesetzt werden. Die meisten Fotografen tendieren stark in die eine oder andere Richtung – entweder bevorzugen sie eine durchgängige Bildschärfe oder schmale Fokusebenen mit weichgezeichnetem Hintergrund (mehr dazu auf Seite 144). Der Grund für diese binäre Herangehensweise liegt in der Bildwirkung von Aufnahmen zwischen diesen beiden Extremen. Sie wirken oft uninspiriert und lassen den Eindruck entstehen, dass sich der Fotograf nicht zwischen den beiden Herangehensweisen entscheiden konnte. Das Hauptproblem bei Fotos mit »nicht ganz so scharfen« Motivbereichen ist die Einladung an die Betrachter, die Details zu begutachten, ihnen diese jedoch gleichzeitig durch die mangelnde Schärfe zu verwehren. Die Beispielbilder sind zwei Extreme, erzielen aber auf jeweils unterschiedliche Weise eine gute Tiefenwirkung.

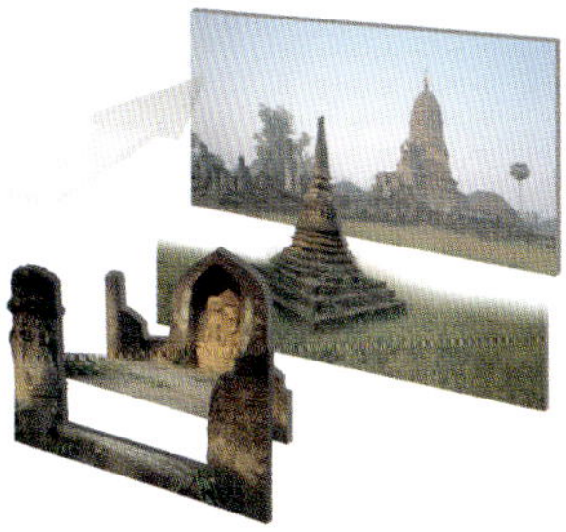

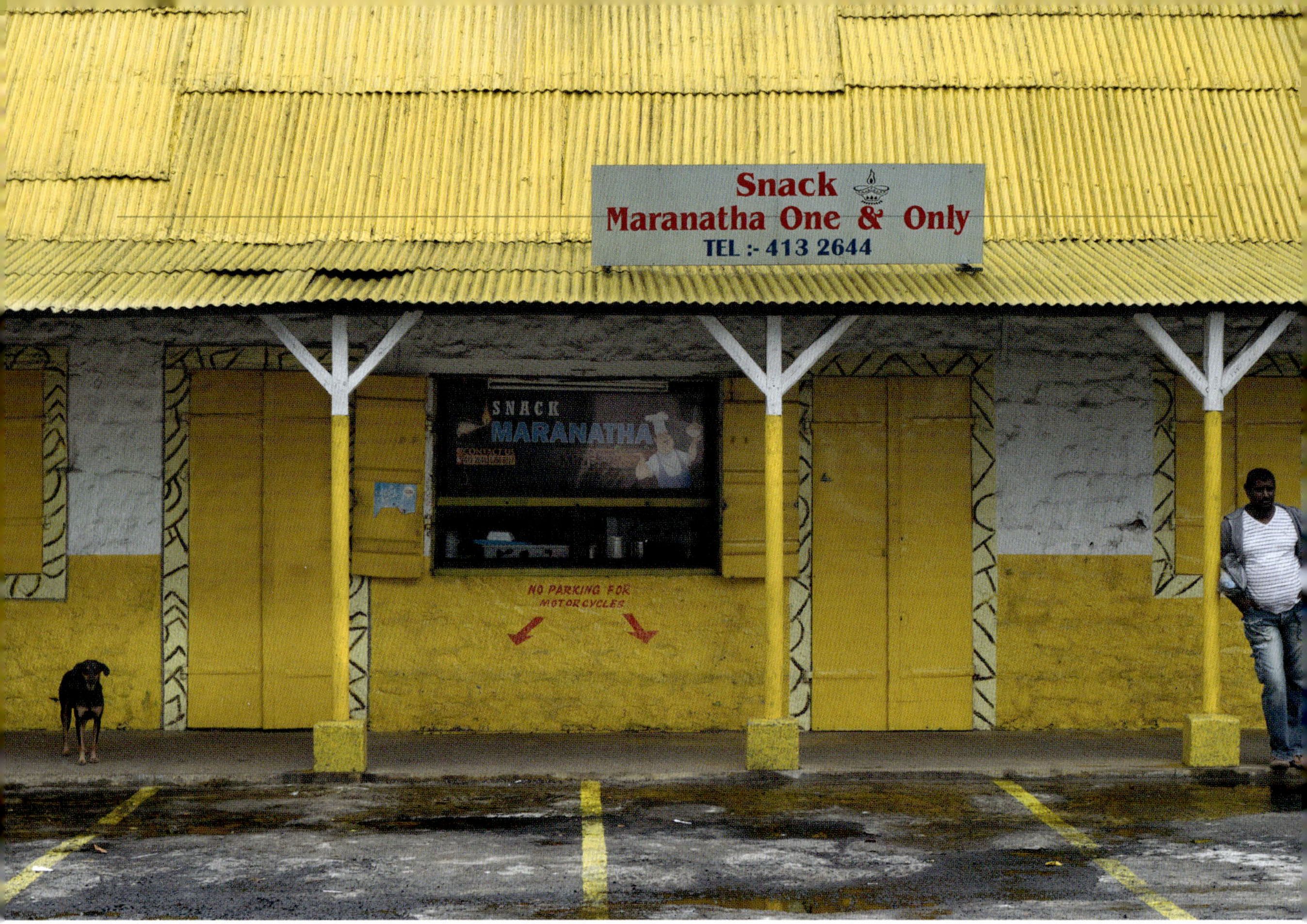

FRONTAL UND RECHTE WINKEL

Diese in Fachkreisen als »Squaring up« bezeichnete Methode wird aus unterschiedlichen Gründen von Art Directors und Dokumentarfotografen geschätzt. Der frontale Blickwinkel und die daraus resultierenden geraden Linien und rechten Winkel nehmen perspektivische Tiefe aus dem Bild und lassen es dadurch zweidimensional wirken.

Die meisten von Menschen errichteten Strukturen sind aus Horizontalen und Vertikalen zusammengesetzt. Steht die Kamera dazu im rechten Winkel, werden Konvergenzen eliminiert. Das funktioniert am besten mit flachen Motiven wie Gebäudefassaden. Das Gebäude im Bild rechts oben gewinnt jedoch durch die horizontale Konvergenz der Seitenflügel unvermeidlich an Tiefe. Deshalb empfehlen sich hier mittlere oder lange Brennweiten wie im Bild oben, das mit einem 62-mm-Objektiv aufgenommen wurde. Auch Herantreten oder ein scharfer Anschnitt können hilfreich sein.

↑ Obwohl die gelben Parkplatzbegrenzungen einen Hauch von Tiefe andeuten, wirkt diese Aufnahme eines Cafés auf Mauritius nahezu zweidimensional. Der Effekt wurde durch einen frontalen, rechtwinkligen Blickpunkt, einen starken Anschnitt und die fahle Beleuchtung an einem regnerischen Tag erzielt.

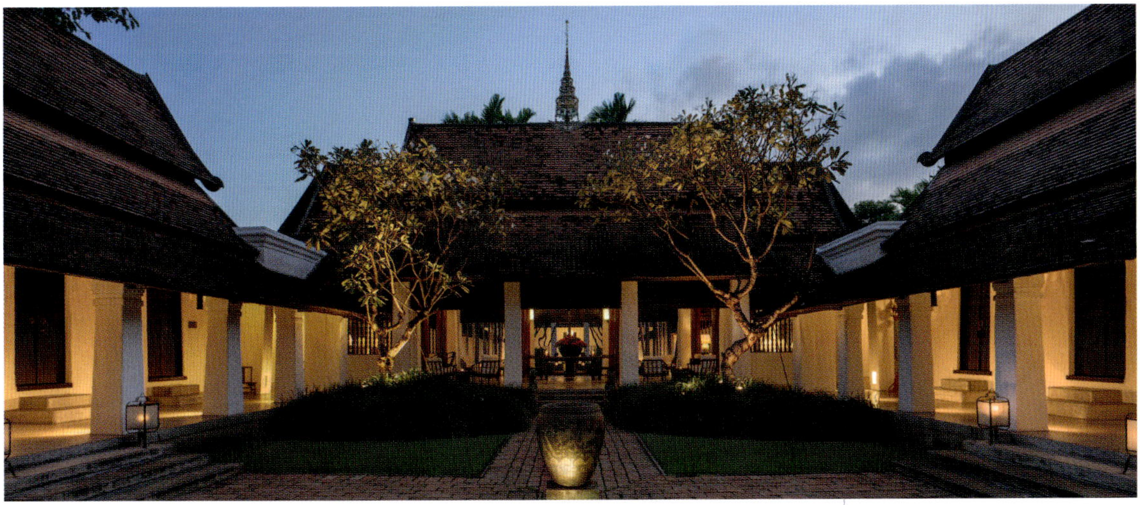

Squared-up-Fotos sind besonders bei Gestaltern grafischer Publikationen beliebt, wie Büchern, Webseiten oder Magazinen. Zwischen all den Vertikalen und Horizontalen lassen sich hervorragend Texte platzieren, was solche Fotos auch zu idealen Covermotiven macht. Das ist besonders gut an der Abbildung eines Mini-Hauses in Tokio zu erkennen (unten) – es ist eine natürliche Wahl für das Cover eines Buchs über kleinste Lebensräume. Ihre klare Struktur und die Möglichkeit, sie unkompliziert in Layouts zu integrieren, erklärt die Popularität solcher Bilder. Sie sind sozusagen für den Einsatz auf flachen Medien optimiert, was durch die parallele Ausrichtung der Linien mit den Bildrändern zusätzlich verstärkt wird.

↑ Obwohl diese Aufnahme strikt frontal entstand, wird die flache Bildwirkung durch die Seitenflügel konterkariert, was hauptsächlich dem breiten Blickfeld des verwendeten 18-mm-Weitwinkelobjektivs geschuldet ist.

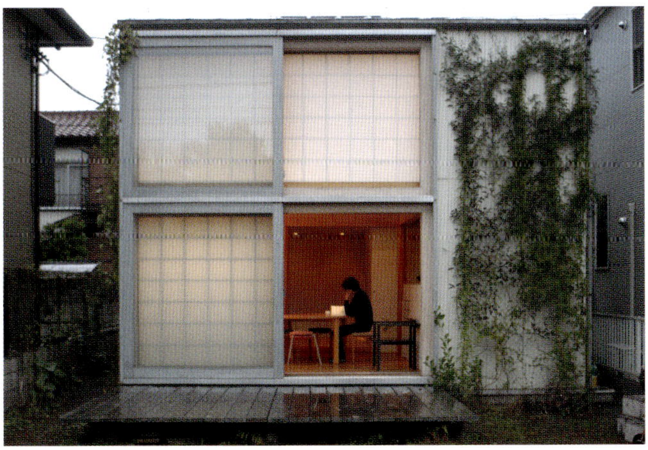

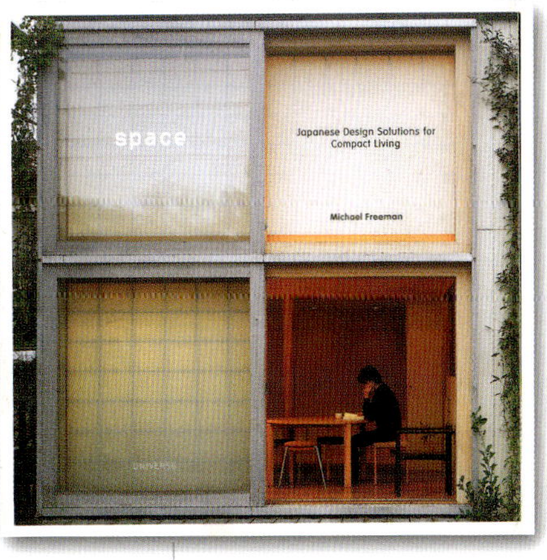

Frontalaufnahmen mit rechten Winkeln wirken allerdings sehr schnell beliebig und repetitiv. Die Abwesenheit von Spannung und Energie wird von Dokumentarfotografen oft als »objektive Ansicht« bezeichnet, kann jedoch einfach nur Langeweile erzeugen. Neben dem Einsatz in Publikationen sind solche Serien – hauptsächlich Architekturaufnahmen – auch in der Welt der Kunst zu finden. Das bekannte Fotografenpaar Bernd und Hilla Becher hat mit seinen charakteristischen Aufnahmen die sogenannte Düsseldorfer Schule inspiriert.

↖ Diese Aufnahme eines extrem kleinen japanischen Wohnhauses (»9-tsubo House«) ist wie gemacht für das Cover eines quadratischen Buchs, da sich die Grundform auch innerhalb des Motivs wiederholt.

FLACHES LICHT

Zu guter Letzt spielt auch das Licht eine große Rolle beim Intensivieren oder Reduzieren räumlicher Tiefe. Dieses Thema kann ganze Bücher füllen, sodass es ausführlich in meinem nächsten Buch dieser Serie (*Licht und Schatten*) abgehandelt wird. Hier soll es lediglich um die Möglichkeit gehen, visuelle Tiefe aus dem Bild zu nehmen – im Gegensatz zur herkömmlichen Aufgabe des Lichts, für Dreidimensionalität zu sorgen.

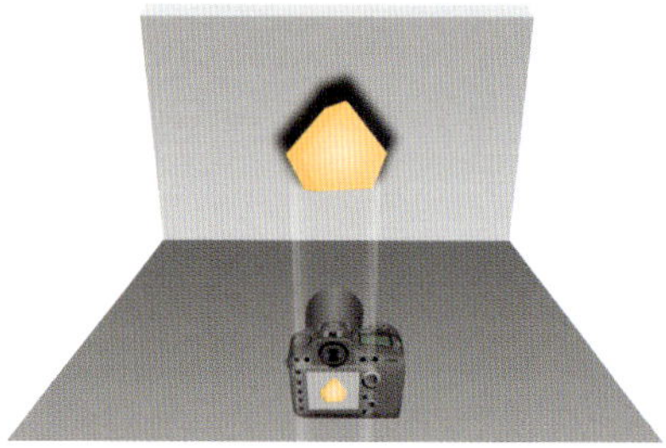

Licht von der Seite oder von hinten (und aus allen Richtungen dazwischen) erschafft ein Spiel von Licht und Schatten, das für Volumen und Tiefe sorgt. Seitlich eintreffendes Licht akzentuiert Volumen durch den Kontrast zwischen beleuchteten und schattigen Elementen, während rückwärtiges Licht üblicherweise die atmosphärischen Effekte der Luftperspektive (siehe Seite 34) verstärkt.

Die niedrig hinter der Kamera stehende Morgensonne wirft nur schmale Schatten auf den vergoldeten Thai-Tempel, was zusammen mit einer mittleren Brennweite die Dächer visuell verdichtet.

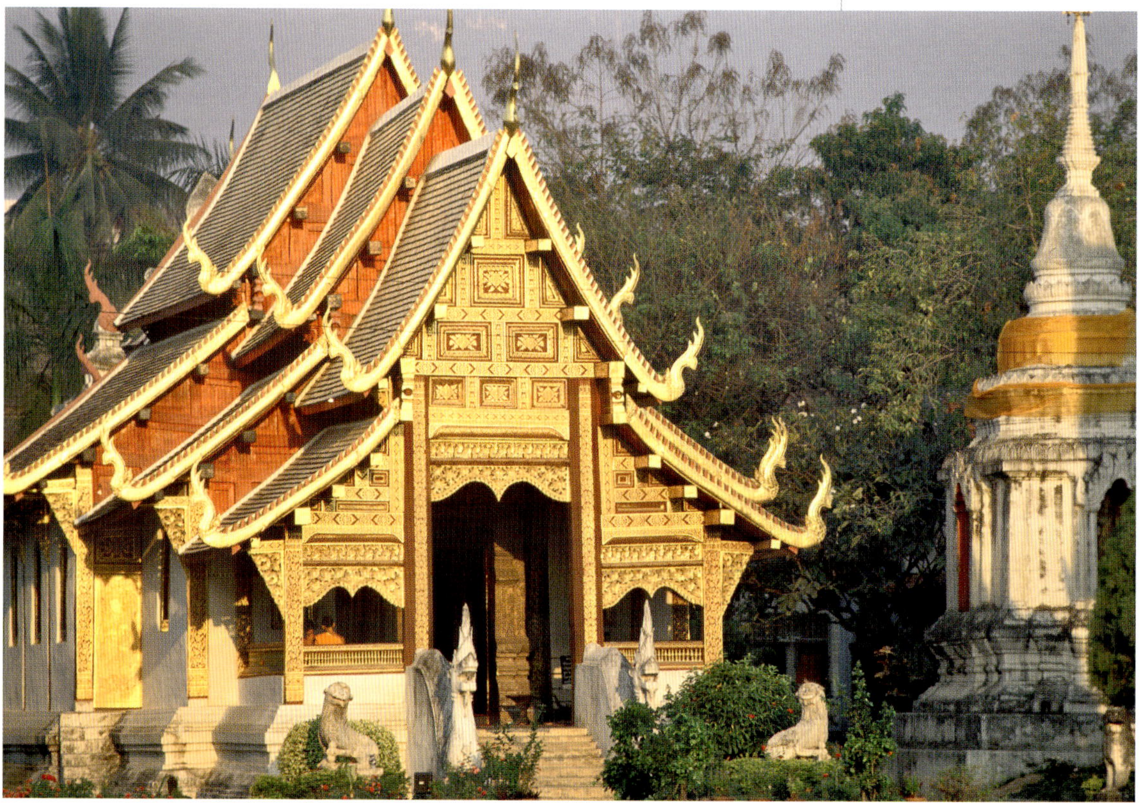

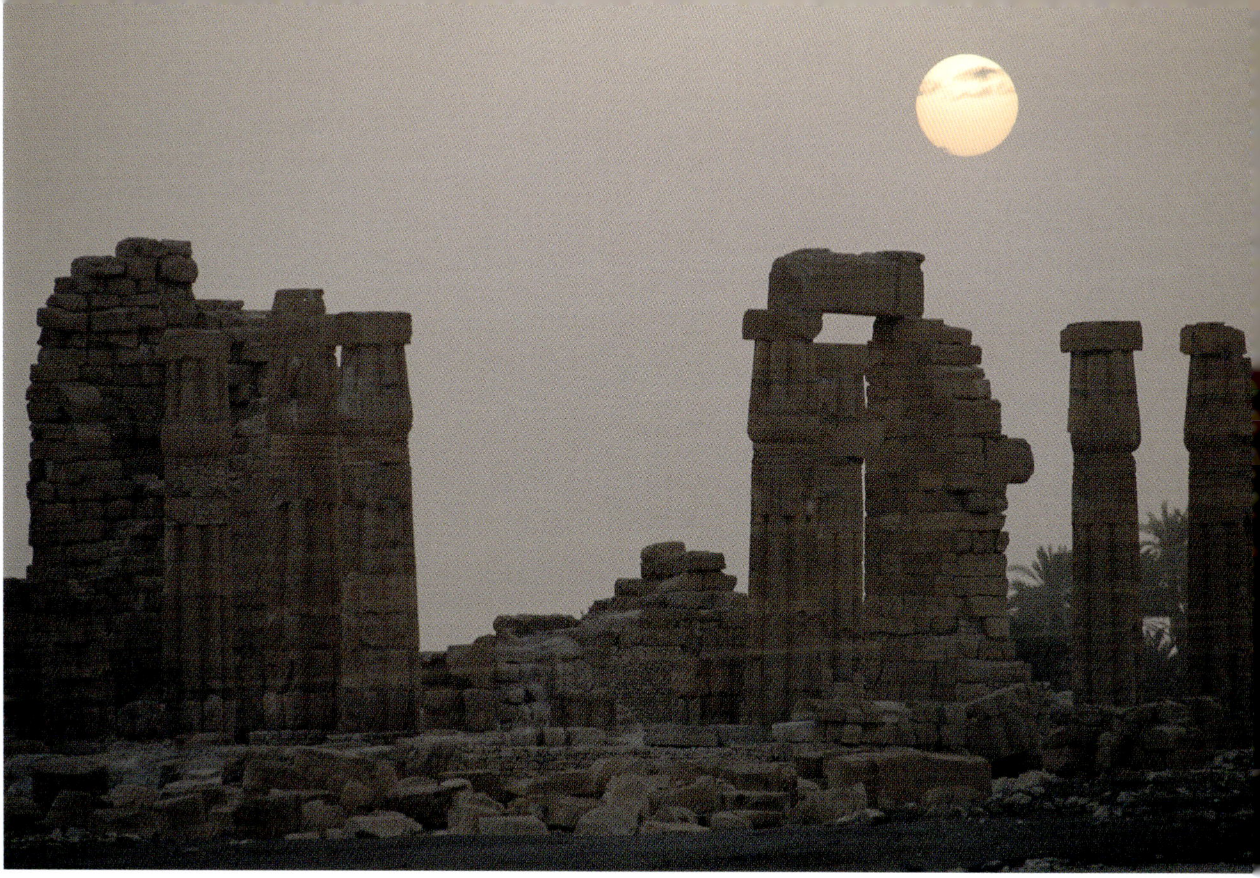

Zwei Arten von Beleuchtung mindern den Eindruck räumlicher Tiefe. Die erste Variante nennt sich *axiale Ausleuchtung* und beschreibt eine Lichtquelle, die sich auf einer gemeinsamen Achse mit dem Kameraobjektiv befindet. Dabei werden Schatten bis auf winzige schwarze Linien nahezu komplett eliminiert. Das ist vergleichbar mit einem Blitzgerät auf der Kamera oder einem Ringblitz auf dem Objektiv. In der realen Welt sind solche Lichtbedingungen sehr selten anzutreffen, da die Sonne wie im Beispiel des vergoldeten Thai Tempels sehr tief stehen muss.

Die zweite Variante entsteht, wenn das Licht zu diffus ist, um sichtbare Schatten zu werfen. Das ist beispielsweise bei bedecktem Himmel der Fall, wie im Bild rechts zu sehen ist, oder bei starkem Dunst wie im Bild oben. Dunst erzeugt jedoch eine atmosphärische Perspektive, die den Tiefeneindruck bis zu einem gewissen Maß wiederherstellt. Um das zu unterbinden, sollten Sie sich nah am Motiv befinden und eine lange Brennweite verwenden, was beim oberen Beispiel der Fall war.

Feine Partikel, die nach einem Sandsturm im nördlichen Sudan in der Luft verblieben sind, reduzieren die Tiefenwirkung.

Gleichmäßiges Tageslicht unterdrückt die Tiefenwirkung in dieser Szene von Steinhäusern in Yorkshire.

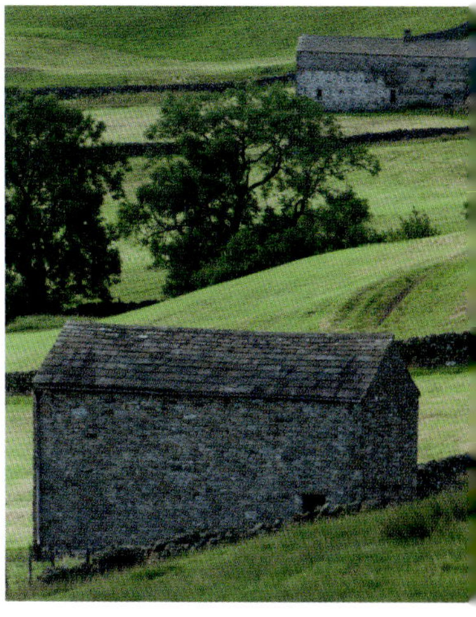

KAPITEL

3

AUSSCHNITT

Die meisten Diskussionen um Komposition drehen sich um die Platzierung einer Szene innerhalb des Bildrahmens – wie Dinge hineinpassen, sich positionieren und in Bezug zueinander setzen lassen. Dabei müssen Sie die Grenzen Ihrer Sicht ausloten, denn jedes Foto kann nur einen Ausschnitt der realen Welt abbilden. Sie können – wie Sie schon bald erfahren werden – mit der Form des Rahmens spielen, doch die natürlichen Grenzen des Ausschnitts bleiben stets erhalten. Die erste Handlung beim Fotografieren ist das Abwägen, welche Elemente vor dem Objektiv auf das Bild sollen und warum. Auf der anderen Seite entscheiden Sie sich auch bewusst gegen bestimmte Elemente, indem Sie diese außerhalb des Rahmens belassen. All diese Entscheidungen sollten schnell und am besten intuitiv getroffen werden.

Obwohl die Bestimmung des Ausschnitts die erste und entscheidende Aufgabe beim Fotografieren ist, darf sie keinesfalls isoliert von den restlichen Aspekten der Komposition betrachtet werden. Wenn Sie ein lohnendes Motiv entdecken, positionieren Sie es intuitiv innerhalb der Rahmenkanten. Wechseln Sie den Standort, ändert sich in der Regel auch der optimale Ausschnitt, sodass aus diesem Vorgang eine schnelle Abfolge vieler kleiner Korrekturen wird. In diesem Kapitel möchte ich auf die verschiedenen Rahmenvarianten und die Gründe für die Wahl eines bestimmten Ausschnitts eingehen.

Wir beginnen mit der Definition eines Motivs und wie es sich im Rahmen unterbringen lässt, gehen dann über zu unterschiedlichen Ausschnittformaten, die als »Seitenverhältnisse« bezeichnet werden, und schließen ab mit Methoden, wie sich der Ausschnitt in verschiedene Segmente unterteilen lässt – ein kleiner Vorgeschmack auf die Geometrie eines Bildes, die Sie in einem späteren Kapitel kennenlernen.

Der für mich interessanteste Aspekt dieses auch als »Framing« bezeichneten Vorgangs ist die Anpassung des Bildrahmens an das Motiv. Diese Aufgabe fühlt sich mit ausreichend Zeit sehr natürlich an und wird von großen Zoombereichen erleichtert. Darüber hinaus sprengt das »Stitching« – das Aneinanderreihen mehrerer Bilder – die von der Kamera vorgegebenen Rahmengrenzen. Oft frage ich mich, ob solche Hilfsmittel ein Fluch oder ein Segen sind, denn in meinen Augen sind es schlicht zu viele Wahlmöglichkeiten. Interessanterweise können Sie das Framing auch umgekehrt betreiben, indem Sie das Motiv an die Dimensionen des Rahmens anpassen. Dies ist etwa bei Festbrennweiten erforderlich, wenn sich der Ausschnitt nur geringfügig verändern lässt. Alle Varianten funktionieren hervorragend, sodass Sie durchaus mit der natürlichen Begrenzung des Bildausschnitts leben und diese auch zu Ihrem kreativen Vorteil nutzen können.

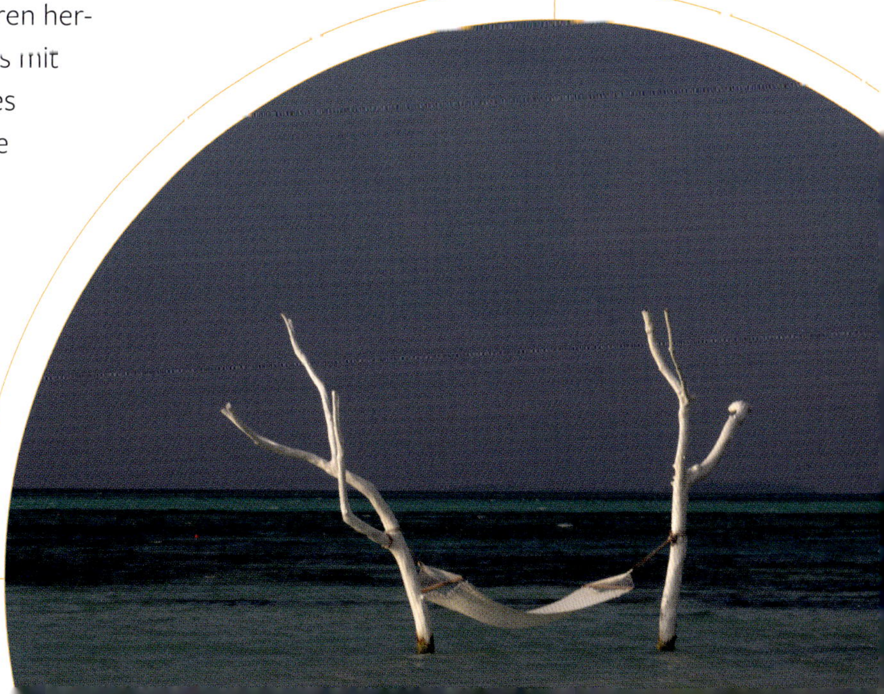

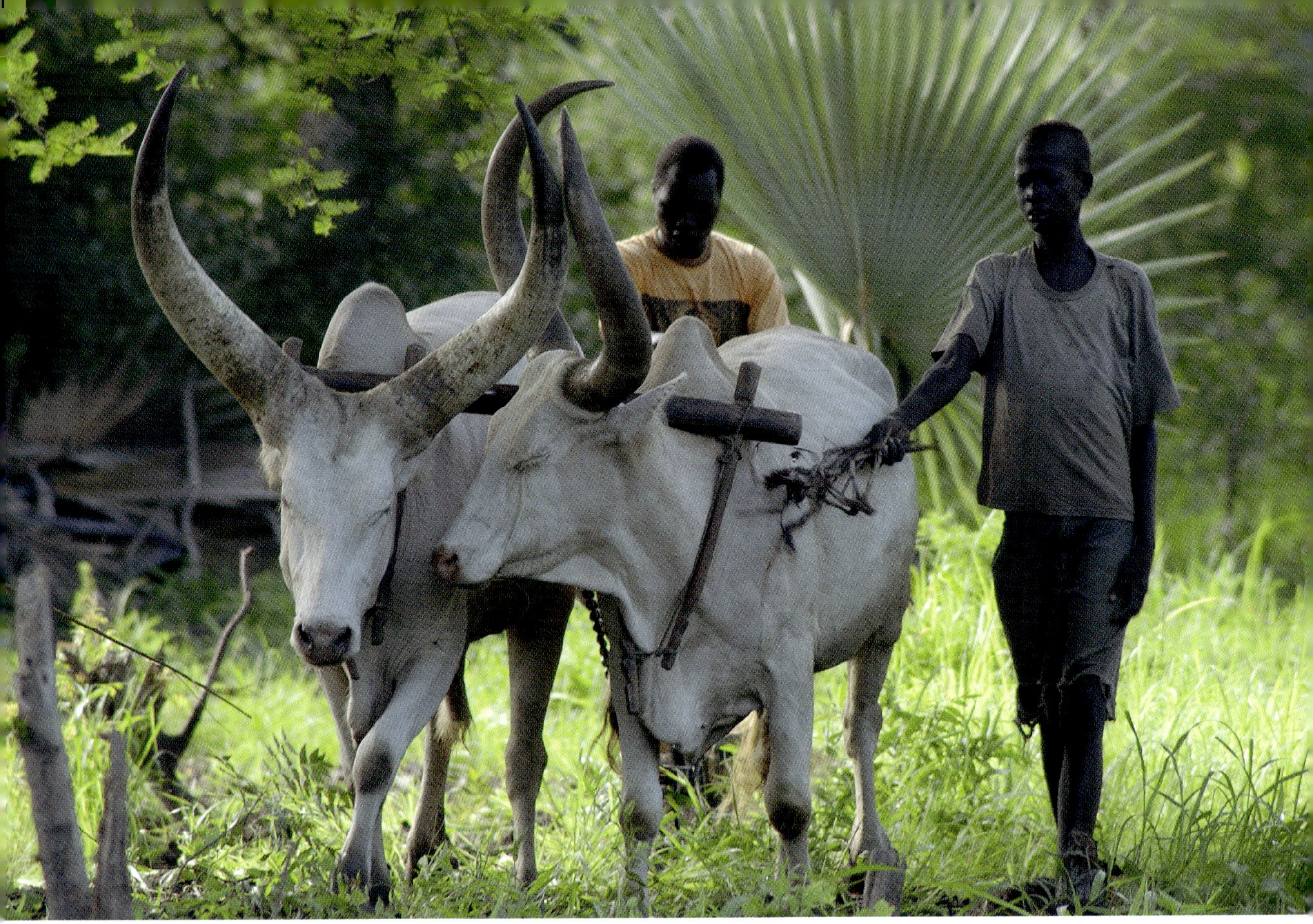

MOTIV UND AUSSCHNITT

In gewissem Sinne beginnt die Komposition mit der Platzierung des Motivs innerhalb des Bildrahmens. Das klingt zwar logisch, erfordert aber eine ganz bestimmte Art von Foto, die weit weniger verbreitet ist, als man denkt.

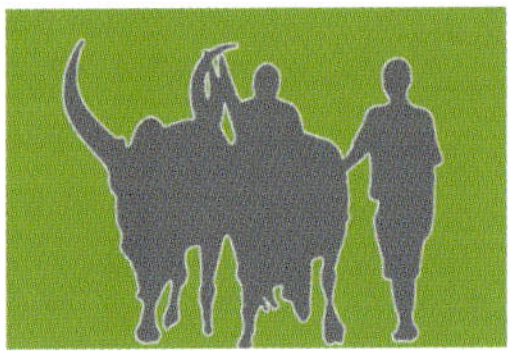

↑ Obwohl einige Farbtöne links fast mit dem Hintergrund verschmelzen, lassen sich die zwei Rinder und die zwei Menschen semantisch als Gruppe erkennen und bilden damit ein gemeinsames Motiv.

Wenn Sie einen Menschen, ein Haus, eine Blume oder einen Vogel ablichten möchten, haben Sie ein klares Ziel im Sinn. Doch in vielen Situationen treffen Sie auf weitaus komplexere Motive oder auch auf solche, die nicht eindeutig als Motive zu erkennen sind. Aus diesem Grund bedarf der Begriff »Motiv« der grundsätzlichen Klärung.

In der Fotografie gibt es drei wesentliche Arten von Motiven. Zunächst wären da die konkreten, klar umrissenen Objekte, wie ich sie eingangs erwähnt habe. Die zwei Rinder im Beispiel oben mit ihren Besitzern sind ein solches Motiv. Obwohl es sich um zwei Tiere und zwei Menschen handelt, bilden sie eine zusammengehörende Gruppe. Zweitens gibt es visuelle Motive, die mit der ersten Kategorie einhergehen können. Kompositorisch betrachtet, handelt es sich um Elemente, die durch Form, Kontrast

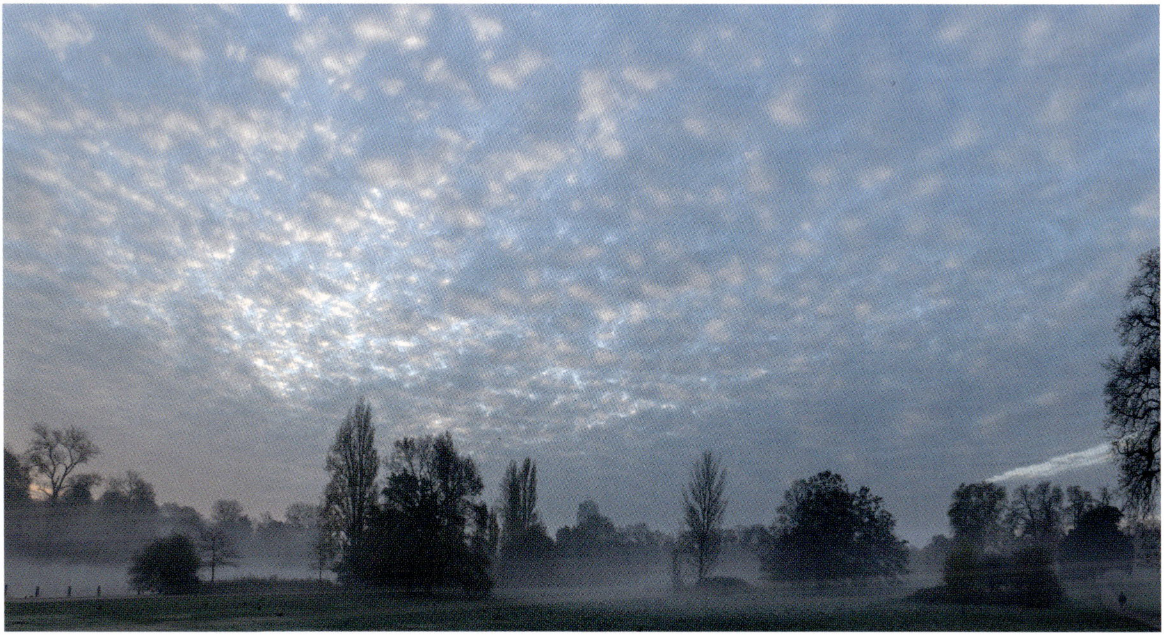

oder Farbe hervorstechen. Ein visuelles Motiv muss nicht klar erkennbar sein, es sollte sich lediglich deutlich vom Rest der Szene unterscheiden. Ein gutes Beispiel ist der indische Geistliche im Bild unten rechts: Das visuelle Motiv ist nicht der Mann selbst, dessen Konturen sich im dunklen Hintergrund auflösen, sondern eindeutig der helle Lichtstreifen, der den Mann partiell ausleuchtet.

Die dritte Motivgattung sind konzeptionelle Motive, die allein vom Fotografen selbst bestimmt werden. Wie schon bei den visuellen Motiven gibt es auch hier Mischformen mit konkreten Motiven. Wenn Sie einen vom Kopf bis zu den Schultern abgebildeten Menschen als Porträt fotografieren, ist das Motiv klar definiert. Doch wenn Sie eine Landschaft ohne ein klares, hervorstechendes Element ablichten, ist kein singuläres Motiv auszumachen. Im Fall des oberen Beispiels ist die Landschaft selbst das Motiv, da sie den Rahmen komplett ausfüllt und darüber hinaus reicht. Kompositorisch betrachtet, gibt es hier kein Motiv zu platzieren. Doch was ist, wenn es sich um eine Mischform irgendwo zwischen Landschaftsaufnahme und Porträt handelt, da beispielsweise eine entfernt stehende Person im Bild zu sehen ist? Diese Person kann das Motiv sein, wenn Sie sich dafür entscheiden. Ist somit die winzige Person in der unteren rechten Ecke ein potenzielles Motiv? Eher nicht. Doch Sie sehen, welche interessanten Wechselwirkungen sich ergeben können.

↑ Viele Landschaften bilden das eigentliche Motiv einer Aufnahme, wobei einzelne Elemente wie Bäume lediglich zum Gesamtbild beitragen.

↘ Obwohl es sich hier, semantisch betrachtet, um die Aufnahme eines Mannes handelt, bildet der Lichtstreifen das eigentliche Motiv.

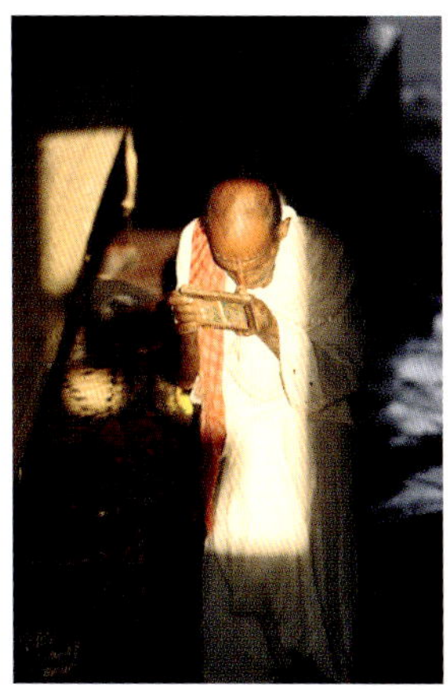

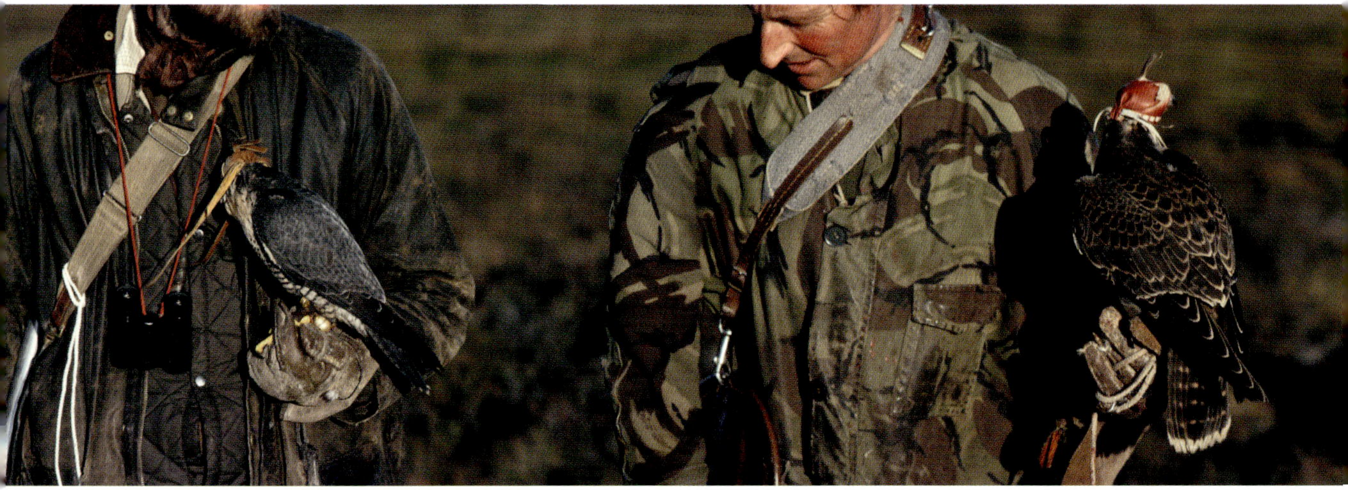

ANSCHNITT

Viele Fotografen haben unterschiedliche Ansichten darüber, wie eng oder weit ein Motiv innerhalb der Rahmenkanten eingepasst werden soll.

Das Argument für einen starken Anschnitt durch Annäherung oder Zoomen ist ein erhöhter Aufmerksamkeitswert und dass das Motiv besser in die Rahmengrenzen »passt«. Das Gegenargument für eine eher großzügige Platzierung durch größere Distanz oder eine geringere Brennweite ist, dass das Motiv mehr Raum zum »Atmen« hat und die Betrachter mehr Freiheiten bei der Betrachtung genießen. Die Gestalt des Motivs hat großen Einfluss auf den Anschnitt – je konkreter und kompakter es ist, desto besser lässt es sich in einem eher engen oder weiten Rahmen positionieren. Bei einer weitläufigen Landschaft wie auf der vorangegangenen Seite stellt sich dagegen kaum die Frage nach einem strengen oder lockeren Anschnitt. Bevor Sie den Rahmen enger ziehen, sollten Sie sorgfältig prüfen, ob diese Methode die Bildwirkung verstärken kann.

↑ Diese Aufnahme von zwei Falknern mit ihren Vögeln ist ungewöhnlich eng angeschnitten. Andere Bilder aus dieser Serie zeigen die Gesichter der Männer, sodass diese Variante im entsprechenden Kontext keine Probleme bereitet. Der nahezu vollkommene Verzicht auf die Gesichter lenkt den Blick der Betrachter auf die Greifvögel, die auf den Handschuhen der Jäger sitzen.

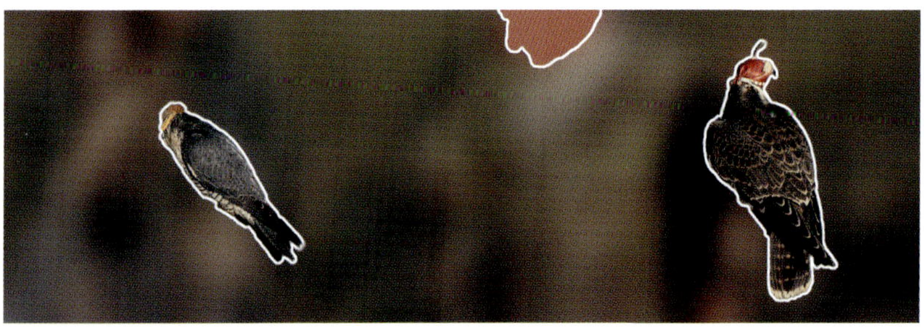

Beim Anschneiden erlangen Sie mehr Kontrolle über die Bildkomposition als bei anderen kompositorischen Maßnahmen. Die größte Stärke eines strikten Anschnitts ist die Möglichkeit, den Blick des Betrachters zu kontrollieren. Beide Beispiele auf diesen Seiten lenken die Augen der Rezipienten auf bestimmte Bildbereiche. Obwohl es sich bei beiden Motiven um frontale Porträtaufnahmen handelt, legt das eine den Fokus auf den Blick des Porträtierten und eine fast schon konfrontative Nähe, während das andere die Menschen in den Hintergrund rückt und den Schwerpunkt auf die Tiere lenkt.

Das Porträt des südsudanesischen Mannes zeichnet sich durch zwei fotografische Qualitäten aus. Die erste ist der Gesichtsausdruck und die zweite der faszinierende Farbkontrast zwischen der sehr dunklen Haut und der gelben Kleidung. Während der Aufnahme gab es zwei Alternativen. Ein lockerer Anschnitt arbeitet die Linie zwischen Arm, Ellbogen und Hand heraus, wodurch Kopf und Brust eingerahmt werden. Allerdings gerät dadurch der unruhige Hintergrund mit roten und blauen Farbakzenten mit aufs Bild. Eine Schwarzweißaufnahme hätte diese Probleme ausgeblendet, doch das war aufgrund des kräftigen Gelbs keine Option. Der eher radikale Ansatz bestand im harten Anschnitt in Höhe der Stirn des Mannes. Dadurch wird die gesamte Aufnahme weniger komplex, wobei die visuelle Kraft des direkten Blickkontakts vollumfänglich erhalten bleibt, um Aufmerksamkeit zu erzeugen.

Beide Aufnahmen haben ihre Stärken. Der weite Anschnitt rechts gewinnt durch die Linienführung des Arms, während die stark angeschnittene Version links visuell ruhiger wirkt und den Fokus auf den Blick und die Farbkontraste legt. Kopf und rechte Hand bilden einen großen Abstand (siehe Seite 150).

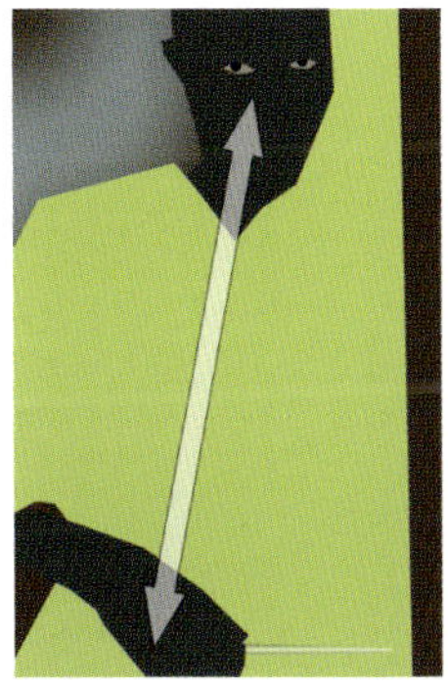

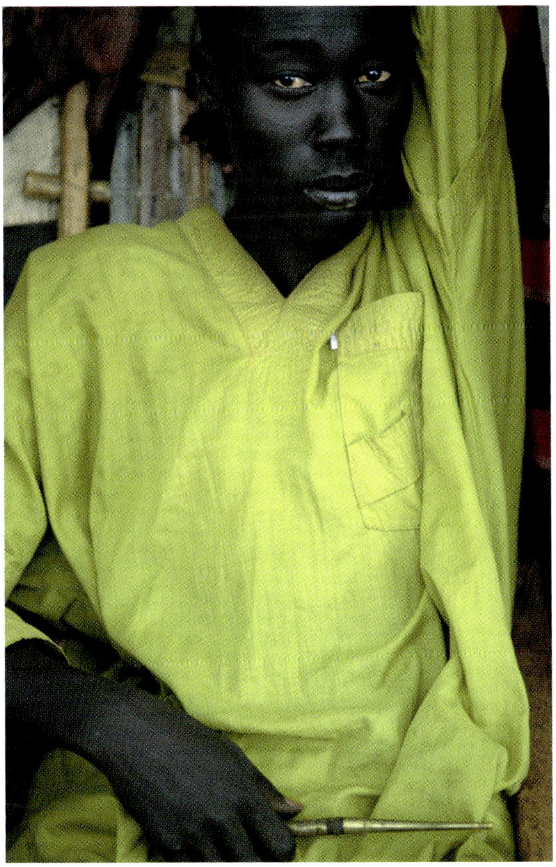

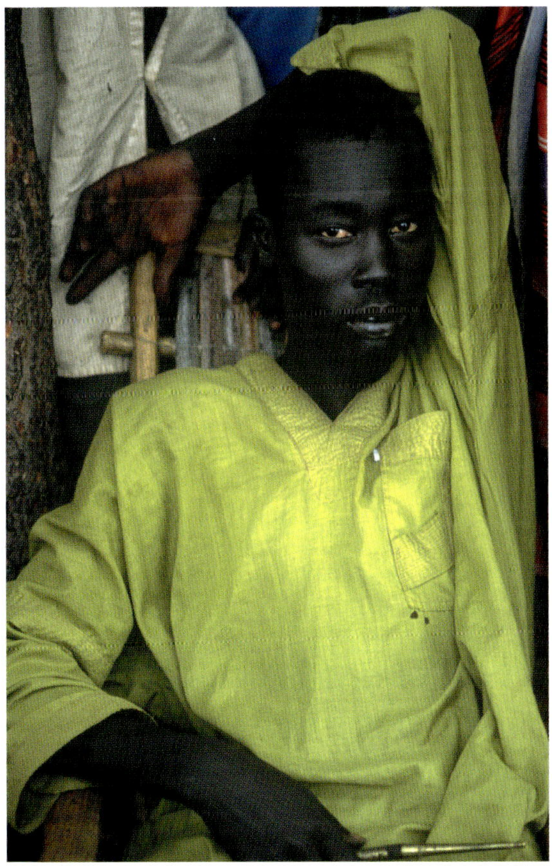

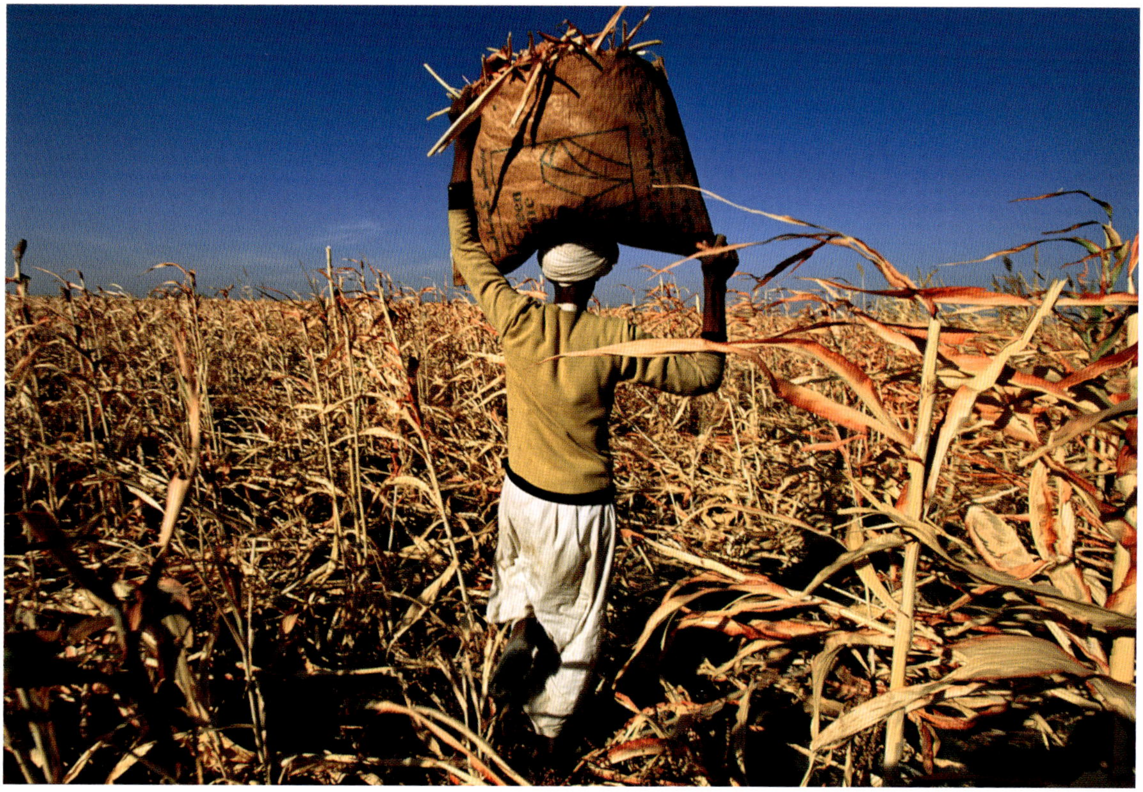

MOTIV PLATZIEREN

Wenn das Motiv klein abgebildet wird, stellt sich die Frage, wo genau es innerhalb des Ausschnitts positioniert werden soll. Die Abbildungsgröße liegt in Ihren Händen, wenn Sie ausreichend Zeit für die Komposition haben. Müssen Sie jedoch wie in der Straßenfotografie schnell auf sich ändernde Umstände reagieren, muss die Platzierung innerhalb von Sekundenbruchteilen erfolgen. Die Position des Motivs innerhalb der Rahmengrenzen muss einen Sinn ergeben. Soll die Positionierung visuell gefällig, ungewöhnlich oder im Einklang mit dem Rest des Bilds erfolgen?

Ein vertikal aufragendes Motiv in einem Querformat lässt sich in fünf Zonen platzieren. Die offensichtliche Symmetrie dieser Person und ihre Bewegung vom Betrachter weg legt eine Platzierung in der Bildmitte nahe.

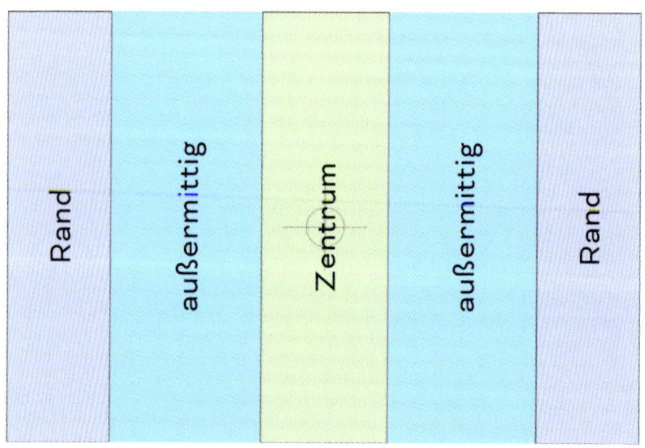

Um die Dinge zu vereinfachen, sollten Sie mit drei grundlegenden Zonen arbeiten: zentriert, außermittig und weit entfernt vom Zentrum. Die vielen Zonen in den Grafiken auf diesen Seiten stellen weder strikte noch exakte Vorgaben dar. Die Wahl der Position wird von der Größe und Form des Motivs beeinflusst. Der einen Sack Hirse tragende Bauer zur Linken füllt den Rahmen vertikal von oben bis unten aus, sodass er lediglich nach links oder rechts bewegt werden kann – zentriert, außermittig oder am Rand. Bei einem deutlich kleineren Motiv erhöhen sich die Wahlmöglichkeiten, sodass auch die Ecken in die Überlegungen miteinbezogen werden sollten. Die Ecken eines Bildausschnitts zeichnen sich durch große visuelle Kraft aus, sodass sie stets ausreichende Beachtung finden sollten. Des Weiteren eröffnen sie interessante Gestaltungsmöglichkeiten wie im Bild unten (mehr davon gibt es auf Seite 104 und 148). Eine solche extreme Platzierung weit weg von der Bildmitte erzeugt eine interessante Asymmetrie und kann visuelle Verbindungen herausarbeiten.

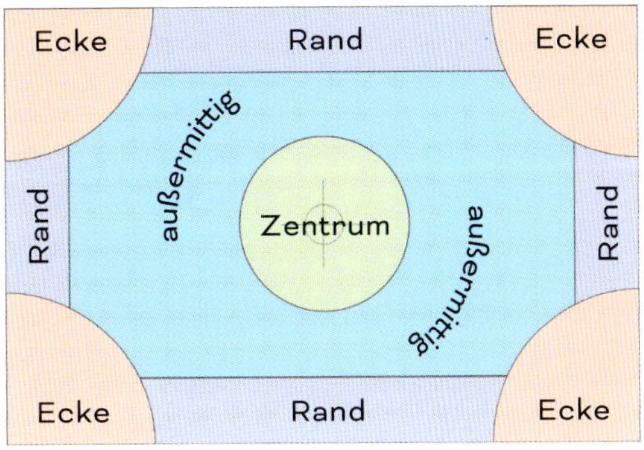

Wie Sie auf den folgenden Seiten sehen werden, gibt es unzählige Verbindungen zwischen einzelnen Bildelementen, und nur selten lassen sich diese so klar erkennen wie bei den Beispielen auf diesen Seiten. Um Ihnen die Grundlagen zu vermitteln, wurden diese zwei Bilder aufgrund ihrer klaren Struktur ausgewählt.

Die extreme Platzierung des Mannes in einem nubischen Dorf im Sudan hebt den Kontext zu den unverwechselbar gedeckten Häusern hervor. Der in der oberen linken Ecke platzierte Dorfbewohner blickt zudem in Richtung des geometrischen Musters aus Dreiecken.

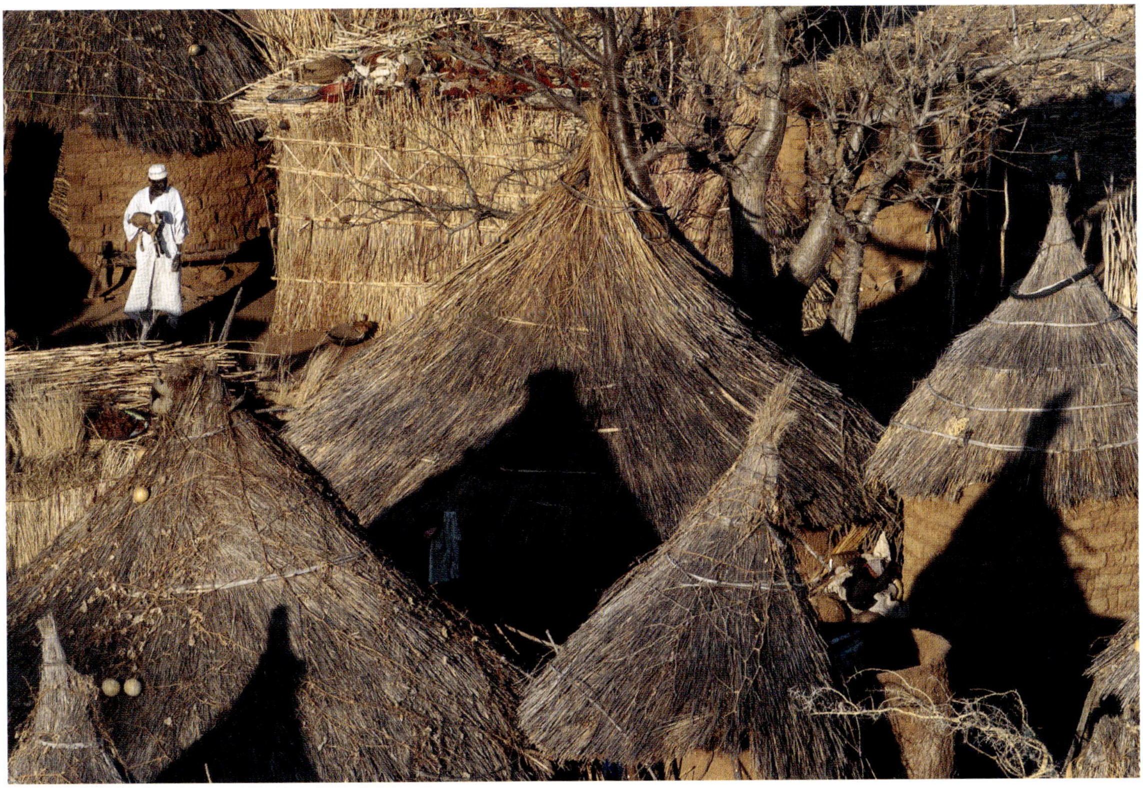

SCHMALER UND BREITER

Den Bildrahmen, den uns die Kameraoptik vorgibt, nehmen wir üblicherweise als gegeben hin. Wir komponieren unsere Bilder ganz natürlich innerhalb dieser gesetzten Grenzen. Dabei ist das Verhältnis zwischen Länge und Breite keineswegs strikt festgelegt – es gibt unterschiedliche Seitenverhältnisse. Die Digitalfotografie ermöglicht es uns, die traditionellen Rahmenbegrenzungen zu sprengen und uns für die gewünschten Proportionen zu entscheiden.

Die Evolution des 35-mm-Formats

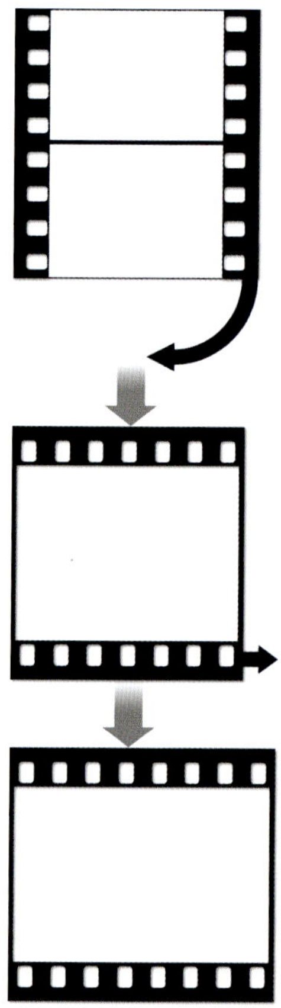

Wir sind meist in der Lage, uns mit den Beschränkungen zu arrangieren, die durch die Rahmenproportionen vorgegeben sind. Aktuell dominieren zwei Seitenverhältnisse die Welt der Fotografie: 3:2 und 4:3. Beide werden als »traditionelle Formate« bezeichnet. Das heißt, sie wurden in der Vergangenheit aus irgendwelchen Gründen festgelegt, die heutzutage zwar nicht mehr gelten, aber die Formate werden dennoch weiterverwendet. Beide gehen auf die Erfindung des Films und der Kinematografie zurück. Für den vertikalen Transport des Filmstreifens in Kamera und Projektor waren perforierte Streifen rechts und links vom eigentlichen Bild erforderlich. Dadurch wurde die Höhe eines Einzelbilds von der Anzahl der Perforationen bestimmt. Frühe Stummfilme waren mit vier Öffnungen auf jeder Seite ausgestattet, was ein Seitenverhältnis von 4:3 ergab. Auch mit der Einführung der Tonspur auf dem Filmstreifen in den späten 1920ern wurde dieses Seitenverhältnis mit der offiziellen Bezeichnung »Academy Ratio« beibehalten.

Im Laufe der Jahrzehnte wurde das Publikum mit diesem Seitenverhältnis vertraut, sodass es auch bei Fernsehern und den ersten Computermonitoren verwendet wurde. 1999 wurden diese Proportionen mit dem Vierdrittel-Digitalformat (»Four Thirds«) erneut übernommen, da 4:3 relativ nah dran am 10:8-Format für Fotoabzüge war. Auch Smartphone-Kameras wurden mit Bildsensoren im 4:3-Verhältnis ausgestattet.

Das Seitenverhältnis 3:2 wird heutzutage eher mit hochwertigen DSLRs und spiegellosen High-End-Kameras verbunden. Es wurde vom Ingenieur und ambitionierten Fotografen Oskar Barnack entwickelt, der beim bekannten deutschen Unternehmen Leitz arbeitete. Er setzte auf den horizontalen Transport des Filmstreifens, um handliche Kameragehäuse zu ermöglichen. Da der vergleichsweise schmale Bildbereich als Problem angesehen wurde, vergrößerte Barnack ihn, indem er eine weitere

Diese Architekturaufnahmen illustrieren den Unterschied zwischen den beiden Seitenverhältnissen. Während 3:2 für eine breitere Bildwirkung sorgt, erscheint 4:3 kompakter und verstärkt die vertikale Bildwirkung. Die Unterschiede sind allerdings so gering, dass Sie sich für ein bestimmtes Format für Ihre tägliche Arbeit entscheiden sollten. Denn über die Zeit hinweg werden Sie mit den Proportionen so vertraut, dass ein Wechsel des Seitenverhältnisses eher negative Auswirkungen auf Ihre Kompositionen haben könnte.

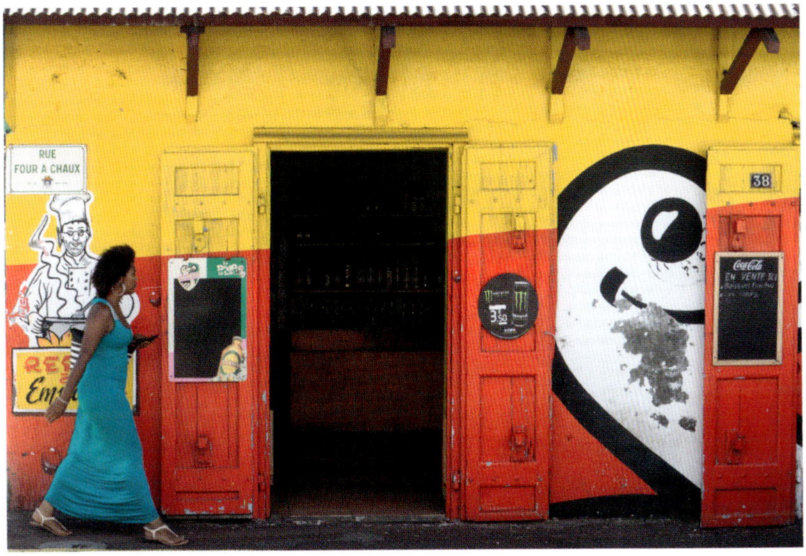

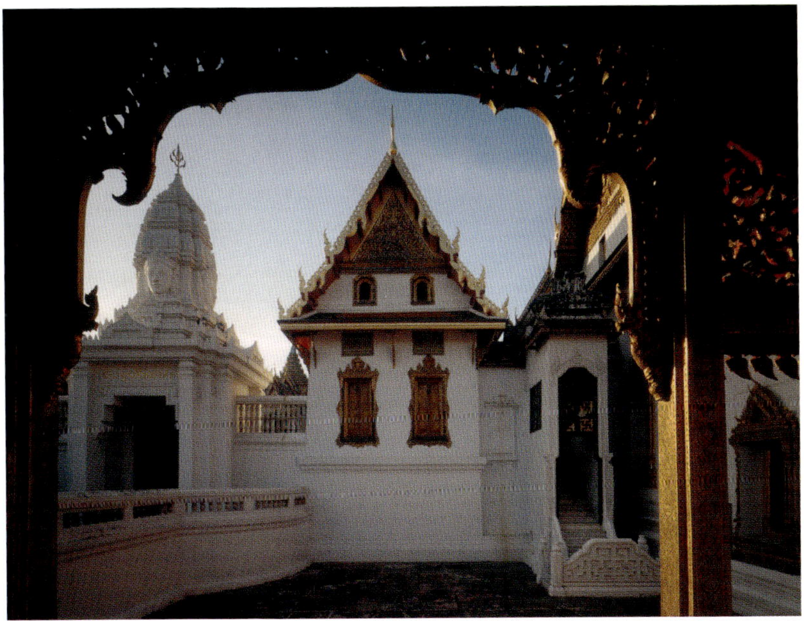

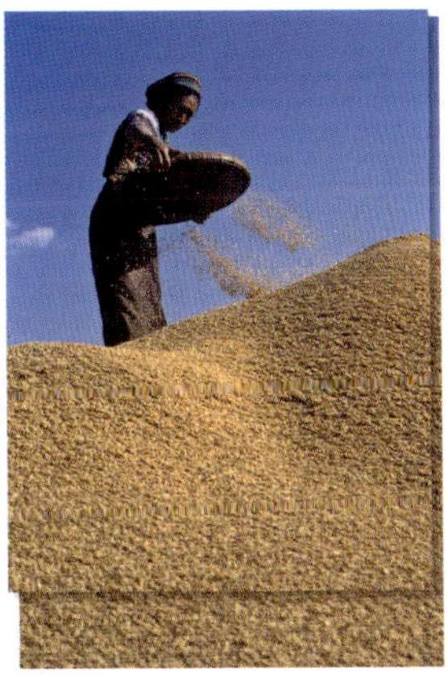

Im Hochformat fällt der Unterschied zwischen den beiden Seitenverhältnissen deutlicher aus. 2:3 führt in diesem Beispiel zu einer unnatürlich wirkenden Verlängerung des Bildes, während 3:4 eher unseren Sehgewohnheiten entspricht.

Perforation hinzufügte. Statt mit sieben Löchern pro Bild wie beim 4:3-Format erzielte er mit acht Löchern das Seitenverhältnis 3:2, was die verfügbare Bildfläche um 14 % vergrößerte.

Mit dem Erfolg der Markteinführung der Leica im Jahre 1924 setzte sich das Bildseitenformat 3:2 dauerhaft durch, das auch von digitalen Spiegelreflexkameras übernommen wurde. Interessanterweise war dieses Format viele Jahrzehnte lang ein wichtiger Sonderfall in der Fotografie, bis das Digitalfernsehen das 16:9-Breitbildformat einführte – deutlich breiter im Querformat, doch im Hochformat fast unangenehm hoch.

AUSRICHTUNG

Beide verbreiteten Kameraformate erlauben sowohl eine horizontale als auch vertikale Bildausrichtung, also das Fotografieren im Quer- oder Hochformat. Die Wahl der Ausrichtung wird nicht selten von den Gewohnheiten der Fotografen bei der Kamerahaltung beeinflusst.

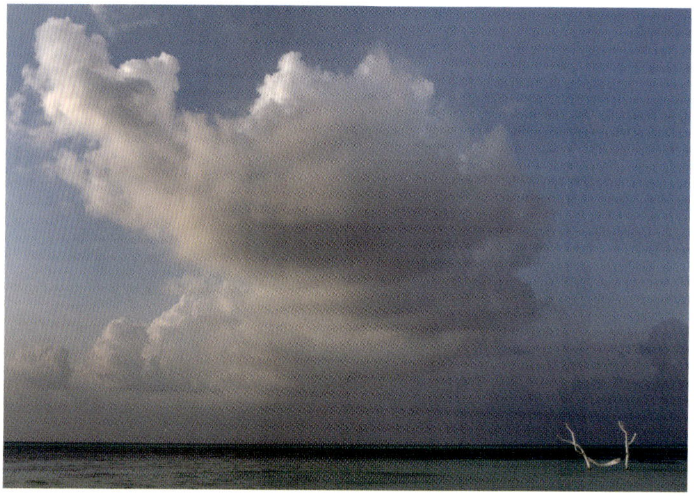

Eine herkömmliche Kamera lässt sich leichter greifen und halten, wenn horizontale Aufnahmen gemacht werden (Querformat, engl. *Landscape*). Smartphones werden dagegen eher vertikal gehalten (Hochformat, engl. *Portrait*). In beiden Fällen sollten Sie jedoch abwägen, die Kamera für eine bessere Bildwirkung um 90° zu drehen. Der Hauptgrund hierfür sind sich vertikal ausdehnende Motive wie die Tempelszene in Burma auf der nächsten Seite. Ein weiterer Grund ist rein experimentell: Kann eine andere Ausrichtung die Bildwirkung begünstigen? Ein dritter Grund ist die geplante Verwendung des Fotos: Soll es auf einer gedruckten Seite oder einem Handy-Display abgebildet werden, die meist vertikal ausgerichtet sind, oder auf einem Computermonitor mit horizontaler Ausrichtung?

Da wir uns bislang meist mit Querformaten auseinandergesetzt haben, möchte ich hier explizit auf Hochformate eingehen, die zu einer anderen Dynamik führen können. Die Unterschiede fallen in der Regel bei 2:3 stärker aus als beim kompakteren 3:4-Format. 2:3-Hochformate wirken oft zu stark gestreckt für einen harmonischen Bildeindruck, und Motive werden instinktiv nahe des unteren Bildrands platziert, was an unserem Gefühl für Schwerkraft liegt. Die Serie oben demonstriert anschaulich die Suche nach der passenden Ausrichtung. Die Bilder sollen sowohl den aufziehenden Tropensturm als auch die zwischen zwei Ästen gespannte Hängematte illustrieren.

↖ Diese drei Versionen einer Strandansicht auf den Malediven entstanden innerhalb von fünf Minuten. Die sich ständig verändernden Wolkenformationen wurden mit den beiden weißen Ästen und der dazwischen gespannten Hängematte in Relation gesetzt.

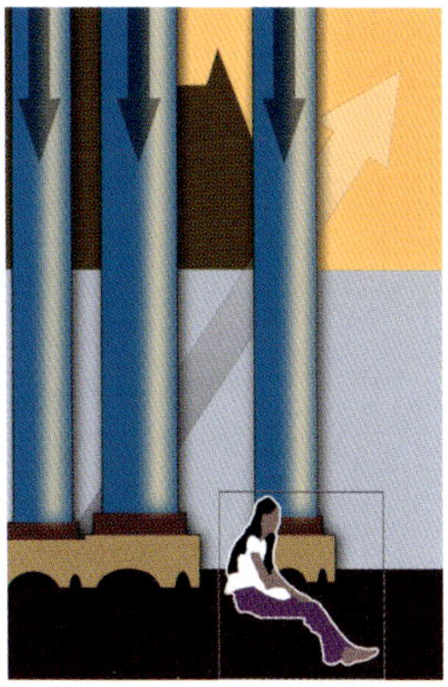

Dieses klassische Hochformat stellt die Shwedagon-Pagode in Myanmar dar. Drei Komponenten verstärken die vertikale Bildwirkung: die prachtvollen Säulen, der Lichtverlauf von unten nach oben und die Position des Mädchens am Fuß der Säulen. Darüber hinaus ist auch das horizontale Arrangement sehr gefällig. Das schmalere 2:3-Format hebt die Höhe der Säulen hervor und macht das gesamte Bild bemerkenswert »lang«.

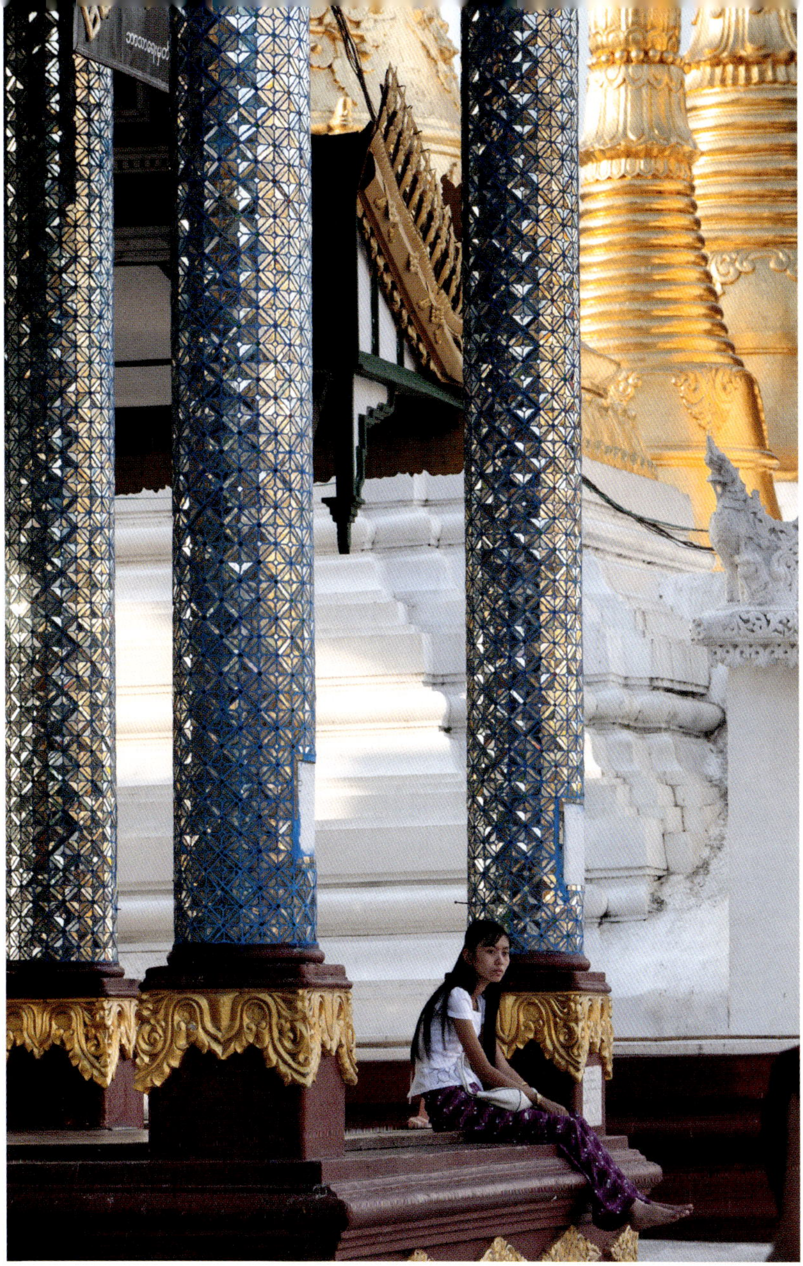

In allen Fällen entsteht eine visuelle Verbindung zwischen den weißen Ästen und den schnell wechselnden Wolkenformationen. Alle drei Aufnahmen funktionieren hervorragend, solange durch die richtige Brennweite beide Elemente gemeinsam in Szene gesetzt werden. Das rechte Bild stellt die stärkste Verbindung zwischen den Elementen her, da die Ausdehnung der Wolken der Form der Äste folgt. Die präzise Wahl des Ausschnitts unterstützt das Auge beim Erkennen dieser Übereinstimmung.

QUADRAT

Quadratische Rahmen sind in nahezu jeder Kunstform selten anzutreffen, tauchen jedoch immer wieder mal auf. Woher kommt die Abneigung gegen diese Form? Wahrscheinlich liegt sie in unserem natürlichen Blickfeld begründet, das breiteren Seitenverhältnissen entspricht.

Quadratische Rahmen lassen sowohl die Andeutung einer bestimmten Richtung als auch die visuelle Spannung unterschiedlich langer Diagonalen von Ecke zu Ecke vermissen. Deshalb besteht die Gefahr, dass die Komposition innerhalb eines solchen Ausschnitts als restriktiv empfunden wird. In der klassischen Malerei wurde das Format nur selten verwendet, bis J.M.W. Turner gegen Ende seines Lebens eine Serie quadratischer Gemälde erschuf, die für Kontroversen sorgte. Einige Maler späterer Epochen – darunter Piet Mondrian, Mark Rothko und Josef Albers – arbeiteten auch mit quadratischen Leinwänden, wobei diese Künstler sich ohnehin intensiv mit der Geometrie auseinandersetzten.

In der Fotografie waren quadratische Formate aus technischen Gründen weit verbreitet. Dabei spielte die Mechanik der Kameras eine größere Rolle als die Bedürfnisse der Fotografen. In der ersten Hälfte des 20. Jahrhunderts war das Mittelformat mit 6×6cm die beliebteste Filmgröße. Entsprechende Kameras wie die Modelle von Hasselblad waren mit einem Sucherobjektiv ausgestattet, das sein Bild auf eine Fläche an der Oberseite der Kamera warf. Hoch- oder Querformate entstanden bei der Entwicklung im Labor. Später setzte die kurzlebige, aber einflussreiche SX-70 von Polaroid auf das quadratische Format. In jüngster Zeit finden wir quadratische Bilder im sozialen Netzwerk Instagram, da sich dieses Format am besten für die Darstellung in einem Raster aus mehreren Bildern oder für Bildminiaturen eignet.

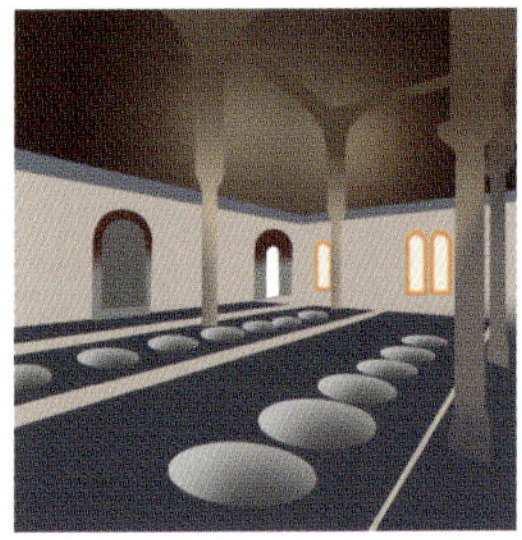

Die Förmlichkeit traditioneller Architektur, wie hier in der alten Molkerei von Frogmore, Windsor, harmoniert oft mit dem quadratischen Format. Konvergierende Vertikalen wurden hier durch ein Weitwinkelobjektiv und erhöhten Blickwinkel vermieden.

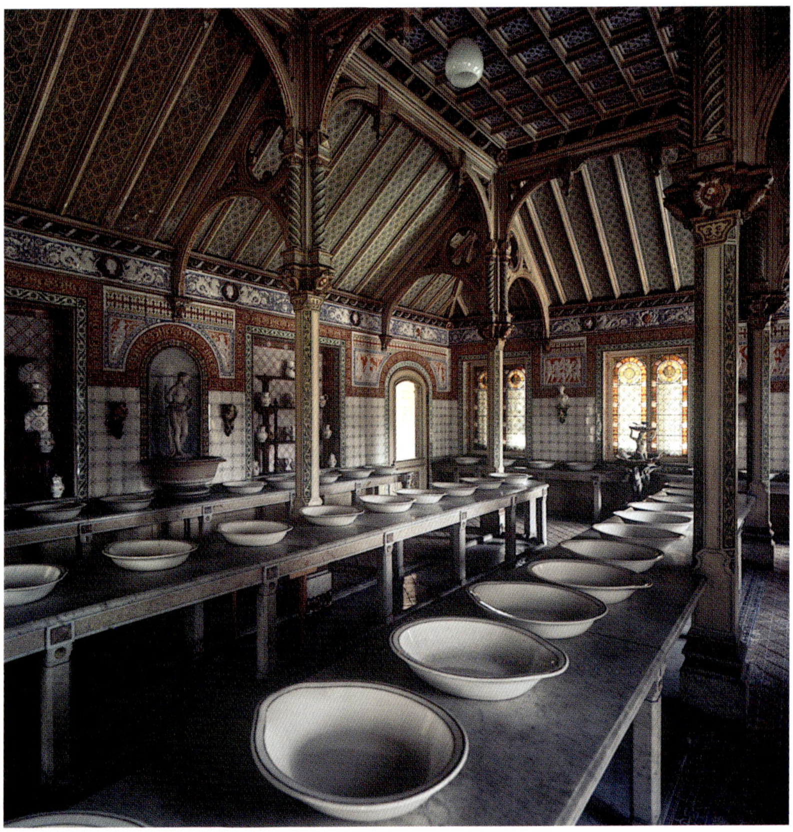

Obwohl die meisten Szenen nicht mit dem quadratischen Format harmonieren, gibt es einige Motive, die sich für interessante Kompositionen eignen – darunter quadratische oder kreisförmige Strukturen, symmetrische Elemente und Muster. Doch nun zum interessantesten Aspekt: Da wir durchaus in der Lage sind, eine gelungene Komposition in jedem beliebigen Rahmen unterzubringen, können Sie Ihre kompositorischen Fähigkeiten in quadratischen Formaten trainieren und zur Meisterschaft bringen. Das erfordert einen gewissen Aufwand und eine gehörige Portion Vorstellungskraft, doch die Ergebnisse können herausragend sein und Ihr Können auf spektakuläre Weise illustrieren.

Ein Beispiel, wie wir Inhalte an verschiedene Seitenverhältnisse anpassen können. Ein quadratisches Format mag für die Straßenfotografie beispielsweise ungeeignet sein, doch mithilfe der durch die Pfeile (unten) hervorgehobene »L«-Strategie füllt die Passagierin eines Bootes auf dem Amazonas den Rahmen harmonisch aus.

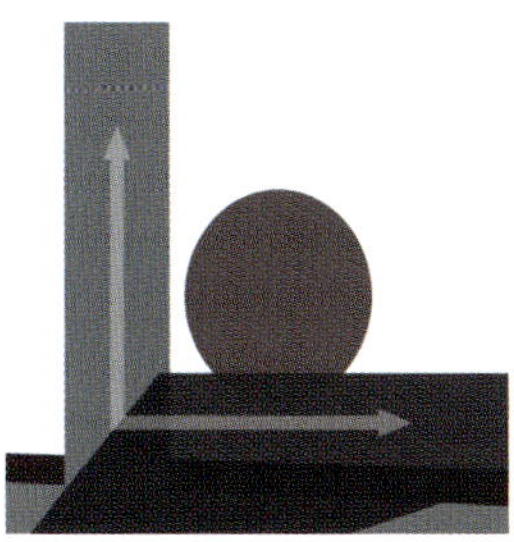

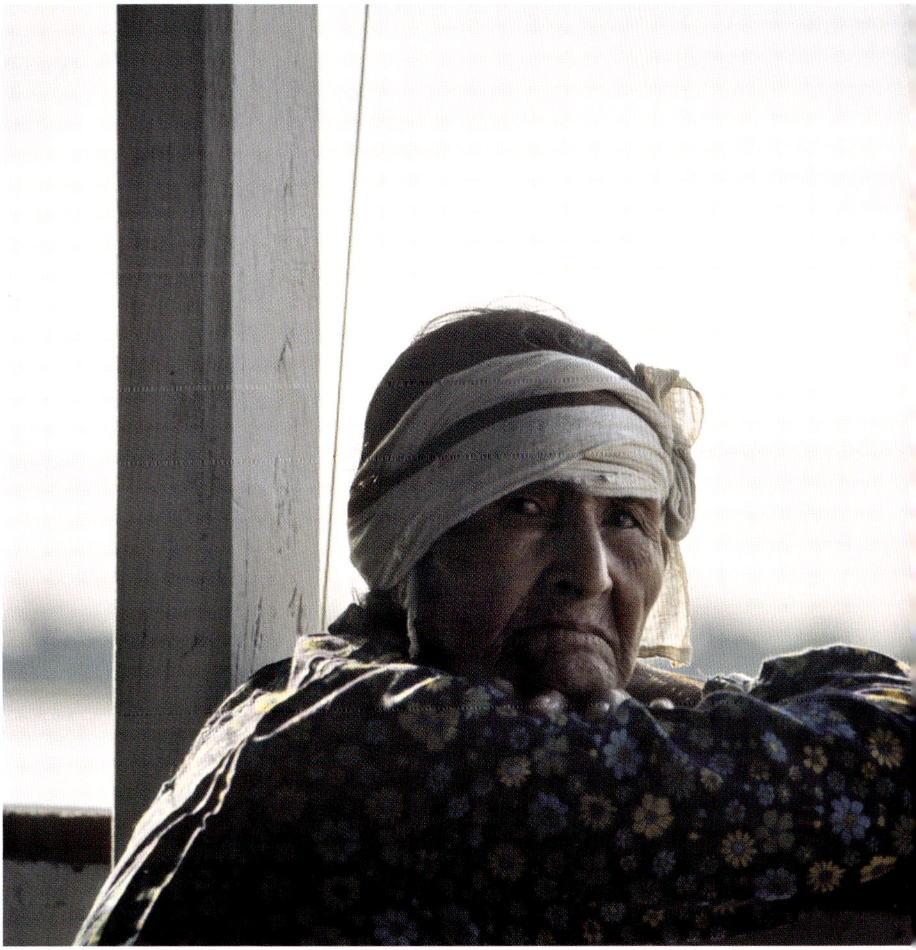

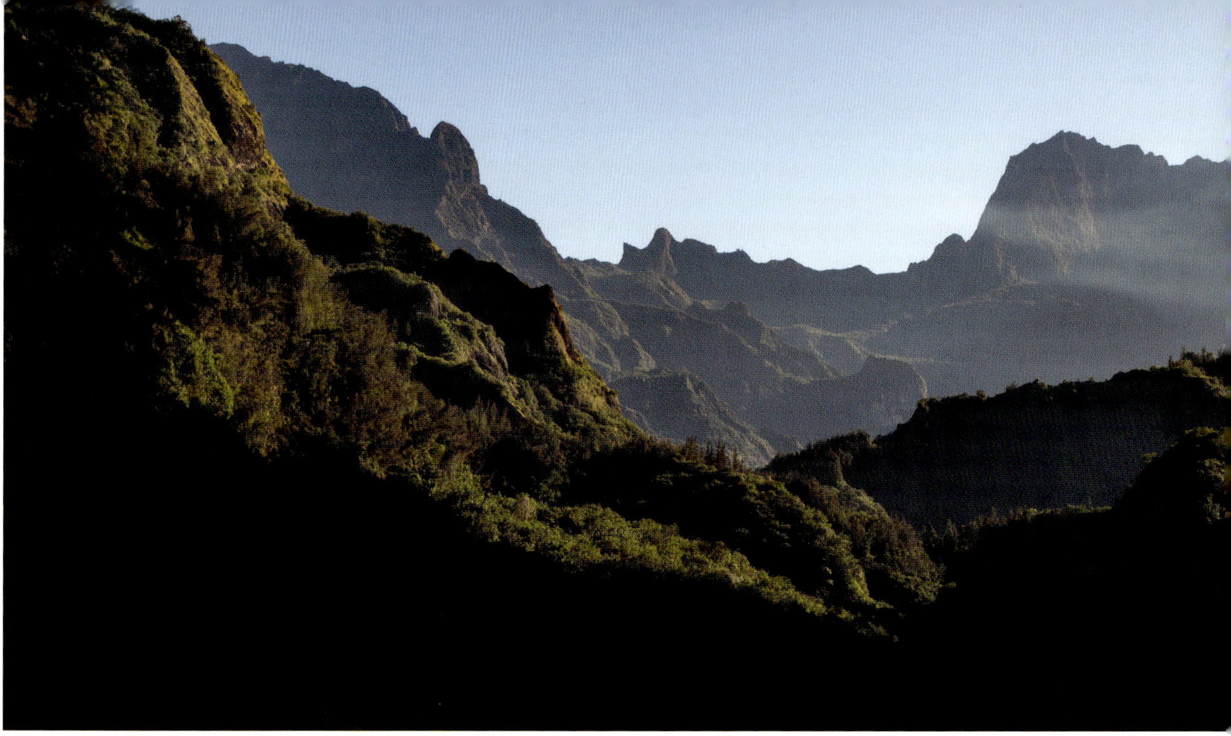

BREITBILD UND PANORAMA

Seit das Breitbildformat 16:9 während der ersten Jahre des 21. Jahrhunderts zum Standard für Fernseher, Monitore und Camcorder geworden ist, wird es auch in der Fotografie immer beliebter. Breite Seitenverhältnisse bieten eine andere visuelle Erfahrung als die Standardformate und wirken auf viele Betrachter überaus attraktiv.

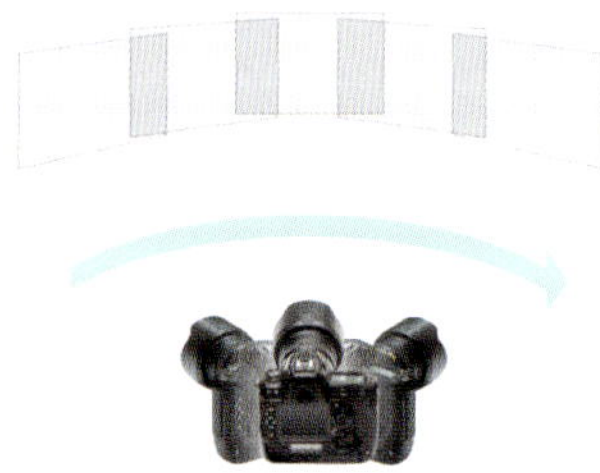

Kameraschwenk und anschließendes Stitching der Einzelbilder sind die bevorzugten Methoden zur Erstellung von Breitbildern. Mit einer guten Software brauchen Sie nicht einmal ein Stativ dazu.

Viele Kameras bieten einen 16:9-Modus, bei dem Teile des Sensors ausmaskiert werden, denn es gibt keine Kamerasensoren im 16:9-Format. Stitching und Panoramafotografie nutzen dagegen die volle Auflösung eines 3:2-Sensors, indem mehrere Bilder horizontal aneinandergefügt werden. Deshalb sollte das Stitching stets einem generischen 16:9-Modus vorgezogen werden. Die dabei entstehenden, sehr großen Dateien erfordern eine gewisse Planung, sodass Ihre fotografischen Sinne dabei gut trainiert werden. Ich nutze den Begriff *Breitbild* oder die bekannte englische Bezeichnung *Widescreen* im kinematografischen Sinne, denn echte Widescreen-Aufnahmen können sich horizontal viel weiter ausdehnen als 16:9-Formate. Seit der Einführung von CinemaScope in den 1950ern können Fotografen im Kino lernen, wie breite Formate funktionieren. Mit wenigen Ausnahmen (Fritz Lang meinte, es sei »gut für Schlangen und Begräbnisse, und sonst nichts«[1]) ließen sich große Regisseure – von James Cameron über Sergio Leone bis hin zu John Boorman – vom

1 Fritz Lang, sich selbst spielend, in: *Le Mepris* (1963) von Jean-Luc Godard (Regisseur)

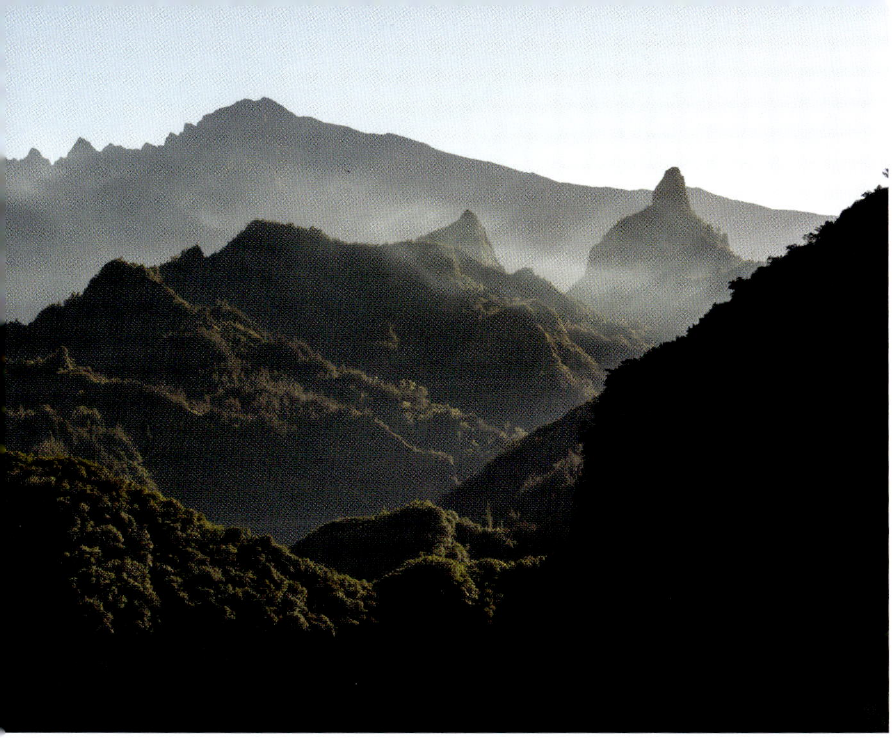

Diese zerklüftete Vulkanlandschaft auf der Insel La Réunion lässt sich am besten im Widescreen-Format abbilden. Die Konturen der Gebirgszüge verlaufen horizontal, und das breite Format erlaubte die Abbildung der dunklen Hügel im Vordergrund, die dem Bild einen natürlichen Rahmen verleihen.

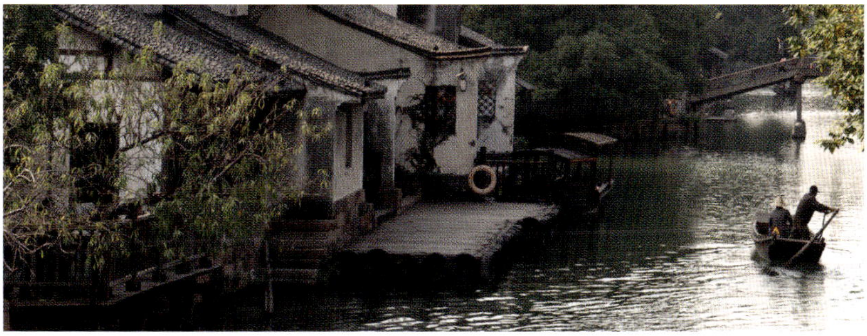

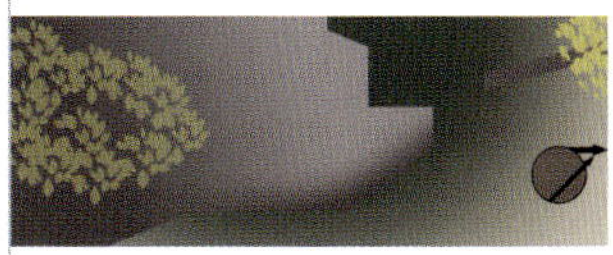

Dieser Kanal in einem der Wasserdörfer im Yangtze-Delta wurde wie im Text beschrieben abgebildet – Aktion auf der einen Seite und statische, architektonische Elemente auf der anderen Seite. Dadurch nimmt der Betrachter die Szene in ihrer gesamten Ausdehnung wahr.

breiten Bild inspirieren. Boorman stellte heraus, dass die Augen ein breites Format in einer großen Projektion nicht komplett erfassen können und das Bild von links nach rechts abtasten. »Man kann die Aufmerksamkeit des Publikums auf einen Teil der Leinwand lenken, während in anderen Bereichen Dinge stattfinden, die nahezu unterschwellig wahrgenommen werden.«[2]

Dadurch ergeben sich zwei typische Anwendungsfälle für das Breitbildformat. Im ersten nutzen Sie das Format, um die weite Ausdehnung einer Landschaft einzufangen, die von einem Aussichtspunkt betrachtet wird. Das funktioniert mit den meisten Landschaften. In der zweiten Variante positionieren Sie mehrere Elemente im Bild, die Sie entweder aneinanderreihen (siehe Seite 156) oder indem Sie einen Spannungsbogen durch weit voneinander entfernte Objekte erzeugen (siehe Seite 150).

2 John Boorman, in: *CinemaScope: In Praise of Widescreen*, BBC, 1992, auf YouTube, *www.youtube.com/watch?v=QtLUy9l1a44*

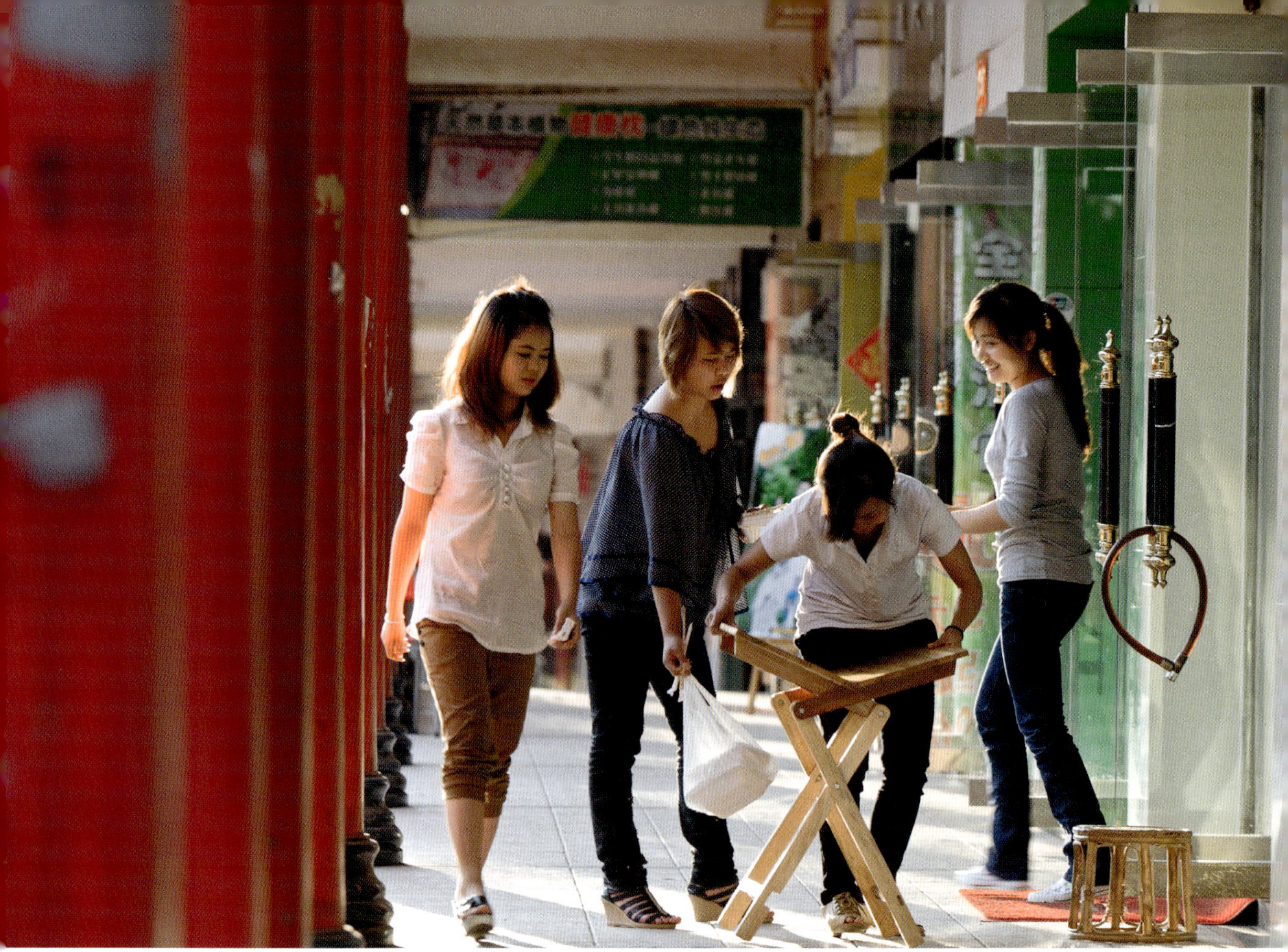

GRUNDLEGENDE UNTERTEILUNG

Nicht jedes Bild muss unterteilt werden – ein großes Motiv oder auch eine Reihe von kleineren Motiven (siehe Seite 156) können den ganzen Rahmen ausfüllen. Sind jedoch zwei klar voneinander unterscheidbare Areale wie Land und Himmel vorhanden, müssen Sie sich entscheiden, wo Sie die Trennlinie setzen.

Horizontlinien sind mit Sicherheit die am häufigsten vertretenen Bereichsunterteiler in der Fotografie, doch es gibt noch viele andere Varianten. Die Bedeutung solcher Grenzlinien ist vom Kontrast der beiden Bildbereiche abhängig, der beispielsweise von Helligkeit, Farbe oder Textur bestimmt wird. Der Unterschied kann auch durch Objekte, wie Wände, Tore oder (wie im Falle des Beispielbilds) Säulen, bewirkt werden, wobei hier zusätzlich ein Farbkontrast ins Spiel kommt. Ähnlich wie

→ In dieser Helikopteraufnahme des Lake Mead in Nevada ist die Topografie so interessant, dass sie eine sehr hohe Horizontlinie rechtfertigt.

Die roten Säulen ermöglichen zusammen mit den grünen Komplementärfarben eine deutliche Unterteilung dieser Aufnahme in einer chinesischen Kleinstadt. Die heiteren Mädchen sind das Hauptmotiv, während die Unterteilung einen visuellen Bonus darstellt. Die Grafik unten stellt die möglichen Alternativen zwischen einem schmalen roten Streifen und einer größeren Dominanz der Säulen dar.

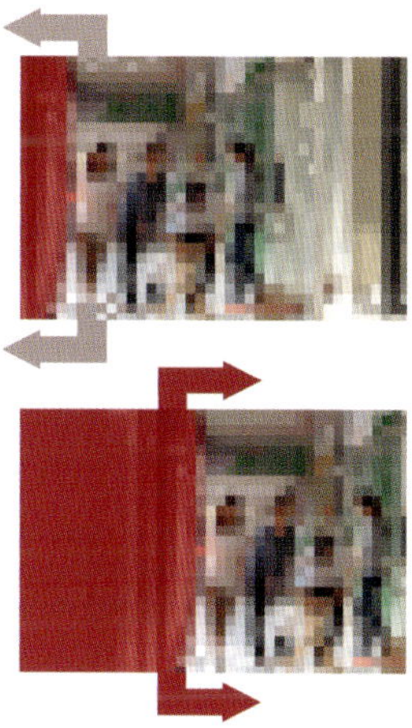

bei der Positionierung von Motiven innerhalb des Rahmens, wie sie auf den Seiten 52 und 53 beschrieben wurde, wird das Verschieben der Trennlinie nach oben, unten, rechts oder links von vielen weiteren Faktoren beeinflusst. Die klar strukturierten Beispiele auf diesen Seiten sollen den Entscheidungsprozess anschaulich illustrieren. Generell gilt: Je schärfer die Trennlinie ist, desto mehr Aufmerksamkeit zieht sie auf sich.

Der Horizont genießt eine Sonderrolle, denn er ist eine Konstante in unserem Leben und unseren Erfahrungen. Deshalb sollte die Horizontlinie idealerweise in der Nähe der Bildmitte verlaufen, jedoch nicht exakt im Zentrum. In Fotografenkreisen herrscht seit jeher eine rege Diskussion über die perfekte Positionierung der Horizontlinie. In der Realität gehört diese Entscheidung nicht zu den wichtigsten Aspekten der Komposition. Eine ungewöhnlich hohe oder niedrige Horizontlinie birgt das Potenzial einer ungewöhnlichen und damit interessanten Bildwirkung. Ist der Horizont keine gerade Linie, sondern unregelmäßig geformt, nimmt seine visuelle Relevanz ab.

Die Unterteilung eines Bildes rangiert von subtil und hintergründig bis hin zu einer Dominanz, die sie zum Hauptmerkmal einer Komposition macht. Im Extremfall entstehen zwei separate Szenen, die zufällig nebeneinander stattfinden. Hierbei liegt die Entscheidung bei Ihnen: Wollen Sie eher die Inhalte herausstellen oder die grafischen Komponenten einer Szene?

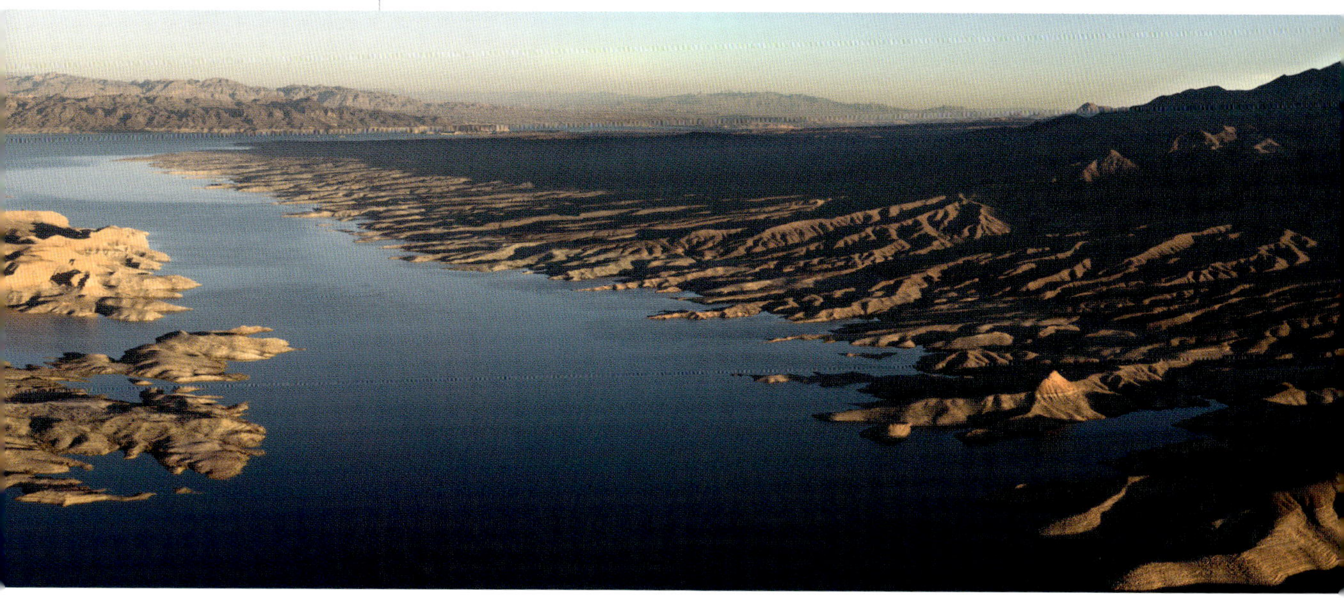

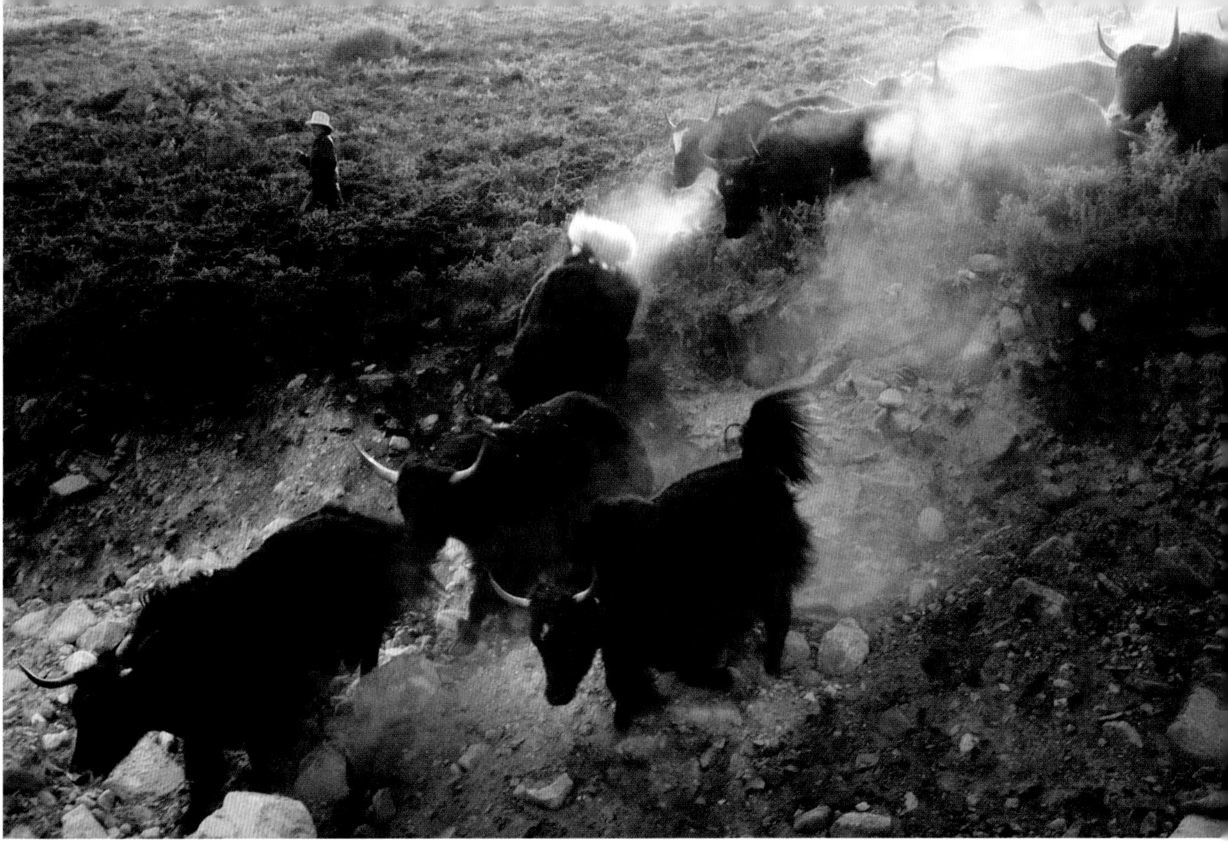

DIAGONALE UNTERTEILUNG

Da die meisten Aufnahmen mit gerade ausgerichteter Kamera entstehen, sind Trennlinien meist horizontal oder vertikal. Das entspricht unserer natürlichen Sichtweise auf die Dinge. Diagonalen treten eher selten auf.

Die Möglichkeit, eine diagonale Trennlinie einzuziehen, ist ein eher seltenes Ereignis. Solche Linien dürfen nicht mit üblichen Diagonalen in einer Szene verwechselt werden, die im nächsten Kapitel auf Seite 88 behandelt werden. Für eine diagonale Unterteilung müssen beide Bildbereiche klar unterscheidbar sein. In der Realität enthalten die bei einer diagonalen Unterteilung entstehenden rechtwinkligen Dreiecke viel seltener unterschiedliche Bildinhalte, als das bei den bereits erwähnten horizontalen oder vertikalen Unterteilungen der Fall ist. Darüber hinaus weisen Dreiecke eine weitaus geringere visuelle Dominanz auf als Quadrate und Rechtecke. Aus diesem Grund funktioniert ein breites Band im Zentrum am besten, das sich idealerweise von einer Bildecke zur anderen ausdehnt.

All diese Eventualitäten mindern die Möglichkeiten einer diagonalen Unterteilung, machen diese jedoch umso interessanter, wenn sie sich anhand des Motivs bewerkstelligen lässt. Die Yaks im Bild oben sind ein gutes Beispiel für eine

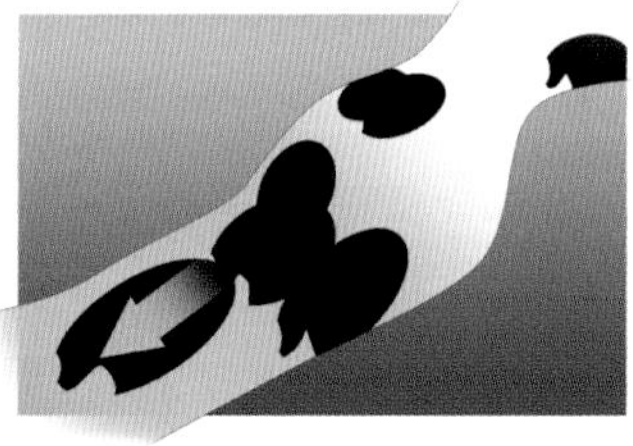

↑ Wie im Text beschrieben, wirkt diese Aufnahme von einer Yak-Herde im chinesischen Sichuan durch die Aktion von einer Ecke zur anderen sehr dynamisch. Der richtige Moment war entscheidend, da sich die Struktur des Staubs im Sonnenlicht ständig veränderte. Letztendlich vollenden genau diese Staubschwaden die strikte diagonale Unterteilung.

Im Studio oder in Innenräumen können Sie diagonale Trennlinien viel leichter herstellen als draußen in der realen Welt. In diesem klassischen japanischen Teehaus werden Süßigkeiten für die Teezeremonie serviert. Der Blickwinkel und die daraus entstehende Diagonale laden ein ansonsten statisch wirkendes Stillleben mit visueller Energie auf.

visuell starke diagonale Unterteilung. Nicht nur die Tiere selbst bilden eine breite diagonale Fläche, sondern auch der Staub, den sie aufwirbeln. Wäre die Aufnahme nur wenige Sekunden früher oder später entstanden, würden die Tiere nicht die komplette Diagonale durchlaufen, und der Staub wäre noch nicht so präsent oder hätte sich bereits gelegt. Durch die sorgfältige Bestimmung des Ausschnitts durch ständige Nachjustierung der Brennweite eines Zoomobjektivs mit 24–70 mm wirkt die Herde in der finalen Aufnahme wie ein fließendes, energiegeladenes Band.

Dank der vollen Kontrolle können Sie solche Unterteilungen im Studio viel leichter erzielen. Verschiedene Objekte lassen sich für ein diagonal geteiltes Stillleben gefällig platzieren, oder eine strukturierte Requisite wie im Beispiel unten sorgt für die diagonale Unterteilung, was der Aufnahme ein Plus an visueller Spannung verleiht.

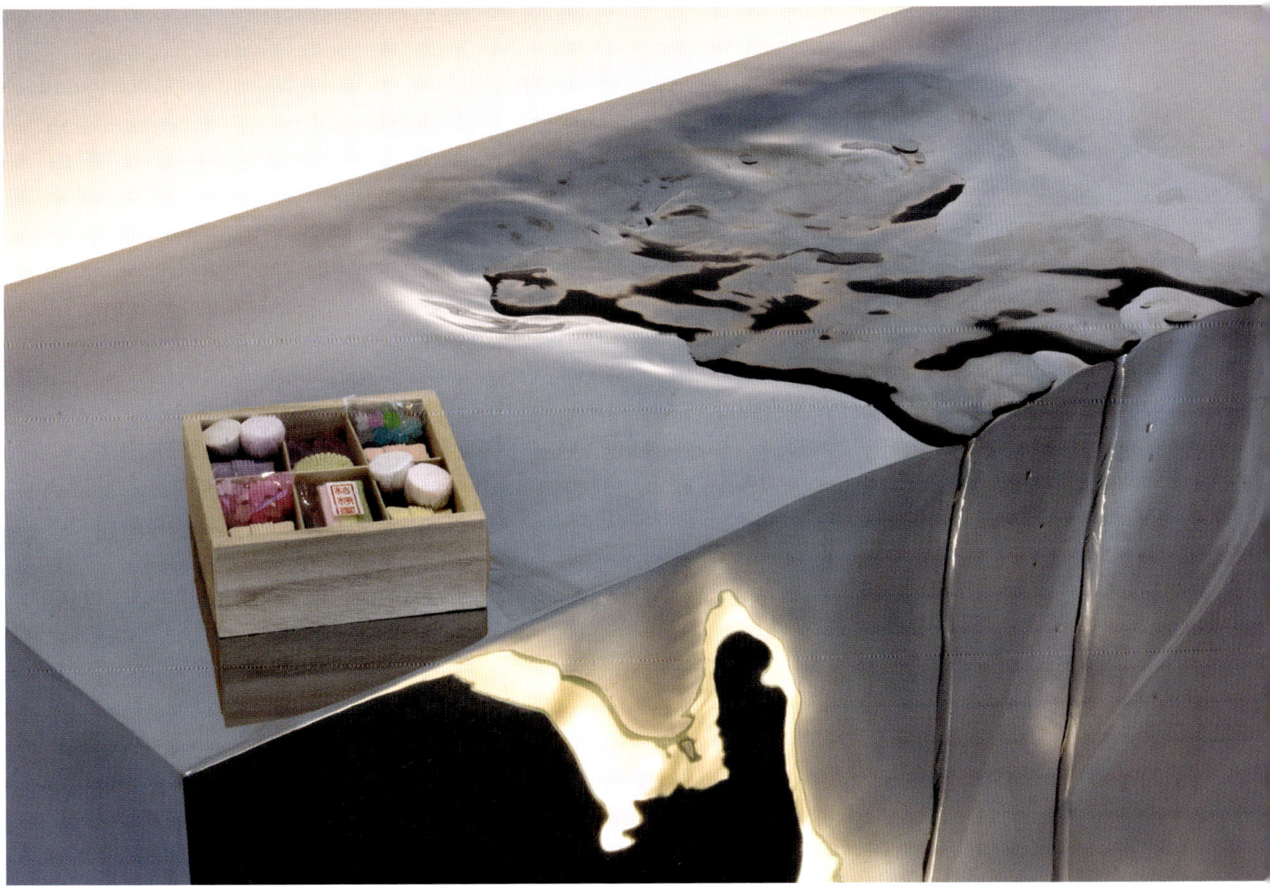

KAPITEL

4

VERSTECKTE GEOMETRIE

Die Geometrie mit ihren Berechnungen und ihrer Präzision scheint in krassem Gegensatz zur schnellen und intuitiven Arbeitsweise von Fotografen zu stehen. Henri Cartier-Bresson war anderer Meinung, obwohl er erwiesenermaßen rasch und flüssig fotografierte. Er verwendete das Wort »Geometrie« oft und gerne, doch für ihn handelte es sich um etwas Instinktives und nicht Berechnetes, eine »strenge Organisation visuell wahrnehmbarer Formen«[1]. In einem guten Foto erkennen Sie die Geometrie später beim Betrachten, während Sie sich während der Aufnahme auf Ihre Intuition und Erfahrung verlassen müssen. Die geometrische Komposition findet sozusagen hinter den Kulissen statt. Klassische Maler nahmen sich viel Zeit für die Planung eines Bildes und skizzierten ein geometrisches Gerüst, das oft als »Anker« bezeichnet wurde. Da die Fotografie von der Malerei inspiriert ist, fließen viele gestalterische Aspekte aus dieser Kunstform in unsere Fotos ein. Einige Herangehensweisen sind hilfreich, während andere aufgrund der schnellen Arbeitsweise von Fotografen eher hinderlich sind, doch alle verdienen eine nähere und ausführliche Betrachtung.

1 Cartier-Bresson, Henri, *Der entscheidende Moment*, New York: Simon & Schuster, 1952.

Angedeutete Formen wie Dreiecke, Rechtecke und Kreise sind wohlbekannt und damit fester Bestandteil von Werken in Kunst und Fotografie. Weniger bekannt sind die enormen Unterschiede in Sachen Häufigkeit und Anwendbarkeit. Dreiecke sind nahezu überall zu finden, da sie aus lediglich drei Punkten bestehen. Bei Rechtecken und Kreisen sieht es dagegen anders aus. Rechtecke sind als Grundform in vielen von Menschenhand erschaffenen Objekten zu finden und demnach nichts Besonderes. Deshalb bedarf es spezieller Herangehensweisen, um diese Form interessant zu gestalten. Zudem sind angedeutete Rechtecke eher selten zu finden. Kreise und andere runde Formen spielen ihre kreative Kraft vor allem dann aus, wenn sie überraschend auftauchen – was allerdings in der Natur nicht allzu häufig geschieht.

Warum sollten Sie sich mit Geometrie auseinandersetzen? Rein organisatorisch betrachtet, bringen geometrische Formen Ordnung und Struktur ins Bild. Sie werten ein Bild visuell auf und unterstreichen die Kompetenz des Fotografen. Darüber hinaus können solche Formen eine zusätzliche visuelle Ebene ins Bild einziehen, die von vielen Betrachtern als angenehm und interessant empfunden wird.

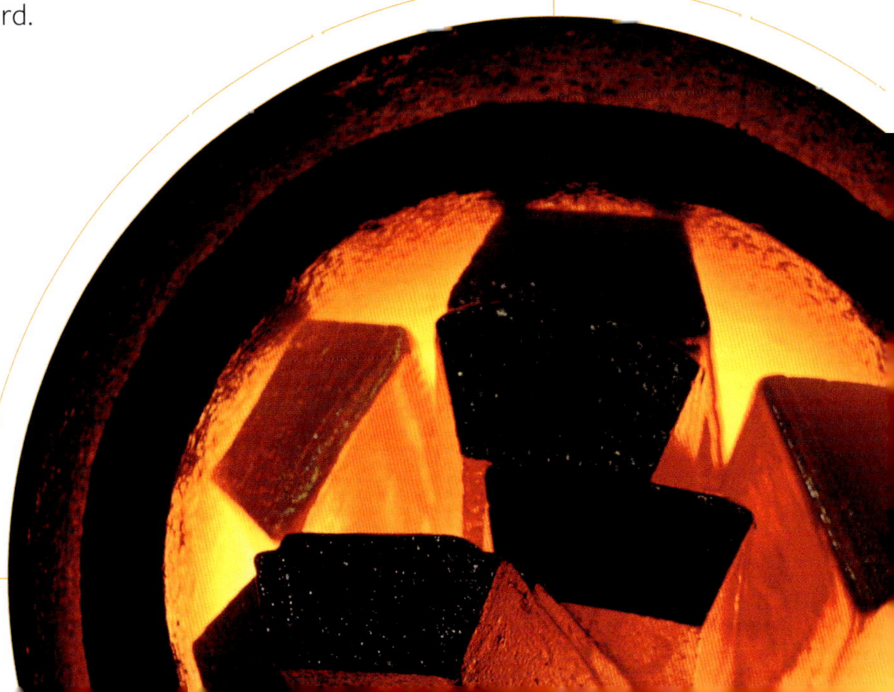

RABATMENT

Dieser selten auftauchende Begriff kommt aus der klassischen Malerei und bezeichnet eine bestechend einfache Kompositionsmethode, die von vielen Künstlern genutzt wurde – darunter Giotto, Nicolas Poussin, Eugène Delacroix und Georges Seurat.

Das klingt weit entfernt von der Fotografie, doch die genial einfache Idee des Rabatment – die kurze Seite eines Rahmens vor dem geistigen Auge zur langen Seite drehen – ist wie gemacht für die fotografische Praxis. Klassische Maler hatten viel Zeit, um komplexe Linienstrukturen zur geometrischen Unterteilung ihrer Skizzen mit unzähligen Linien und Schnittpunkten anzufertigen, doch der erste und einfachste Schritt war das Rabatment. Wie in der Grafik rechts zu sehen ist, entsteht beim Drehen der kurzen auf die lange Seite im 90°-Winkel ein Quadrat. Nimmt man die gegenüberliegende kurze Seite dazu, ergeben sich zwei überlappende Quadrate, wobei die Breite der Überlappung vom Rahmenformat abhängig ist. Im 3:2-Format beträgt die Überlappung ein Drittel. Aufwendig berechnete Strukturen sind für die schnelle Fotografie denkbar ungeeignet. Das Rabatment kann jedoch von jedem Fotografen rasch ausgeführt werden – ein Quadrat lässt sich leicht vorstellen und zur Platzierung eines Motivs heranziehen, wie am Beispiel auf der rechten Seite unten gut zu sehen ist.

Die klassischen Maler fügten nach dem Rabatment noch weitere, diagonale Linien hinzu, sodass Schnittpunkte zur außermittigen, aber dennoch logischen Platzierung von Bildelementen entstanden. Solche Diagonalen sind beim Blick durch den Kamerasucher nur schwer vorstellbar, sodass sie sich eher für Stillleben oder andere statische Motive eignen, die ohne Zeitdruck komponiert werden können. Der Wert von Vorlagen wie dem Rabatment oder dem Goldenen Schnitt (den Sie im nächsten Abschnitt kennenlernen) besteht in der Möglichkeit, Bildelemente gefällig innerhalb des Ausschnitts zu platzieren. Nicht jeder Fotograf schwört auf diese Methoden, aber sie haben auf jeden Fall ihre Berechtigung.

→ Das Rabatment dieser Aufnahme einer chinesischen Statue im 2:3-Hochformat ergab zwei sich vertikal überlappende Quadrate. Diagonalen zwischen den Ecken der Quadrate und der Bildecken ließen mehrere Schnittpunkte entstehen, durch die zwei hellblaue Linien gezogen wurden. An der linken dieser beiden Linien wurde die Statue ausgerichtet.

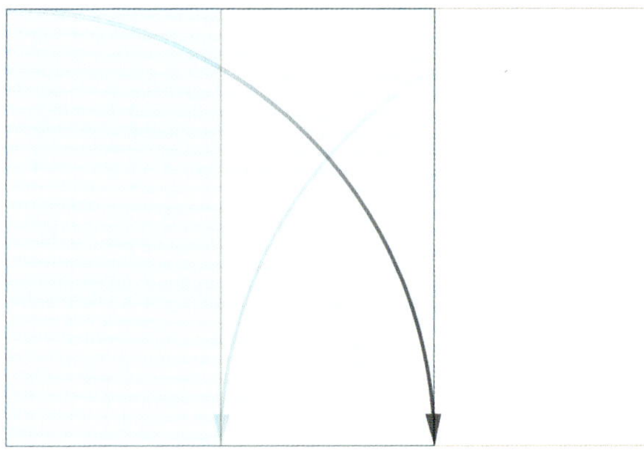

↑ Grundlegendes Rabatment eines 3:2-Formats. Die Drehung der Vertikalen um 90° lässt zwei sich überlappende Quadrate entstehen.

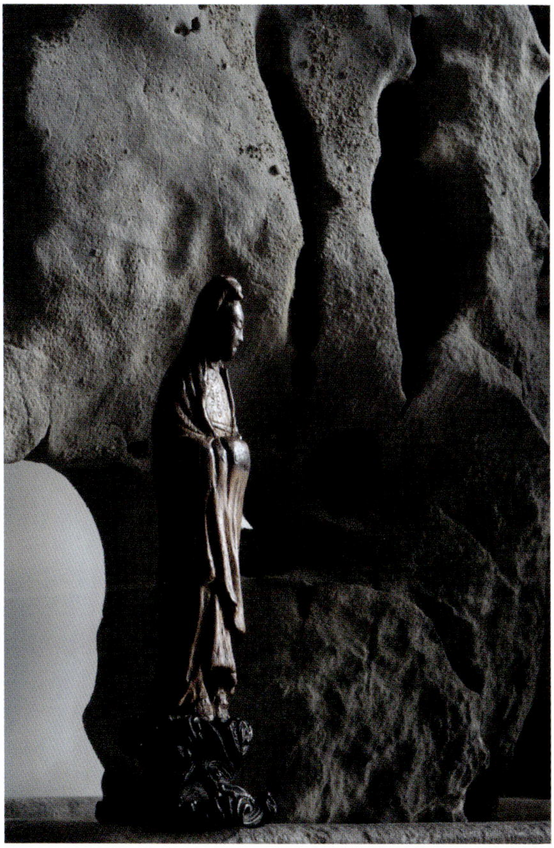

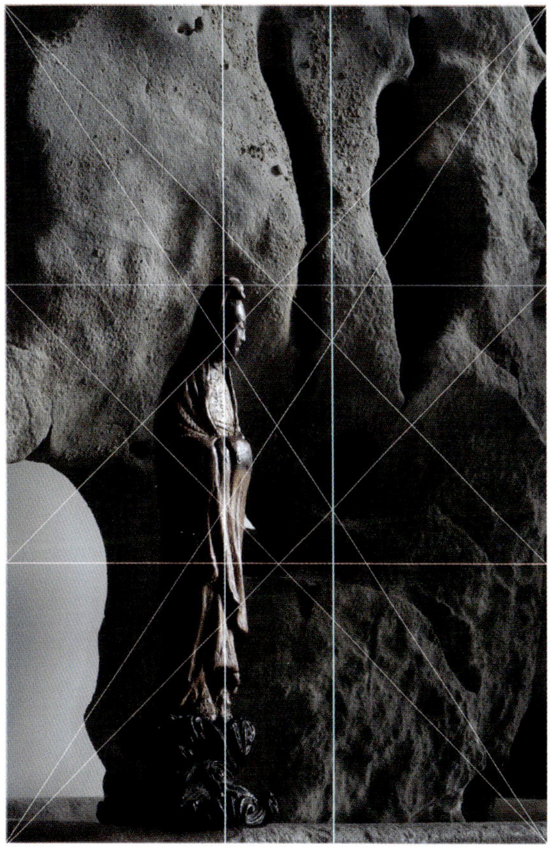

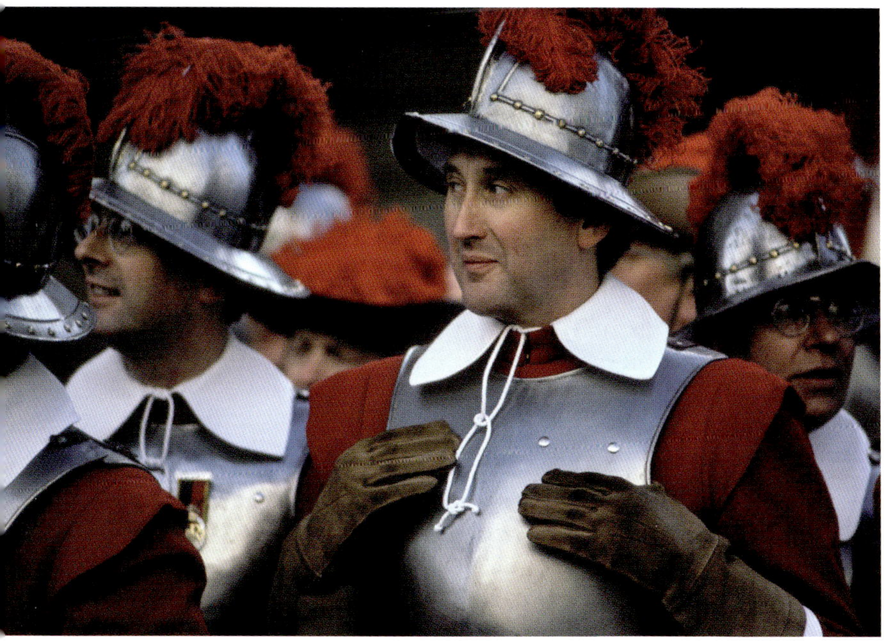

Diese Aufnahme von Mitgliedern der Honorable Artillery Company bei der jährlichen Lord Mayor's Show in London rückt die Hauptperson in das durch rasches Rabatment entstandene Quadrat auf der rechten Seite.

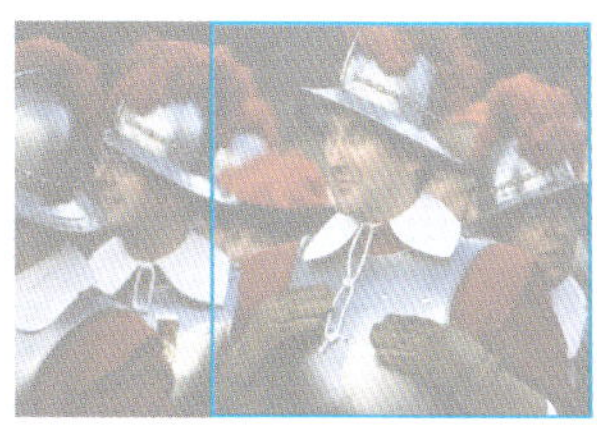

GOLDENER SCHNITT

Helle Köpfe in der klassischen Malerei fanden heraus, dass bestimmte Proportionen zu einer Art perfektem Arrangement führen. Einige der frühesten und bekanntesten Methoden für harmonische Proportionen ist der Goldene Schnitt.

Der Goldene Schnitt basiert darauf, dass das Verhältnis zwischen dem größeren und dem kleineren Bildbereich identisch ist mit dem Verhältnis des größeren Bildbereichs zum Gesamtrahmen. In Zahlen ausgedrückt, liegt dieses Verhältnis bei 1:1.618033989, oder Φ (*phi*).

Sie können ein Bild in jedem Format und in jede Richtung mit dieser Methode aufteilen. Da die Teilbereiche auf solch einzigartige Weise miteinander verbunden sind,

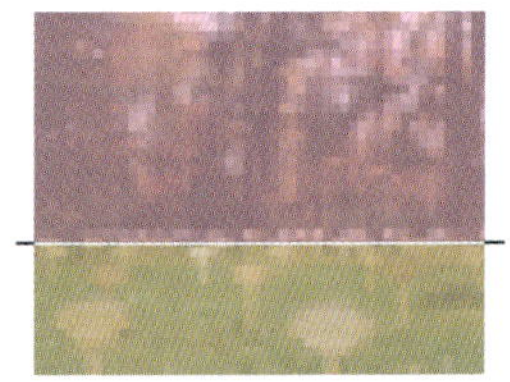

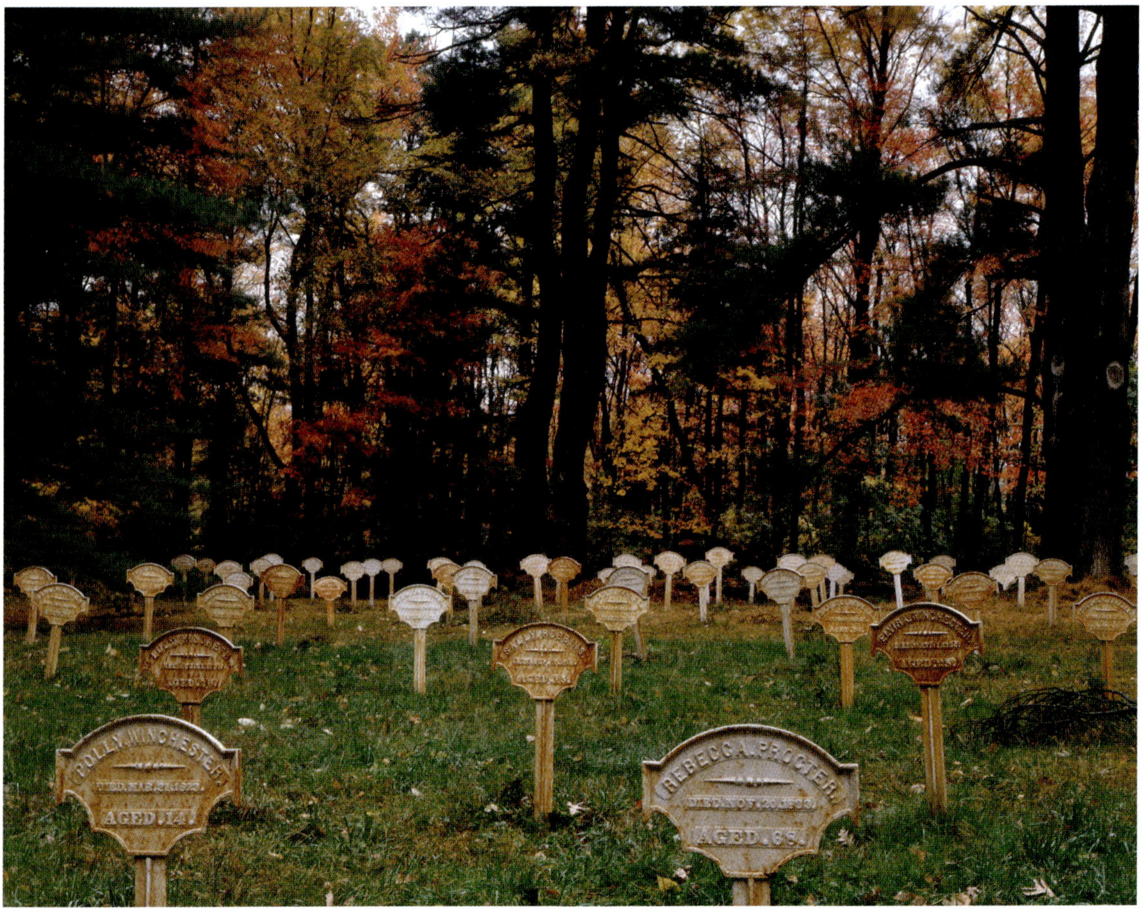

Diese Aufnahme eines historischen Friedhofs in Neuengland bedurfte einer klaren Teilung. Da keiner der Bildbereiche in eine bestimmte Richtung geschoben werden musste, bot sich der Goldene Schnitt an.

wurde dem Goldenen Schnitt eine göttliche oder mythische Anmutung angedichtet. Seit dieser Zeit genießt dieses Verhältnis den Ruf, eine nahezu magische Harmonie zu erzeugen. Eine wissenschaftliche Begründung für den harmonischen Effekt gibt es nicht – dennoch hat der Goldene Schnitt eine große Anhängerschaft.

Anders als in der Malerei ist die exakte Ermittlung des Goldenen Schnitts in der Fotografie ein meist schwieriges bis unmögliches Unterfangen, da die Zeit und die Hilfsmittel für umfangreiche Berechnungen fehlen. Wenn Sie allerdings im Studio oder mit einem unbeweglichen Motiv arbeiten und beispielsweise eine Mittelformatkamera auf einem Stativ nutzen, kann die Annäherung an den Goldenen Schnitt durchaus gelingen. Eine solche Annäherung ist auch bei normalen Fotosessions möglich, wenn Sie die ungefähre Teilung des Rahmens aufgrund Ihrer Erfahrung intuitiv erfassen können und Bildelemente entsprechend positionieren. Die beiden Beispielbilder auf diesen Seiten sind im Goldenen Schnitt aufgeteilt – eines nur horizontal, das andere auf beiden Achsen. Allerdings handelt es sich hierbei auch nur um Annäherungen und keine exakt berechneten Ergebnisse.

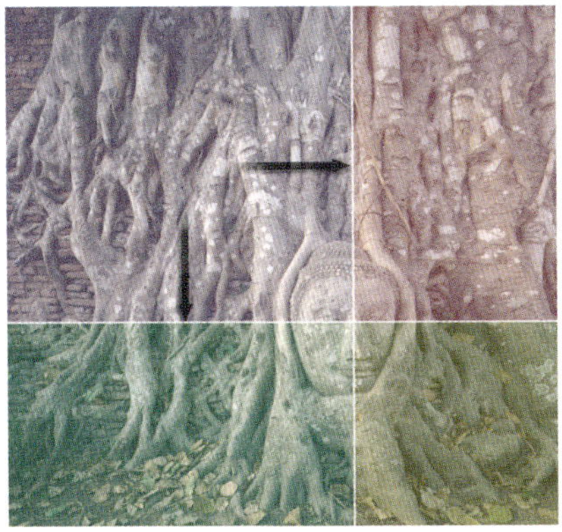

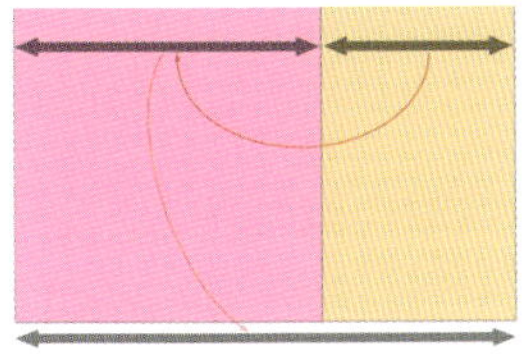

Das Verhältnis der gelben zur pinken Fläche entspricht jenem der pinken Fläche zum Gesamtbild.

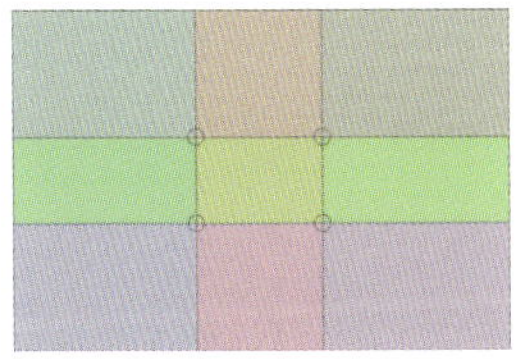

Eine gute Stelle für die Platzierung sind die Schnittpunkte der vier möglichen Teilbereiche.

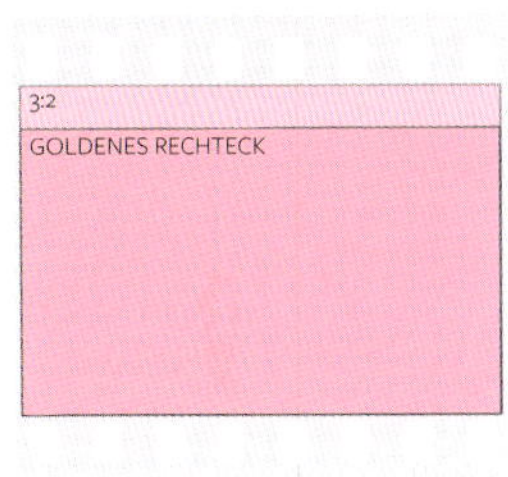

Während jeder Rahmen im Goldenen Schnitt unterteilt werden kann, ist das »Goldene Rechteck« die ideale Basis für die Anwendung. Hier wurde es aus einem 3:2-Vollformat isoliert.

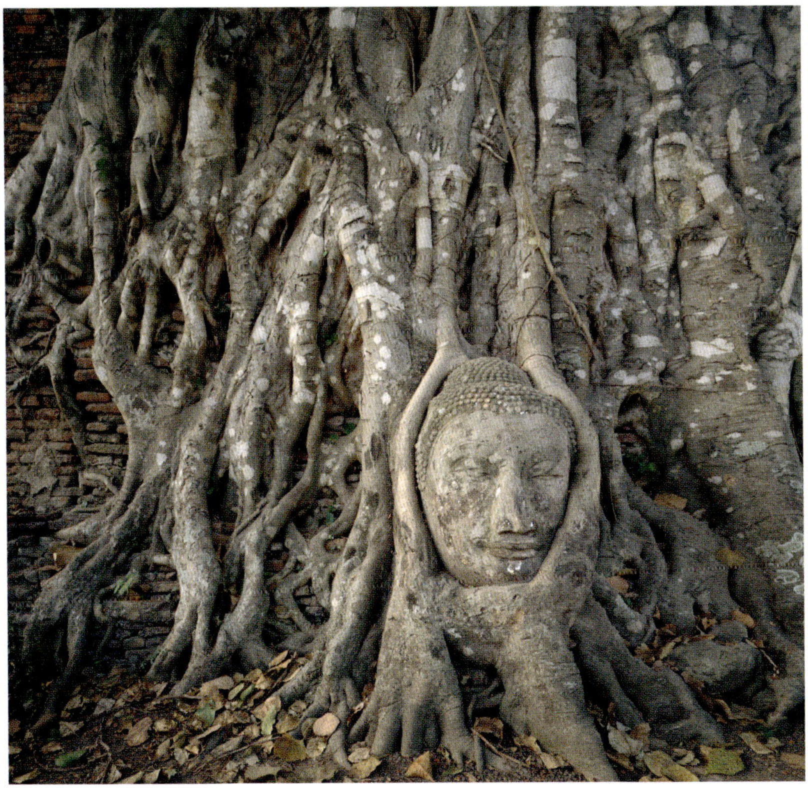

Die zweifache Unterteilung weist zu einer idealen Stelle für den Kopf dieser Buddha-Statue, die von den Wurzeln eines uralten Ficus-Baums überwuchert wurde.

FIBONACCI-REIHEN

Fibonacci-Reihen sind eng verwandt mit dem gerade vorgestellten Goldenen Schnitt, aber weitaus weniger praktikabel in der Fotografie, als sich einige Menschen wünschen.

Die nach einem mittelalterlichen Gelehrten benannte Fionacci-Reihe sind Zahlenfolgen, in denen jede Ziffer die Summe der beiden vorangegangenen Zahlen ergibt (0, 1, 1, 2, 3, 5, 8, 13 ...). Geometrisch beschreiben die Zahlen eine Spirale, die unabhängig von ihrer Ausdehnung ihre Proportionen beibehält. In der Natur ist diese Spirale unter anderem auf der Muschelschale des Nautilus zu sehen. Auch Pflanzen weisen oft eine solche Struktur auf, da sie ein Wachstum ohne Änderung der Form ermöglicht – sehr nützlich auch bei Weichtieren. Beim alltäglichen Fotografieren sind Fibonacci-Reihen weniger sinnvoll – obwohl es im Web eine Vielzahl von Beispielen gibt, wo die Spirale auf Fotos projiziert wurde. Lediglich der innere Startpunkt der Spirale lässt sich recht leicht ausmachen (Abbildung links unten), und die Verhältnisse zwischen den Flächen sind sehr nah dran am Goldenen Schnitt (Abbildung rechts unten).

Die Spirale breitet sich logarithmisch im Faktor Φ des Goldenen Schnitts aus. Wie beim Rabatment (Seite 69) beginnen Sie mit einem Quadrat an einer Rahmenkante und fügen ein geviertteltes Kreissegment ein. Anschließend fügen Sie ein Quadrat für das angrenzende Kreissegment ein und wiederholen diesen Vorgang immer wieder. Das Zentrum der Spirale ist ein Fibonacci-Punkt.

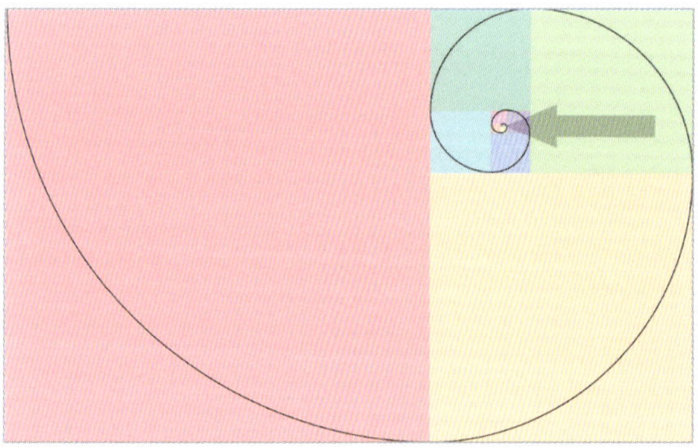

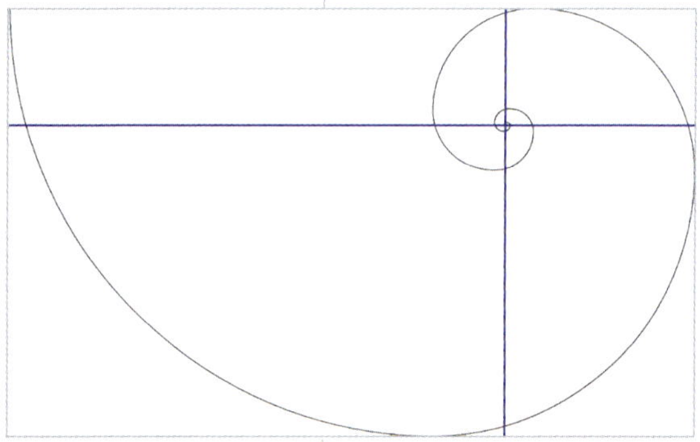

Berechnete Unterteilungen sind ein eigenartiges Feld der Komposition. Während es für den Goldenen Schnitt und die Fibonacci-Reihen nachvollziehbare Begründungen gibt, entbehrt beispielsweise die Drittelregel jeglicher logischer Grundlage. Diese basiert ausschließlich auf einer Beobachtung des Malers und Graveurs John Thomas Smith bezüglich der Werke von Sir Joshua Reynolds (Reynolds selbst hat nichts dergleichen erwähnt). In der Praxis sollten berechnete Unterteilungen als Anregung gesehen werden, die zusammen mit den vielen anderen Vorschlägen in diesem Buch dazu genutzt werden können, eine Komposition gezielt in die gewünschte Richtung zu lenken.

Ein Kung-Fu-Meister meditiert in einer altertümlichen Buddha-Höhle in Chongqing, China. Fibonacci-Punkte sind exzentrischer als Goldene Punkte, was mit der vertikalen Ausdehnung der Höhle harmoniert.

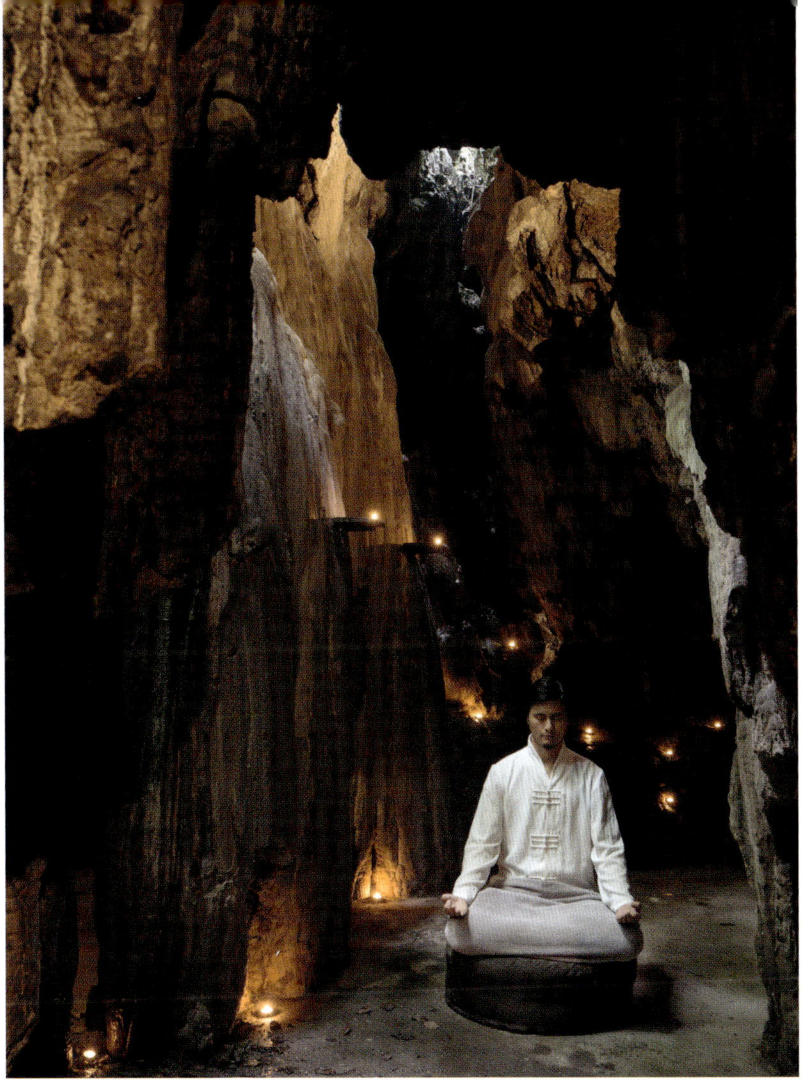

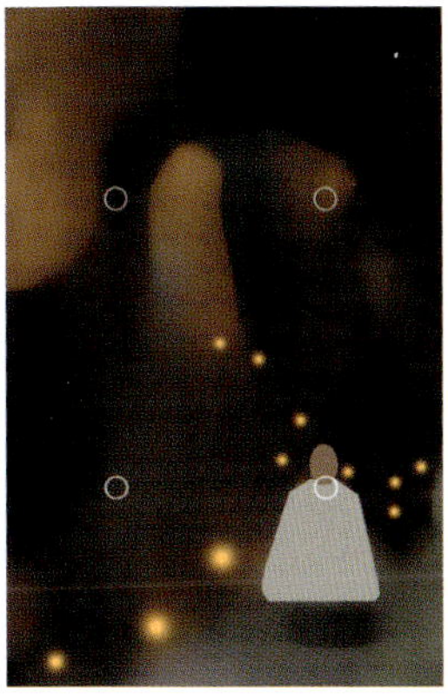

Die zwei Menschen, die auf das Meer am südöstlichsten Zipfel von Indien blicken, befinden sich auf einem Fibonacci-Punkt, der nicht exakt berechnet wurde. Solche Punkte sind hilfreich, wenn es keine anderen Bildelemente zur Ausrichtung gibt.

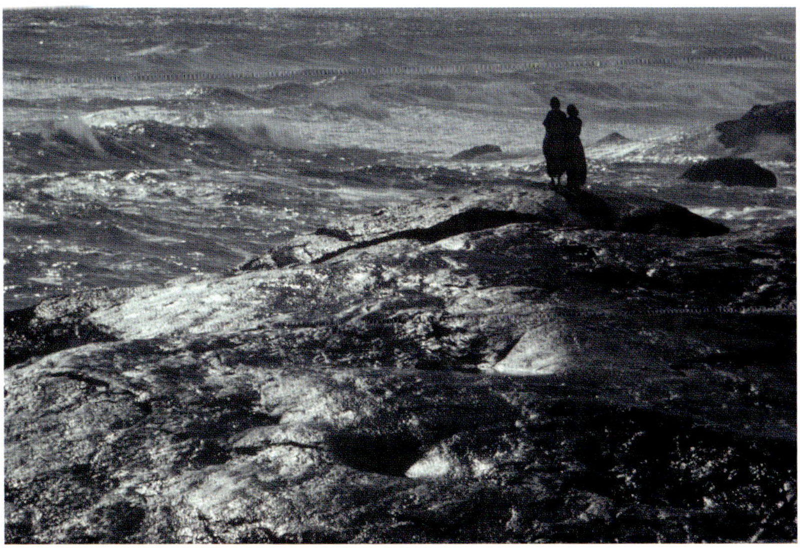

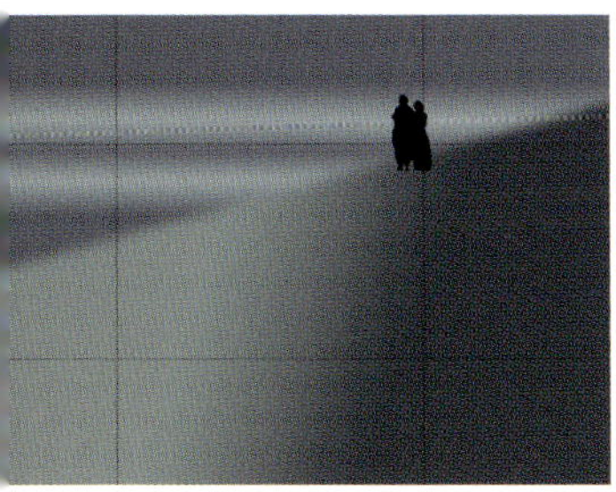

MUSIKALISCHE HARMONIEN

Wenn Sie den Goldenen Schnitt und Fibonacci-Reihen abgehoben finden, lassen Sie sich von der nächsten Variante überraschen: der Anwendung von Harmonien aus der Musik auf Gemälde und Fotos.

Gleich zu Beginn möchte ich klarstellen, dass ich keine Fotografen kenne, die diese Methode nutzen, was hauptsächlich an ihrer Komplexität liegt. Die Methode geht zurück auf den während der Renaissance wirkenden Architekten Leon Battista Alberti. Er kam zu dem Schluss, dass sich musikalische Harmonien – insbesondere die *Oktave*, das *Perfekte Viertel* und das *Perfekte Fünftel* – auch auf visuelle Werke übertragen lassen. Dabei handelt es sich um Intervalle zwischen den Noten, die ein Musikstück besonders gefällig klingen lassen. Alberti untersuchte mithilfe von Saiteninstrumenten die Verhältnisse zwischen den Tonhöhen: Eine Oktave entspricht dem Verhältnis 2:1, ein Perfektes Viertel ergibt 4:3 und ein Perfektes Fünftel 3:2. Mit dem 2:1-Verhältnis lässt sich nur wenig anfangen, doch die beiden anderen Seitenverhältnisse erlauben interessante Aufteilungen. Darüber hinaus sind 4:3 und 3:2 keine Unbekannten für uns Fotografen. Alberti verdoppelte die Werte (siehe Grafiken rechts), sodass sich das Perfekte Viertel auf 9:4 und das Perfekte Fünftel auf 16:9 übertragen ließ – exakt unser modernes Widescreen-Format! Auch die Teilungen 4/6/9 und 9/12/16 sind interessant. Das klingt alles sehr theoretisch, doch Maler wie Sandro Botticelli und Andrea Mantegna nutzten diese Methode in der Praxis – Botticellis berühmtes Gemälde *Die Geburt der Venus* basiert auf der Verdopplung des Perfekten Viertels, während in *Primavera* (unten) das verdoppelte Perfekte Fünftel zum Einsatz kam.

Perfektes Viertel

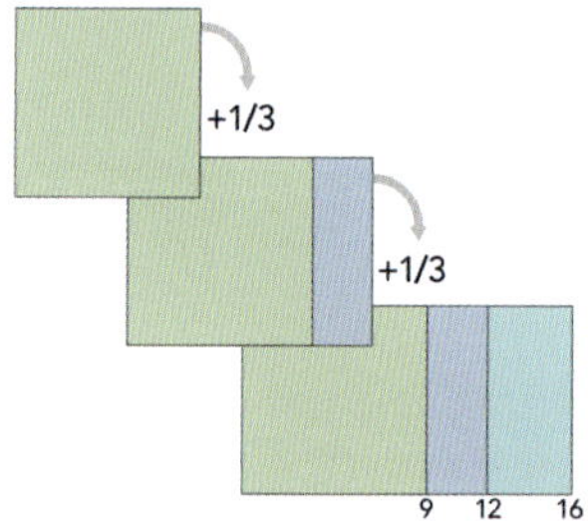

Perfektes Fünftel

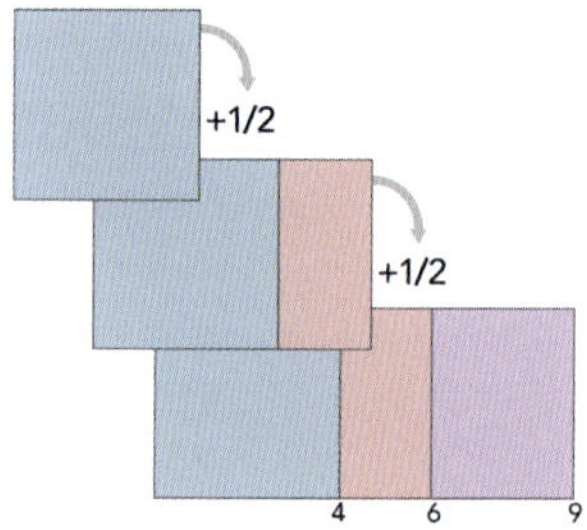

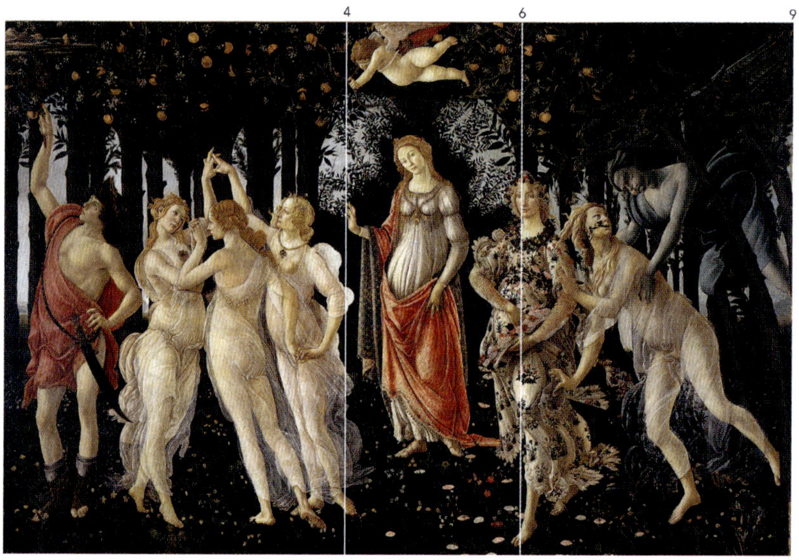

Es gibt einen einfachen Weg, die harmonischen Teilungen zu berechnen. Dabei beginnen Sie mit einem Quadrat. Für ein perfektes Viertel fügen Sie ein Drittel zum Quadrat hinzu und vergrößern die Kombination um ein weiteres Drittel. Es entsteht ein 16:9-Rahmen mit der Teilung 9/12/16. Für ein Perfektes Fünftel fügen Sie jeweils die Hälfte zum Quadrat und der entstehenden Kombination hinzu, um einem 9:4-Rahmen mit der Teilung 4/6/9 zu erhalten. Die Teilungen sind entscheidender als das Rahmenformat, wodurch Botticellis Gemälde weniger gestreckt wirkt.

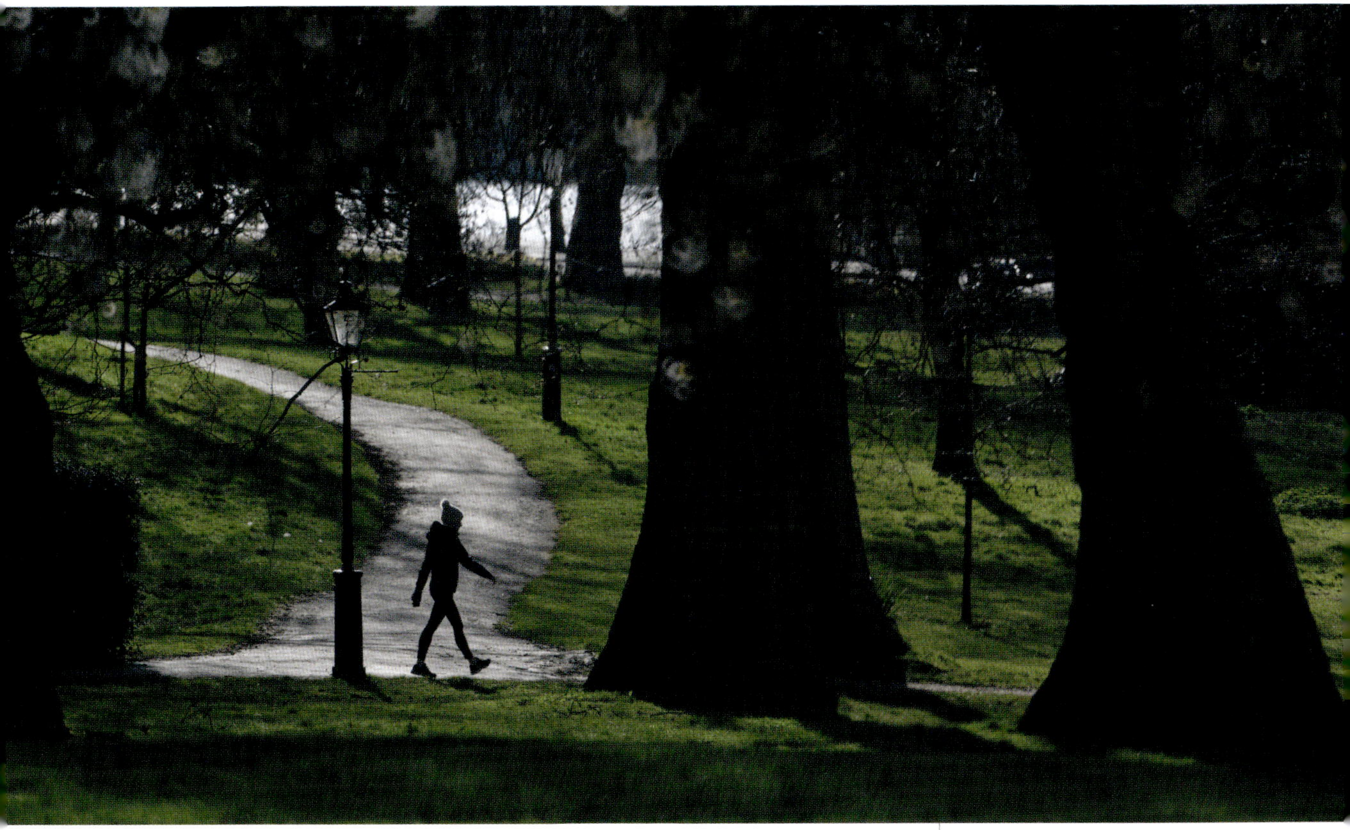

Eine faszinierende Erkenntnis, doch eignet sie sich für den praktischen Einsatz in der Fotografie? Nicht auf die gerade beschriebene Weise, da die Berechnungen zu viel Zeit in Anspruch nehmen und daher höchstens ein Einsatz im Studio denkbar wäre. Ohne aufwendige Berechnungen und die damit einhergehende Präzision lässt sich die Dreiteilung des Rahmens jedoch auch während des Blicks durch den Sucher für eine gefällige Komposition anwenden. Alle drei Bereiche sind unterschiedlich groß. Das zentrale Segment ist das schmalste, während das größte Segment ein Quadrat bildet. Wenn Sie eine gut aufteilbare Szene vor sich haben, können Sie mit der nötigen Asymmetrie gute Ergebnisse erzielen. Das Quadrat lässt sich sehr leicht visualisieren (wie beim Rabatment, Seite 68), und die mittlere Sektion eignet sich hervorragend zur Platzierung eines schmalen Motivs. Alternativ können Sie Objekte nicht innerhalb der Segmente platzieren, sondern an deren Grenzlinien.

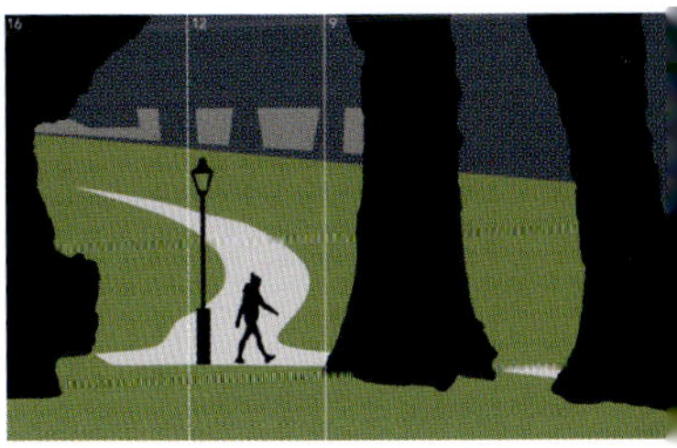

Das Perfekte Fünftel in dieser Aufnahme wurde nicht berechnet, sondern entstand zufällig beim Fotografieren im 16:9-Format. Intuitiv platzierte ich den Weg im linken Drittel des Ausschnitts und wartete, bis die Person diesen Bereich betrat. Im 16:9-Format entspricht der rechte Bildbereich einem Quadrat – eine Art von Rabatment.

DAS STETS VORHANDENE DREIECK

Die Arbeit mit gedachten Dreiecken ist eine der grundlegendsten Kompositionsvarianten.

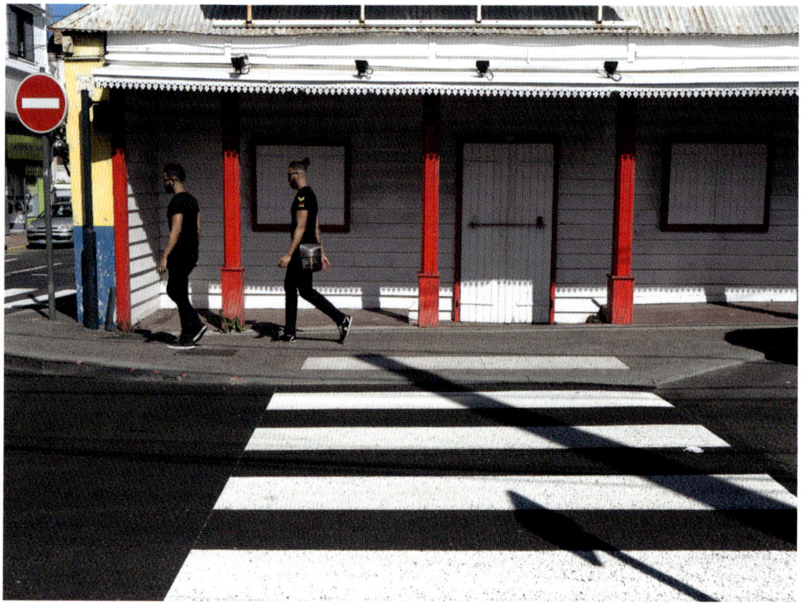

Der harte Schatten eines Laternenpfahls, der sich außerhalb des Ausschnitts befindet, ergibt zusammen mit dem linken Rand des Zebrastreifens und dem unteren Bildrand ein Dreieck. Doch erst die Beine des Passanten komplettieren die gedachte Form.

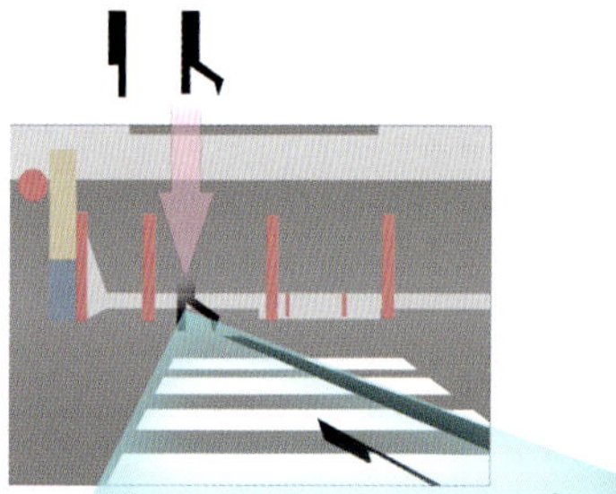

Mit drei Ecken und drei Seiten ist das Dreieck die einfachste aller Formen – nur drei auffällige Punkte im Bild reichen aus, um ein gedachtes Dreieck zu konstruieren (es sei denn, die Punkte liegen auf einer Linie).

Wie Sie im nächsten Kapitel anhand der Gestaltgesetze erfahren werden, suchen wir instinktiv nach geometrischen Verbindungspunkten innerhalb einer Szene, und Dreiecke entstehen dabei mit Abstand viel öfter als andere Formen. Der Trick besteht allerdings darin, diese gedachten Dreiecke interessant zu gestalten. Ein solches Dreieck kann ungewöhnlich, überraschend und clever zusammengesetzt sein. Komplette Dreiecke ziehen die Betrachter nicht in ihren Bann, während ein gedachtes Dreieck, dessen Form vom Betrachter anhand geschickt platzierter Punkte ergänzt werden muss, eine angenehme visuelle Herausforderung darstellt.

Die auf der Insel La Réunion entstandene Straßenszene visualisiert den Prozess der Suche nach solchen optischen Hinweisen. Die Sprenkel von Primärfarben in der vorwiegend grau-weißen Szene werden durch einen frontalen Blickwinkel verstärkt. Der harte Schatten des Laternenpfahls hilft dabei, eine Dreiecksstruktur ins Bild zu bringen, die vom rechten der beiden Passanten und dem linken Rand des Zebrastreifens komplettiert wird. Erst als der Mann die Spitze des gedachten Dreiecks erreicht hatte, wurde der visuelle Eindruck durch die Position seiner Beine komplettiert. Ein weiterer Vorteil ist die schwarze Kleidung der Passanten, die hervorragend mit den dunklen Flächen harmoniert.

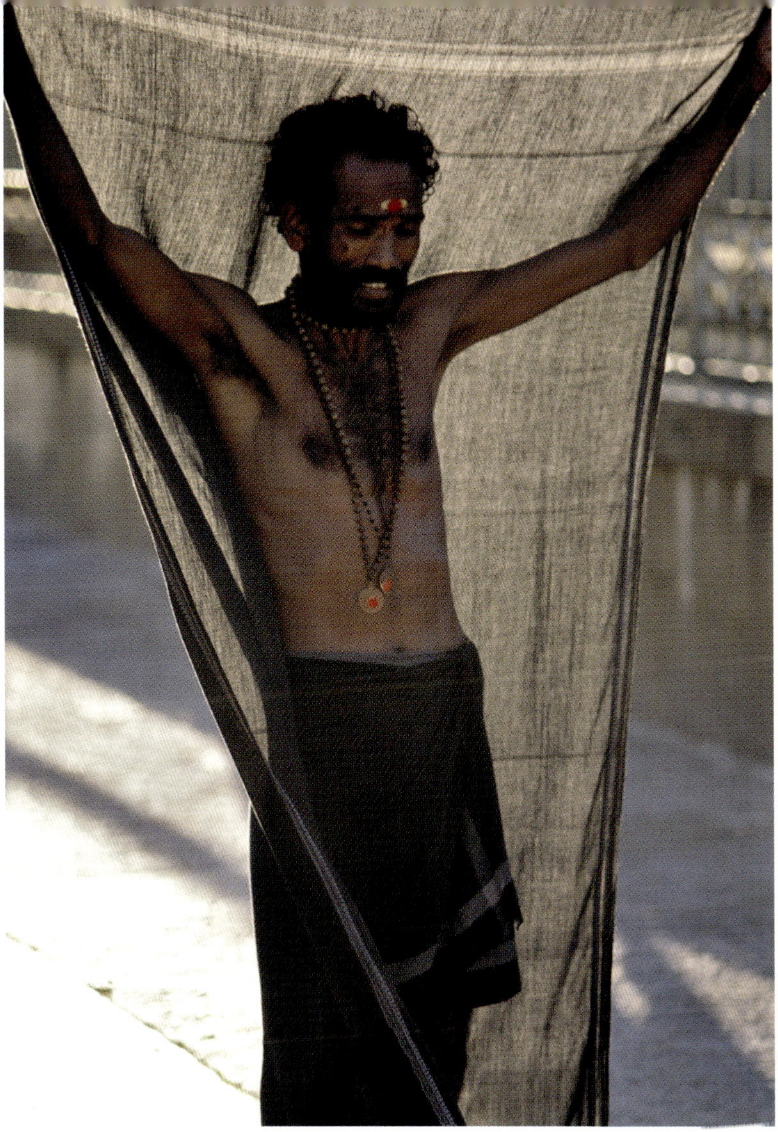

Obwohl sich die Spitzen des Dreiecks außerhalb des Ausschnitts befinden, beherrscht eine klare geometrische Struktur diese Aufnahme. Diese wird durch die Linie der Arme und Schultern des Mannes verstärkt.

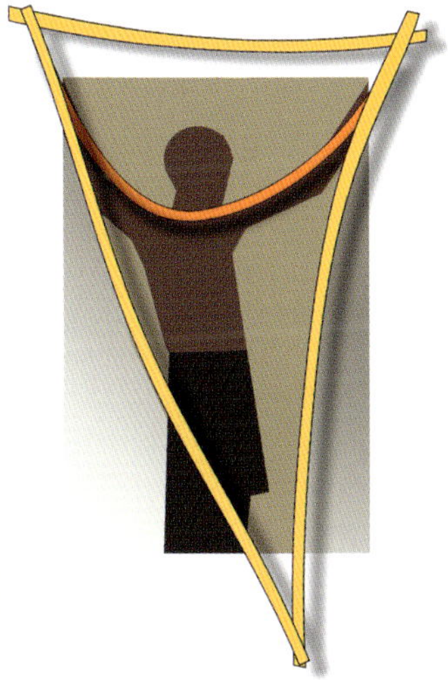

Das Beispiel auf dieser Seite ist viel klarer und eindeutiger, verleiht der Gegenlichtaufnahme jedoch eine starke geometrische Struktur. Deshalb lebt dieses Bild von seiner Simplifizierung. Der Mann, ein Hindu in einer südindischen Tempelanlage, trocknet seine Kleidung nach einer rituellen Waschung in einem der Badeplätze mit Ufertreppen, die als *Ghats* bezeichnet werden. Im Moment der Aufnahme sind seine Handgelenke nahe den oberen Ecken des Ausschnitts, während die Stoffbahn zum unteren Bildrand hin konvergiert. Die ausgestreckten Arme und die Mimik des Gläubigen verdeutlichen den religiösen Hintergrund.

DER SELTENE KREIS

Während die meisten Fotografen die Idee von gedachten Formen gut verstehen und umsetzen, herrscht in Bezug auf Dreiecke, Rechtecke und Kreise die ungerechtfertigte Annahme vor, dass alle Formen gleich häufig auftreten.

In der klassischen Malerei mag diese Annahme zutreffen, doch in der Fotografie müssen wir uns mit dem begnügen, was sich vor der Linse befindet. Gedachte Kreise lassen sich im Studio oder unter kontrollierten Bedingungen erzeugen, sind draußen in der realen Welt aber eher selten zu finden. Während sich dreieckige Strukturen sehr leicht andeuten lassen, braucht man bei gedachten Kreisen eine schnelle Auffassungsgabe und eine Prise Glück bei der Szenenauswahl.

Wie bei allen angedeuteten Formen erzielen Sie die größte Wirkung mit Punkten, die nicht auf Anhieb erkennbar sind. In Bezug auf Kreise gibt es nur wenige Beispiele, die aus unserem gewohnten Blickwinkel entstehen können – es ist kein Zufall, dass alle Bilder auf dieser Seite von oben herab geschossen wurden. Unterbrochene Kreise und Kreissegmente eignen sich zum Zusammenfassen und Einrahmen, so wie bei den beiden Teebauern auf der rechten Seite, die ihre Ernte zusammenrechen. Unerwartete und überraschende Details wie der Bogen, den der Schatten des Mannes mit der Schaufel formt, runden eine solche Komposition buchstäblich ab. Obwohl die Geometrie im 3:2-Format funktioniert, habe ich sie durch einen quadratischen Ausschnitt weiter intensiviert.

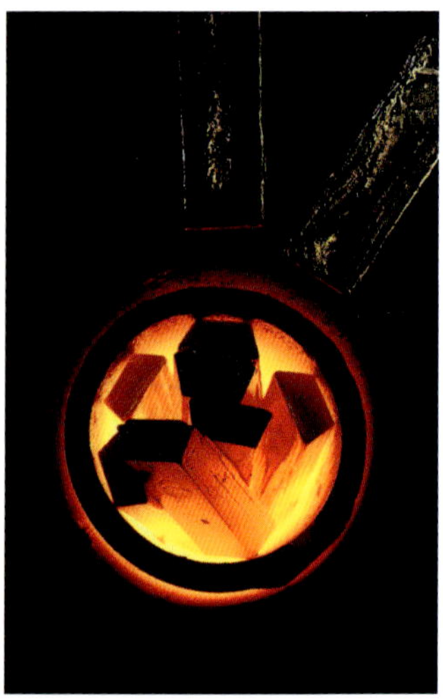

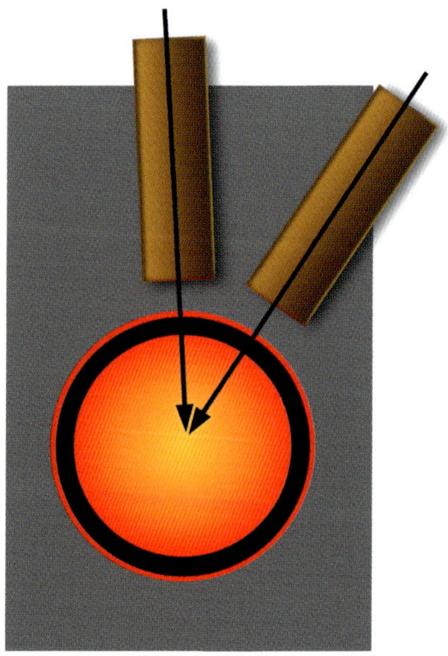

Eine Art von »Was ist das?«-Bild, bei dem wir von oben in einen Schmelzofen blicken, der mit 20 kg schweren Goldbarren gefüllt ist. Die ungewöhnliche Szene arbeitet die Rolle der Geometrie heraus: ein Kreis mit schwach beleuchteten Rechtecken, die zur Mitte des Runds weisen.

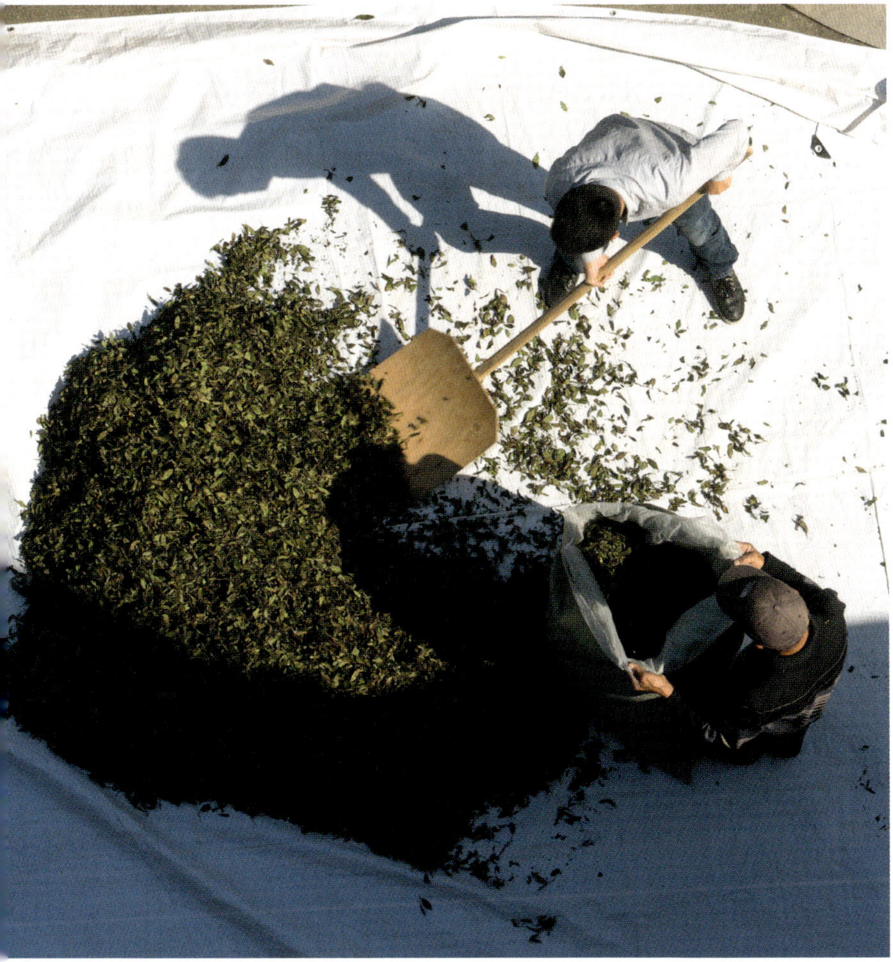

Bauern aus der chinesischen Provinz Fujian sammeln Teeblätter ein, die den ganzen Tag im Sonnenlicht getrocknet sind. Da die Szene neben einem dreistöckigen Gebäude stattfand, konnte ich diesen ungewöhnlichen Blickwinkel wählen. Während der Blätterberg kleiner wurde, bewegte sich der obere Mann näher heran, sodass sein Schatten einen gedachten Kreis komplettierte. Dieser Eindruck wird verstärkt von der Blickrichtung der beiden Arbeiter nach innen. Während im Originalformat auch ein Oval angedeutet wurde, habe ich durch den Anschnitt im quadratischen Format den Fokus auf den gedachten Kreis gelegt.

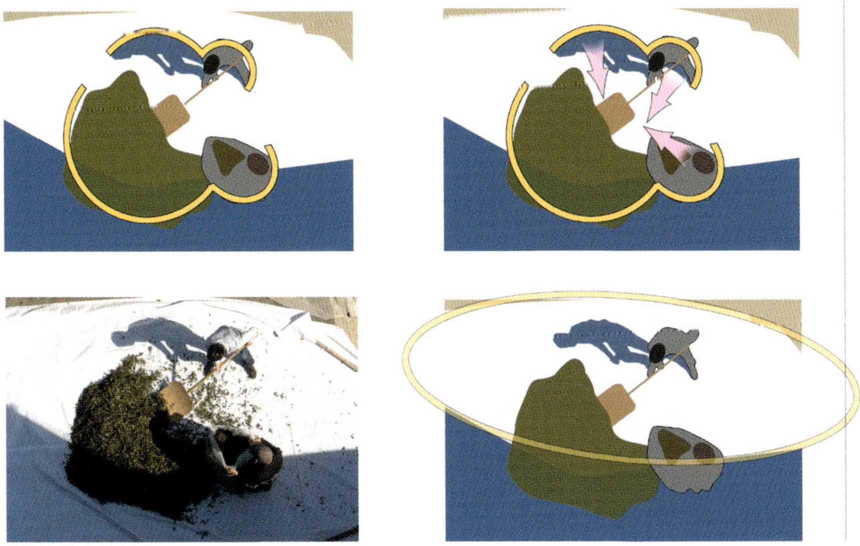

WIEDERHOLTE RECHTECKE

Rechtecke werfen Probleme bei der Komposition auf, da sie die am häufigsten vorkommende Form darstellen. Das Spektrum reicht von Gebäuden über Fenster und Türen bis hin zu Truhen und Schränken.

Diese Liste ließe sich endlos fortführen – wir sind umgeben von Rechtecken, sodass ihre Form kein visuelles Alleinstellungsmerkmal bietet. Um die geometrische Kraft von Rechtecken zu verstärken, bietet sich deshalb hauptsächlich deren Wiederholung an. Auch das Verhältnis der Formen zueinander und zum Bildrahmen kann für eine gewisse visuelle Spannung sorgen. Da Rechtecke eine klare Ausrichtung brauchen, empfiehlt sich die frontale Kameraposition, sodass rechte Winkel entstehen und konvergierende Linien vermieden werden (siehe Seite 42). Eine Aufnahme, die Rechtecke zum Thema hat, wird immer steif und korrekt wirken. Deshalb ist höchste Präzision bei der Komposition unabdingbar, auch wenn das Ergebnis nicht alle Betrachter zufriedenstellen wird.

In der Architektur spielen Rechtecke naturgemäß eine große Rolle, sodass es umso wichtiger ist, spezielle und überraschende Motive zu entdecken und abzubilden. Im Beispiel der holzverkleideten Scheune aus der amerikanischen Kolonialzeit kamen zwei geringfügig unterschiedliche Herangehensweisen zum Einsatz. Beide setzen auf eine strikte Symmetrie. Die hohen, mehrfach geteilten Fenster bilden in sich bereits sich wiederholende Rechtecke und sind wiederum in einer Vierergruppe angeordnet. Eine der Aufnahmen wurde zweimal in einem Buch verwendet – für das Cover und auf einer Doppelseite –, wo der Layouter das Rechteck-Thema

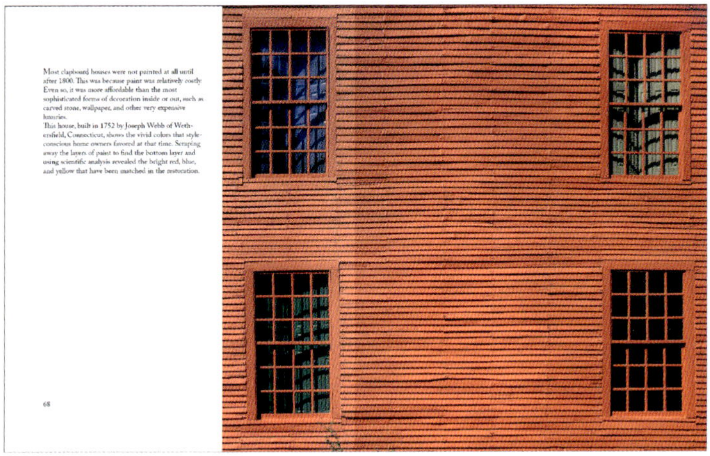
Most clapboard houses were not painted at all until after 1800. This was because paint was relatively costly. Even so, it was more affordable than the most sophisticated forms of decoration inside or out, such as carved stone, wallpaper, and other very expensive luxuries.
This house, built in 1752 by Joseph Webb of Wethersfield, Connecticut, shows the vivid colors that style-conscious home owners favored at that time. Scraping away the layers of paint to find the bottom layer and using scientific analysis revealed the bright red, blue, and yellow that have been matched in the restoration.

68

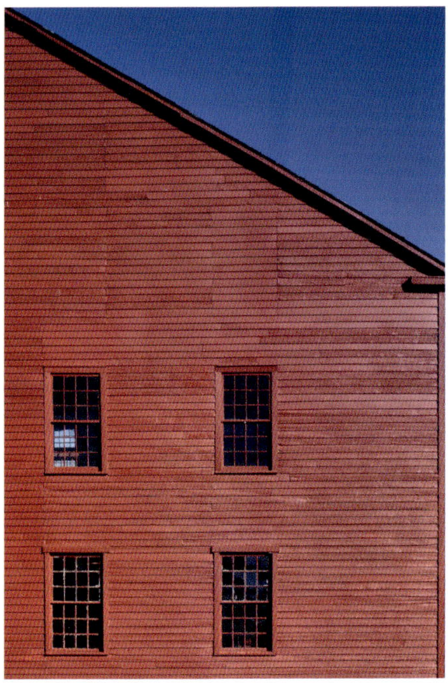

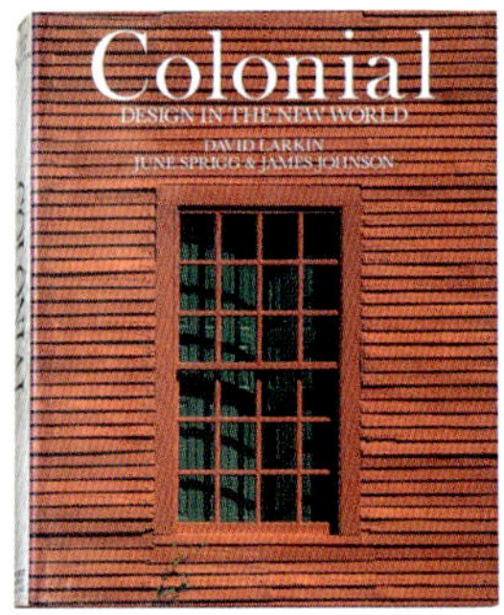

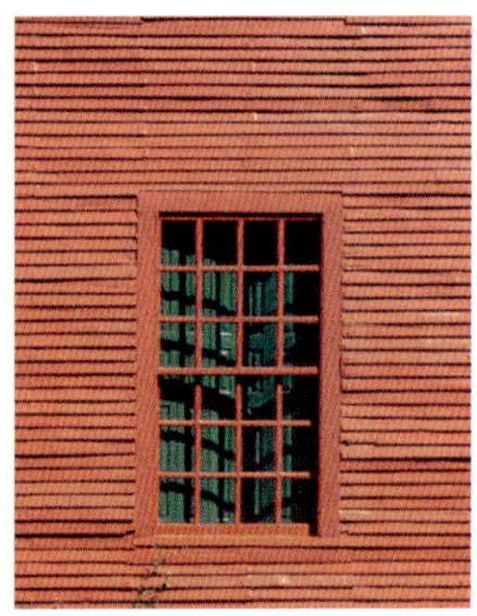

Für ein Buch über die Architektur des US-amerikanischen Kolonialismus wurden strikte geometrische Verhältnisse angestrebt, die den funktionalen Baustil visuell herausstellen. Durch die streng frontale Ausrichtung der Kamera ergaben sich rechtwinklige Anordnungen, welche die architektonische Ästhetik dieser Epoche unterstreichen.

Diese Aufnahme eines Friedhofs einer Shaker-Gemeinde in Neuengland entstand bei tief stehender Sonne hinter der Kamera, was für starke rechteckige Schatten auf den ebenfalls rechteckigen Grabsteinen sorgte.

mithilfe von Typografie fortgeführt hat. Auf der Doppelseite wurde das Bild entsprechend angeschnitten, um die Fenster in den Ecken zu positionieren. Das harmoniert mit dem weißen Rechteck auf der linken Seite und auch mit dem Rechteck, das der Textblock bildet. Zudem wurde der Text an den Unterkanten der oberen Fensterreihe ausgerichtet, was der Doppelseite eine große visuelle Spannung verleiht.

Die zweite Aufnahme wurde so angeschnitten, dass die vier Fenster ein gedachtes Quadrat bilden. Die Dachschräge wurde so positioniert, dass sich ein klar erkennbares Dreieck im Blau des Himmels ergibt. Die Aufnahme ist ein Paradebeispiel für die Simplifizierung von Inhalten durch die virtuose Kombination klarer geometrischer Formen.

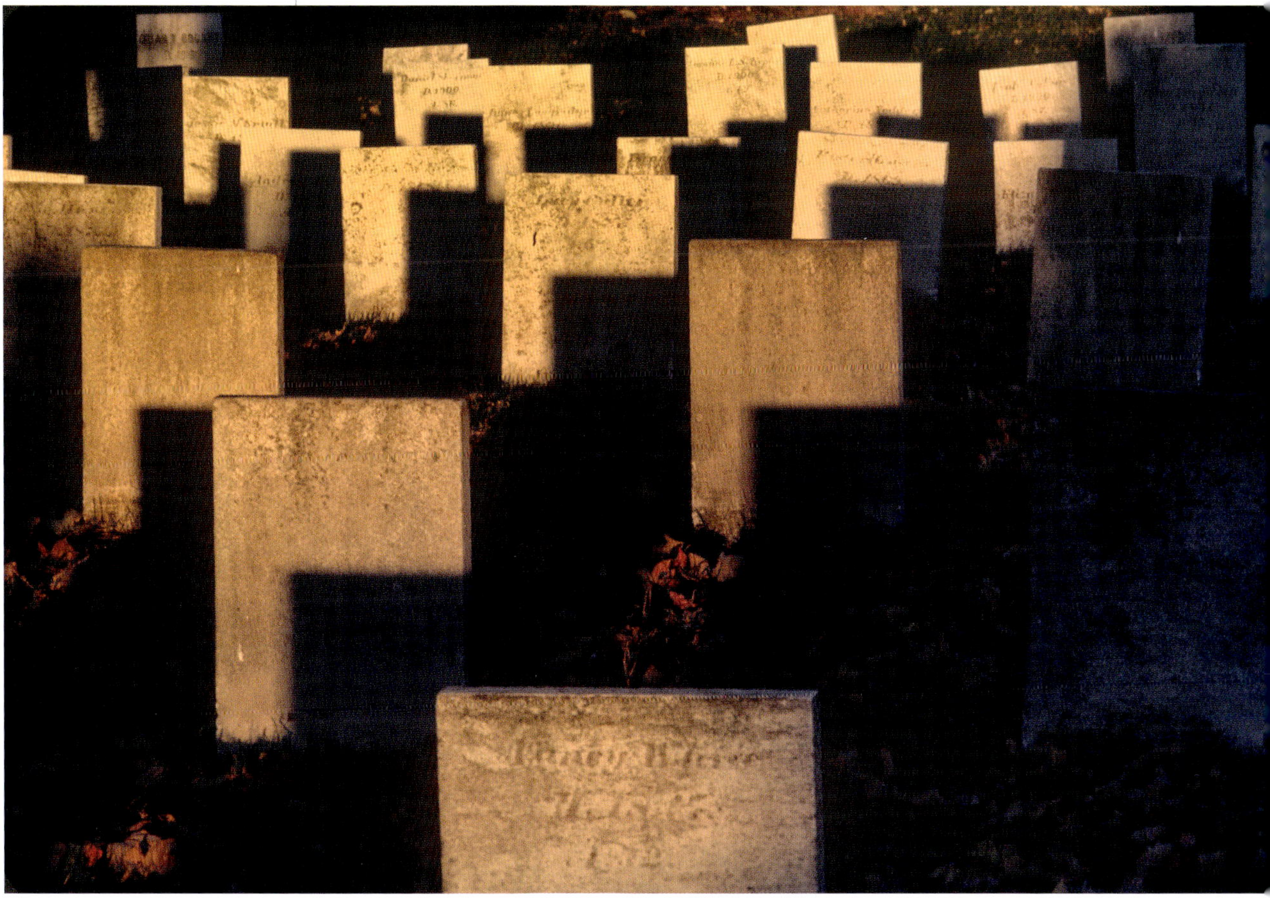

MONDRIANESK

Die in der ersten Hälfte des zwanzigsten Jahrhunderts entstandenen Arbeiten des niederländischen Malers Piet Mondrian haben nicht nur die Welt der Kunst maßgeblich beeinflusst.

Die Bezeichnung »Mondrianesk« verweist auf die klaren, einfachen und visuell starken geometrischen Kompositionen des Künstlers. Nahezu jeder kennt diesen charakteristischen Mix aus Form und Farbe: Quadrate und Rechtecke in Primärfarben auf einem Raster aus schwarzen Linien vor weißem Hintergrund. Die dabei entstehende strikte Ordnung lässt sich auf viele Varianten der Fotografie anwenden – darunter auf die frontalen »Squared up«-Aufnahmen, die auf Seite 42 präsentiert wurden. Mondrian ging mit seinen exakten Kompositionen an seine schöpferischen Grenzen, indem er die Verhältnisse und Proportionen der Elemente mit größter Sorgfalt auslotete. Der Mondrian-Stil lässt sich in der Regel nur unter Studiobedingungen replizieren, was entsprechend gestaltete Aufnahmen aus dem realen Leben umso interessanter macht, wie an den beiden Beispielbildern gut zu sehen ist. Die Aufnahme einer Warenbörse in Kalkutta bot aufgrund der strikten Formen der Händlerbüros unzählige Möglichkeiten, geometrische Bezüge herzustellen. Das auf Mauritius entstandene Beispiel auf dieser Seite bot die Möglichkeit, zwei unterschiedliche Motive – den Kopf eines Mannes und ein gemaltes Bild – zu vereinen. Beide Motive sind wie die Primärfarben in Mondrians Arbeiten in klar abgegrenzten Rechtecken platziert, wie am unten stehenden Schema gut zu erkennen ist.

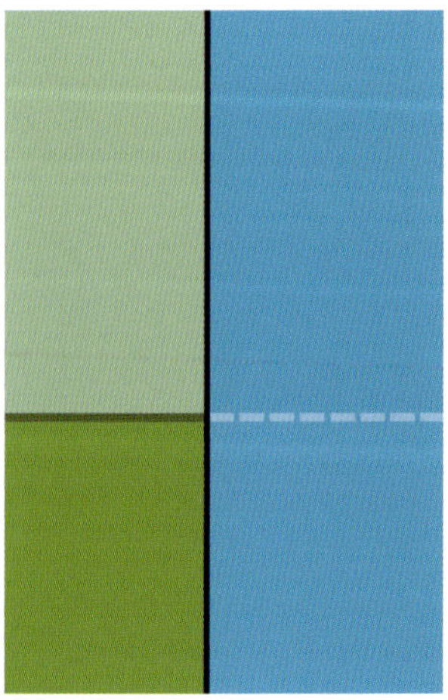

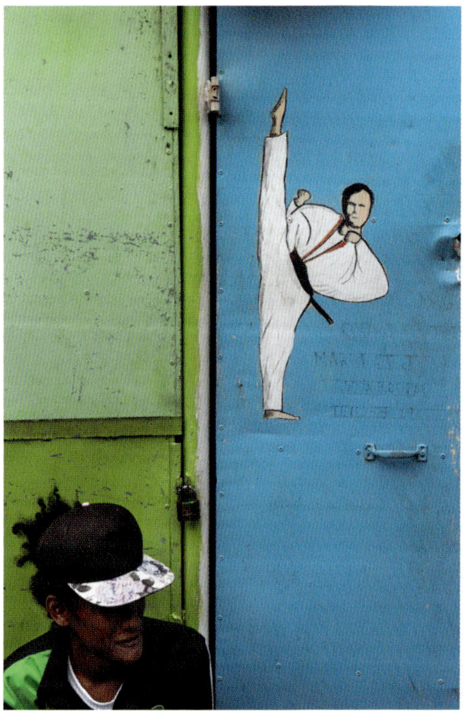

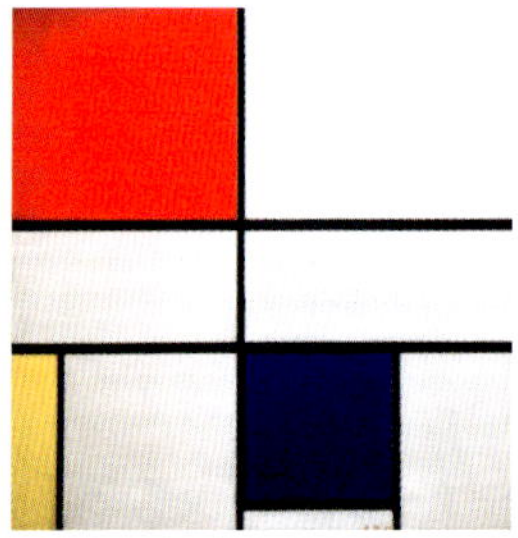

Komposition C (Nr. III) mit Rot, Gelb und Blau (1935) ist ein Paradebeispiel für den klassischen Stil von Piet Mondrian, wobei er Quadrate und Rechtecke mit Primärfarben kombinierte.

Bei dieser Aufnahme, die in der historischen Stadt Mahébourg auf Mauritius entstand, hatte ich zunächst etwas ganz anderes im Sinn. Doch ich fand heraus, dass dieser Ansatz nicht funktionieren würde, und schwenkte auf eine völlig andere Linie um. Auf dem Wochenmarkt wollte ich sowohl das Stadtleben als auch die farbenfrohen Bilder auf den Gebäuden fotografieren. In einer engen Gasse wollte ich eine versteckte Aufnahme von zwei jungen Männern machen. Doch diese entdeckten mich schnell, und ich war auch zu nah dran am Geschehen. In diesem Moment kam mir die Idee, eine Frontalaufnahme mit rechten Winkeln zu machen und den Kopf eines der Protagonisten in einem Rechteck zu platzieren, während die Malerei eines Judokämpfers das nebenstehende Rechteck der blau bemalten Tür einnimmt.

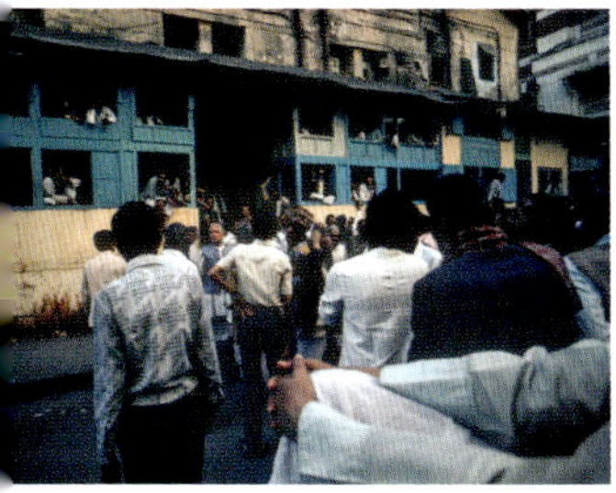

Diese alte Warenbörse im indischen Kalkutta lebt von den seltsamen Boxen, in denen die Händler ihrer Arbeit nachgehen – eine sehr flexible und lebendige Szene, die auf viele verschiedene Arten eingefangen werden kann. Am interessantesten empfand ich jedoch den frontalen Blick auf die Boxen. Dabei wurden die Händler von unterschiedlich großen schwarzen Rechtecken eingefasst.

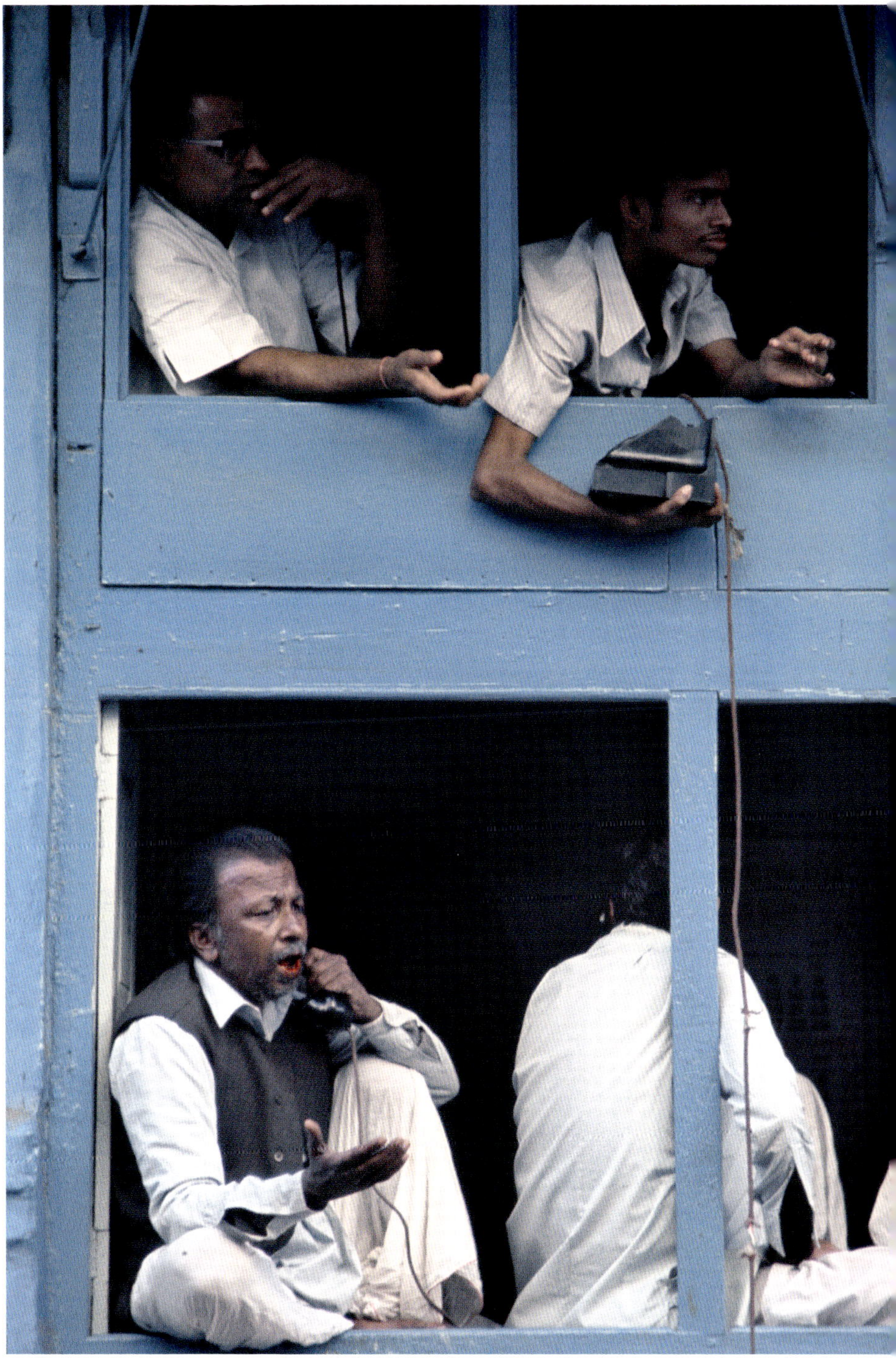

VIERTELN

Ein weiterer Kniff bei der Verwendung von Rechtecken ist das Vierteln. Erstens ist es sehr einfach und funktioniert ohne Berechnungen oder Hilfsmittel – das Teilen von Rechtecken fällt uns leicht, und die Präzision spielt eine untergeordnete Rolle. Zweitens ist eine solche visuelle Teilung ungewöhnlich, sodass sie ganz subtil die Aufmerksamkeit der Betrachter auf sich zieht.

Wie beide Beispiele auf diesen Seiten zeigen, geht es hierbei nicht um das simple Unterteilen des Ausschnitts in vier gleichgroße Bereiche, sondern um das Platzieren des Hauptmotivs innerhalb eines Viertels, um es visuell hervorzuheben. Solche Arrangements sind jedoch nur selten zu finden – die anderen »Viertel« müssen visuell unterscheidbar sein und damit eine Anspielung auf eine horizontale und vertikale Teilung bilden. Die entsprechenden Bildelemente in den Beispielaufnahmen wurden mit großer Sorgfalt ausgerichtet. Die Aufnahme in der Kirche bietet mit den hell erleuchteten Fenstern links oben, der Bankreihe links unten, den bunten Fenstern rechts oben und der aufgeschlagenen, prachtvoll illustrierten Bibel rechts unten alle nötigen Komponenten für eine Viertelung. Die Aufnahme der antiquierten Schreibmaschine entstand unter kontrollierten Verhältnissen im Studio, sodass die Kamera so platziert werden konnte, um die rechten Ränder von Schreibtisch und Fenster präzise aneinander auszurichten.

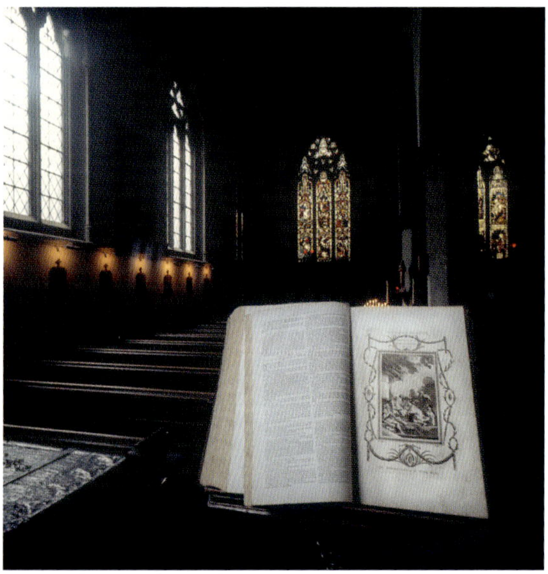

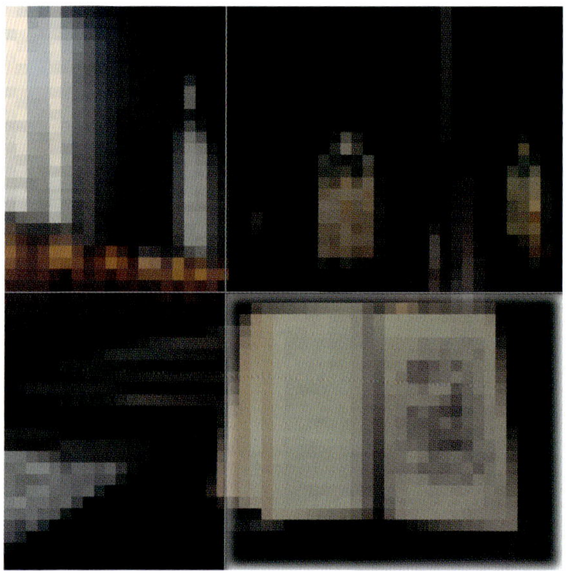

Bei einem formal vorgegebenen Buchcover empfahl sich das leuchtende Fenster für einen strikt rechtwinkligen Ansatz. Dabei herausgekommen ist dieses sehr einfache und minimalistische Arrangement mit einem in vier Bereiche aufgeteilten Rahmen.

Eine aufgeschlagene Bibel in einer Kirche in Oxford. Dieses Arrangement wurde praktisch vom quadratischen Filmformat (120er-Rollfilm) einer Hasselblad-Kamera mit einem 38-mm-SWC-Weitwinkelobjektiv vorgegeben. Durch die hohe Kameraposition wurden konvergierende Linien weitgehend unterbunden.

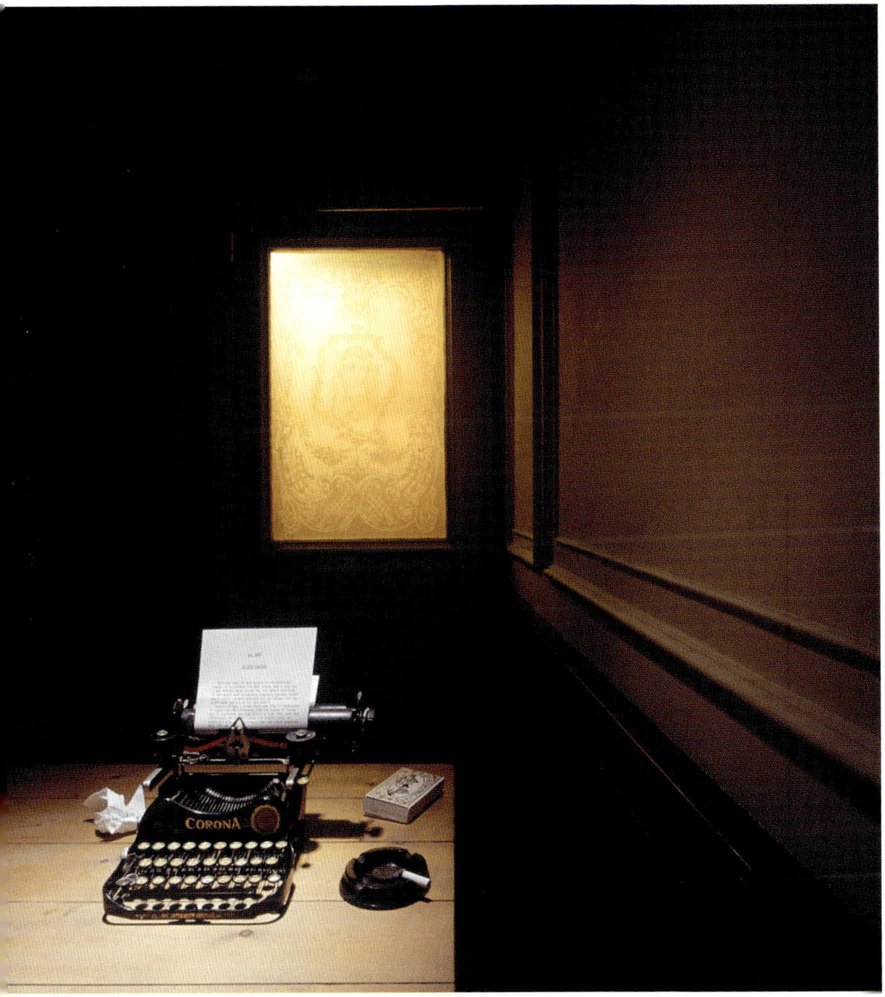

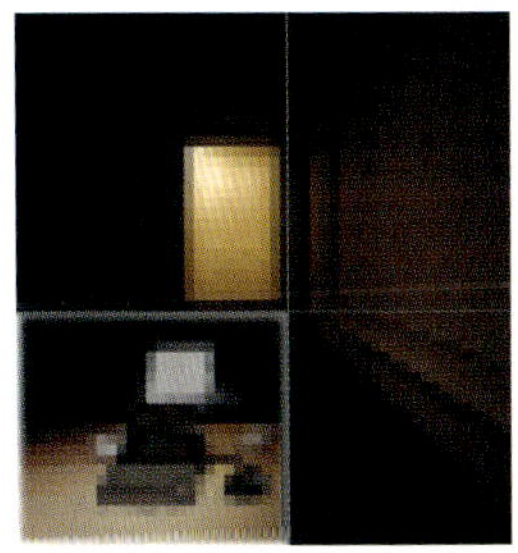

Eine Grundvoraussetzung zum Vierteln eines Bilds sind mehrere Horizontalen und Vertikalen. Konvergierende Vertikalen zerstören das Konzept. Da die Rechtwinkligkeit beibehalten werden muss, funktioniert diese Methode am besten mit gedrungenen und quadratischen Bildformaten. Beide Beispielbilder wurden auf einem quadratischen Film unter Verwendung eines Weitwinkelobjektivs aufgenommen. Der Hauptgrund für das Vierteln der Aufnahmen ergab sich aus der Notwendigkeit, die Motive (Bibel und Schreibmaschine) in ihrem Kontext darzustellen, ohne die Kamera zu neigen. Die Lösung bestand darin, die passende Höhe für die Kamera zu finden und das Hauptmotiv in einer der unteren Ecken zu positionieren.

GERADE LINIEN

Alle bislang vorgestellten Formen und vor allem Rechtecke setzen sich aus Linien zusammen. Gerade Linien, die horizontal oder vertikal verlaufen, haben ihren ganz eigenen Charakter: Meist sind sie ein Hinweis auf von Menschen geschaffene Strukturen, doch sie lassen sich auch in der Natur einfangen.

Horizontal oder vertikal verlaufende Linien suggerieren Präzision und Design, was vor allem für Architekturaufnahmen gilt. In der Natur beschreibt der Horizont eine gerade Linie, und auch gestaffelte Objekte oder lange Schatten tun das.

Horizontale und vertikale Linien stehen für Präzision. Ein Winkelgrad zu viel oder zu wenig genügt, um diesen Eindruck nachhaltig zu stören, denn wir reagieren bei Linien innerhalb eines rechteckigen Bildrahmens sehr empfindlich auf kleinste Abweichungen. Unsere Augen vergleichen Linien ständig mit den Bildrändern, und je näher sie am Rand sind, desto eher fallen Abweichungen auf. Aus diesen Gründen vermitteln solche Linien innerhalb eines fixen Bildrahmens ein Gefühl von Strenge, Präzision und Kontrolle. Das kann sich je nach Herangehensweise und Erwartungshaltung des Betrachters positiv oder negativ auswirken. Der negative Aspekt, der vor allem bei Architekturaufnahmen auftreten kann, ist eine vorhersehbare und damit langweilige Bildwirkung.

Während diese Klosterszene in der chinesischen Provinz Yunnan zu Beginn nicht gerade vielversprechend, sondern eher chaotisch und unorganisiert wirkte, ergab sich nach einiger Wartezeit ein ungewöhnlich organisiert wirkendes Arrangement mit rechteckigen und kreisförmigen Strukturen in einer Frontalaufnahme.

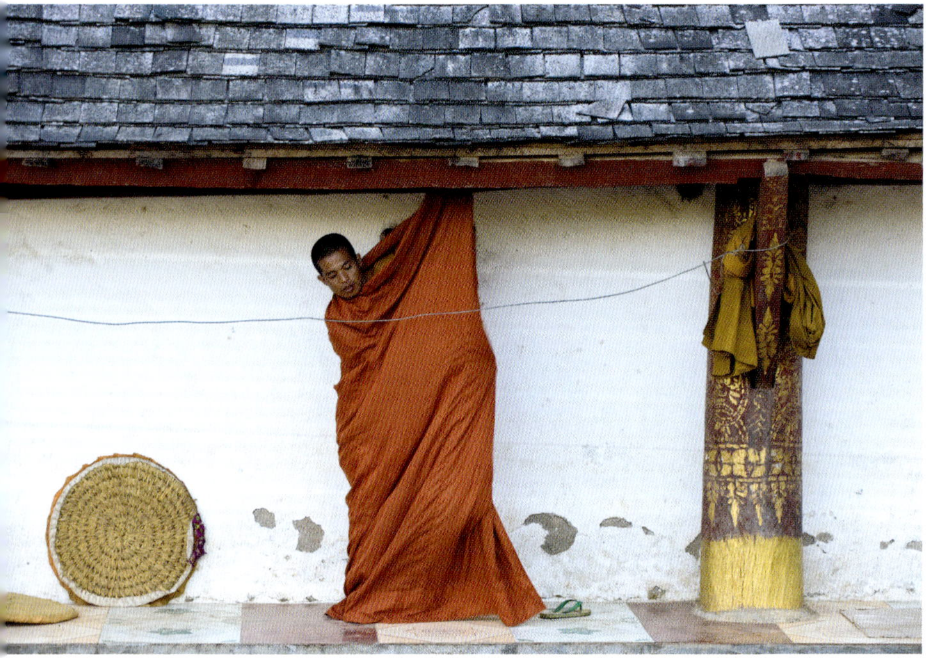

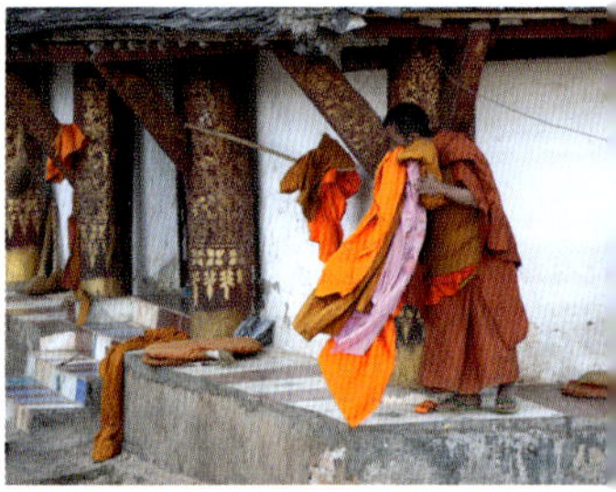

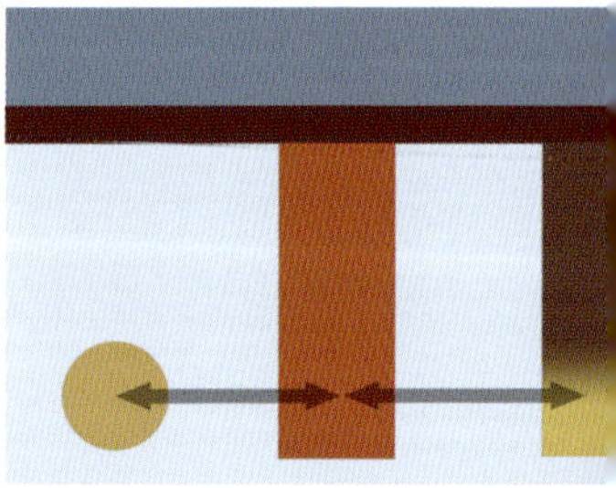

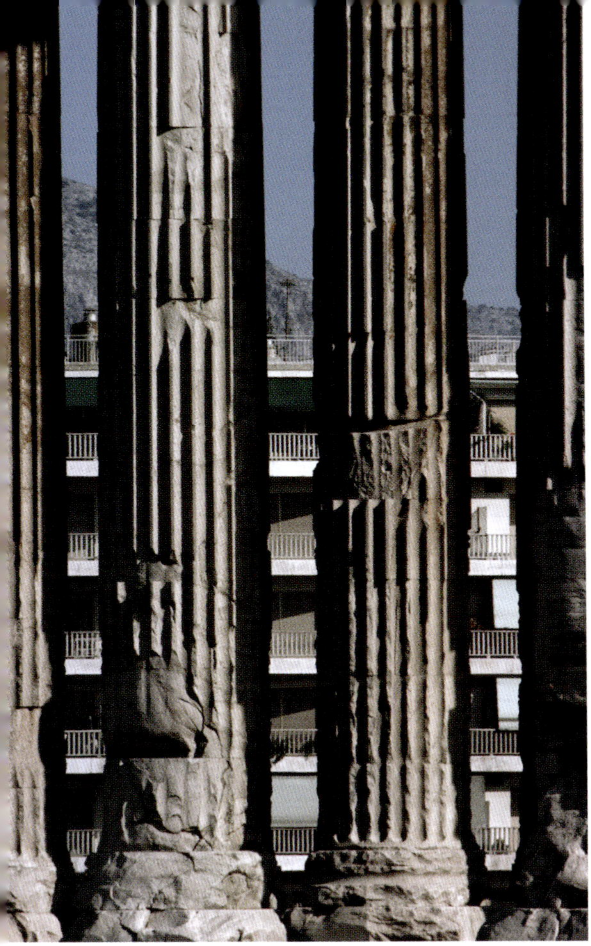

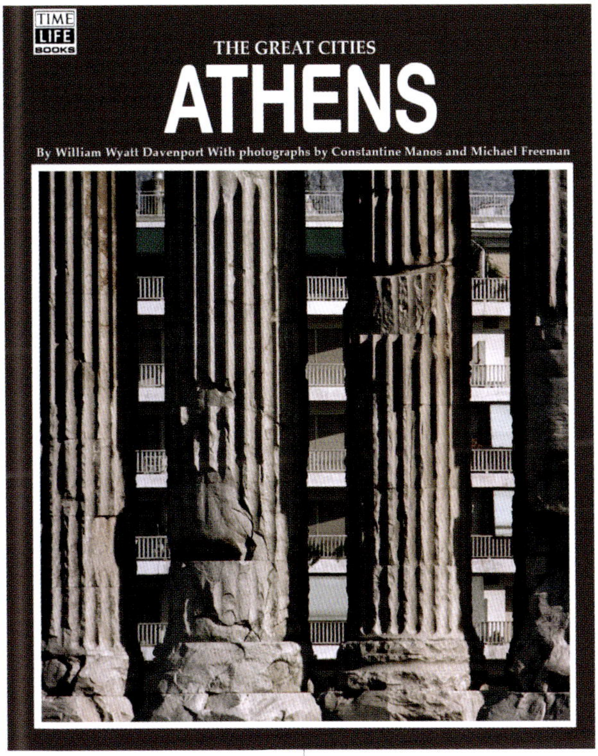

Zwei Herangehensweisen helfen dabei, solche Aufnahmen weniger langweilig wirken zu lassen. Erstens können Sie die Präzision und Strenge herausarbeiten und so stark wie möglich in den Vordergrund stellen. Zweitens können Sie Präzision dort einfangen, wo niemand sie vermutet. Die zwei Beispiele auf diesen Seiten demonstrieren anschaulich, wie der Eindruck von Präzision bewusst verstärkt wurde, indem Wiederholungen genutzt wurden, der Ausschnitt entsprechend eng gewählt wurde oder andere Linien eliminiert wurden. Diese Methode wurde beim Foto des Olympieion in Athen eingesetzt, das zum Cover eines Time-Life-Buchs werden sollte. Die sorgfältig geplante Aufnahme sollte Antike (vertikale Säulen) und Moderne (horizontale Balkone) in Kontrast zueinander setzen. Oft treffen Sie auch auf Szenen, die zunächst vertikal ausgerichtet sind und sich je nach Timing und Blickpunkt in horizontale Strukturen verwandeln. Das geschah in einem buddhistischen Kloster im Südwesten Chinas. Zunächst wirkte die Szene sehr unstrukturiert, doch mit etwas Ausdauer und einer Prise Glück ergab sich die finale Aufnahmesituation mit mehreren Linien (oder besser Bändern), die der Szene eine unerwartete geometrische Ordnung verleiht.

↑ Die Überlagerung der vertikalen Säulen und der horizontalen Gebäudefassade erfüllte die Anforderungen des Art Directors in Bezug auf eine Gegenüberstellung von Alt und Neu.

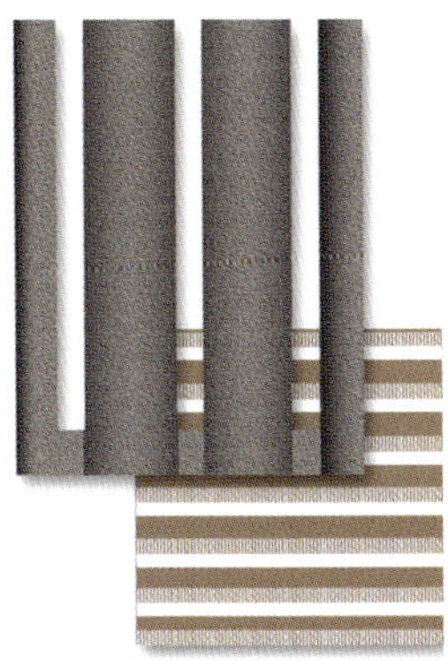

ENERGIE DURCH DIAGONALEN

Wenn mit dem Bildrand korrespondierende Horizontalen und Vertikalen für Ruhe und Ordnung sorgen, bringen Diagonalen Energie und Dynamik ins Bild. Das hat vor allem mit dem Eindruck von Bewegung zu tun.

Der Mensch nimmt Horizontalen als solide Basis und Vertikalen als aufsteigend wahr – hierbei kommt der Eindruck von Gravitation ins Spiel. Aus diesem Grund erzeugen Diagonalen wie ein Gefälle das Gefühl von Auf- oder Abstieg.

Wenn Sie wie in den Beispielen auf diesen Seiten den Winkel einer Diagonalen beeinflussen können, stellt sich die Frage, wie steil oder flach diese ausfallen soll. Der dabei entstehende Eindruck variiert mit dem Winkel und der Länge der Diagonalen. Lässt man die Grenzen des Bildformats außer Acht, ergibt sich ein maximaler Winkel von 45°. Allerdings kommen dabei die Seitenverhältnisse des Bildrahmens zum Tragen. Im 3:2-Format werden die Diagonalen von Ecke zu Ecke länger als in einem Quadrat, wobei der Winkel geringer wird. Die Ausrichtung einer Diagonalen in Richtung einer Ecke ist ein natürliches Element der Bildkomposition, wie Sie auf den Seiten 10–11, 12 und 64 sehen können. Die strikte Orientierung der Diagonalen zu einer Ecke hin ist keinesfalls zwingend erforderlich, hilft Ihnen jedoch dabei, visuelle Ordnung in ein Bild zu bringen. Im herkömmlichen Vollformat von 3:2 weist die stärkste Diagonale einen Winkel von 33° auf. Eine eher extreme Technik – oder, besser gesagt, ein Stil – ist das Drehen der Kamera beim Fotografieren im Querformat, auf das ich im letzten Kapitel auf Seite 160 näher eingehen werde.

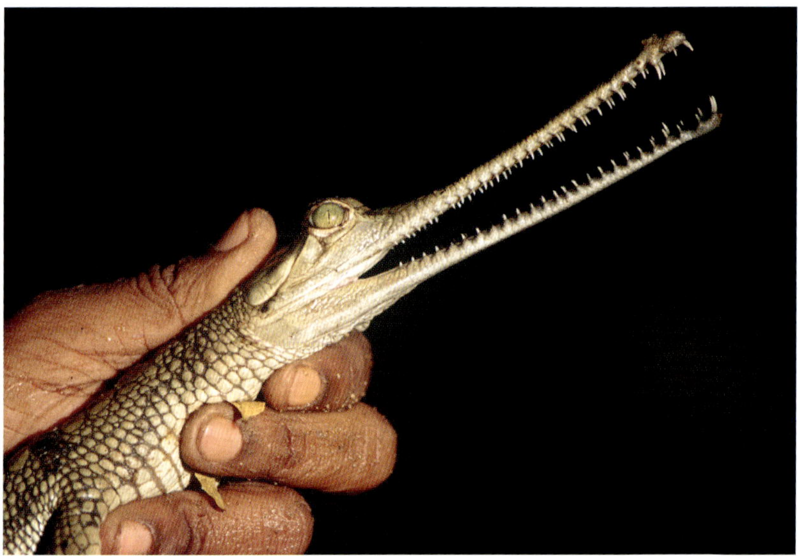

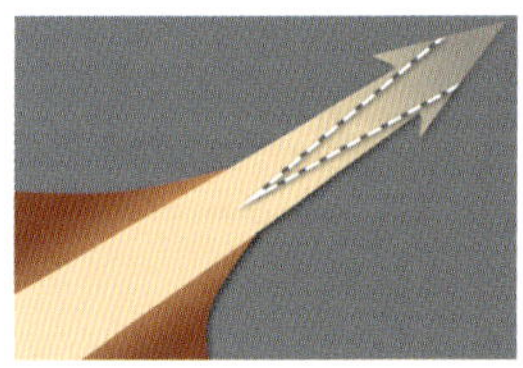

Ein junger Gharial, der in der Madras Crocodile Bank von seinem Pfleger gehalten wird. Der Bildausschnitt von einer zur anderen Ecke wirkt natürlich, während das leicht geöffnete Maul ein gegenläufiges Dreieck erzeugt, was die visuelle Spannung erhöht.

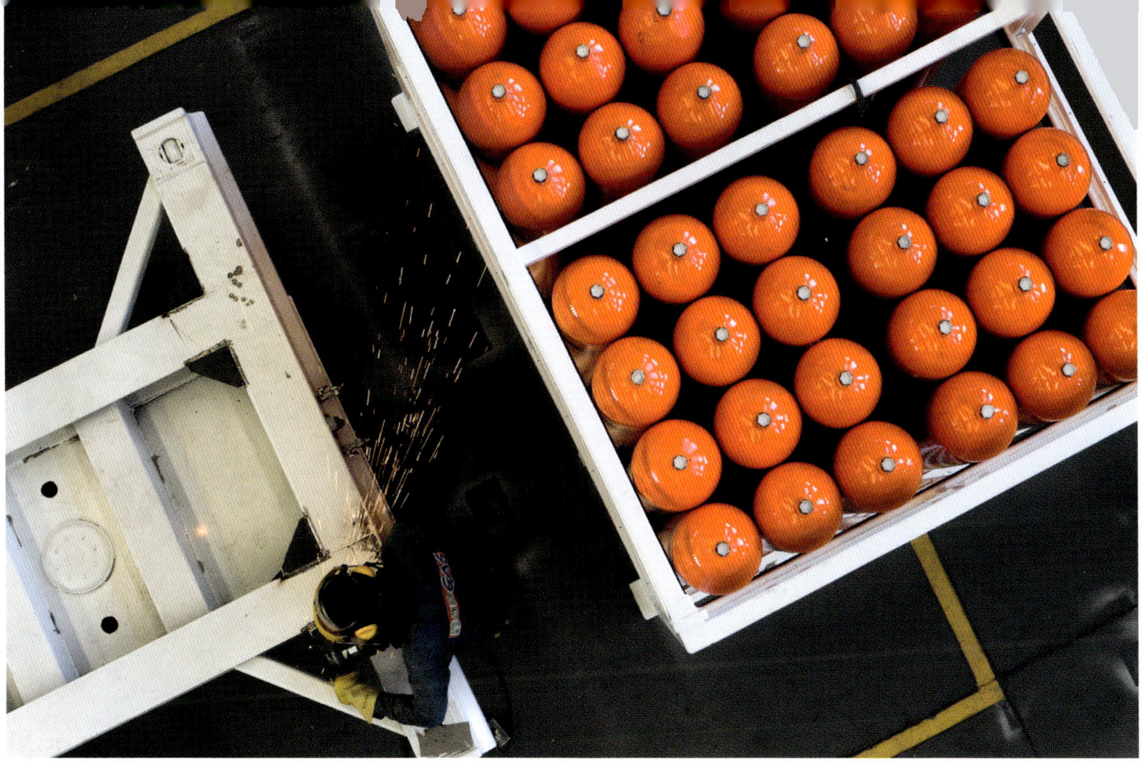

Mehrere Diagonalen verstärken sich gegenseitig – besonders dann, wenn sie parallel verlaufen. Verlaufen die Diagonalen hingegen auf unterschiedlichen Neigungswinkeln, ziehen diese die Blicke noch stärker an, während der Eindruck von Bewegung intensiviert wird. Mehr dazu folgt in Kapitel 7 auf Seite 142.

Industriefotografie leidet oft unter wenig interessanten Motiven, sodass starke geometrische Strukturen mehr Spannung ins Bild bringen können. Diese Aufnahme in einer Fabrik für Gasflaschen entstand von einer Brücke herab, sodass sich die geometrischen Elemente anschaulich entfalten können. Während bereits die gerade Ausrichtung links sehr interessant wirkt, bringen die Diagonalen in der gedrehten Version oben mehr Energie ins Bild. Eine gegenläufige Diagonale durch den Funkenflug des Schleifers sorgt für zusätzliche Dynamik.

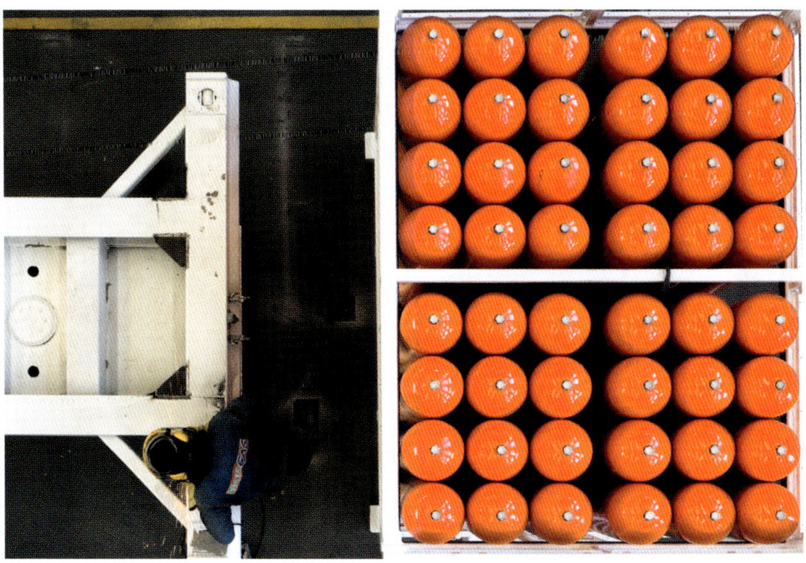

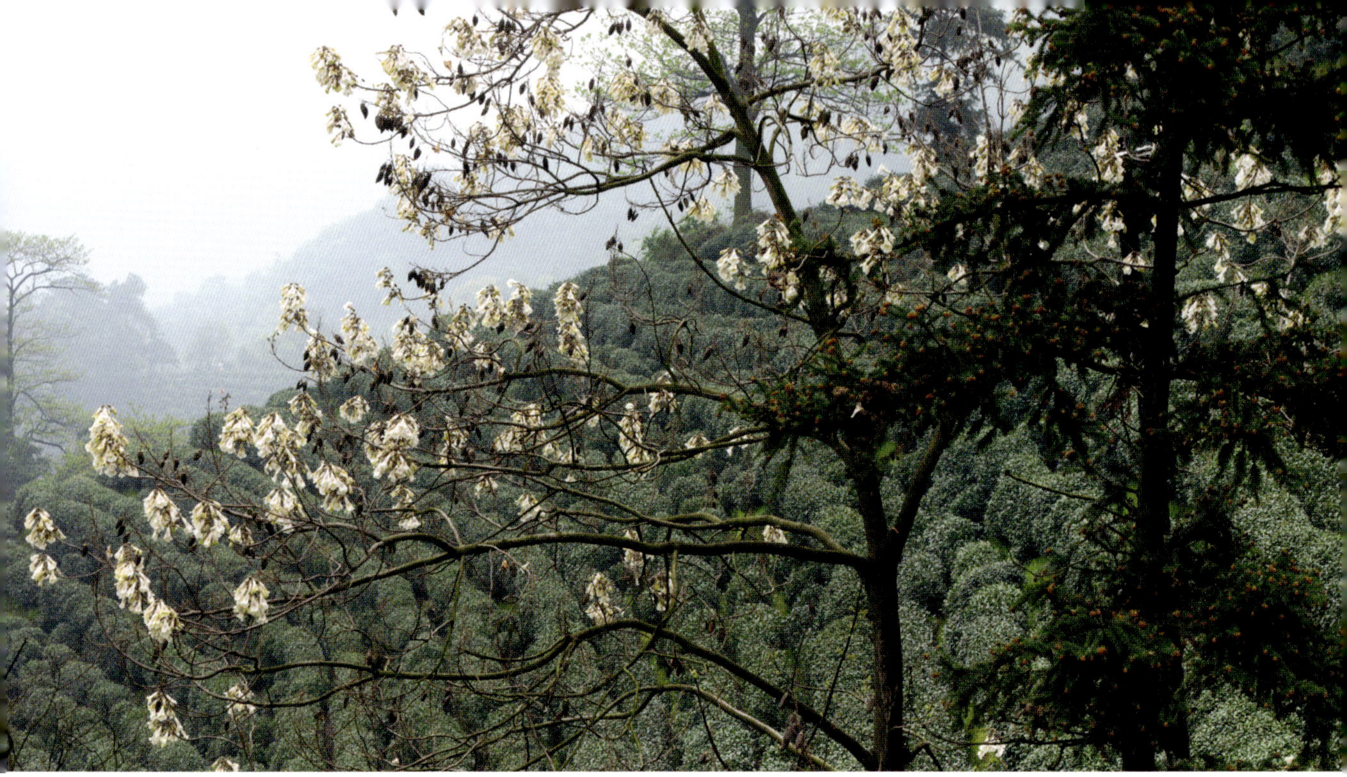

DER FLUSS DER KURVEN

Kurven funktionieren anders als gerade Linien – nicht nur, weil sie seltener anzutreffen sind und damit erhöhte Aufmerksamkeit auf sich ziehen, sondern auch deshalb, weil sie von nahezu allen Betrachtern als etwas Positives wahrgenommen werden.

Kurven sind so attraktiv, weil sie ein Gefühl von Fluss, Kontinuität und Glattheit erzeugen. Sie eignen sich auch hervorragend zum Einfassen von Motiven oder Bildbereichen, wie Sie ab Seite 94 gut erkennen können. Während gerade Linien die Charakteristik von menschengemachten Dingen transportieren sowie Winkel und Ecken bewirken, definiert sich eine Kurve über ihren weichen Verlauf und das Fehlen von Knicken oder Unregelmäßigkeiten. Das Hauptproblem bei Kurven ist die hohe Anzahl an Orientierungspunkten. Während ein Dreieck mit nur drei Punkten angedeutet werden kann, braucht es für den Verlauf einer Kurve viel mehr. Daher sind die meisten in der Fotografie auftauchenden Kurven die Ränder von runden Elementen.

Wie bei allen geometrischen Andeutungen in diesem Kapitel werden auch Kurven umso interessanter, wenn sie nicht einfach nur vorhanden sind, sondern von einem geschickten Fotografen herausgearbeitet werden – beispielsweise durch einen idealen Blickwinkel oder eine Gegenüberstellung mehrerer Elemente. Unter realen Bedingungen lassen sich Kurven schwer entdecken oder gar planen. Die Aufnahme der

↑ Die sich wiederholenden Kurven der Terrassen, Hügel und Blüten bilden im großen Bild oben eine überraschende geometrische Struktur. Das kleine Bild unten entstand von einer niedrigeren Kameraposition und zeigt, wie extrem der richtige Blickwinkel die Bildung von Kurven beeinflusst.

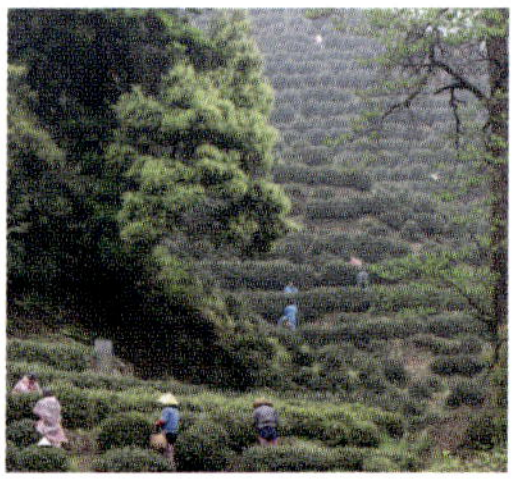

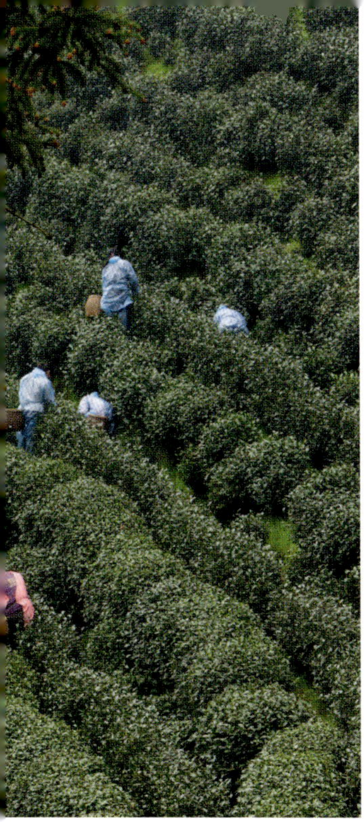

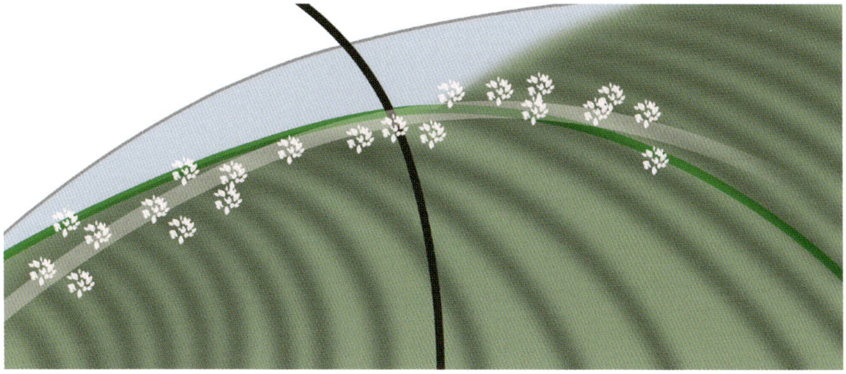

Teepflücker ist ein hervorragendes Beispiel dafür. Die Hauptkurve (dunkelgrüne Linie) entsteht zufällig dadurch, dass die Neigung des Hangs zu der von zwei oder drei Reihen von Büschen passt, und sie ergibt sich nur dadurch, dass der Übergang durch die Bäume verdeckt wird. Eine niedrigere Kameraposition hätte den Kurveneffekt nicht zutage gefördert. Das grafische Thema besteht in der Wiederholung der Büsche am Hang. Die Kurve des entfernten Hügels und der Äste sind willkommene Boni, während die Abfolge der Paulownien-Blüten einen Großteil zur visuellen Wirkung der Szene beiträgt. Daran zeigt sich auf eindrucksvolle Weise, wie sich mehrere Kurven gegenseitig verstärken können.

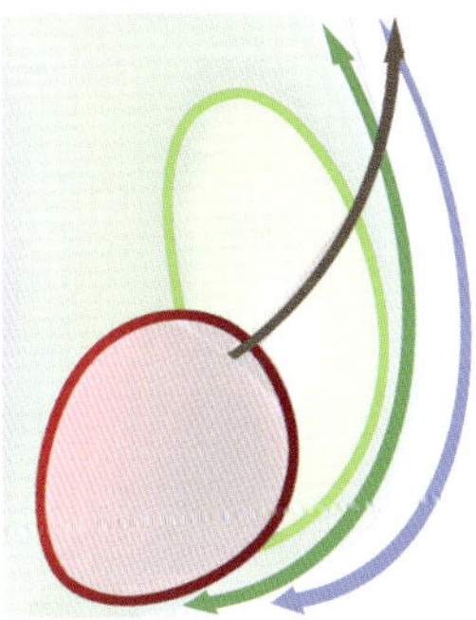

Dieses Stillleben ist ein weiteres Beispiel für die Wiederholung mehrerer Kurven: Die Kurven des Glases, der Kirsche, des Stiels und des nierenförmigen Lichteffekts in der Flüssigkeit verstärken sich gegenseitig.

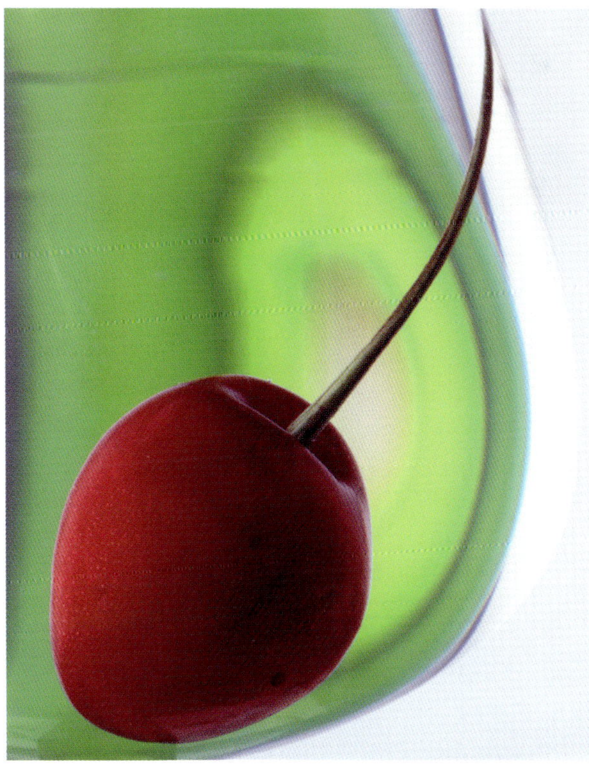

KAPITEL

5

UNBEWUSSTE EINFLÜSSE

Bis jetzt habe ich Ihnen hauptsächlich gezeigt, wie Sie mit kompositorischen Hilfsmitteln klar erkennbare Effekte erzielen. Vorherzusehen, wie Betrachter auf ein Bild reagieren werden, ist ungleich schwerer, da es um die Analyse der unbewussten visuellen Gewohnheiten geht. Wenn Sie ein Foto bewusst betrachten und untersuchen, nutzen Sie Ihre Kognition. Doch das erfordert sowohl Aufmerksamkeit als auch gute Gründe, Zeit und Energie zu investieren. Werfen Sie dagegen ein flüchtigen Blick auf ein Foto, kommt eine Vielzahl unbewusster Einflüsse ins Spiel. Diese psychologischen Aspekte möchte ich auf den nächsten Seiten behandeln – beginnend mit der Salienz, die bestimmte Reize aus dem Kontext hervorhebt und damit Aufmerksamkeit erzeugt.

Die Gestaltpsychologie und die daraus abgeleiteten Gestaltgesetze bezüglich der Wahrnehmung von visuellen Reizen und der Ableitung von Struktur und Ordnung wirken meist allzu offensichtlich. In der Tat versuchen uns die meisten Gestaltgesetze zu erklären, was wir bereits wissen. Weitaus interessanter ist dagegen die Anwendung dieser Methoden in der Praxis. In der Fotografie können Sie sich die Gestaltgesetze auf zweierlei Art zunutze machen: Entweder heben Sie diese in Ihren Aufnahmen hervor oder Sie verstoßen bewusst gegen die Regeln, um die Betrachter herauszufordern. Die zweite Herangehensweise birgt das größere Potenzial. In der Gestaltpsychologie dreht sich alles um Erwartungen. Es gibt eine unbestimmte

Zahl von Prinzipien (diese Umschreibung finde ich passender als das restriktive »Gesetze«), die von den meisten Menschen akzeptiert werden. Viele dieser Prinzipien sind miteinander mehr oder weniger verwandt oder bauen aufeinander auf.

Die Idee gedachter Formen ist gemeinhin bekannt, wenn es um die Verwendung von Dreiecken, Rechtecken und Kreisen sowie deren Variationen geht. Weit weniger im Fokus des Interesses stehen die Häufigkeit und Nutzbarkeit solcher Formen. Dreiecke benötigen nur drei Eckpunkte und sind deshalb nahezu überall zu finden. Rechtecke und Kreise funktionieren hingegen anders. Echte Rechtecke sind als Bestandteile von Bauwerken viel zu verbreitet, um interessant zu wirken. Gedachte Rechtecke sind dagegen weitaus schwieriger aufzuspüren. Kreise und andere runde Formen sollten unerwartet sein, um interessant zu wirken. Auch diese sind eher selten zu finden.

Warum sich mit solchen Dingen beschäftigen? Vom rein organisatorischen Standpunkt her sorgt eine einfache Form für Ordnung und Struktur in einem Bild, was die Kompetenz des Fotografen unterstreicht. Darüber hinaus funktionieren grafische Strukturen wie eine zusätzliche visuelle Ebene, die von Betrachtern üblicherweise wertgeschätzt wird

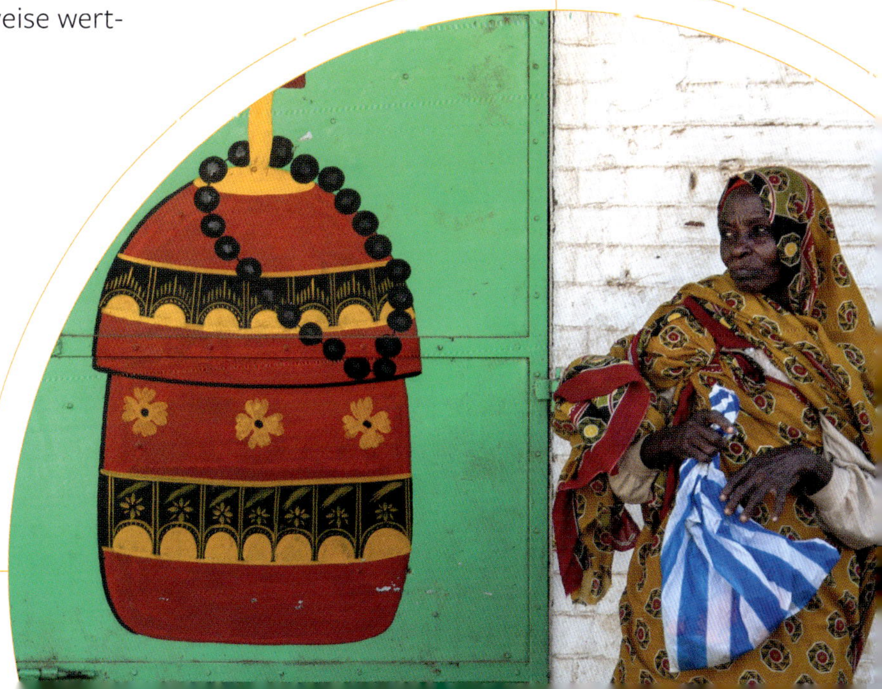

SALIENZ

Die Salienz bezeichnet die visuelle Aufmerksamkeit, die ein Objekt oder ein Element auf sich ziehen kann. In der Fotografie sind damit Elemente gemeint, die innerhalb des Bildrahmens hervorstechen.

In der Fotografie gibt es zwei Arten von Salienz. Die erste Variante ist rein grafisch begründet, etwa ein auffälliger schwarzer Punkt vor einem hellen Hintergrund oder ein sich wiederholendes Muster wie ein Schachbrett. Bei der zweiten Variante, die auch als Semantik bezeichnet wird, dreht sich alles um Inhalte – etwa ein menschliches Gesicht, das naturgemäß die Aufmerksamkeit anderer Menschen auf sich zieht. Fotos enthalten oft beide Varianten, die um die Aufmerksamkeit des Betrachters konkurrieren. Deshalb definiert sich die Salienz über jene Elemente, die der Betrachter zuerst in Augenschein nimmt, und darüber, wie lange es dauert, bis der Blick zu einem anderen Element weiterwandert. Das alles geschieht mit hoher Geschwindigkeit, da Fotos in der Regel viel kleiner sind als die uns umgebende Welt und über feste Rahmengrenzen verfügen (siehe Seite 16 bis 17).

Salienz wird für uns Fotografen besonders dann entscheidend, wenn wir verschiedene visuelle Elemente im Ausschnitt haben, die um die Gunst des Betrachters ringen. Dabei geht es um mehr als reine Aufmerksamkeit. Eine tragende Rolle spielen auch die Reihenfolge der Betrachtung, die darauf verwendete Zeit, die Anzahl der wiederholten Betrachtungen und die Geschwindigkeit der Blicklinien zwischen verschiedenen Elementen. Auch die Größe und Platzierung des Hauptmotivs innerhalb einer Szene wirkt sich auf dessen Salienz aus, wie bei den Landschaftsaufnahmen auf den Seiten 98/99 und 140/141 gut zu sehen ist. Die richtige Balance zwischen Abbildungsgröße und Salienz führt zu interessanteren Bildern.

Als erstes Beispiel habe ich bewusst das nebenstehende Bild gewählt, das über eine Vielzahl interessanter Elemente verfügt – dessen war ich mir schon während der Aufnahme durchaus bewusst. Das Foto entstand in einer engen Gasse in der kolumbianischen Stadt Cartagena. Hier gibt es mehrere kleine Stände, in denen Uhren und neuerdings auch Handys repariert werden. Es handelt sich um ein traditionelles Element einer zunehmend verschwindenden Altstadt. Mein Blick wurde von den Schriften und Plakaten angezogen, sodass ich beschloss, eine geschäftige Szene ohne zentrales Hauptmotiv einzufangen. Ich ging davon aus, dass der Blick des Betrachters zunächst den Mann zur Linken fixieren und dann über die Türbeschriftung und das Wahlplakat hinweg nach rechts wandern würde. Den Bildausschnitt habe ich so gewählt, dass der Mann zur Rechten, der sich über seine Arbeit beugt, erst viel später entdeckt wird. Mit anderen Worten: Der Handwerker wird vom Betrachter nicht direkt, sondern erst nach einer Weile wahrgenommen. Das geschah in der Hoffnung, dass diese Verzögerungsstrategie das gesamte Bild interessanter wirken lassen würde.

→ Eine Straßenszene mit kleinen Handwerkerkabinen, die auffällige Gesichter und Typografie enthält. Die Komposition zielte darauf ab, den Blick des Betrachters wie im Schema unten links zu lenken: beginnend beim linken Gesicht und über die Plakate hinweg zur unauffällig wirkenden rechten Person.

FACHBEGRIFFE AUS DEM EYE-TRACKING

AOI *Area of Interest.* Jener Bereich, der die Aufmerksamkeit auf sich ziehen soll.

Fixierung Ein Punkt, auf dem der Blick verharrt.

Blickpfad Eine Linie von einer Fixierung zur nächsten.

Fixierungszahl Wie oft ein Element betrachtet wird.

TTFF *Time to First Fixation.* Die Zeit, die bis zur ersten Fixierung vergeht.

Verweilzeit Die Gesamtzeit auf einer bestimmten AOI.

Rückkehrzahl Wie oft der Blick zurück zu einem Element gewandert ist.

Heatmap Farbschema für die Verweilzeiten im kompletten Bild.

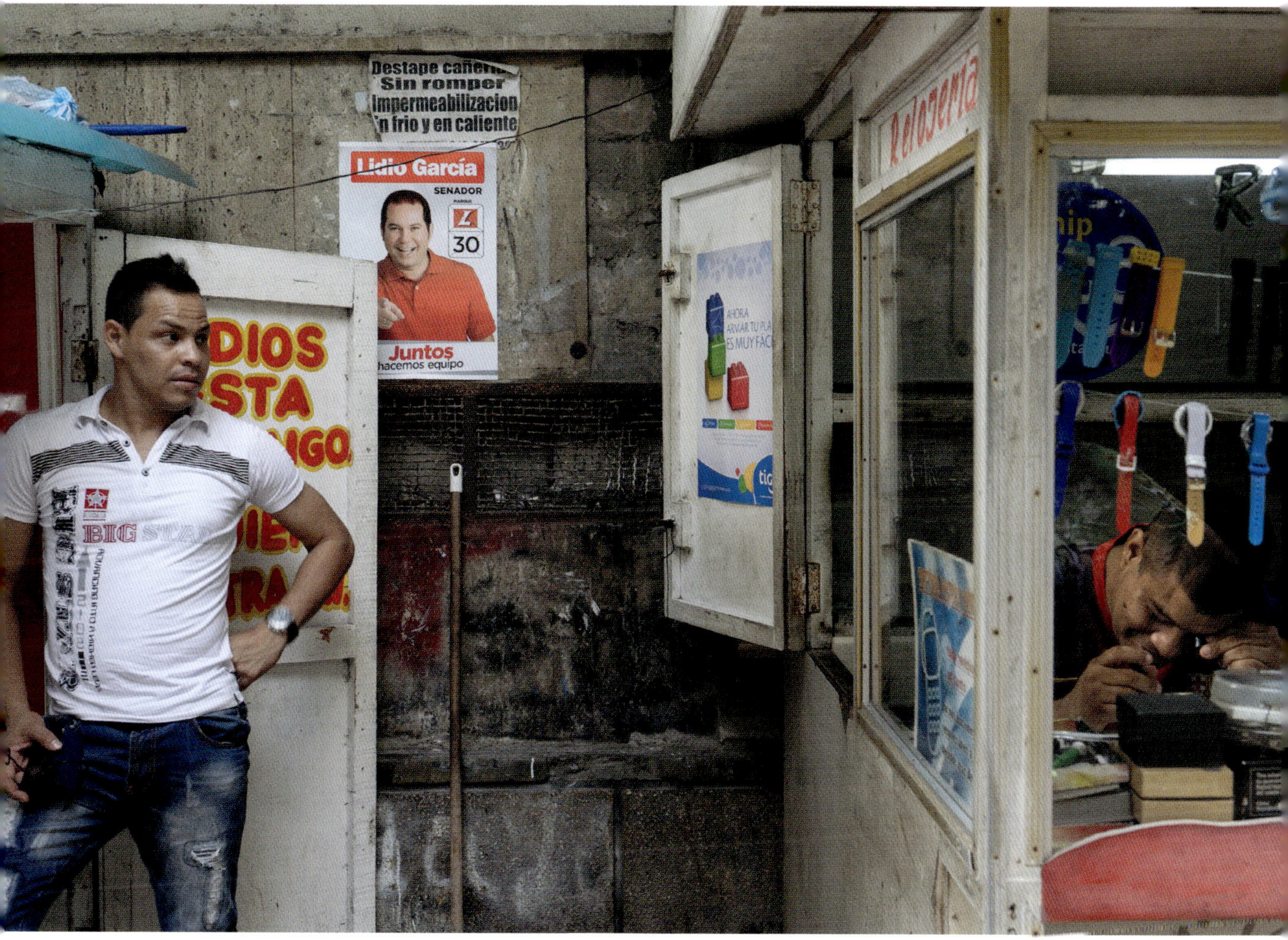

ERWARTETE BETRACHTUNG

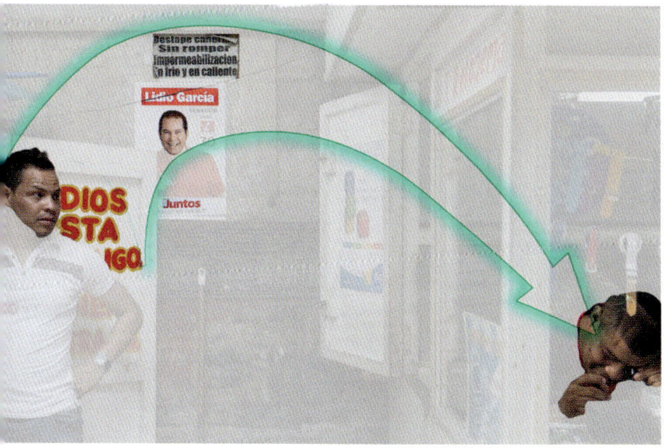

TESTPERSON 3

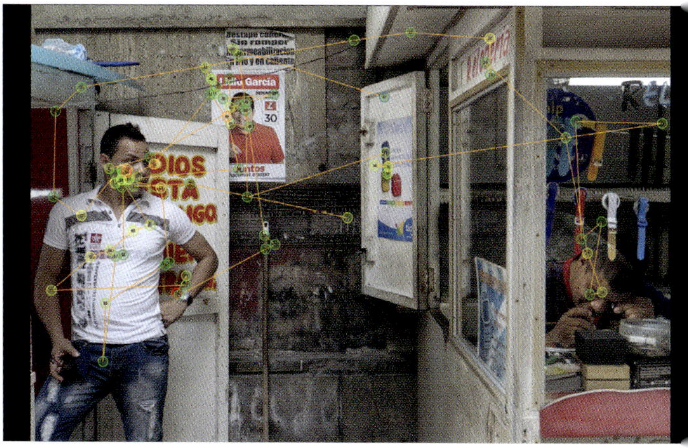

EYE-TRACKING

Das Team von iMotions präsentierte seine Daten in drei verschiedenen Ausführungen. Auf diesen Seiten sehen Sie die Blicklinien eines typischen Betrachters, eine Heat Map mit den Ergebnissen aller Testpersonen und eine TTFF-Übersicht aller Ergebnisse, die Aufschluss über die Reihenfolge der anvisierten Elemente gibt. Ich war erleichtert, dass meine gewünschte Blickfolge weitgehend funktioniert hat. Wie Sie später im Abschnitt »Visuelle Gewichtung« erfahren werden, erzeugen sowohl Gesichter als auch Schriftzüge hohe Aufmerksamkeit, wobei es keine Rolle spielt, ob das Gesicht direkt abgebildet wird oder ob es sich um ein Konterfei auf einem Plakat handelt. Im Durchschnitt verstrichen sieben Sekunden, bis der nach vorne gebeugte Handwerker entdeckt wurde. Auch die Verweildauer auf dem rechten Gesicht war sehr lang und erzielte mit neun Sekunden Platz zwei nach dem Plakat mit 16 Sekunden. Zwei Dinge habe ich hingegen nicht erwartet. Erstens verweilten einige Betrachter sehr lange auf dem schwarzen Schriftzug über dem Plakat (Testperson 1, Bild unten links). Haben die Betrachter versucht, die Worte zu lesen? Beherrschten sie Spanisch? Zweitens erhielt das Handy, das der Mann links in seiner Hand hält, überraschend viel Aufmerksamkeit. Ich selbst habe es beim Fotografieren gar nicht bewusst wahrgenommen. Interessant war auch die Auswertung der ersten zehn Sekunden bei Testperson 2 (unten rechts), wo die rechte Bildhälfte gar nicht erreicht wurde. Doch das bestätigte meine Intention der Blickführung – nach 20 Sekunden erreichte diese Person den rechten Bildrand.

→ Die farbcodierte Heat Map fasst die Fixierpunkte aller Betrachter zusammen und zeigt auf, wo die stärkste Salienz auftritt (Rot). Dabei werden persönliche Vorlieben der Betrachter ausgeglichen.

TESTPERSON 1

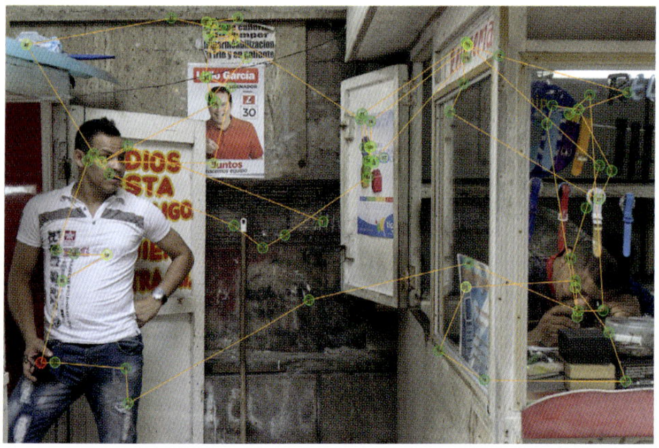

TESTPERSON 2 (ERSTE 10 SEK.)

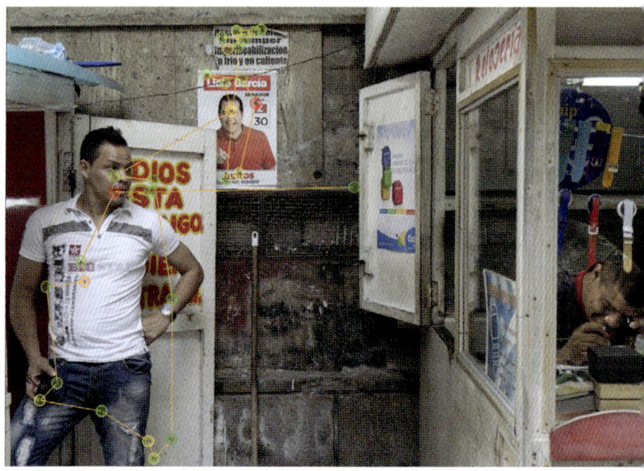

Obwohl sich die Salienz mithilfe des Eye-Tracking eindrucksvoll messen lässt, ist sie nicht die Lösung für alle Kompositionsprobleme. Mit einiger Erfahrung können Sie mit hoher Wahrscheinlichkeit voraussagen, wie die meisten Betrachter Ihre Fotos ansehen werden. Allerdings werden Sie nie erfahren, was die Rezipienten dabei denken und fühlen (außer im direkten Gespräch). Demnach ist die Salienz kein Erfolgsgarant für die Qualität eines Fotos. Ich selbst mag das Beispielbild, obwohl es bestimmt kein großartiges Foto ist. Allerdings weiß ich nicht, wie andere Menschen das sehen, wenn ich keinen Kontakt zu ihnen habe.

→ Die TTFF-Darstellung (*Time to first Fixation*) im Rahmen eines großen Rasters. Die Ziffern in den Rechtecken sind Indikatoren für die Reihenfolge der ersten Fixierungen aller Testpersonen.

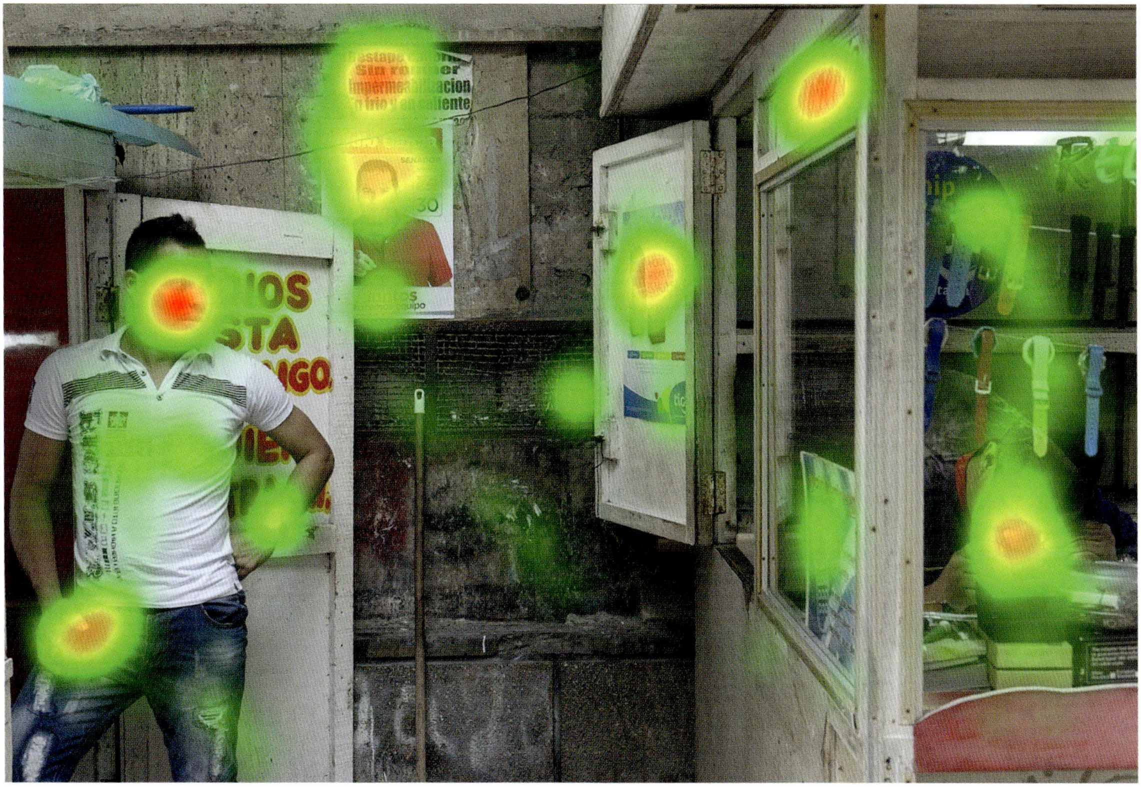

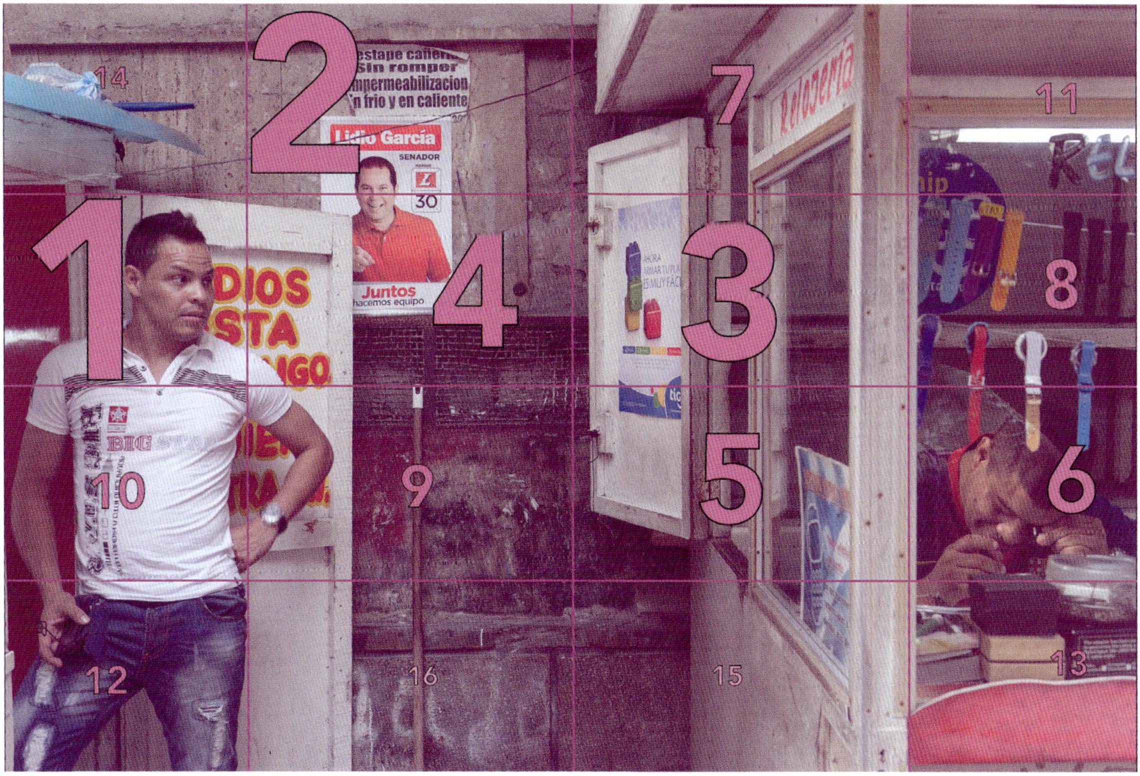
2
7
11
14
Sin romper
impermeabilizacion
n frio y en caliente
Lidio García
SENADOR
30
Juntos
hacemos equipo
1
4
3
8
10
9
5
6
12
16
15
13

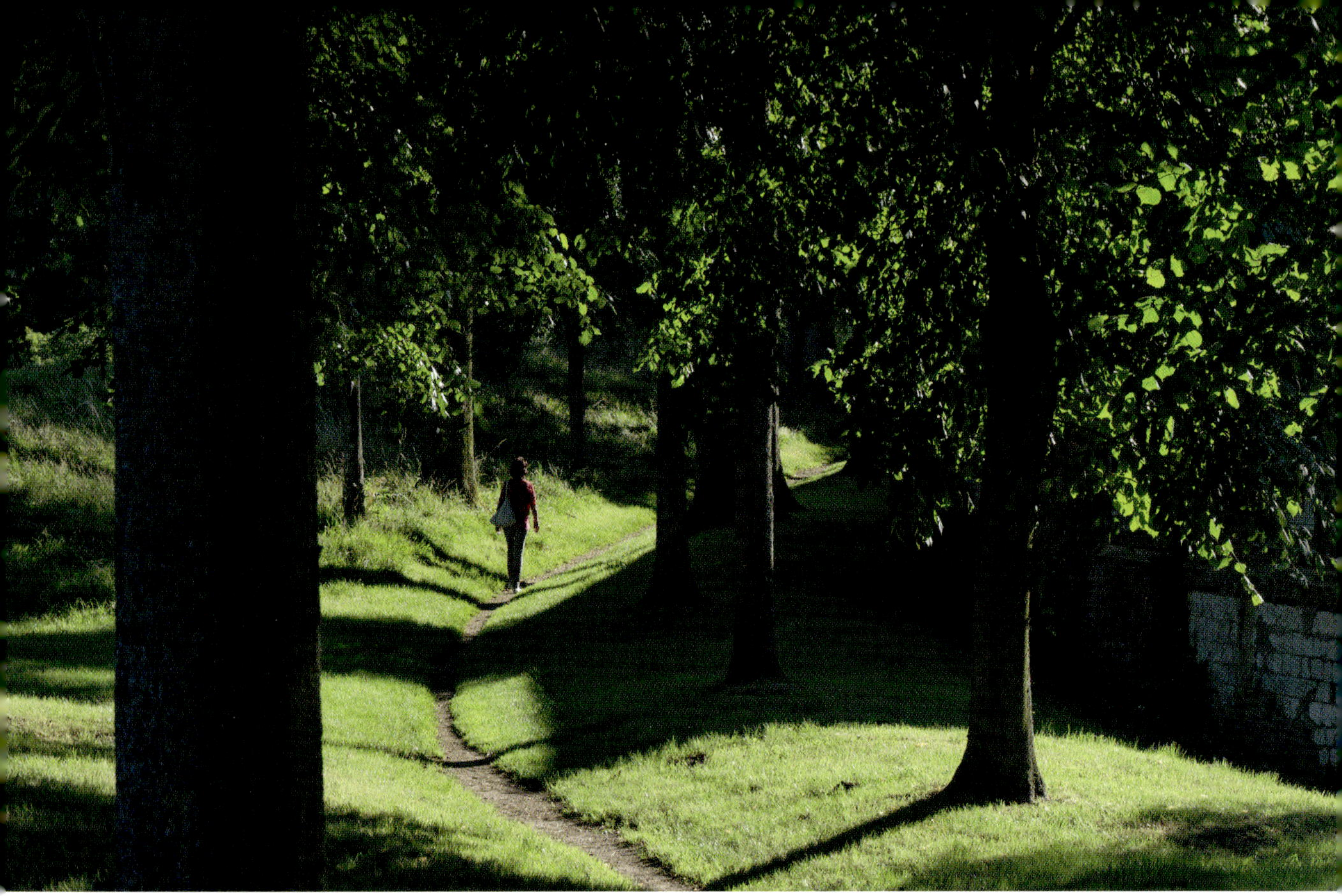

TESTPERSON 1

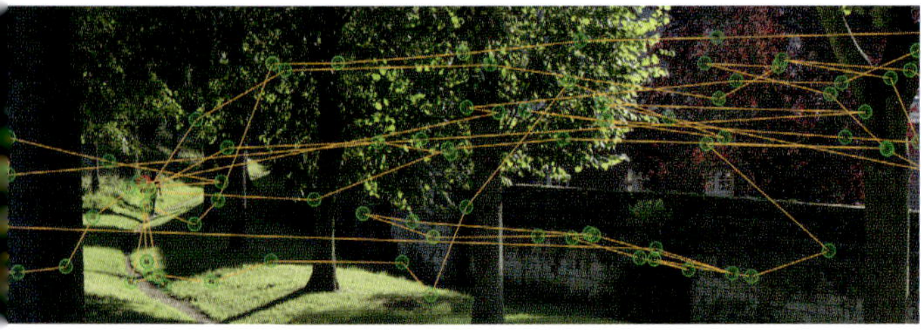

TESTPERSON 2

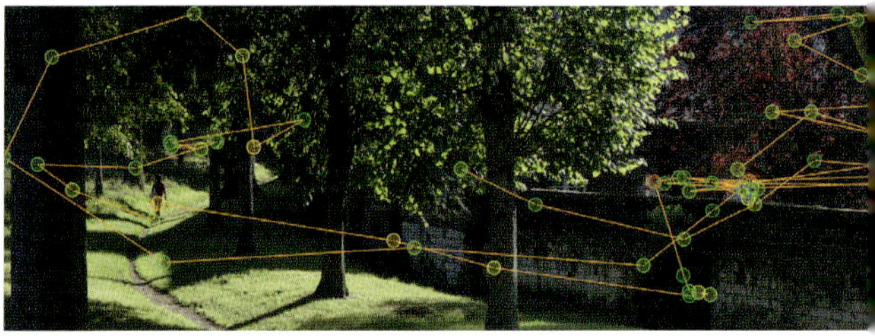

TESTPERSON 3

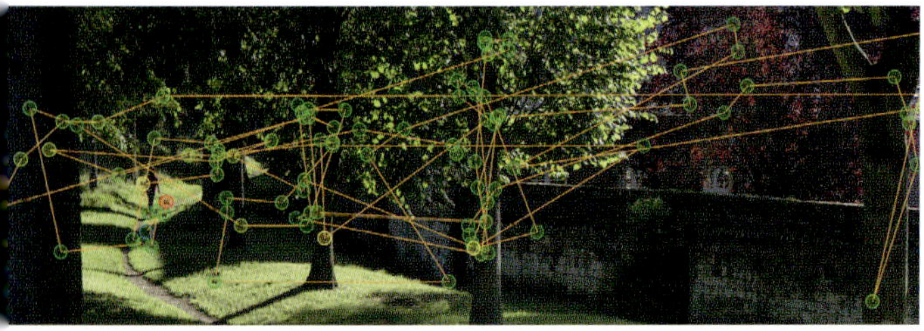

HEATMAP

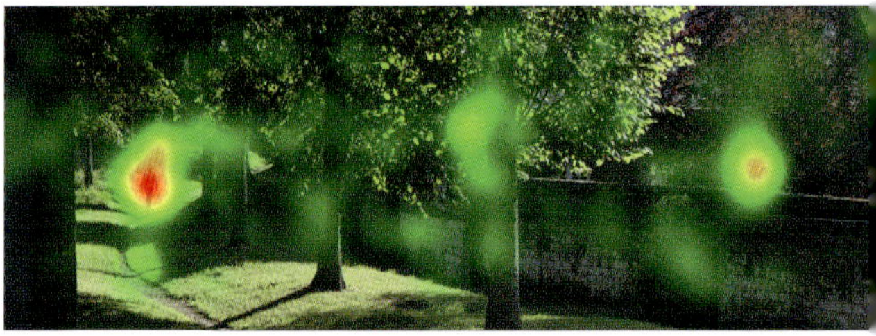

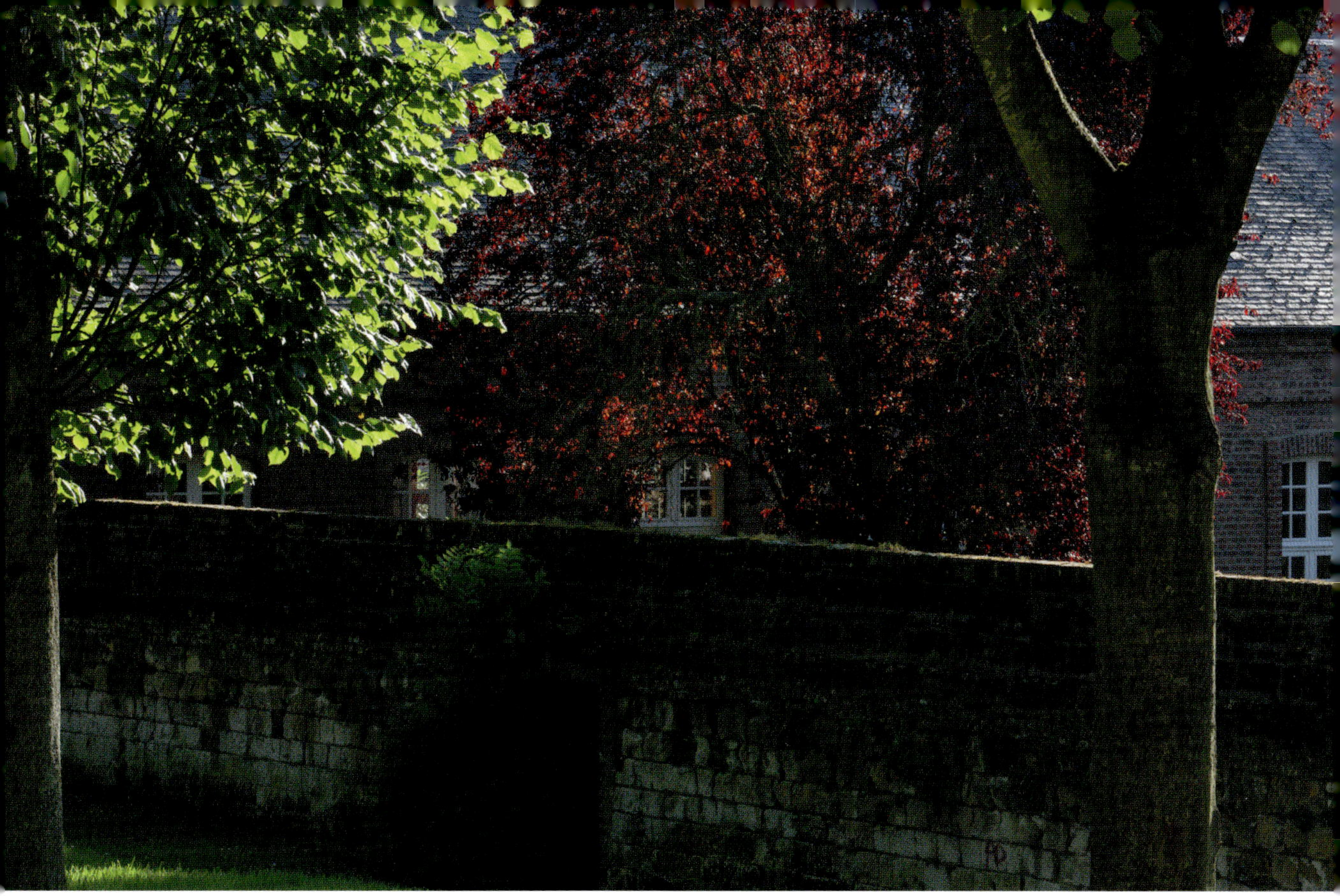

Die Testpersonen interessierten sich für unterschiedliche Details der Aufnahme. Ihr Interesse an den drei Motivbereichen wurde durch die Verrechnung miteinander gemittelt, wie die Heatmap unten rechts zeigt. Sie beweist, dass das Verhalten vieler Betrachter recht gut vorhergesehen werden kann.

←

Bei dieser Aufnahme, die in einer kleinen französischen Ortschaft entstand, ist der komplett erhaltene Schutzwall das Hauptmotiv. Die Ausleuchtung inklusive partiellem Gegenlicht und die satten Farben machen das Bild sehr attraktiv. Der ungewöhnlich weite Blickwinkel sollte sowohl die Bäume mit den roten Blättern zur Rechten als auch die Spaziergängerin zur Linken erfassen. Die Person ist ein guter Anhaltspunkt für die Größenverhältnisse und bringt eine menschliche Komponente ins Bild. Ich wartete ab, bis die Person einen hell erleuchteten Bereich erreicht hatte, um die Kontraste zu intensivieren. Mein Plan war, das Auge des Betrachters strikt horizontal vom linken zum rechten Bildrand zu lenken. Eine Verzögerung beim Erkennen der Person habe ich nicht erwartet, ich wollte lediglich viele horizontale Augenbewegungen beim Erfassen der Inhalte erzielen.

Die Testreihen bei iMotions bestätigten meine Annahmen weitgehend, wobei sich Testperson 1 wie gewünscht verhielt. Testperson 3 hat den Baumstämmen überraschend viel Aufmerksamkeit geschenkt, während sich Testperson 2 hauptsächlich auf die Fenster des Gebäudes konzentrierte und der Spaziergängerin vergleichsweise wenig Aufmerksamkeit gönnte. In der Tat hat Testperson 2 während der ersten zehn Sekunden keinen einzigen Blick auf die Spaziergängerin geworfen – ein eindrucksvoller Beweis für die individuellen Vorlieben der Betrachter. Die gemittelte Heatmap entsprach wiederum meinen Erwartungen. Im Durchschnitt dauerte es weniger als drei Sekunden, bis die Person erfasst wurde. Sie hielt die Aufmerksamkeit für 17% der Gesamtzeit, wurde achtmal fixiert und viermal erneut ins Visier genommen – obwohl sie nur 1% des Raums im Bild einnimmt.

VISUELLE GEWICHTUNG

Eng verwandt mit der Salienz ist die visuelle Gewichtung bestimmter Elemente, die unsere Sinne mehr oder weniger stark ansprechen. Hierbei spielt auch die Platzierung und Skalierung innerhalb des Ausschnitts eine große Rolle.

Jedes Bildelement hat seine eigene visuelle Gewichtung, wie das Eye-Tracking beweist. Die größte Aufmerksamkeit erhält das menschliche Gesicht, gefolgt von der Körperform und wiederum beginnend mit den Händen. Danach folgen, hauptsächlich evolutionär bedingt, Tiere und andere Lebewesen. Direkt danach kommen typografische Elemente und Schilder als feste Bestandteile urbaner Landschaften. Diese können visuell sogar viele der aufgezählten Elemente ausstechen, wobei sie immer noch einen schweren Stand gegenüber Gesichtern haben. Sogar Schriften in anderen Sprachen generieren eine hohe Aufmerksamkeit, was uns zu deren rein grafischem Aspekt führt. Bereiche mit starken Kontrasten genießen unabhängig von ihrem Verhältnis zum Hauptmotiv ein hohes visuelles Gewicht. Ein gutes Beispiel ist das gestreifte Hemd auf Seite 18, das unerwarteterweise die Aufmerksamkeit einiger Betrachter auf sich zog. Deshalb sollten Sie stets auf solche potenziell auffälligen Bereiche achten.

Ganz unten in der Hierarchie finden sich Elemente, die wir ähnlich beiläufig wie bei einem vorbeifahrenden Zug wahrnehmen. Hierbei gewinnen Elemente, die in engem Bezug zum Hauptmotiv stehen, ein stärkeres visuelles Gewicht – in Ihren Augen. Die Gewichtung hängt auch davon ab, was sonst innerhalb des Ausschnitts passiert: Ein einzelnes Gesicht wirkt stärker als mehrere Konterfeis.

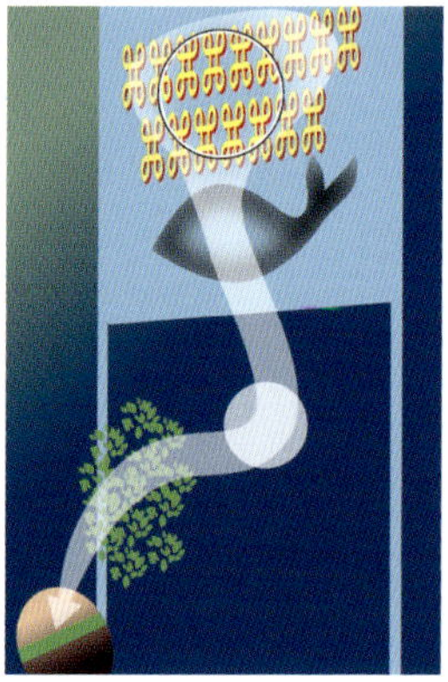

Das auffällige Schild über diesem Fischgeschäft in Cuzco, Peru, zieht die Aufmerksamkeit direkt auf sich. Die Platzierung im oberen Bildbereich sorgt für ein visuelles Gegengewicht zu der Person mit dem traditionellen Hut unten links. Der Blickpfad des Betrachters kann dadurch wie im oben dargestellten Schema gelenkt werden.

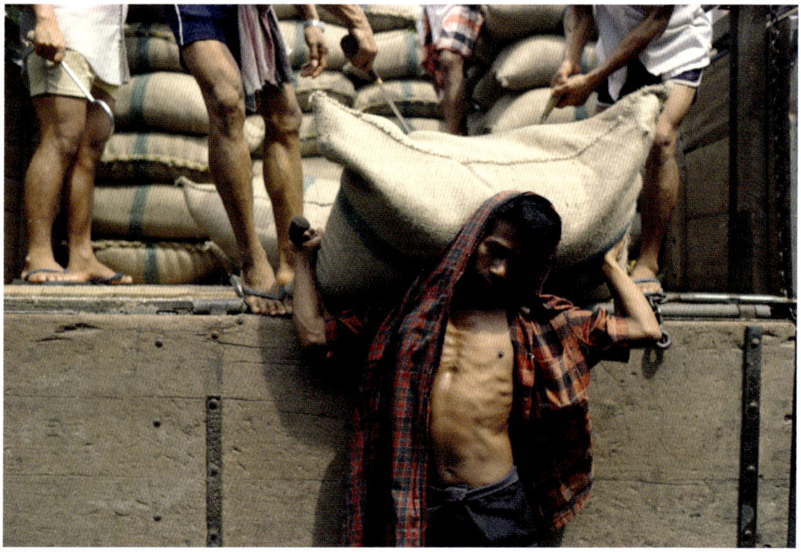

Das Gesicht des Arbeiters lenkt die Blicke sofort auf sich. Doch wenn wir das Bild durch Drehen abstrahieren, wandert der Blick zunächst zu dem Muster, das die Reissäcke im Bereich 2 bilden.

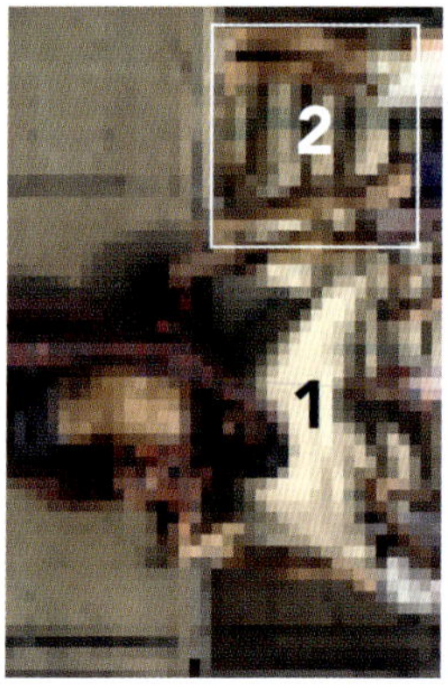

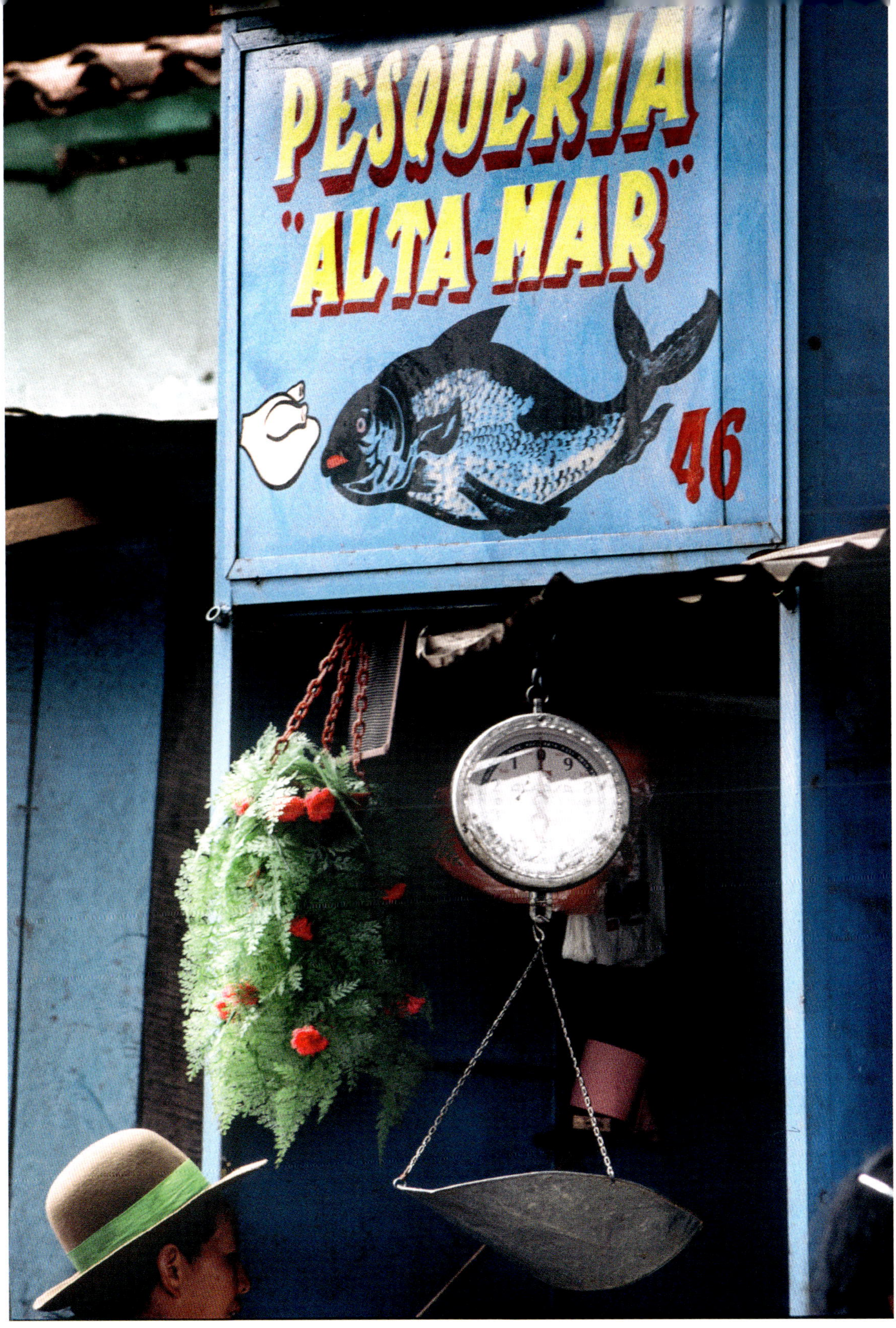
PESQUERIA
"ALTA-MAR"
46

GESTRECKTER VORDERGRUND

Diese Methode funktioniert sowohl als ungewöhnliches gestalterisches Arrangement als auch als Problemlöser. Dabei platzieren Sie das Hauptmotiv nahe der oberen Rahmenkante und lassen den Vordergrund den Rest des Bildes ausfüllen. Der Vordergrund hat dann die Aufgabe, das Auge des Betrachters nach oben zum eigentlichen, weit entfernten Motiv zu lenken. Da der Vordergrund fast das ganze Bild ausfüllt, muss er eine interessante Struktur aufweisen.

Hier arbeiten zwei dynamische Elemente Hand in Hand. Das erste ist der Kontrast zwischen einem kleinen und detailliert dargestellten Motiv am oberen Bildrand und einer ungleich größeren, weitgehend einheitlichen Fläche im Rest des Bildes. Das zweite Element ist der visuelle Fluss zwischen dem Standort der Kamera und dem Motiv in weiter Ferne. Dafür darf es keine Unterbrechungen in der Struktur des Vordergrunds geben und das Blickfeld muss quasi direkt vor Ihren Füßen beginnen. Diese Kombination erzeugt einen faszinierenden Mix aus Kontrast und Kontinuität. Der gestreckte Vordergrund lenkt den Blick des Betrachters zwangsläufig nach oben in Richtung Hauptmotiv. Sollte ein Motiv zu weit entfernt oder aus anderen Gründen für Sie unerreichbar sein, ist diese Methode eine gute kompositorische Lösung.

Diese Herangehensweise funktioniert am besten mit einem Weitwinkelobjektiv, wobei viele Fotografen die typischen Verzeichnungen kurzer Brennweiten aktiv in Szene setzen, wie beispielsweise Bill Brandt in seinem bekannten Werk *Top Withens, West Riding, Yorkshire* (1945). Oft forciert eine echte Weitwinkellinse mit einer Brennweite von 24mm oder weniger eine solche Betrachtungsweise. Wenn Sie die Kamera so weit nach unten neigen, bis sich der Horizont nahe des oberen Bildrands befindet, erzielen Sie mit einem 20-mm-Objektiv im Hochformat ein Blickfeld von mehr als 60°. Sie können den Effekt mit einer niedrigeren Kameraposition verstärken, doch dabei werden die mittleren Entfernungen sehr stark verdichtet. Deshalb funktioniert diese Methode hervorragend bei einer herkömmlichen Kamerahöhe.

Mit einem visuell starken Motiv im Vordergrund, das in Konkurrenz zu einem weit entfernten Motiv in der Distanz steht, funktioniert diese Vorgehensweise mit kurzer Brennweite und angewinkelter Kamera ebenfalls, wobei eine ähnliche visuelle Wirkung erzielt wird. Ein weiter einheitlicher Bildbereich ohne Details lenkt den Blick dabei auf natürliche Weise nach oben.

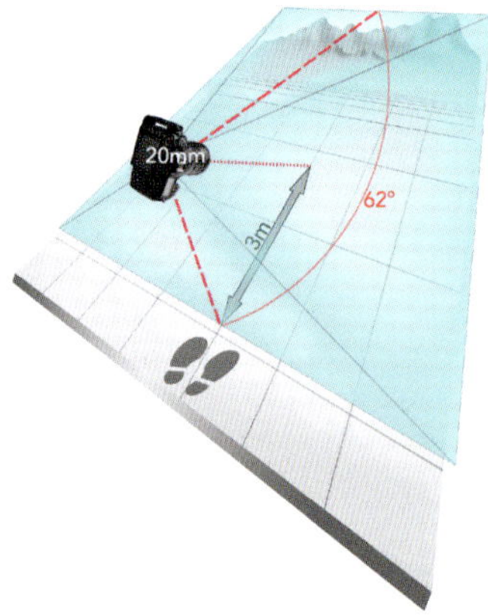

→ Charakteristisch für diese Art der Fotografie ist ein Weitwinkelobjektiv in Kombination mit einem Hochformat. Bei dieser Aufnahme in White Sands, New Mexico, wurde ein 20-mm-Objektiv verwendet und die Kamera so weit nach unten geneigt, bis der Horizont fast den oberen Bildrand berührte, während die Entfernung zum mittleren Bereich gerade mal 3m betrug. Dadurch ergab sich ein extrem weites vertikales Blickfeld von 62°.

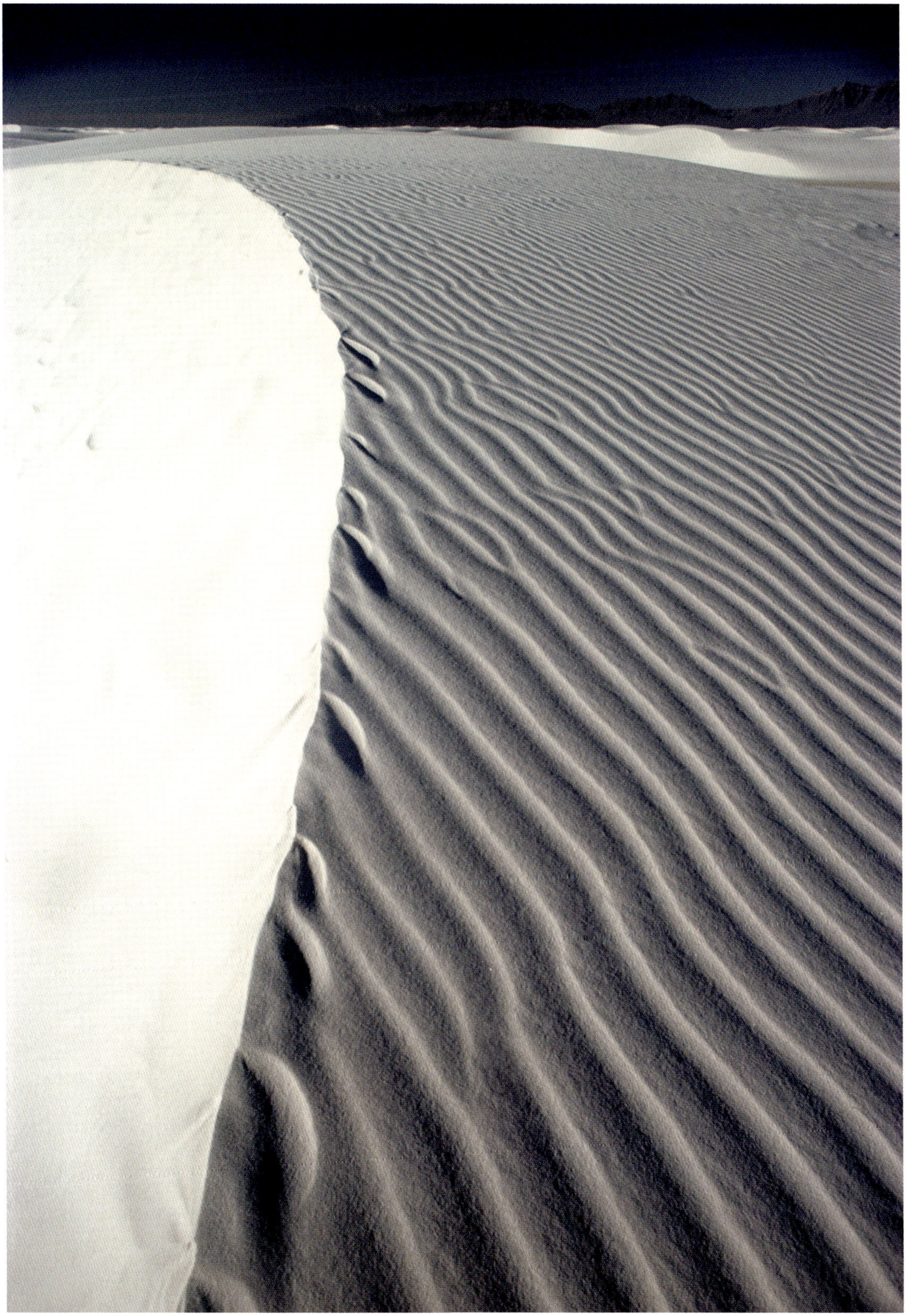

MOTIV VS. HINTERGRUND

Beim Betrachten eines Fotos gehen wir davon aus, dass es uns etwas sagen will, und erwarten deshalb ein Motiv. Das können einzelne oder mehrere Menschen oder Dinge sein, die sich – und jetzt kommt der wichtige Teil! – vom Hintergrund abheben.

Mit der Ausnahme von bestimmten Landschaftsaufnahmen wie jener auf Seite 49 bestehen die meisten Bilder aus Motiv und Hintergrund. Unser Auge erwartet, dass sich diese beiden Elemente klar voneinander unterscheiden lassen. In der Gestaltpsychologie spricht man hierbei von *Figur-Grund-Wahrnehmung*. Diese Methodik ist zwar offensichtlich, impliziert jedoch zwei unterschiedliche Herangehensweisen. Die erste Variante besteht in der Prüfung einer Szene auf ein Motiv, das sich klar und deutlich vom Hintergrund unterscheiden lässt – etwa durch Kontrast, Lichteinfall oder selektiven Fokus. Vor allem bei unruhigen oder mit vielen Details gefüllten Hintergründen kommt es auf eine entsprechende Hervorhebung des eigentlichen Motivs an.

Die zweite Methode ist wesentlich interessanter und lässt sich am besten mit »verwirren und herausfordern« umschreiben. Da unser Auge ein klar erkennbares Motiv erwartet, können Sie es mithilfe von Blickwinkel, Beleuchtung oder Fokus bewusst in die Irre führen, indem Sie die gesamte Szene visuell ambivalent gestalten. Ambivalenz, auf die ich im letzten Kapitel näher eingehen werde, kann den Aufmerksamkeitswert und die Betrachtungszeit einer Aufnahme erhöhen, wie im Beispiel unten gut zu sehen ist. Was ist das Motiv und was ist der Hintergrund? Die Aus-

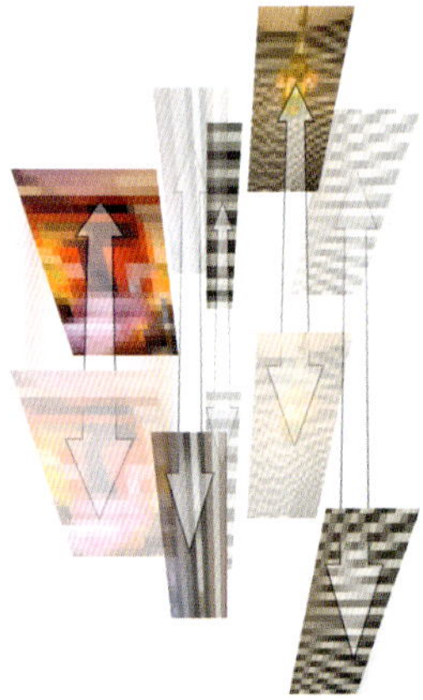

Obwohl die einzelnen Paneele einen Eindruck von Struktur vermitteln, hat das Auge Schwierigkeiten beim Herausarbeiten eines klaren Motivs. Vorder- und Hintergrund scheinen ineinander überzugehen, besonders bei der Lampe vor dem schwarz-weißen Streifenmuster.

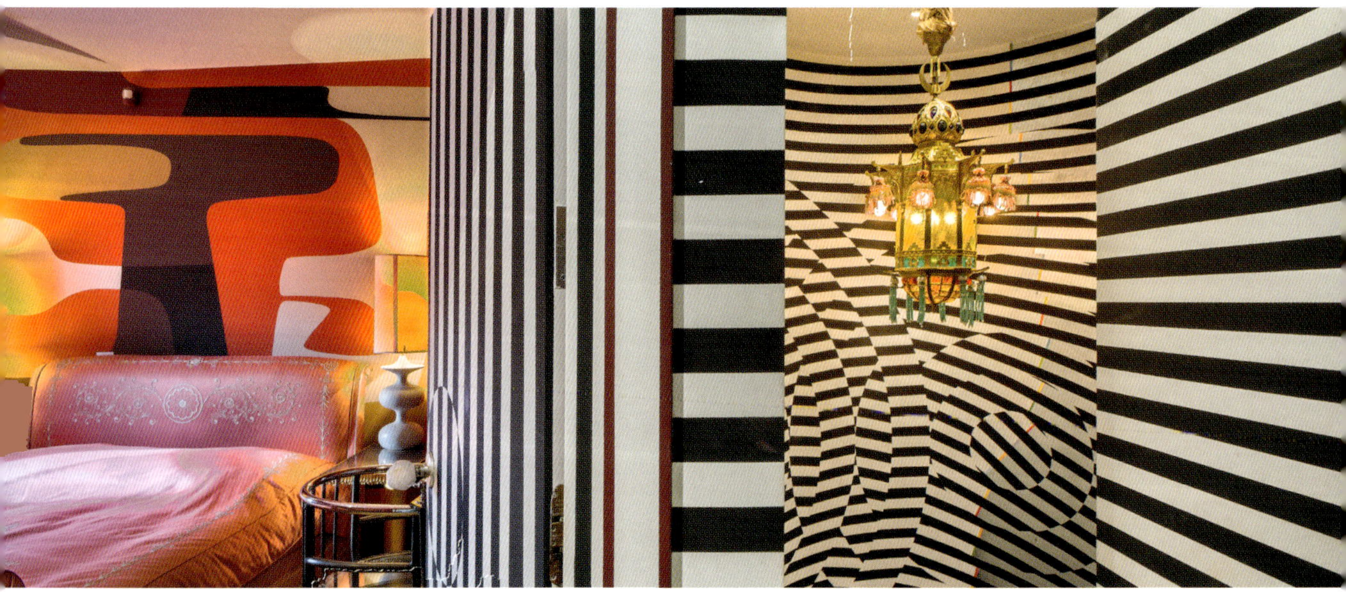

leuchtung hilft hier ebenso wenig weiter wie die Dekors im Op-Art-Design, die eine nicht vorhandene räumliche Tiefe vorgaukeln. Sie selbst empfinden diese Aufnahme womöglich als interessant oder als einfach nur irritierend, da sie gegen die Regeln der Figur-Grund-Wahrnehmung verstößt.

Das Bild eines burmesischen Mönchs, der neben einer Stupa sitzt, spielt ebenfalls mit unserer natürlichen Sinneswahrnehmung. Das Bild teilt sich in zwei nahezu gleich große Blöcke in Gold und Schwarz auf. Es dauert nicht lange, bis unser Auge den Mönch aufgrund seiner klar erkennbaren Kontur entdeckt. Beim Betrachten eines Fotos erwarten wir instinktiv, dass ein Bereich größer dargestellt wird als ein anderer. Sehen wir uns mit nahezu gleich großen, kontrastierenden Bildinhalten konfrontiert, neigen wir dazu, die Inhalte wiederholt umzukehren.

FIGUR-GRUND-WAHRNEHMUNG

Signifikante Elemente werden als Motive wahrgenommen, wenn sie vom Untergrund separiert dargestellt werden.

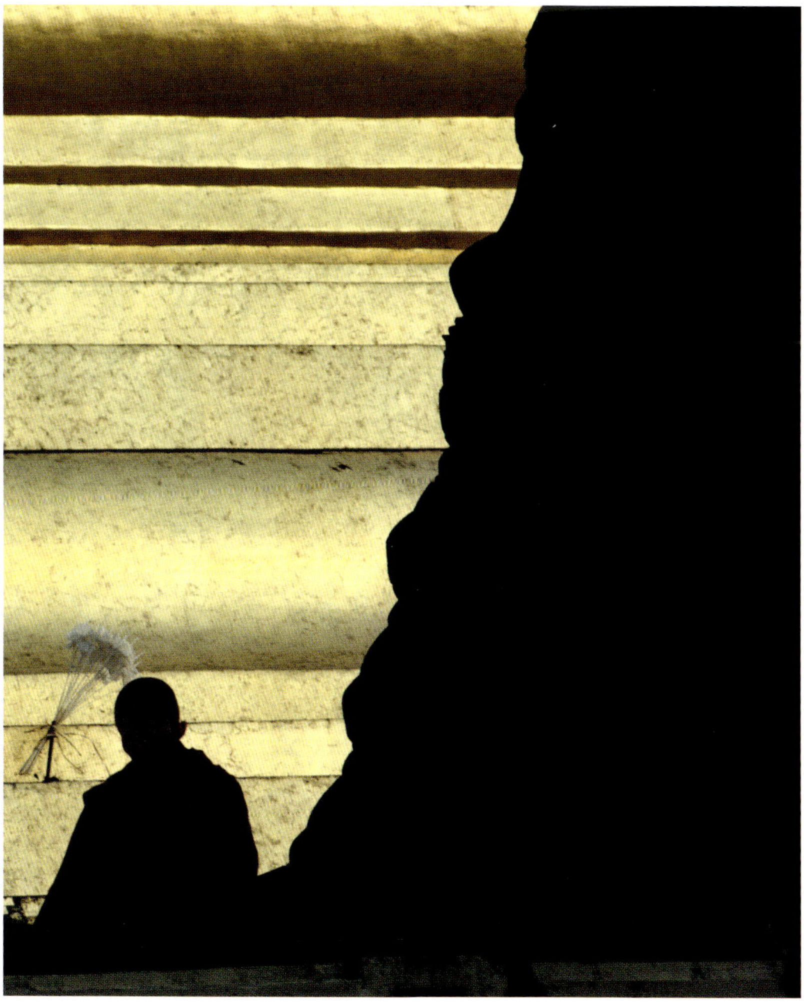

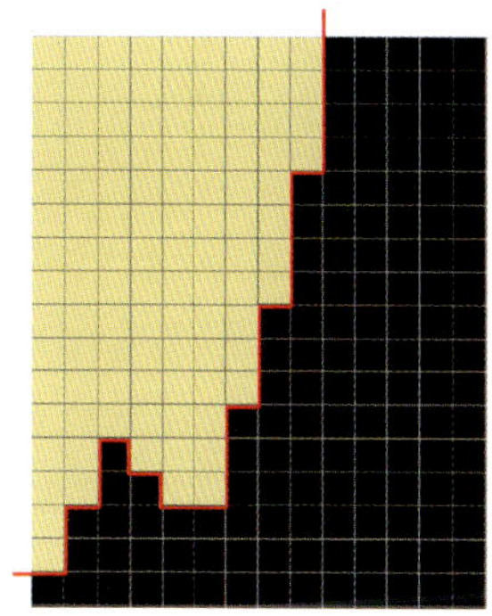

← Das Raster über dieser Silhouette eines burmesischen Mönchs zeigt deutlich auf, dass beide Bereiche links und rechts von der roten Linie nahezu gleich groß sind. Beim Betrachten kann es deshalb vorkommen, dass die beiden Blöcke von unserem geistigen Auge umgekehrt wahrgenommen werden.

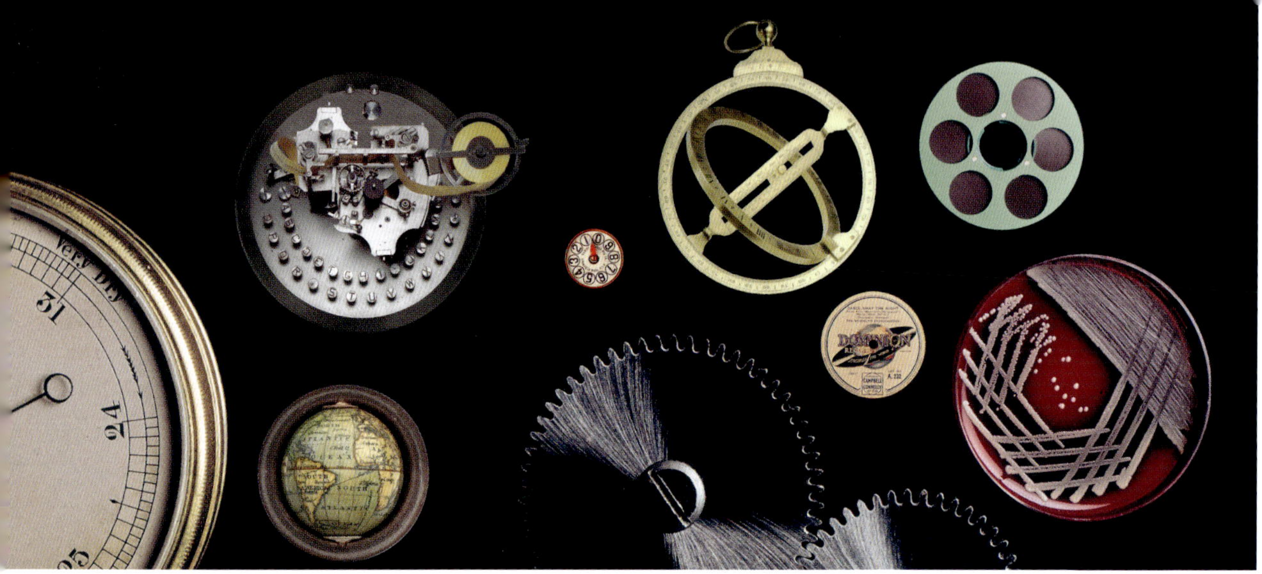

GRUPPENBILDUNG

Unsere visuelle Wahrnehmung tendiert dazu, einzelne Objekte als zusammengehörig zu identifizieren. Wie alle Gestaltprinzipien basiert auch die Gruppenbildung auf menschlichen Erfahrungswerten. Deshalb ist es wenig überraschend, dass Sie im Alltag oder beim Blick durch den Kamerasucher intuitiv mehrere Elemente zu Gruppen zusammenfassen.

Wir nehmen Dinge so wahr, wie wir es gewohnt sind. Ein Vogelschwarm ist ein Vogelschwarm – eine Aufnahme davon kann sich aus vielen verschiedenen Gründen lohnen, doch bestimmt nicht deshalb, weil es sich um eine Gruppe von Vögeln handelt. Interessant wird es dagegen, wenn diese Eindeutigkeit ins Wanken gerät – etwa dann, wenn zwei oder mehr Motive in einem Bild eine Gruppe nahelegen, in Wirklichkeit jedoch wenig oder nichts miteinander zu tun haben. In der Gestaltpsychologie gibt es fünf Prinzipien, die sich auf Gruppen anwenden lassen: das Gesetz der Nähe, das Gesetz der gemeinsamen Region, das Gesetz der verbundenen Elemente, das Gesetz der Ähnlichkeit und das Gesetz der Parallelität. Betrachten Sie diese Prinzipien ganz einfach als verschiedene Varianten der Gruppenbildung.

Die kreisförmigen Objekte im Bild oben folgen dem Gesetz der Ähnlichkeit. Schon beim ersten flüchtigen Blick wird klar, dass es sich um ein bewusstes Arrangement ähnlich wirkender Objekte handelt. Das Problem bei der Auswahl war die große Themenbandbreite, welche die Objekte auf einem Buchcover repräsentieren sollten. Deshalb fiel die Wahl auf kreisförmige Elemente aus verschiedensten Themenbereichen. Nach dieser Entscheidung war die Auswahl der Objekte kein Problem: Sie konnten sich inhaltlich stark unterscheiden, wurden aber durch das runde Erscheinungsbild visuell zusammengehalten.

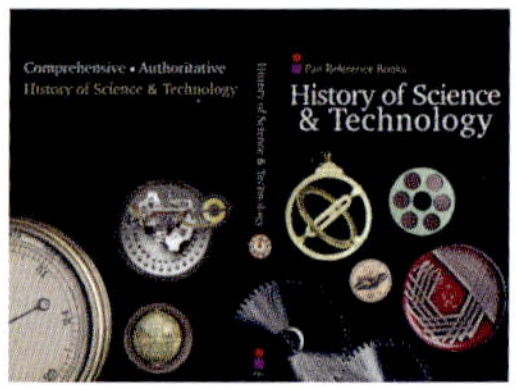

↑ Bei diesem doppelseitigen Cover für ein Buch zum Thema »Geschichte der Wissenschaft & Technologie« vereint die runde Formgebung Objekte aus verschiedensten Themenbereichen. Die finale Auswahl erfolgte aus einer Vielzahl von Kandidaten.

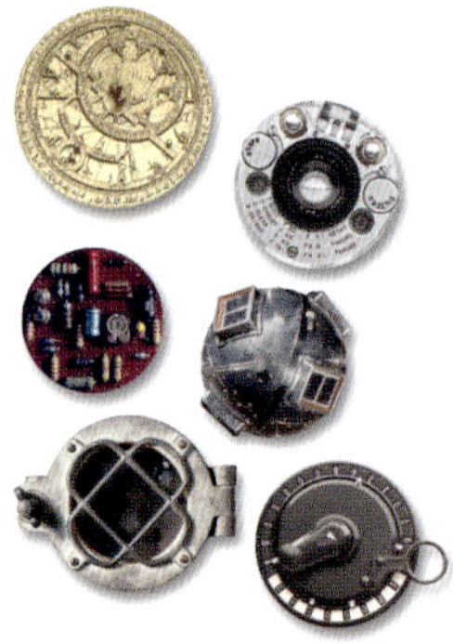

Diese irrwitzig wirkende Aufnahme auf einem burmesischen Marktplatz entstand durch das Abpassen des richtigen Moments und macht sich das Gesetz der verbundenen Elemente zunutze.

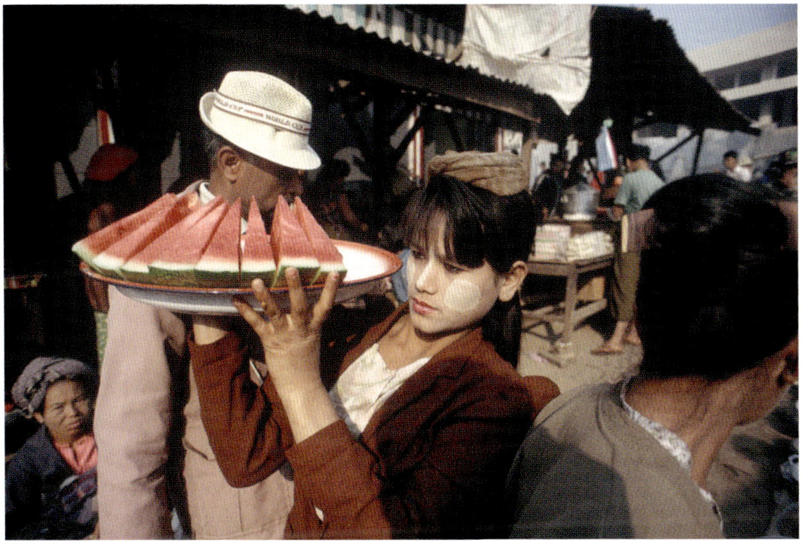

Dieses verblüffende Bild entstand im Finanzdistrikt von London und verdankt seine Wirkung hauptsächlich der relativ geschlossenen Blende für maximale Schärfentiefe, wodurch unsere räumliche Wahrnehmung durcheinandergerät. Relevant sind hier die Gesetze der Nähe und der gemeinsamen Region.

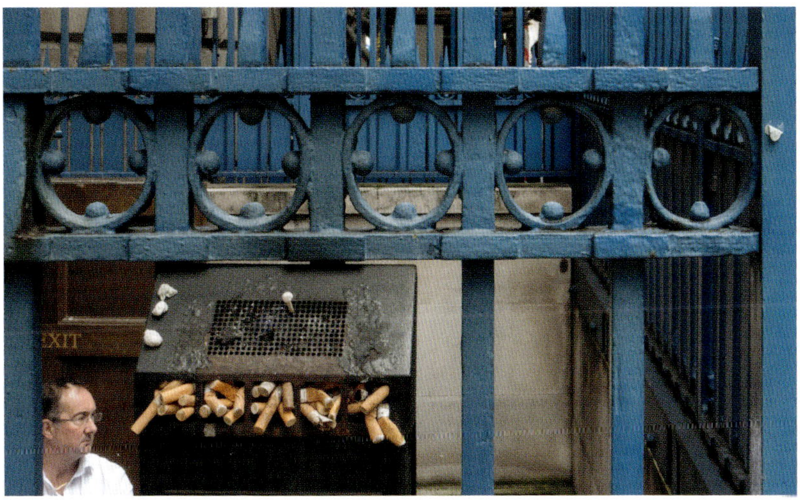

GESTALTGESETZE FÜR GRUPPEN

NÄHE Elemente, die sich nah sind.

GEMEINSAME REGION Elemente innerhalb einer gemeinsamen Abgrenzung bzw. eines geteilten Bereichs.

VERBUNDENE ELEMENTE Elemente, die sich berühren oder zu berühren scheinen.

ÄHNLICHKEIT Elemente mit ähnlichen visuellen Merkmalen.

PARALLELITÄT (Untergruppe von Ähnlichkeit) Parallel zueinander verlaufende Elemente.

Draußen in der nicht planbaren, echten Welt sind wir dagegen auf genaue Beobachtungen und auch den Zufall angewiesen. Hier genießt die Fotografie eindeutig einen Vorteil gegenüber dem bewegten Bild, denn wir fangen sozusagen eingefrorene Momente ein, die wir aus verschiedenen Blickwinkeln, Formen und Beziehungen zusammensetzen können – unabhängig davon, wie unlogisch die Resultate sein können. Eine der Grundvoraussetzungen für solche Aufnahmen ist eine gleichmäßige Schärfentiefe, da sie unseren Sinn für räumliche Tiefe verwirren kann.

FORTSETZUNG

Unsere visuelle Wahrnehmung sucht nicht nur nach Gruppen und Verbindungen, sondern auch nach möglichen Fortsetzungen, die sowohl im Raum als auch in der Zeit erfolgen können.

Das Gestaltgesetz der guten Fortsetzung beschreibt unsere Neigung, mehrere miteinander verbundene oder als zusammengehörig empfundene Elemente fortzuschreiben – selbst über die Grenzen des Bildrahmens hinaus. Im zeitlichen Rahmen kommt das Gestaltgesetz des gemeinsamen Schicksals zum Tragen – wir neigen dazu, Personen oder Elemente, die sich in dieselbe Richtung bewegen, als zusammengehörig zu bewerten. In beiden Fällen extrapolieren wir unbewusst Elemente oder Ereignisse, die entweder nicht sichtbar oder noch nicht geschehen sind.

Wie alle Gestaltgesetze sind auch diese eine logische Interpretation unserer Wahrnehmung und bieten nur wenige Möglichkeiten, sie uns in der Fotografie zunutze zu machen. Eine Viehherde bewegt sich in eine Richtung, schön und gut. Es gibt keine andere Möglichkeit, ein solches Ereignis abzulichten. Interessant wird es erst dann, wenn

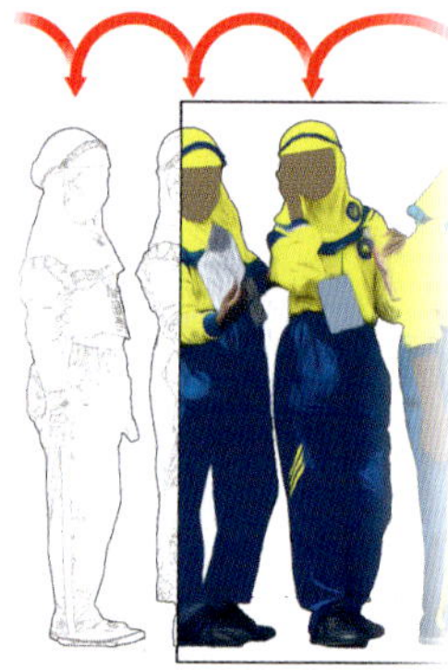

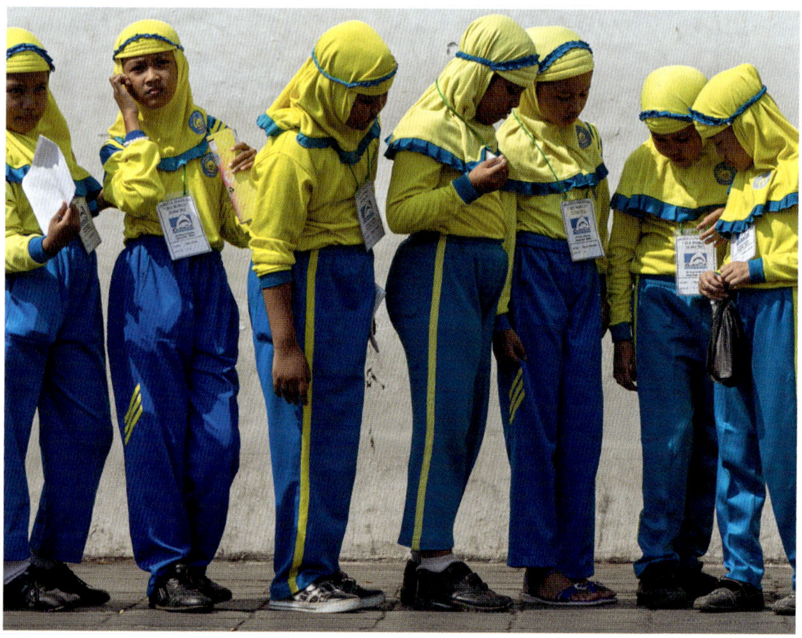

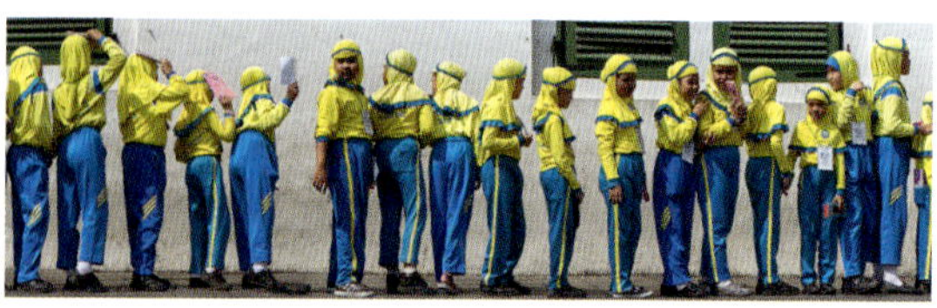

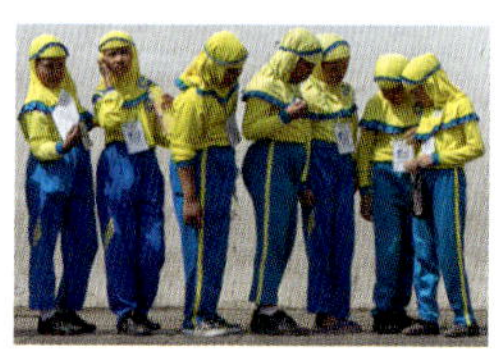

Eine minimale Änderung des Anschnitts bei diesem Bild von indonesischen Schulmädchen ändert die Bildwirkung erheblich. Die Aufnahme unten links wirkt wie eine einzelne Gruppe aus sieben Personen, die den Rahmen komplett ausfüllt. Im großen Bild oben sind die außen stehenden Personen so angeschnitten, dass wir instinktiv von einer viel größeren Gruppe ausgehen. In der Tat ist dies der Fall, wie an der breiten Aufnahme unten links zu sehen ist.

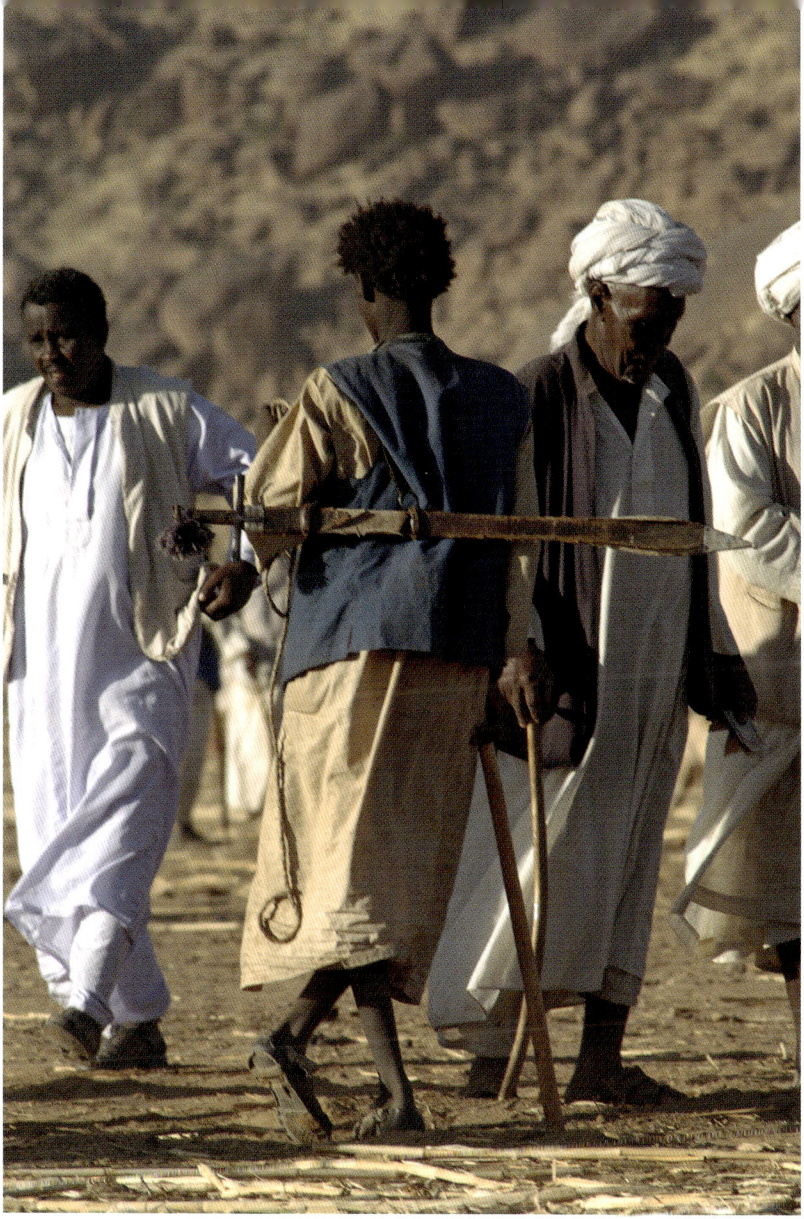

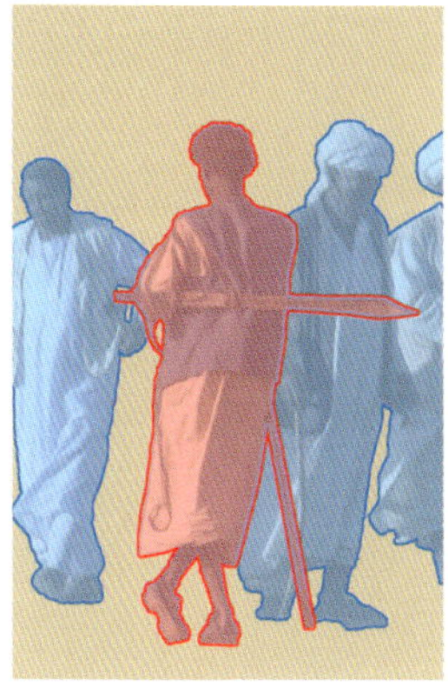

Obwohl die drei vorwärts gehenden Männer keinen gemeinsamen Weg einschlagen, entsteht unwillkürlich der Eindruck vom gemeinsamen Schicksal. Der Mann mit dem Schwert im Zentrum ist uns abgewandt, was ihn von der Gruppe separiert und seine visuelle Präsenz ungemein verstärkt.

sich sehr viele gleichartige Elemente im Ausschnitt tummeln, die bis an die Bildränder heranreichen. In diesem Fall nehmen wir eine – mitunter unendliche – Fortsetzung dieser Elemente an, wobei eine typische Massenaufnahme entsteht, die in Kapitel 8 auf Seite 156 näher beschrieben wird. Auf diese Weise können Sie den Eindruck einer weitaus größeren Masse an Objekten, Tieren oder Personen erzeugen, als tatsächlich vorhanden sind. Der korrekte Beschnitt ist bei dieser Methode der Schlüssel zum Erfolg, wie Sie am Beispiel mit den indonesischen Schulmädchen auf der vorangegangenen Seite sehen.

GESTALTGESETZE

GUTE FORTSETZUNG Mehrere in einer Reihe angeordnete Elemente erzeugen den Eindruck einer Fortsetzung.

GEMEINSAMES SCHICKSAL Elemente, die in eine Richtung weisen oder sich bewegen, werden als zusammenhängende Gruppe wahrgenommen.

GESCHLOSSENHEIT Wir neigen dazu, einfache Formen innerhalb komplexer oder separierter Elemente wahrzunehmen.

KOMPLETTIERUNG

Die vierte Gruppe von Gestaltgesetzen basiert auf unserer Neigung, Dinge als Ganzes zu betrachten oder zu komplettieren – selbst dann, wenn entscheidende Elemente nicht sichtbar sind. Die Ursache hierfür wird international mit dem deutschen Begriff *Prägnanz* umschrieben und basiert auf unserer wahrnehmungspsychologischen Tendenz zur Simplifizierung.

Wenn wir uns mit hoher visueller Komplexität und fehlender Ordnung konfrontiert sehen, suchen wir instinktiv nach den einfachsten Formen im Bild, welche die Interpretation erleichtern. Dies basiert auf dem Prozess der Vergegenständlichung oder *Reifizierung*, der die intuitive Vervollständigung von Elementen beschreibt. Das funktioniert auch dann, wenn wir nur einen Teil des Ganzen zu Gesicht bekommen.

Das ist die psychologische Grundlage für das Funktionieren der gedachten Formen aus dem letzten Kapitel, beginnend mit dem Dreieck als einfachste Form bis hin zur Verbindung konvergierender Linien. Das entscheidende Gestaltgesetz in diesem Bereich ist das Gesetz der Geschlossenheit. Der gedachte Kreis, den die Teebauern auf Seite 79 bilden, ist ein gutes Beispiel hierfür, doch die Buglinien der zwei Boote auf dieser Seite visualisieren das Gesetz der Geschlossenheit und dessen Auswirkungen auf die Fotografie noch besser.

↓ Die traditionellen maledivischen Boote namens *Dhonis* erkennt man an ihrem kurvigen Bug. Was als simple Aufnahme eines Boots in der Nachmittagssonne begann, entwickelte sich zufällig zu einem interessanten grafischen Konstrukt, in dem eine stehende Figur von einem gedachten Kreis eingeschlossen wird. Die Abfolge rechts zeigt die Entstehungsgeschichte der finalen Aufnahme, wobei sich zwei *Dhonis* aufeinander zu bewegten. Das Timing spielte hierbei eine entscheidende Rolle. Wie auf Seite 16 beschrieben wurde, komplettiert unser Gehirn bestimmte Szenen auf die einfachste Art und Weise, die in diesem Fall zu einem gedachten Kreis führt.

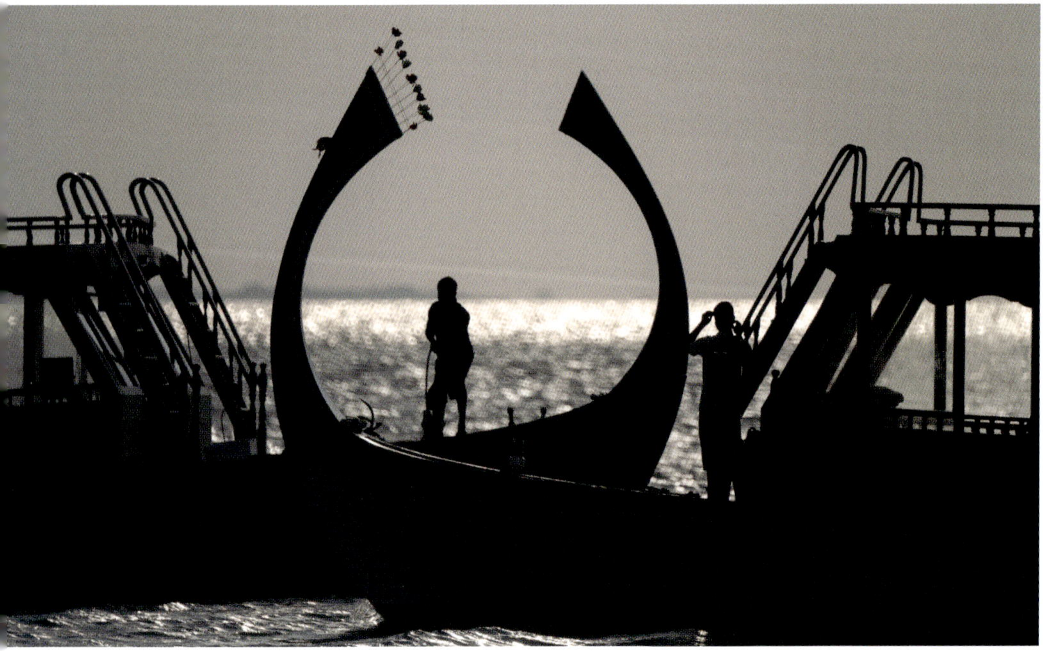

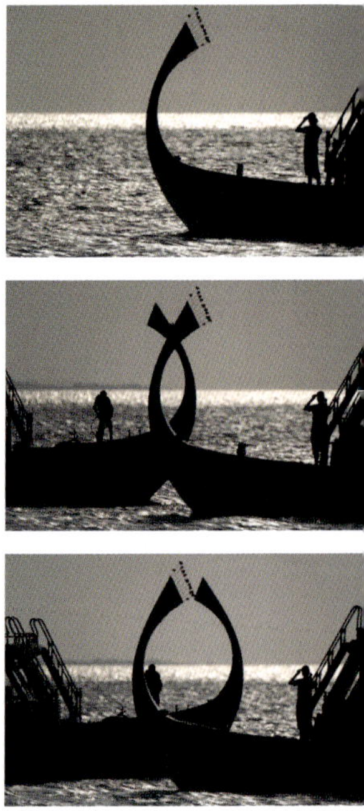

Das Beispiel mit den Booten ist ein seltener Sonderfall, doch das Gesetz der Geschlossenheit lässt sich auch für einfachere Szenen heranziehen. So erlaubt es uns beispielsweise, Objekte großflächig zu verdecken oder stark anzuschneiden, sodass sie sich weitgehend außerhalb des Bildrahmens befinden. Das funktioniert hervorragend mit symmetrischen Objekten und mit Formen, die uns sehr vertraut sind. Das mag nun nicht gerade spektakulär klingen, doch viele unerfahrene Fotografen neigen dazu, ein Motiv selbst dann komplett abzubilden, wenn es der Komposition nicht zuträglich ist. Dabei sind die Betrachter durchaus in der Lage, die fehlenden Informationen problemlos und ohne bewusstes Nachdenken zu vervollständigen. Ein weiteres Beispiel sind eng angeschnittene Motive wie der Sudanese im gelben Hemd auf Seite 51. Es ist kein Problem, die Oberseite des Kopfs anzuschneiden, wenn es gut für die Komposition ist. Man kann im Grunde von einer Ökonomie des Gezeigten sprechen: gerade genug zeigen, um auf den Punkt zu kommen.

Dies führt zu einer Herangehensweise, die bewusst auf das Verbergen von Bestandteilen setzt und damit den Betrachter anregt, die Dinge selbstständig in seinem Kopf zu vervollständigen, um ein Bild interessanter zu gestalten. Diese Methode, die in Kapitel 8 beschrieben wird, kam bei der in Japan entstandenen Innenaufnahme auf dieser Seite zum Einsatz.

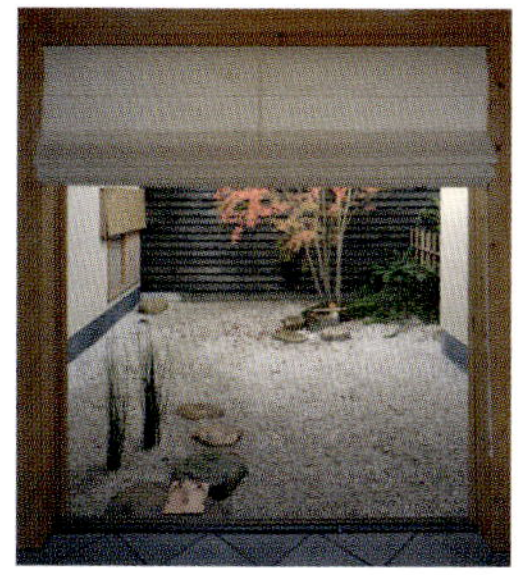

In vielen japanischen Gärten ist es schwer bis unmöglich, das Ganze von einem einzelnen Standpunkt aus zu sehen. Das regt Besucher dazu an, das Gesehene nachdenklich und kontemplativ zu bewerten.

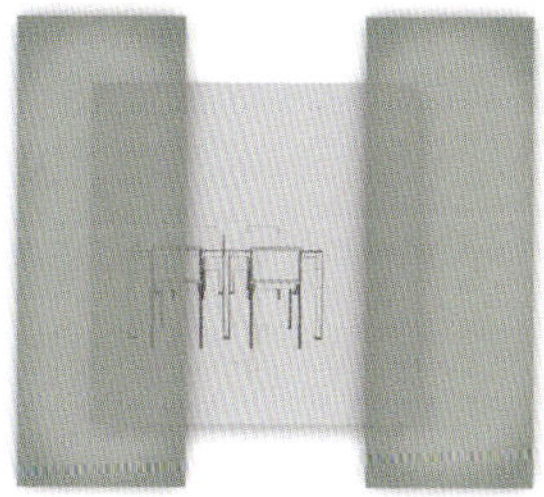

Eine moderne japanische Büroeinrichtung, die auf Unauffälligkeit setzt. Teilweise verdeckte Ansichten sind fester Bestandteil der japanischen Architektur und des Gartenbaus. So auch in diesem Büro vom Architekten Takashi Yamaguchi. Das Foto unterstreicht diese Tradition durch die gläserne Schiebetür, die einen großen Bereich des Interieurs verdeckt. Dabei geht dank der Fähigkeit zur Extrapolierung keine relevante Information verloren.

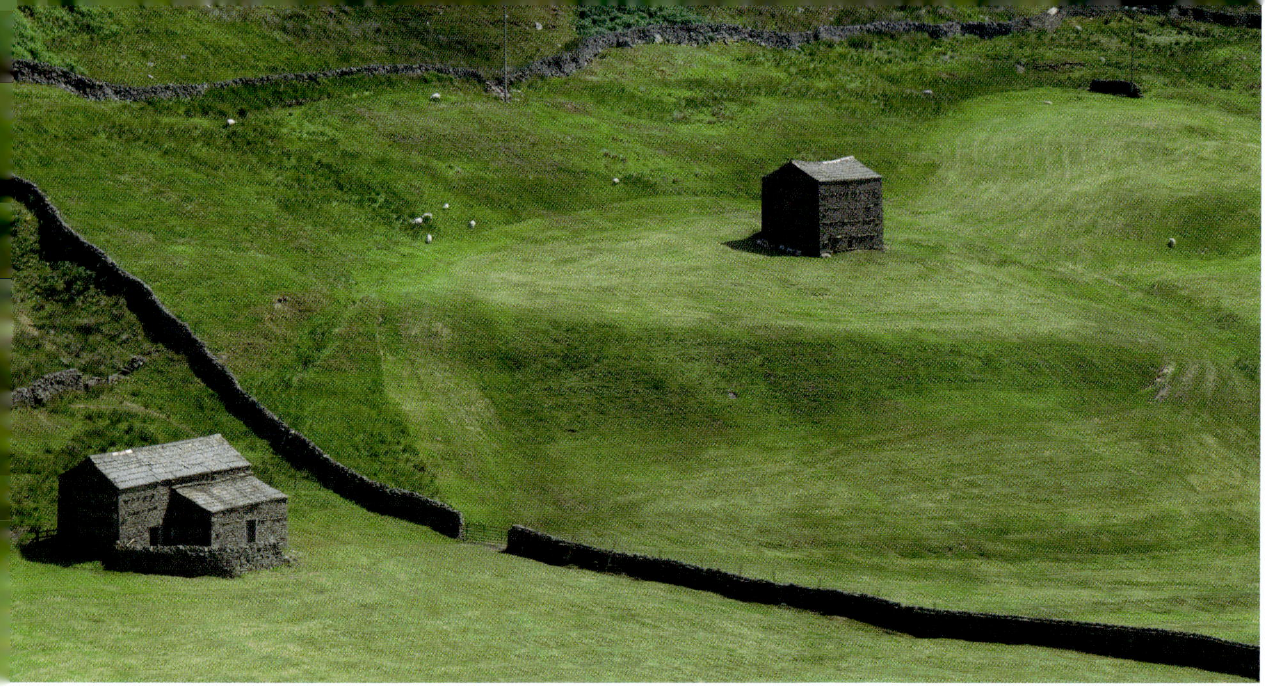

BALANCE

Die Idee von visueller Balance wirkt zunächst einleuchtend, doch sie stellt sich mitunter als sehr flüchtig heraus. Für die meisten Menschen führt Balance zu einem angenehmen bis befriedigenden Bildeindruck, doch oft lässt sich dieser Zustand nur schwer herstellen.

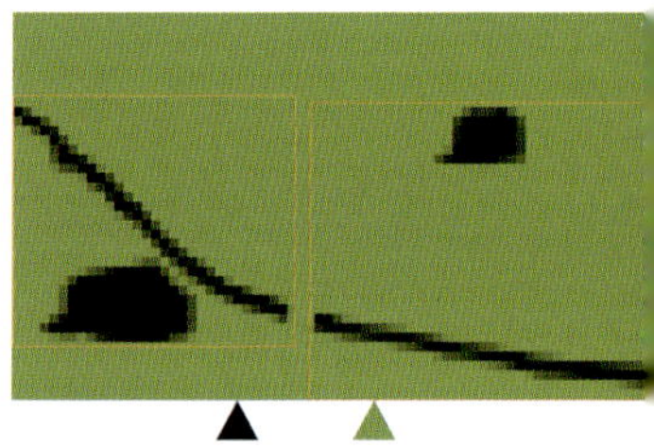

Die Analogie einer Waage funktioniert hervorragend für die Ermittlung der Balance. Das grüne Dreieck steht für die Bildmitte, während die meisten Probanden aufgrund der extremen Positionierung der linken Scheune den optimalen Balancepunkt auf der Höhe des schwarzen Dreiecks sehen.

Balance lässt sich sehr gut mit einer klassischen Waage visualisieren, deren Angelpunkt sich in der Mitte befindet und in der Grafik rechts als grünes Dreieck dargestellt wird. Als Bildbeispiel habe ich eine sehr simple Aufnahme gewählt: zwei steinerne Scheunen auf einem grünen Hang. Wie in vielen Aufnahmen ist auch hier leicht zu identifizieren, welches Gebäude über die größere visuelle Gewichtung verfügt. In einem Test habe ich mehrere Personen darum gebeten, den Angelpunkt so zu verschieben, bis das Bild ausbalanciert wirkt (schwarzes Dreieck). Da viele Parameter zum visuellen »Gewicht« eines Elements beitragen – zu sehen in den Abschnitten zur Salienz und visuellen Gewichtung –, ist die Balance nur schwer zu erfassen.

Ich habe zwei grundlegende Ansichten zu diesem Thema. Erstens hat Balance nichts damit zu tun, ob ein Betrachter ein Bild mag oder nicht – es ist und bleibt eine Sache des persönlichen Geschmacks. Bedenken Sie, dass ein Bild mit einem einzelnen, zentriert angeordneten Motiv perfekt ausbalanciert ist, jedoch ganz schnell langweilig wirken kann. Durch eine außermittige Platzierung kann dem entgegengewirkt werden. Das ist zwar keine feste Regel und funktioniert auch nicht immer, doch Asymmetrie belebt ein Bild und wird von vielen Betrachtern als ange-

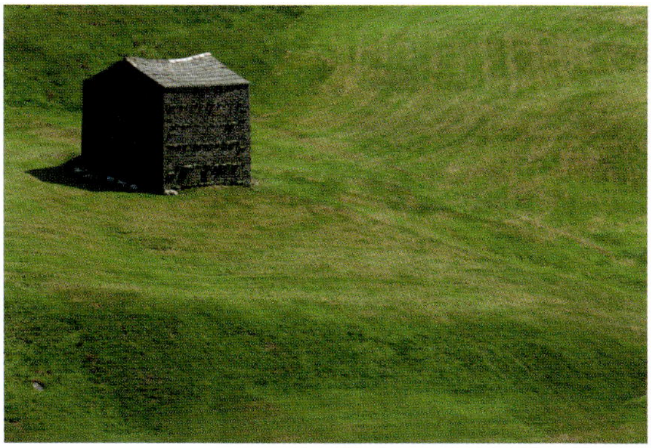

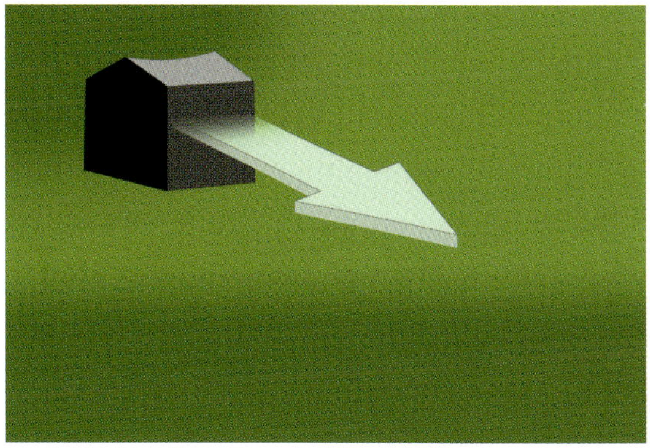

Durch seine klare Ausrichtung nach rechts unten definiert das Gebäude die davor liegende Grasfläche als eigenes Element. Dadurch entsteht eine Balance zwischen den beiden Elementen, die für die meisten Betrachter akzeptabel ist.

nehm empfunden. Erfolgreiche Fotos stimulieren den Betrachter auf viele Weisen, und die perfekte Balance ist nur eine davon. Dabei stellt sich die Frage: Warum sollte man der Balance eine große Beachtung schenken, wenn sie nur einen geringen Teil zum Gelingen eines Bildes beiträgt? Das bringt mich zu meiner zweiten Annahme. Der mit der Herstellung von Balance verbundene Aufwand ist vergleichsweise gering für die Auswirkungen, die er auf das persönliche Empfinden der Betrachter hat. Das ist zwar nicht wissenschaftlich belegt, ergibt jedoch Sinn für mich. In der Bildvariante oben mit nur einer Scheune ist die Position des Motivs weit weg von der Bildmitte. Doch sehen Sie selbst, was geschieht: Das schlichte Gebäude ist aufgrund seines Winkels der großen Grasfläche auf der Hügelkuppe zugewandt. Dadurch wird das Gras quasi zu einem zweiten Motiv, das für eine ausgewogene Balance sorgt. Ich verstehe das so: Wir empfinden Befriedigung durch die Suche nach Elementen, die zur Balance beitragen. Die Herstellung von offensichtlicher Balance spielt deshalb eine untergeordnete Rolle. Sobald ein Bild perfekt ausbalanciert ist, empfinden wir weniger Befriedigung beim Betrachten. Sowohl in der Fotografie als auch in jeder Form von Kunst sind wir schnell gelangweilt, wenn uns alles auf einem Silbertablett serviert wird.

Aus diesem Grund funktioniert die Aufnahme des sudanesischen Malers so gut. Er befindet sich am linken Rand des breiten Ausschnitts und ist seiner Arbeit zugewandt, die sich bis über den rechten Bildrand hinaus ausdehnt. Als Person verfügt er über eine starke Salienz, doch diese wird durch die Dominanz der kräftigen Farben seines abstrakten Gemäldes deutlich gemindert.

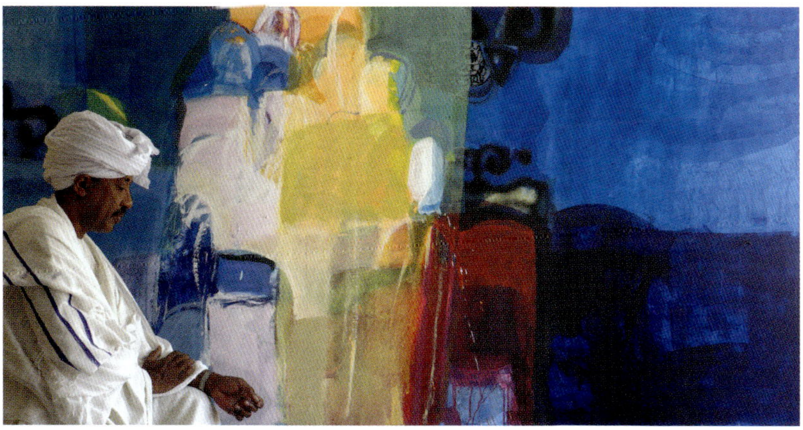

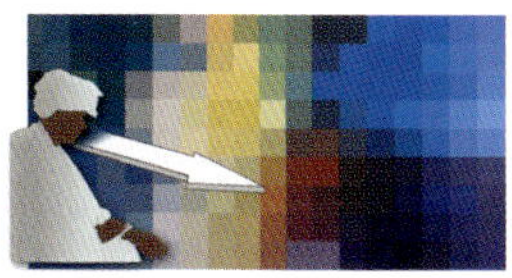

Der sudanesische Maler Rashid Diab vor einem seiner Werke. Obwohl er sehr weit links platziert ist, passt er perfekt vor den blauen Hintergrund. Sein visuelles Gewicht stellt einen Gegenpol zum dunklen rechten Drittel des Bilds dar (siehe auch Seite 100).

KAPITEL

6

VISUELLE ORDNUNG

Auf den ersten Seiten dieses Buches haben Sie die drei grundlegenden Aspekte einer Komposition kennengelernt: Ordnung herstellen, Aufmerksamkeit erzeugen und Interesse generieren. Der womöglich grundlegendste Aspekt ist das Ordnen, um die oft chaotische Welt vor dem Objektiv in etwas Sinnvolles zu verwandeln. Dabei hat Ordnung nichts mit Reglementierung oder strikten Zwängen zu tun. Sie kann subtil, lässig oder locker sein und muss nicht den Regeln der Präzision folgen. Da wir beim Fotografieren unterschiedliche Stile bevorzugen, sollte eine Szene so organisiert werden, dass sie unsere eigene Persönlichkeit reflektiert. Auf den folgenden Seiten werden Sie viel über Präzision lesen, da ich persönlich sehr exakt arbeite und maximale Genauigkeit als Herausforderung betrachte. Sie selbst sollten jedoch Ihrem eigenen Temperament folgen.

Viele bereits vorgestellte Methoden, vor allem aus den Kapiteln 3 und 4, bringen bereits eine gewisse Ordnung ins Bild, sozusagen als Nebenprodukt. Deshalb konzentriere ich mich nachfolgend auf spezifische Möglichkeiten zum Herstellen von Ordnung. Dazu gehören Konzepte, um Elemente separiert zu halten, Objekte in visuelle Räume einzupassen und Symmetrie zu erzeugen. Die Möglichkeiten, Ordnung in eine Szene zu bringen, unterscheiden sich stark je nach den Gegebenheiten während der Aufnahme: Unter kontrollierten Bedingungen haben Sie es wesentlich leichter als bei dynamischen Szenen. Aus diesem Grund gehe ich auf den nächsten Seiten stärker als bisher auf die Studio- und kontrollierte Fotografie ein. Dabei bevorzuge ich es, jede Art von kontrollierter Fotografie als Studiofotografie zu bezeichnen. Während das spontane Einfangen eines Moments immer noch gängige Praxis ist, erkenne ich in letzter Zeit einen Trend zur sorgfältigen Realisierung einer fotografischen Idee unter kontrollierten Bedingungen – genau darum geht es in der Studiofotografie. Zwischen der reaktiven und kontrollierten Fotografie bestehen große Unterschiede, was das Herstellen von Ordnung angeht, sodass sich die Herangehensweisen grundlegend unterscheiden und jeweils völlig andere Entscheidungen erfordern.

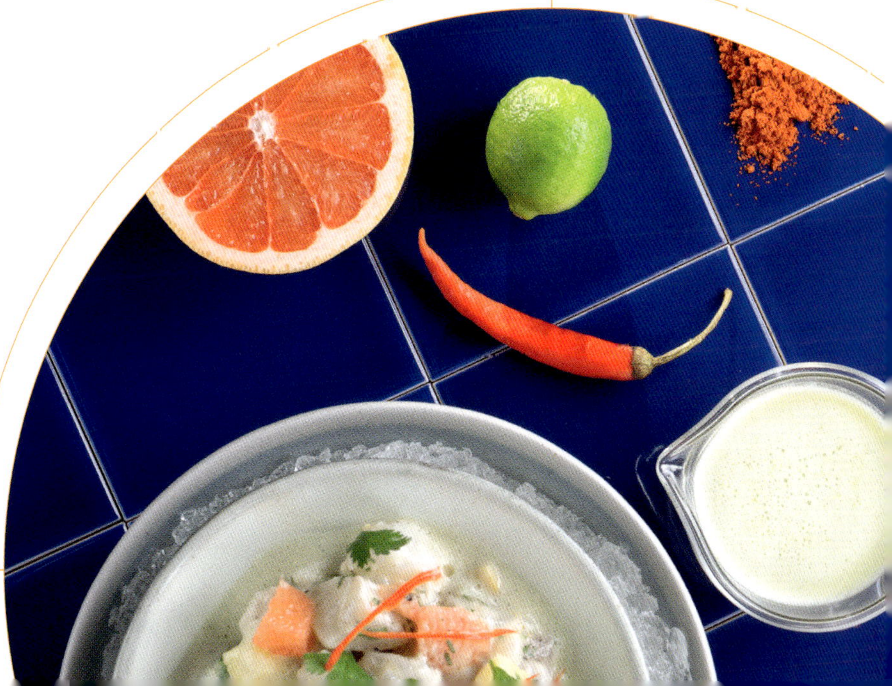

AUFRÄUMEN

Dieses Kapitel möchte ich mit einem grundlegenden Konzept einleiten, das weit über die Fotografie hinausgeht. Sorgfältiges Aufräumen ist sozusagen die Basis für das Herstellen von Ordnung in einem Foto.

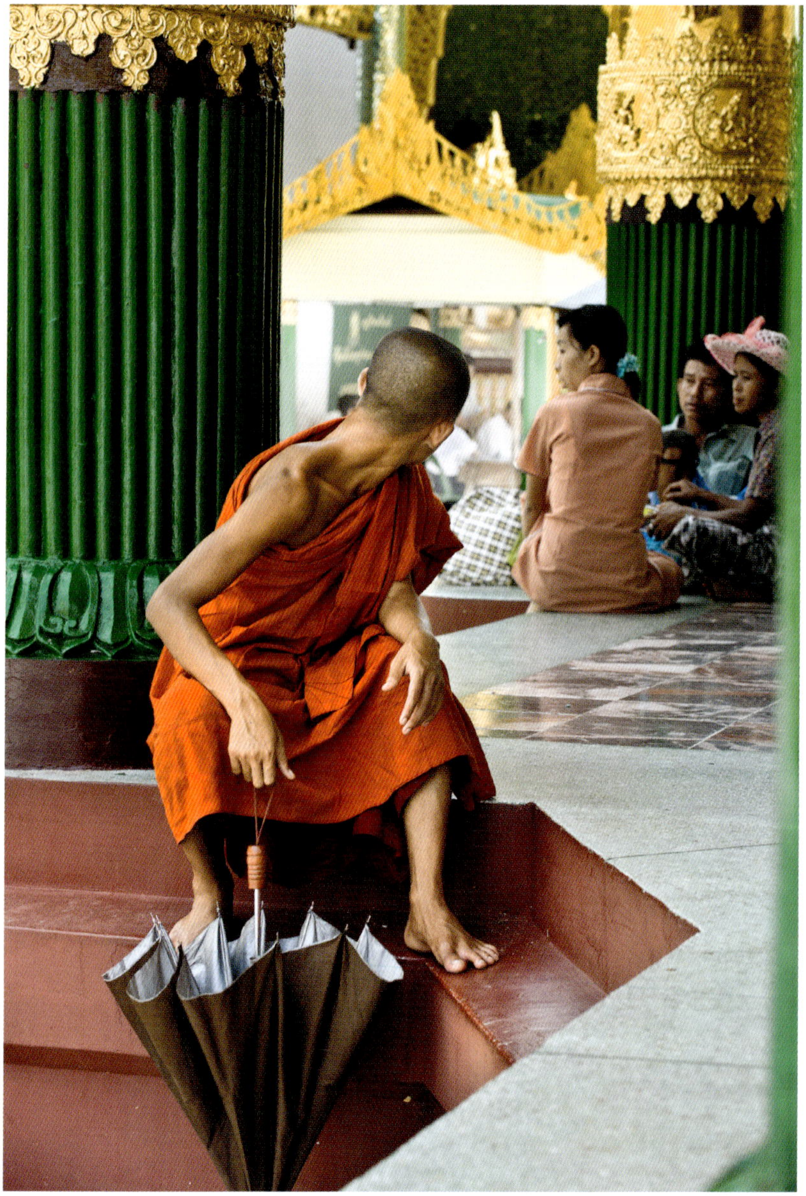

Rund um die Shwedagon-Pagode in Rangun herrscht reges Treiben, was zu visueller Unruhe führt. Folgende vier Schritte bringen Ordnung in die Szene:

1. Trennung durch ausreichenden Abstand zwischen dem Mönch und der Besuchergruppe sowie durch die Farbunterschiede zwischen dem Mönch und den grünen Säulen.
2. Geometrie durch frontal abgebildete grüne Blöcke, den dreieckigen Regenschirm und den Winkel der Treppen.
3. Zentrieren des Kopfes.
4. Eingrenzung des rechten Bildrands mit einem schmalen grünen Streifen, der unscharf abgebildet wird.

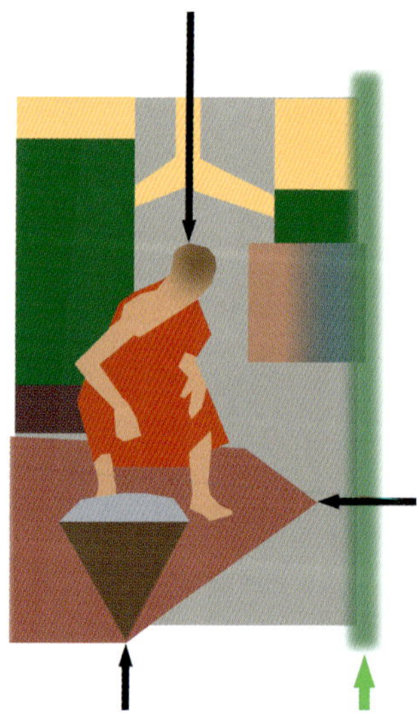

Alle Methoden in diesem Kapitel und viele aus dem Rest des Buches erfordern eine Art Aufräumen der Szene. Egal, welche Art der Fotografie Sie betreiben, ist diese kompositorische Haushaltsarbeit kaum zu vermeiden. Erinnern Sie sich an das Zitat des iranischen Fotografen Abbas, der sich während seiner Arbeit ständig mit Chaos und Unordnung konfrontiert sieht, jedoch stets den Drang empfindet, Ordnung in seine Aufnahmen zu bringen? Bereits beim Blick durch den Sucher bestimmen wir, welche Elemente hervorstechen und damit wahrgenommen werden sollen. Das stellt bereits den Beginn der Aufräumarbeiten dar. Ähnlich wie beim Frühjahrsputz erfordert das Aufräumen unserer Bilder drei grundlegende Aktionen: erstens Elemente entfernen, die nichts zum Bild beitragen, zweitens die verbleibenden Elemente anordnen und drittens die Dinge an ihren Platz bringen. Jeder dieser Schritte wurde bereits mehrfach in diesem Buch angewendet, doch die beiden Bilder auf diesen Seiten sind Musterbeispiele für das Aufräumen einer Szene.

Die Aufnahme des burmesischen Mönchs wurde zunächst durch eine Verkleinerung des Ausschnitts von überschüssigen Elementen befreit, indem ich näher herangetreten bin. Die Linien und Winkel wurden sorgfältig ausgerichtet, während der Blick nach hinten dem Timing geschuldet ist. In den meisten Fällen wollen Sie Gesichter nicht aus dem Bild entfernen, da sie die Aufmerksamkeit auf sich ziehen (siehe »Salienz« auf Seite 94 und »Visuelle Gewichtung« auf Seite 100). In diesem Fall gibt das abgewandte Gesicht den anderen Elementen im Bild mehr Raum zu atmen und sich zu entfalten. Bei der Aufnahme der Straßenküche auf Mauritius lag der Fokus auf der gleichmäßigen Verteilung aller Personen, was durch geduldiges Warten auf den richtigen Moment erzielt wurde.

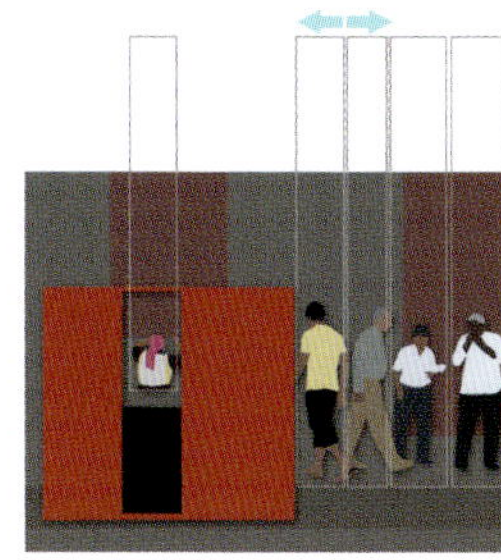

Dieses Bild einer Straßenküche in Port Louis auf Mauritius lebt von den dargestellten Personen. Um visuelle Ordnung ins Bild zu bringen, sollten die Kunden strikt voneinander separiert werden. Sich bewegende Menschen sind stets interessanter als stehende Personen, sodass ich einen Moment abgepasst habe, in dem sich zwei der Protagonisten bewegten. Wie die schematische Darstellung unten beweist, kann selbst eine Verzögerung von nur einer Sekunde wieder zu Unordnung im Bild führen.

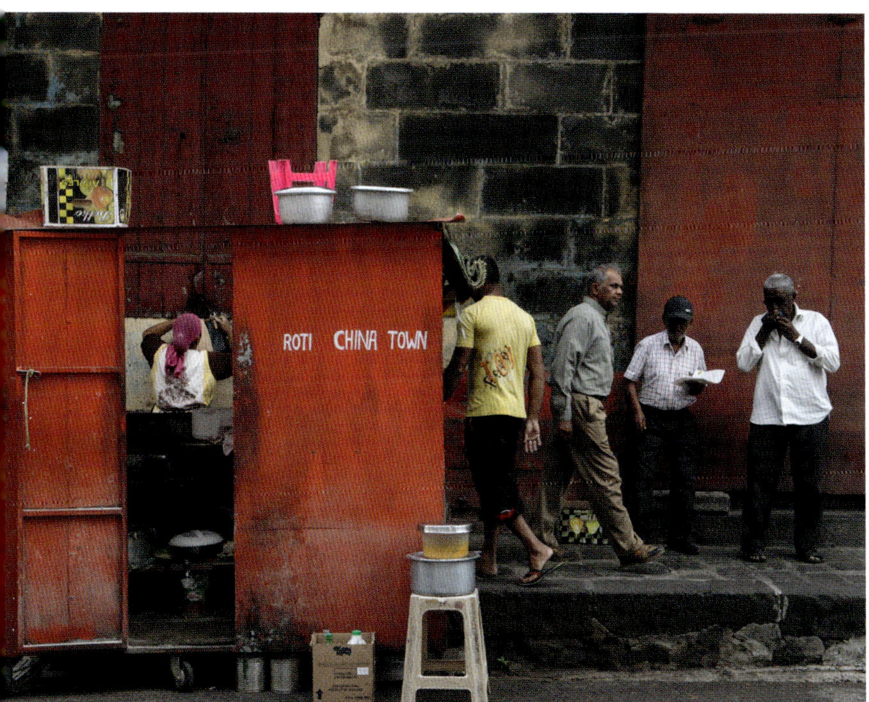

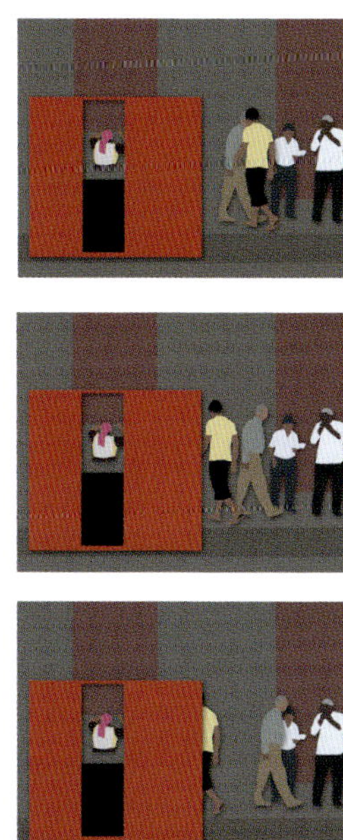

GRUPPEN ENTZERREN

Eine Grundanforderung an die Komposition ist die Identifikation der wichtigen Elemente und deren Anordnung in ihren eigenen kleinen Bereichen innerhalb des Ausschnitts. Besonders bei starker Aktivität vor dem Objektiv spielt diese ebenso einfache wie natürliche Vorgehensweise eine entscheidende Rolle.

Wenn sich Elemente überlappen, verdecken sie bestimmte Bereiche, was schnell zu einer unordentlichen Bildanmutung führen kann. Womöglich argumentieren Sie nun, dass das Leben nun mal so sei – doch in der Fotografie geht es nicht darum, wie ein Roboter jede beliebige Situation abzulichten. Unser Job ist es, einer Szene unseren persönlichen Stempel aufzudrücken und eine Art individuelle Ordnung in das Chaos zu bringen.

Das ist jedoch leichter gesagt als getan – besonders in der Straßenfotografie, wo viel passiert und sich nur wenig vorhersehen lässt. Deshalb reduzieren sich Ihre Möglichkeiten weitgehend auf zwei Parameter: Kameraposition und Timing.

Die Kunst der Separation erfordert drei gleichzeitig ablaufende Vorgehensweisen: vorhersehen, wohin sich die Menschen bewegen könnten, die richtige Kameraposition für eine gute Trennung finden und innerhalb von Sekundenbruchteilen auf sich ständig verändernde Gegebenheiten reagieren.

Ein Weitwinkelobjektiv und ein naher Standpunkt verleihen Ihnen mehr Kontrolle über die Szene als eine entfernte Position mit einer längeren Brennweite. Der Grund hierfür besteht im größeren Einfluss auf die Komposition bei kleinen Änderungen der Position, was sich durch den Parallaxen-Effekt begründen lässt. Selbst eine minimale Änderung des Blickwinkels führt im Beispielbild, das mit einem 14-mm-Weitwinkelobjektiv entstanden ist, zu einer sichtbaren Verschiebung der Motive innerhalb des Ausschnitts.

→ Diese in Fernost entstandene, ebenso geschäftige wie unorganisierte Aufnahme von Teepflückerinnen besteht aus fünf Hauptmotiven, die harmonisch angeordnet werden wollen. Die Sequenz unten beschreibt, wie das gelingt.

1 Die erste Ansicht wirkt mit zwölf Motivelementen sehr chaotisch.

2 Eine Bewegung nach rechts und ein Blickwinkel von links separiert die Menschen voneinander. Die Person in der Mitte ist jedoch abgewandt und wirkt statisch.

3 Etwas besser, doch die Frau in der Mitte steht aufrecht und ihr Korb ist teilweise verdeckt.

4 Gelungene Separation, doch der linke Korb ist stark angeschnitten, während ich darauf warte, dass die Frau im Zentrum mit ihrer Arbeit fortfährt – wenn sie sich vornüber beugt, wird die Person im Hintergrund wieder sichtbar.

1
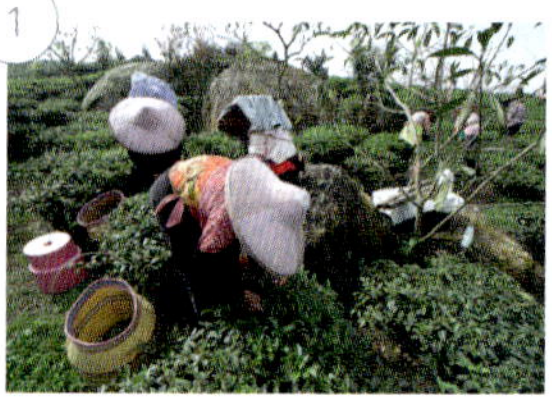
2
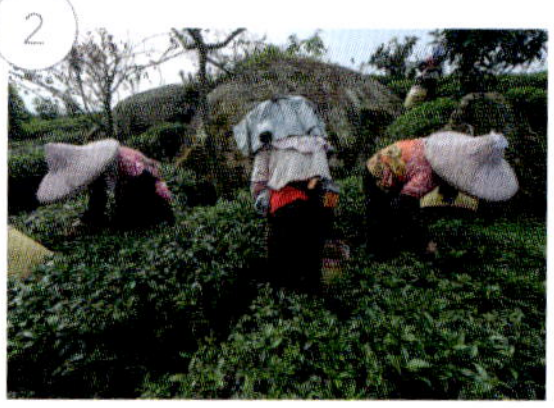
3
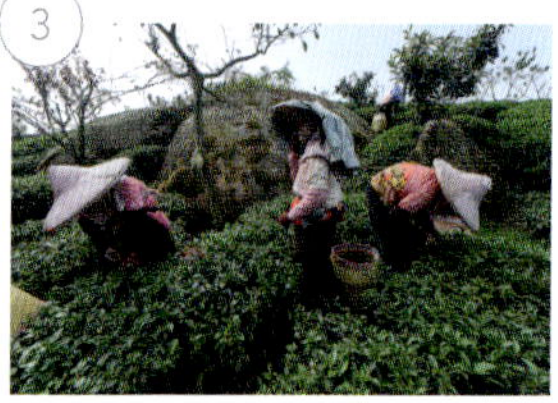
4
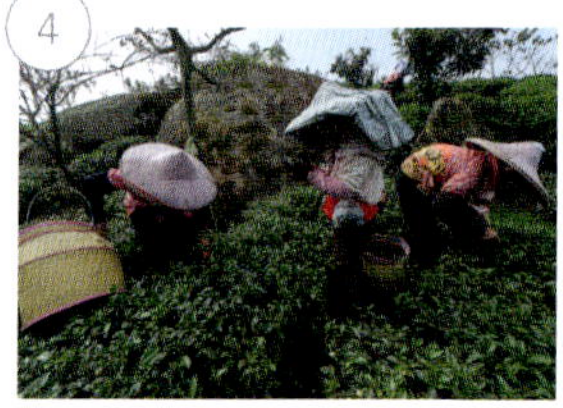

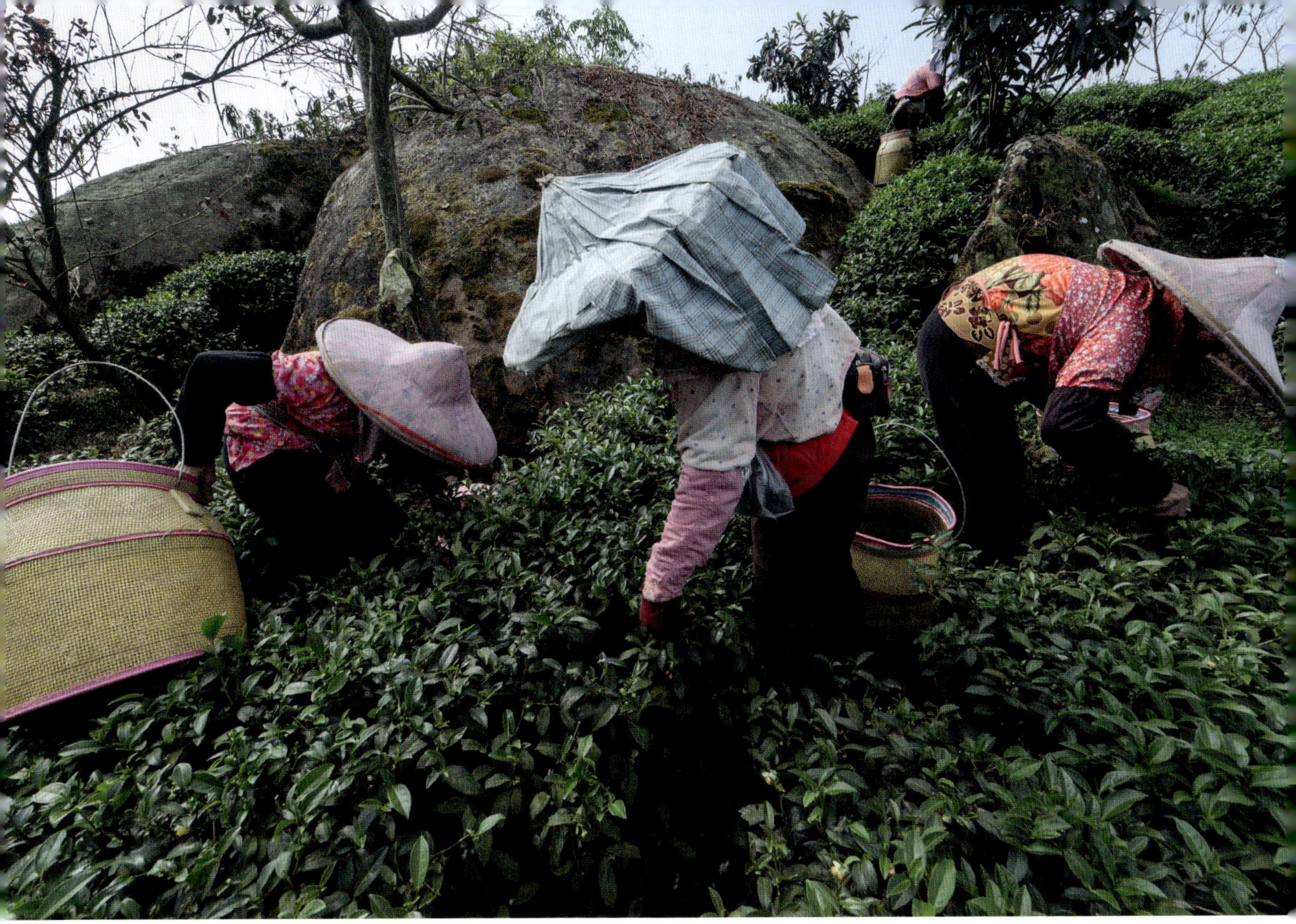

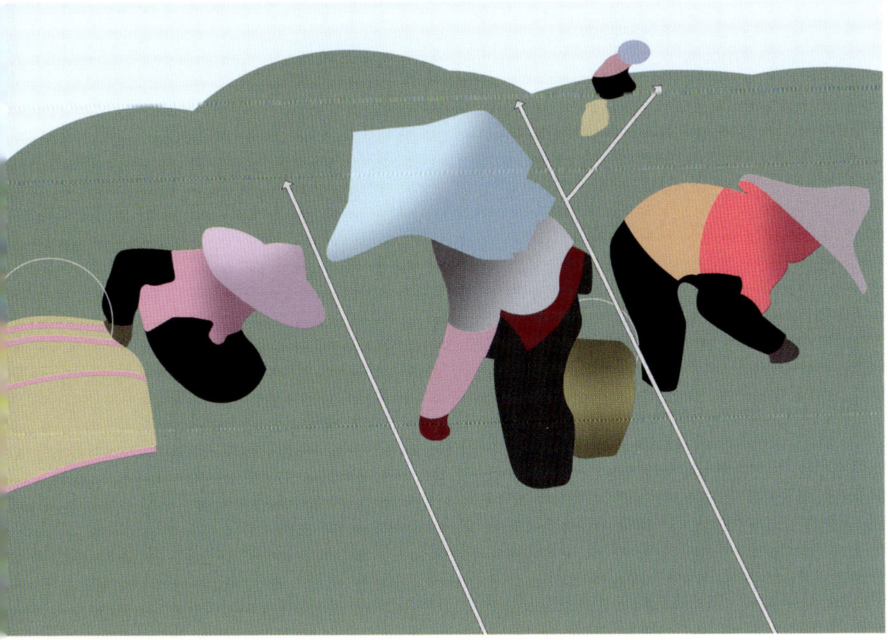

Am Ende ist jedes Element an seiner Position, die Frauen bewegen sich und pflücken Tee. Die chaotisch wirkende Menschenmasse hat sich in eine sauber strukturierte Aufnahme verwandelt.

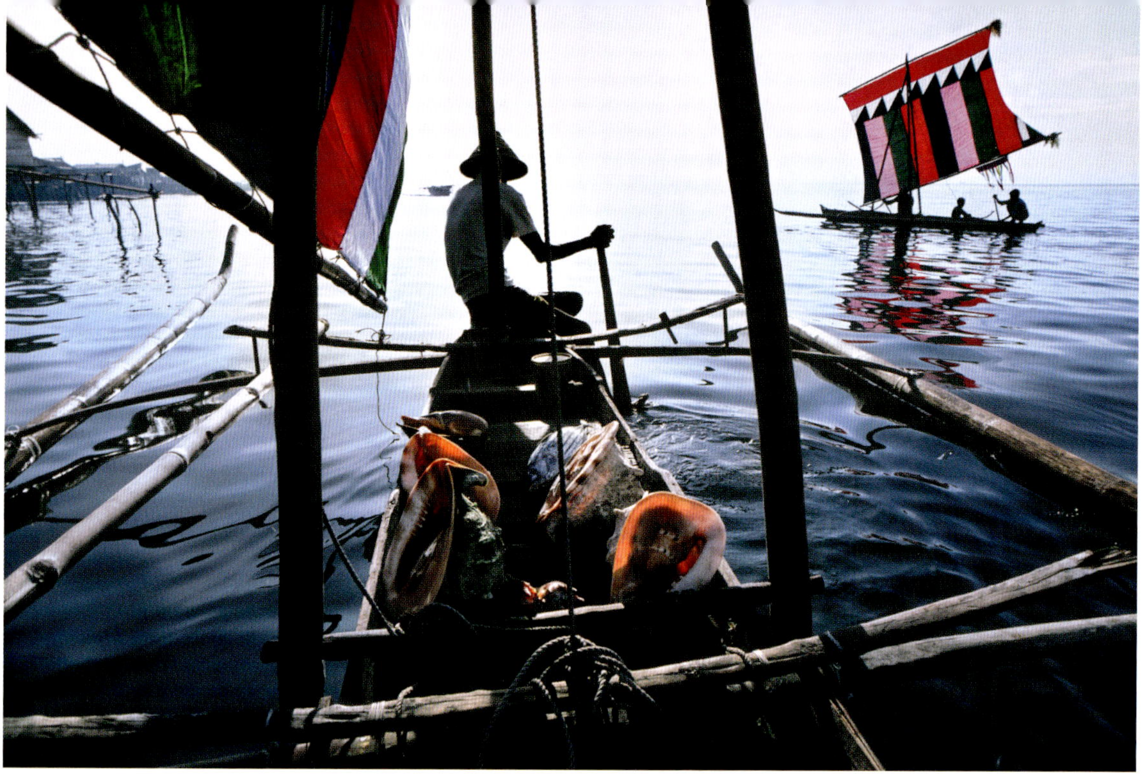

LÜCKEN UND SPALTEN

Die Platzierung von Elementen ist die Grundlage zur Herstellung visueller Ordnung. Die Methoden, die ich einige Seiten zuvor unter »Aufräumen« gezeigt habe, möchte ich nun vertiefen und erweitern.

Während es beim Entzerren von Gruppen darum ging, einzelne Elemente voneinander getrennt darzustellen, geht es nun um Szenen, die bereits klar definierte und erkennbare Bereiche enthalten. Diese Bereiche können beispielsweise die Freiräume zwischen mehreren Bäumen sein oder durch Licht und Farbe entstehen, wie etwa bei hellen und dunklen Gebäudefassaden. Die Idee dahinter ist rein grafischer Natur und simpel: Wichtige Elemente werden innerhalb kontrastierender Bereiche platziert. Von den auf Seite 52 vorgestellten Platzierungszonen unterscheidet sich diese Methode deutlich, da die Zonen durch innerhalb der Szene vorhandene Abgrenzungen definiert werden.

Bei der Aufnahme oben, die auf einem südphilippinischen Segelboot mit der Bezeichnung *Vinta* entstanden ist, war die Kameraposition stark eingeschränkt. Dennoch sollten alle interessanten Elemente wie Fischer, Muscheln, Teile des Segels und vor allem das zweite Vinta im Ausschnitt Platz finden. Ich lehnte mich abwechselnd nach links und rechts, während ich das Timing für das zweite Boot abpasste. Diese Aufnahme war die bestmögliche. Da ich den Bootsfahrer nicht freistehend abbilden konnte, platzierte ich ihn exakt zentriert hinter dem vorderen Mast.

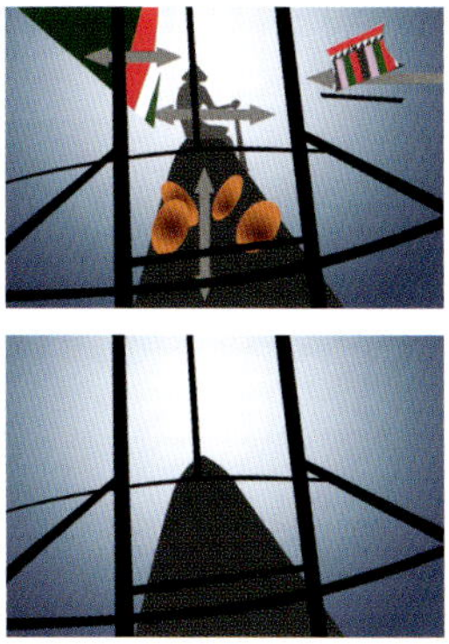

Die Sektionen im Bild wurden hauptsächlich durch die beiden vertikalen Masten bestimmt. Das zweite Vinta passte genau in den Bereich oben rechts (hohe Anforderungen ans Timing), während die Muscheln den Bereich zwischen den Masten einnahmen.

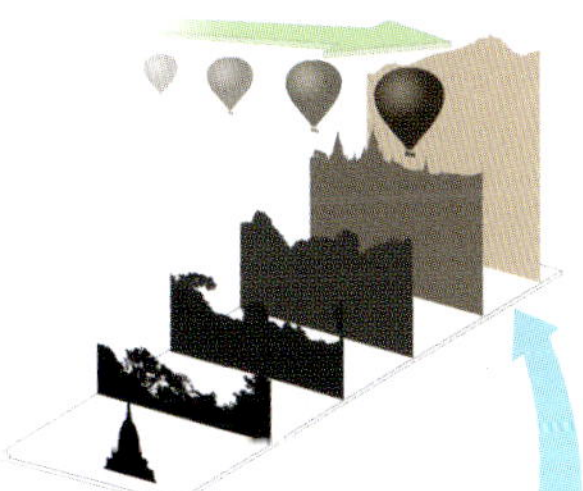

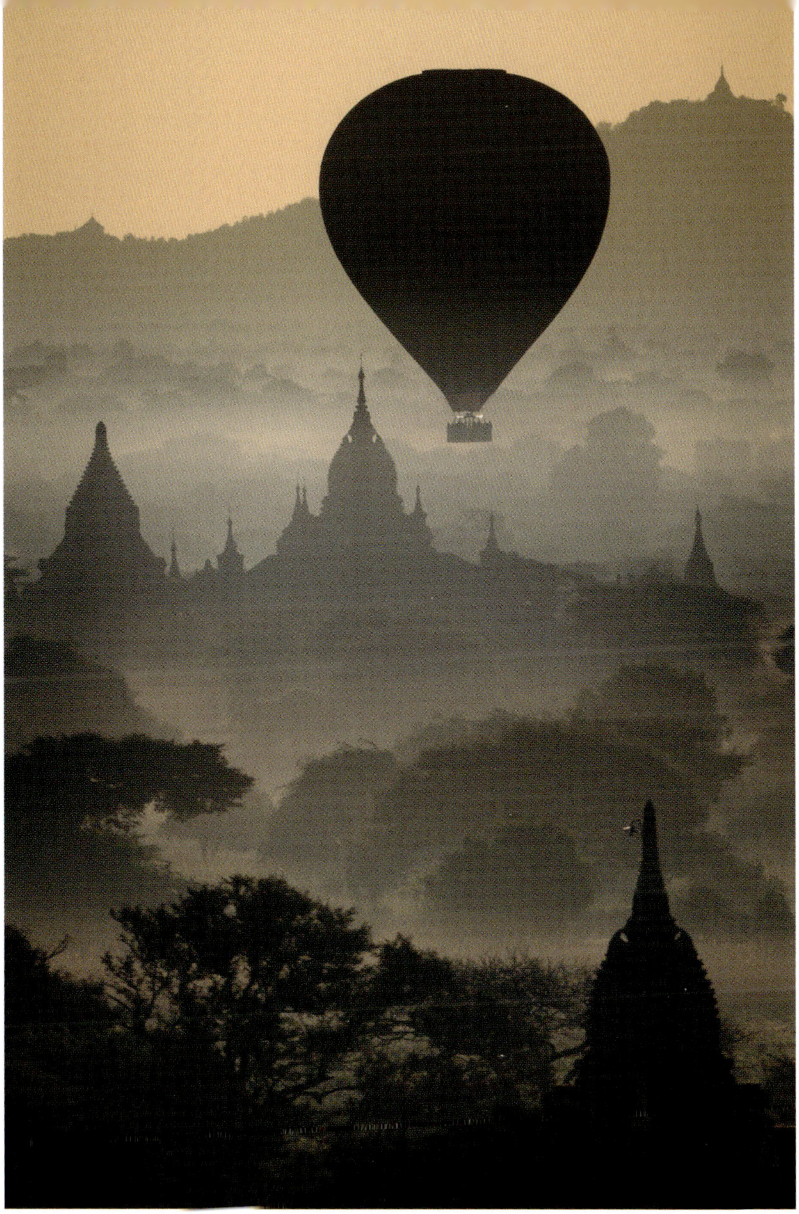

Der Ballon brauchte mehrere Minuten, um in den Bildausschnitt zu gelangen. Das gab mir genug Zeit, seine Höhe beim Durchqueren der Szene abzuschätzen (unterhalb der Spitze der mittleren Pagode) und die Komposition so anzupassen, dass ein leerer Bereich oben rechts für den Ballon zur Verfügung stand.

Die Aufnahme mit dem Ballon ist ein unkompliziertes Beispiel. Die Kameraposition auf der Spitze einer Pagode in Bagan, Myanmar, war fest vorgegeben, sodass meine einzigen Gestaltungsmöglichkeiten in der Wahl der Brennweite und im Schwenken der Kamera nach links oder rechts bestanden. Das Bild sollte die unzähligen Pagoden herausstellen, die sich im Morgennebel bis zum Horizont aneinanderreihten. Während der Aufnahme kam langsam ein Ballon in den Sucher, der ein willkommenes Zusatzelement darstellte und vor allem einen leeren Bereich ausfüllte.

EINRAHMEN

Diese Methode macht im Vordergrund befindliche Bildelemente zu einem partiellen Rahmen für das eigentliche Motiv.

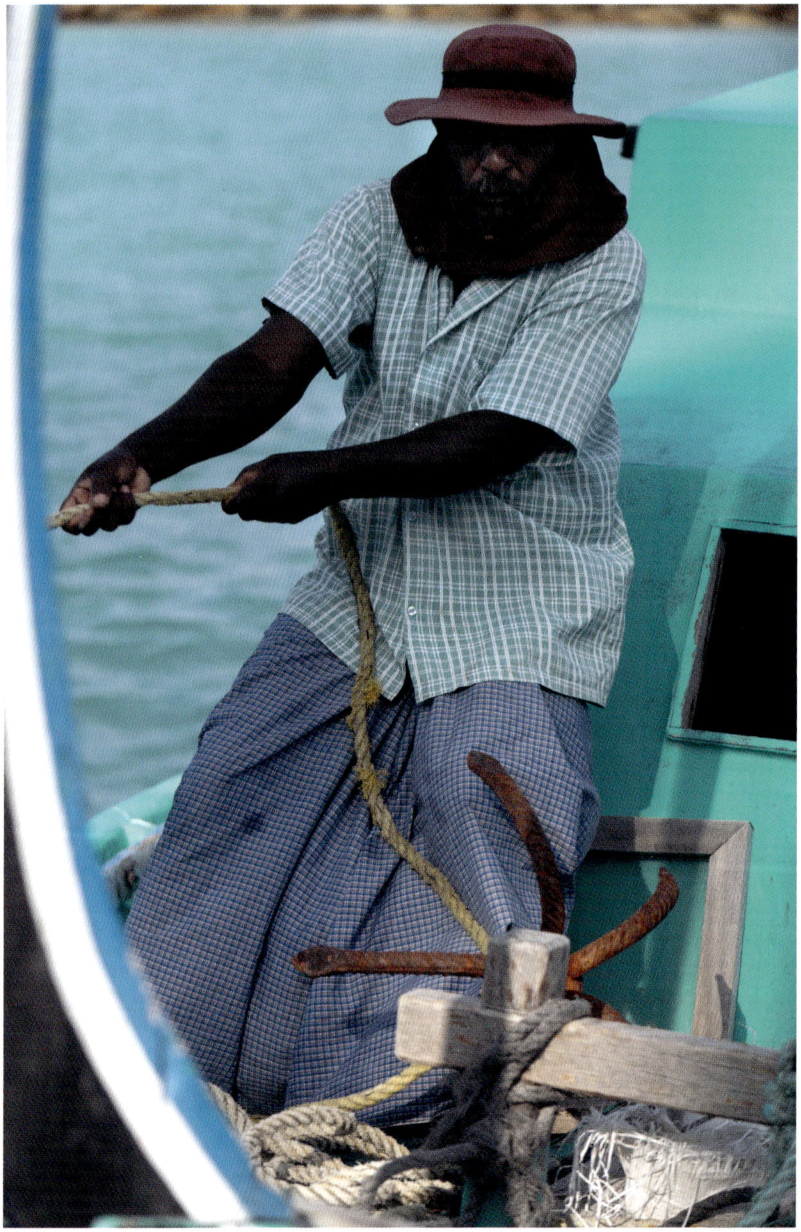

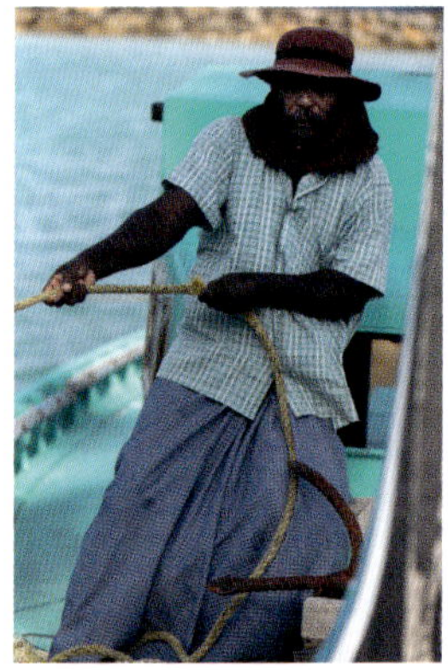

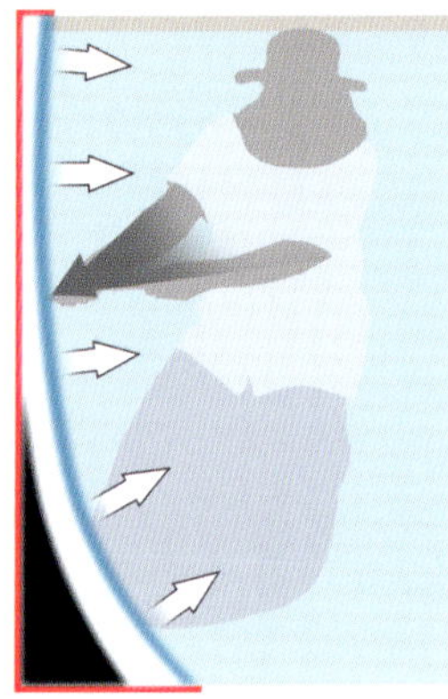

Der aufragende Bug ist ein Erkennungsmerkmal der *Dhoni*-Boote (siehe auch Seite 110). Hier machte es durchaus Sinn, die geschwungene Form des Bugs lediglich anzudeuten. Die kleine Version oben mit dem rechts platzierten Bug entstand früher und korrespondierte nur wenig mit dem Motiv des Fischers. Indem ich mich nach rechts bewegte, brachte ich den Bug auf die linke Seite (rote Markierung), sodass der Blick des Betrachters nach innen gelenkt wird (weiße Pfeile).

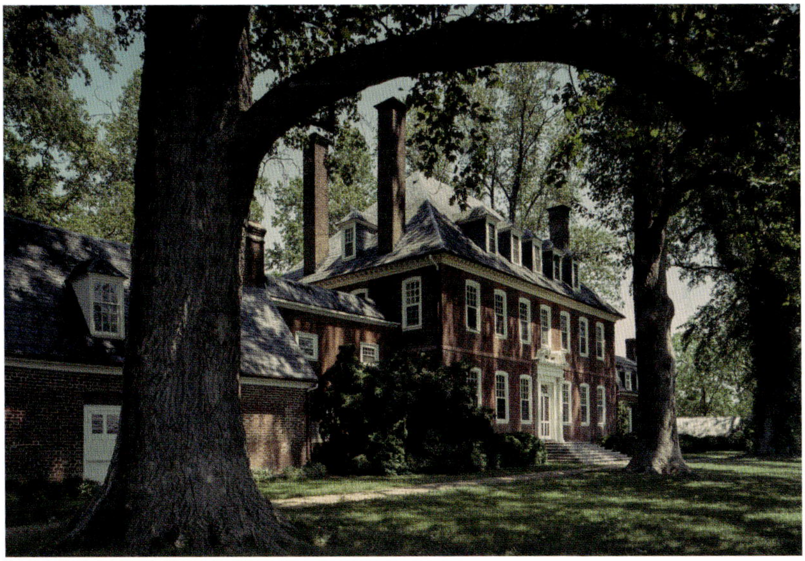

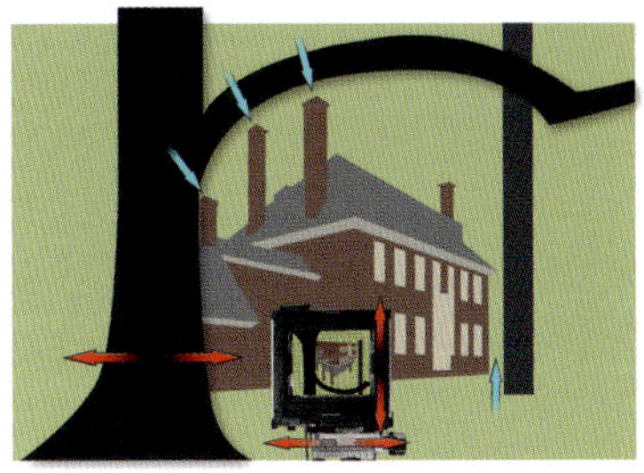

Riesige alte Tulpenbäume säumen dieses Anwesen in Virginia. Ein dicker Ast rahmte den oberen Bereich des Gebäudes ein, ergänzt von einem weiter hinten stehenden Baumstamm, der eine vertikale Rahmenkante bildet. Obwohl es sich um eine simple Komposition handelt, sorgt die Korrespondenz zwischen Ast und Kaminen (blaue Pfeile) für das gewisse Etwas. Kleinere Korrekturen der Kameraposition (rote Pfeile) halfen bei der exakten Ausrichtung des Gebäudes innerhalb der von den Bäumen vorgegebenen Grenzen.

In meinem Buch *Der fotografische Blick* habe ich die Technik von vollständigen Rahmen innerhalb des Bildausschnitts propagiert. Hier möchte ich Ihnen jedoch einen etwas subtileren Ansatz näherbringen. Klar erkennbare Rahmenelemente wie Fenster oder Türen haben durchaus ihre Berechtigung, wirken jedoch oft allzu gewollt und aufgesetzt. Auf jeden Fall sind die meisten Rahmen-im-Rahmen-Konzepte sehr klischeehaft, sodass Sie diese mit Vorsicht anwenden sollten. Aus diesem Grund verfolge ich hier den Ansatz angedeuteter Rahmen. Wie die beiden Beispiele zeigen, wirkt sich die Stärke des Rahmeneffekts erheblich auf die Bildwirkung aus. Eine starke Einrahmung wie beim Bild des Plantagenanwesens erzeugt den Eindruck eines Tunnels, durch den die Betrachter blicken. Ein schwächerer, lediglich angedeuteter Rahmen wie im Foto des Fischers auf den Malediven wirkt wie ein visueller Stopp und lenkt die Aufmerksamkeit auf das eigentliche Motiv. Wir werden diese kompositorische Idee später weiterverfolgen (siehe »Verankern« auf Seite 132). Solche angedeuteten Rahmen entstehen meist durch Zufall: Wenn Sie ein solches Element aufspüren, können Sie es nutzen. Beide Bilder enthalten Bögen, die oft zum Einrahmen von Motiven verwendet werden, da Kurven den Blick des Betrachters in die gewünschte Richtung lenken können – in diesem Fall nach innen. In der Aufnahme der Westover Plantage am James River in Virginia rahmt der weite Bogen eines Asts das Hauptgebäude gefällig ein und verbindet sich visuell mit dem Stamm des weiter entfernen Baums.

Das Foto des Fischers beim Einholen eines Seils machte sich die charakteristische Bugform der *Dhoni* genannten Fischerboote auf den Malediven zunutze. Während der Session erkannte ich, dass die geschwungene Buglinie einen hervorragenden Rahmen abgeben würde. In Verbindung mit der Uferlinie weiter oben lenkt dieses Element den Blick nach innen zur abgebildeten Person und verleiht der gesamten Aufnahme eine ansprechende grafische Struktur, die durch die blauen Farbtöne zusätzlich intensiviert wird.

GRUPPEN OPTIMIEREN

Es gibt keinen gravierenderen Unterschied in der Fotografie als jenen zwischen geplanten Sessions und spontanen Aufnahmen in der echten Welt. Viele professionelle Fotografen sind mit organisierten Aufnahmen vertraut, die entweder im Fotostudio, auf einer temporären Bühne oder in einer vergleichbaren kontrollierten Situation stattfinden.

Im Studio – ich verwende diesen Ausdruck für alle kontrollierten Situationen – beginnen Sie die Komposition nicht im Sucher Ihrer Kamera, sondern mit dem physischen Arrangement der Motive. Die Kamera kommt dabei meist erst ganz am Ende ins Spiel. Unter allen Studioszenarien habe ich für diesen Abschnitt ein Stillleben gewählt, da es als typische Gruppenaufnahme besondere kompositorische Fertigkeiten erfordert. Üblicherweise müssen Sie dabei mehrere Objekte der gleichen Größe und mit direktem Bezug zueinander gefällig anordnen. Jedes einzelne Objekt muss dabei klar erkennbar sein und gut aussehen. Das Arrangement sollte harmonisch und kohärent wirken, jedoch keinesfalls zu statisch oder streng aussehen – sozusagen Ordnung mit Charakter.

Ein Ansatz ist ein zu den verwendeten Elementen passender Untergrund, der die Gruppierung logischer erscheinen lässt und dabei hilft, die Elemente einzufassen. Im Beispiel mit den Goldbarren mussten zehn unterschiedlich große Objekte dargestellt werden, die glücklicherweise auf die Waagschale einer alten Eisenwaage

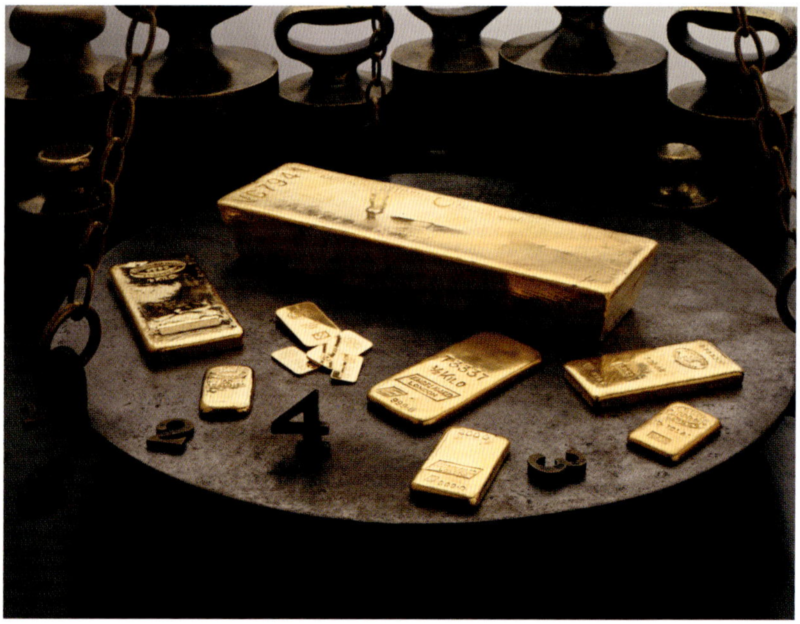

Eine runde Waagschale bildet den logischen Rahmen für dieses Arrangement von zwölf Objekten (Barren und Zahlen). Die Maßgabe dieser Aufnahme bestand in der klaren visuellen Trennung der Objekte und in der Verhinderung einer zu streng wirkenden Struktur. Deshalb wurden die Barren, beginnend mit dem größten, unterschiedlich angewinkelt. Die eisernen Ziffern füllen die Lücken auf. Ab Seite 106 lesen Sie mehr über das hier verwendete Gestaltgesetz der gemeinsamen Region.

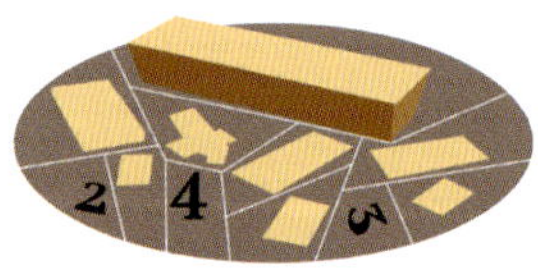

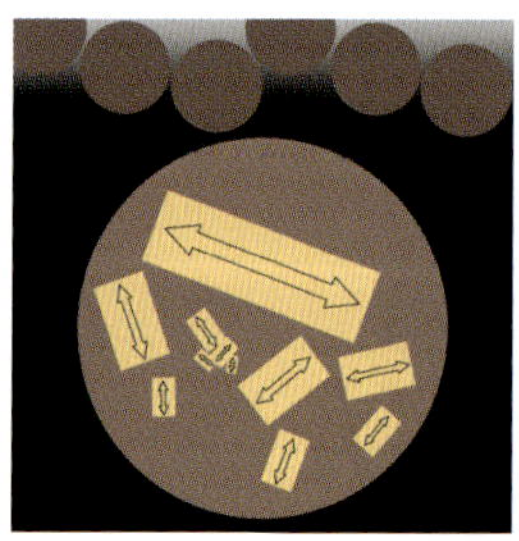

passten. Die Waage funktioniert dabei gleichzeitig als Bühne und Requisit, das in direktem logischen Bezug zu den Motiven steht. Alternativ können Sie passende Requisiten seitlich und hinter den Objekten stapeln. Im Beispielbild erfüllen Messinggewichte diese Aufgabe und schließen darüber hinaus den Hintergrund ab.

Es gibt unzählige Möglichkeiten, ein Arrangement zu gestalten, doch allen liegt die Balance zwischen Ordnung und Natürlichkeit zugrunde. Struktur und Logik sind wichtige Aspekte, doch zu viel davon führt zu steif und künstlich wirkenden Arrangements. Die Herstellung dieser Balance ist kompliziert: Die Betrachter wissen, dass die Objekte zuerst arrangiert wurden, und das ideale Arrangement ist jenes, das vom Betrachter nicht bewusst als solches wahrgenommen wird. Es kann sehr lange dauern, bis Sie diese Disziplin zur Meisterschaft bringen. Der Schlüssel zum Erfolg im Bild mit den Goldbarren waren verschiedene Winkel für alle zehn Objekte. Beim Bild mit den Cocktails, die in drei Gruppen angeordnet werden mussten – zwei Dekanter mit jeweils zwei Gläsern sowie ein einzelnes Glas –, bestand die Lösung im Anwinkeln der Kamera, um die Ordnung weniger strikt wirken zu lassen.

Laut Briefing sollten drei Gruppen von Cocktails (3-1-3) visuell voneinander getrennt auf einer spiegelnden Plexiglasplatte abgelichtet werden. Das diagonale Arrangement (unten links) bringt Dynamik in die Gruppe. Das mittlere Glas wurde unter ständiger Kontrolle durch den Kamerasucher exakt zwischen den beiden Dreiergruppen austariert.

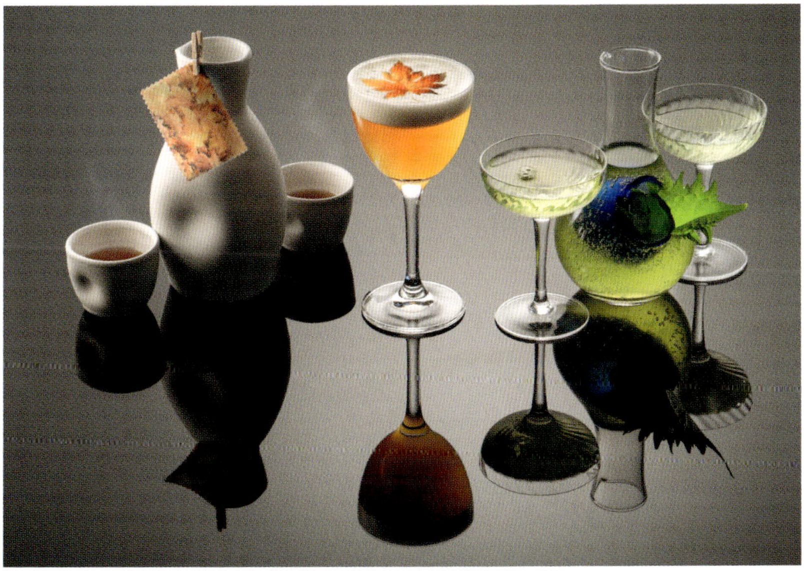

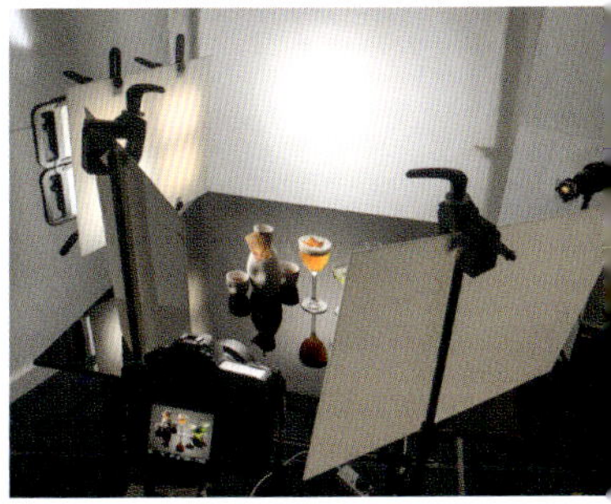

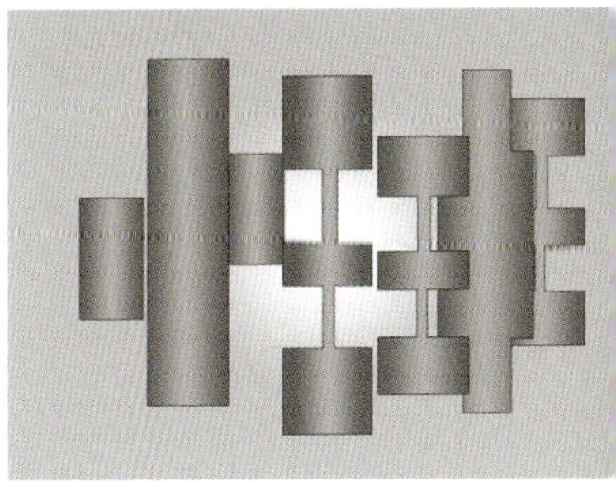

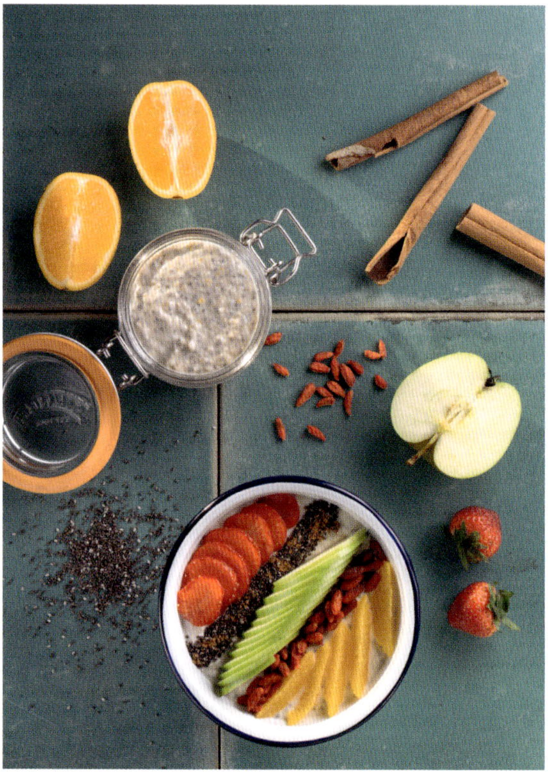

EYE-TRACKING

Bei den meisten arrangierten Szenen steht die Vermittlung von Informationen über der Anmutung und Atmosphäre. Das sollte in die Planung der Aufnahme einfließen und kann auch gemessen werden. Hier sehen Sie ein Beispiel aus einem Kochbuch: Es sollte nicht nur das fertige Gericht möglichst attraktiv und verlockend dargestellt werden, sondern auch die verwendeten Zutaten. Darüber hinaus müssen alle Bilder der Serie visuell zueinander passen, indem ein gemeinsamer Stil angewendet wird, der jedoch auch Raum für visuelle Abwechslung lässt.

Die einzelnen Aufnahmen wurden als Draufsicht realisiert, was hauptsächlich beim Zeitsparen half. Da alle Bilder innerhalb einer Woche im Kasten sein mussten, wurde ein einfacher, leicht austauschbarer Hintergrund gewählt. Angewinkelte Frontalaufnahmen hätten viel mehr Zeit zur Anpassung der Szenen und Hintergründe erfordert. Die Kacheln entsprechen dem Design des Resorts und Restaurants, das die Publikation in Auftrag gegeben hat. Die Position der Kacheln wurde ebenso variiert wie die Lage des fertigen Gerichts, um Abwechslung zwischen den Aufnahmen zu erzeugen. Wir hofften, dass die Leser mindestens die Hälfte der Zeit mit dem Blick auf den fertigen Mahlzeiten verweilen und die andere Hälfte mit dem flüchtigen Betrachten der Zutaten verbringen würden. Bereits im Vorfeld hatten wir Bedenken bezüglich eines Ungleichgewichts zwischen Gericht und Zutaten. Besonders in der Beispielaufnahme auf dieser Seite schien das fertige Gericht zu tief platziert zu sein, um die gewünschte Aufmerksamkeit auf sich zu lenken.

Per Eye-Tracking stellten wir unsere kompositorischen Entscheidungen auf den Prüfstand. Auf der rechten Seite sehen Sie die Blickpfade von drei Probanden, die das Bild jeweils 30 Sekunden lang betrachteten. Jede Person hat alle Zutaten in Augenschein genommen und kehrte zwei- bis dreimal zur Schüssel mit dem fertigen Gericht zurück. Deshalb bewerteten wir die Komposition als erfolgreich, obwohl Testperson 3 stark vom Glasdeckel und den Orangen abgelenkt wurde. Die Heatmap förderte jedoch ein Problem zutage, das ich hätte vorhersehen sollen. Das helle Müsliglas nahe der Bildmitte hat die größte Aufmerksamkeit auf sich gezogen und stiehlt dem im Ausschnitt zu tief platzierten fertigen Gericht die Schau. Die Aufnahme ist zwar nicht vollends gescheitert, da die Probanden alle Elemente betrachtet haben, doch eine Neuanordnung hätte zu besseren Ergebnissen geführt.

↑ Ein Bild aus einer Serie von 80 Aufnahmen mit unterschiedlichen Hintergründen. Dieses Arrangement wurde analysiert, um die Auswirkungen der tiefen Platzierung des fertigen Gerichts auf die Aufmerksamkeit der Betrachter begutachten zu können.

TESTPERSON 1

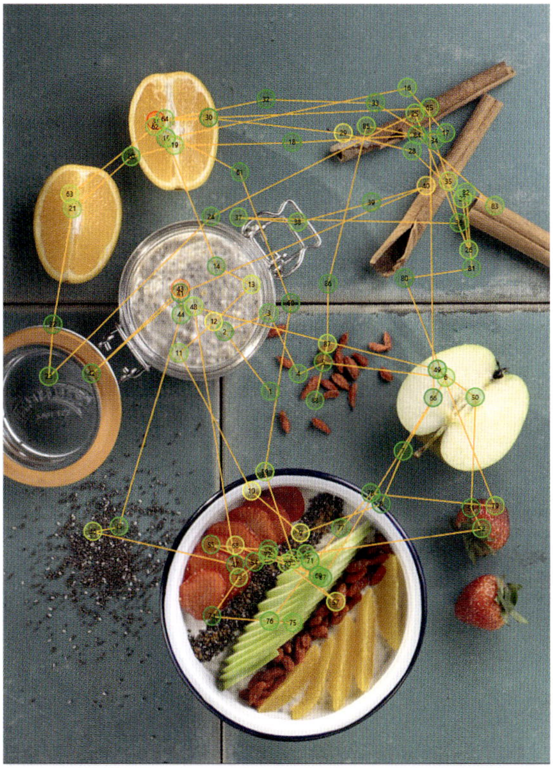

TESTPERSON 2

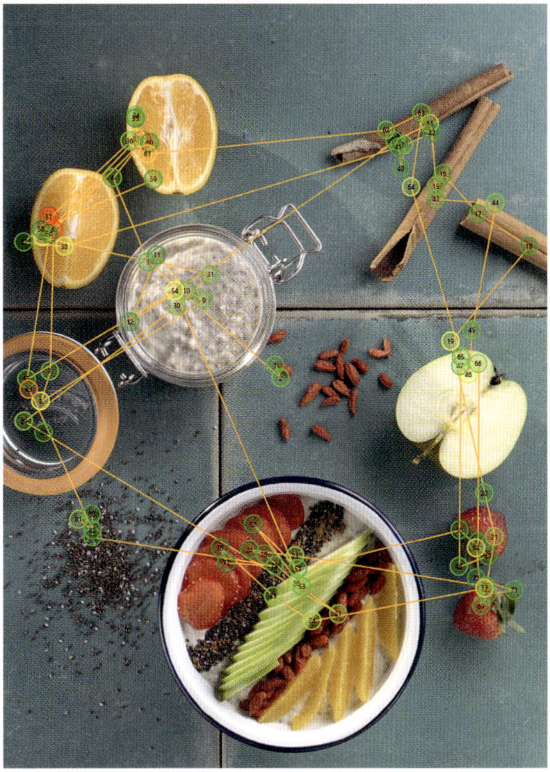

TESTPERSON 3

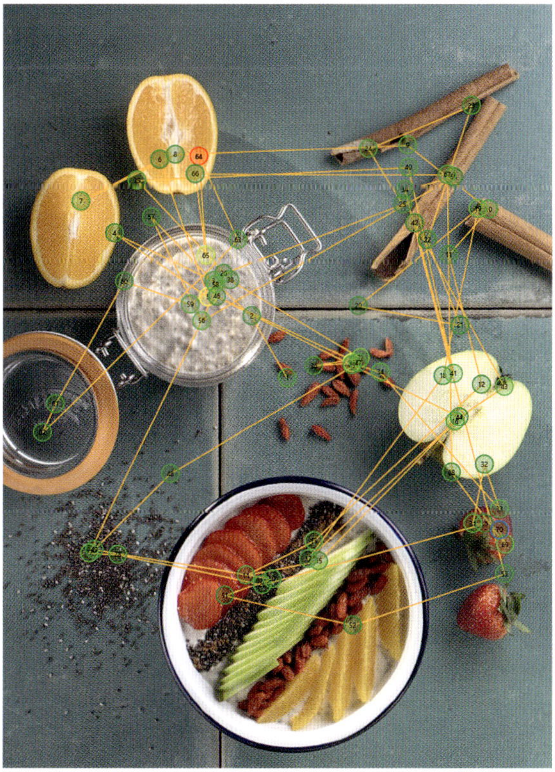

HEATMAP

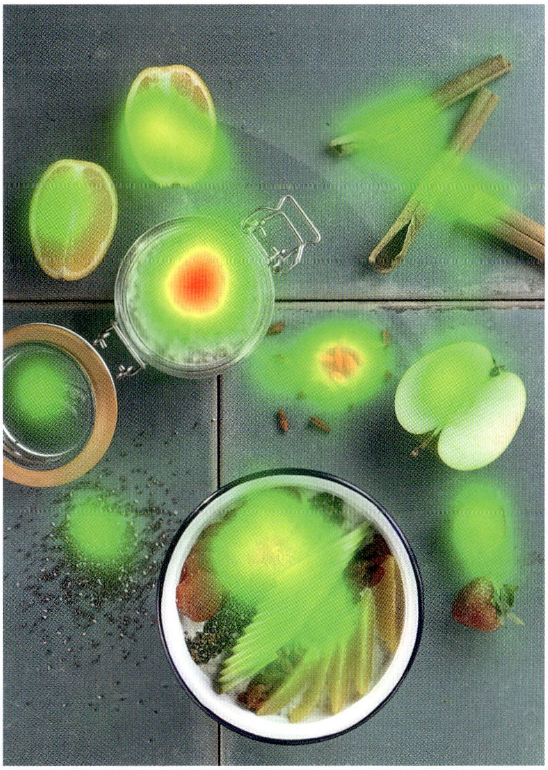

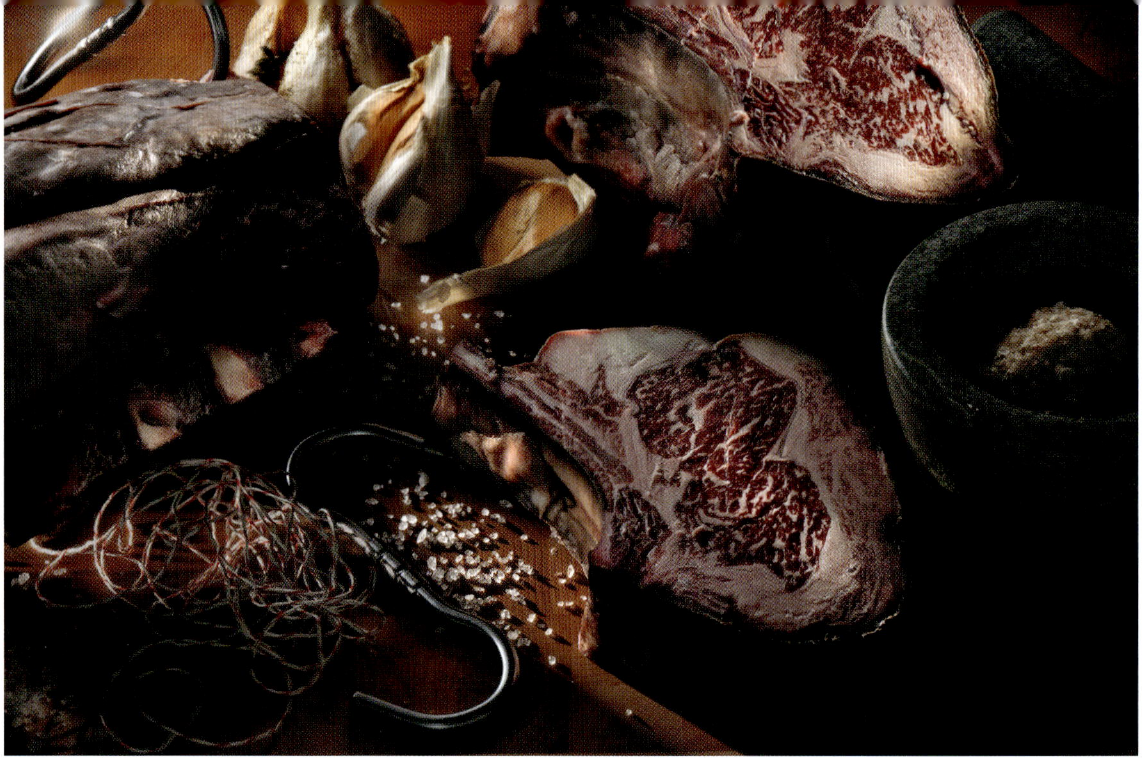

ARRANGIEREN

Es mag seltsam erscheinen, das in der klassischen Malerei gebräuchliche Wort »Tableau« auf die moderne Fotografie zu übertragen. Doch gerade in der Studiofotografie ist diese Technik gebräuchlich. Dabei geht es um das Erzählen einer Geschichte durch die Anordnung mehrerer unbeweglicher Elemente innerhalb des Bildrahmens.

Die kompositorische Herausforderung ist in beiden Feldern identisch und einleuchtend. Analysieren Sie beispielsweise eines der bekanntesten Tableaus, die 1642 entstandene »Nachtwache« von Rembrandt, um zu sehen, wie schwierig es sein kann, zwei Dutzend Charaktere in einer einzigen Szene darzustellen. Darüber hinaus erkennt man alle Gesichter innerhalb eines Arrangements, das ungemein lebendig wirkt, ohne wie ein steifes, monotones Gruppenbild auszusehen. Es mag anmaßend erscheinen, dieses Meisterwerk mit einem aus Fleischstücken bestehenden Stillleben zu vergleichen, doch auch das Arrangement des modernen Fotos erfordert

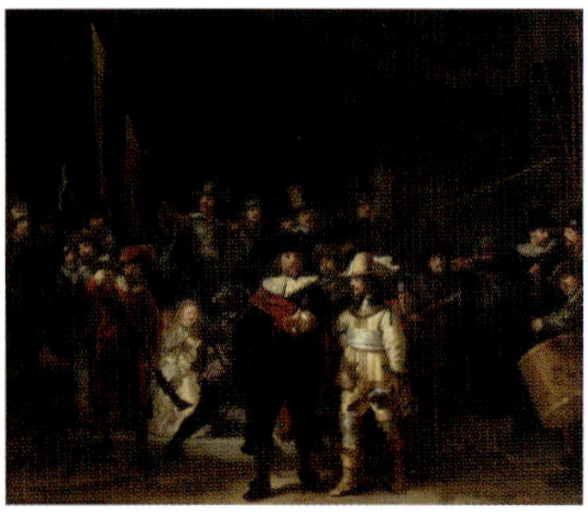

↑ Den Schwerpunkt der Komposition bilden die dreieckig angeordneten Steaks (1 bis 3, rote Ziffern), um die herum die dekorativen Elemente verteilt wurden (4 bis 10, weiße Ziffern). Den Ecken kommt bei solchen Arrangements eine besondere Bedeutung zu: Indem sie sorgfältig behandelt und gefüllt werden, stärken sie die Komposition.

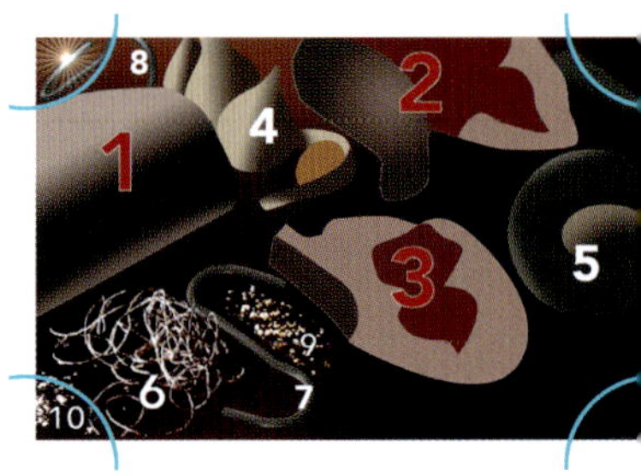

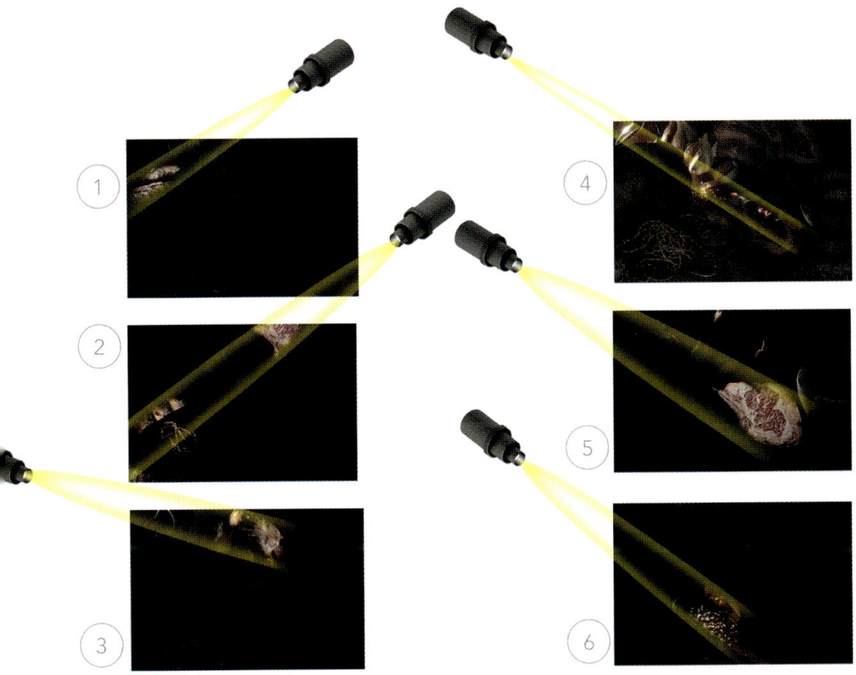

1 50% Lichtstärke

2 100% Lichtstärke

3 70% Lichtstärke

4 80% Lichtstärke

5 100% Lichtstärke
+ 100% weiches Licht

6 70% Lichtstärke

viel Zeit und tief reichende Überlegungen. Zunächst einmal muss der Ausschnitt gefüllt werden, sodass einige Objekte angeschnitten werden müssen, ohne wichtige Bestandteile zu verdecken. Die Bildecken stellen eine besondere Herausforderung dar, denn sie dürfen nicht leer bleiben. Deshalb sind drei Ecken mit Objekten und einem Lichtschein gefüllt, während die vierte Ecke schwarz ist. Zweitens müssen die Objekte in der Reihenfolge ihrer Wichtigkeit angeordnet werden. Das Bild enthält neben den drei Tomahawk-Steaks als Hauptdarstellern auch noch zwei Gruppen von Nebendarstellern (Knoblauch und Salz sowie Haken, Schnur, Mörser und Stößel). All diese Elemente müssen stimmig arrangiert werden. Drittens sorgen Überlappungen für die Verbindung zwischen den Elementen – ein simples Nebeneinanderlegen würde zu einer flachen und langweiligen Bildwirkung führen. Zu guter Letzt heben gezielt gesetzte Lichtakzente und die damit verbundenen Schattenwürfe die entscheidenden Elemente hervor. Die Komposition verdankt ihre Wirkung hauptsächlich der geschickten Ausleuchtung, die einige Bereiche hervorhebt und andere im Schatten verschwinden lässt. Ein Set von Punktstrahlern leuchtete dabei mehrere Bereiche gezielt aus. Die Aufnahmen der einzelnen Bereiche wurden als Ebenen gespeichert und während der Nachbearbeitung am Computer optimiert.

↑ Zusätzlich zum weichen Umgebungslicht kamen sechs Punktstrahler an verschiedenen Positionen zum Einsatz, um Lichtakzente zu setzen. Diese gezielt ausgeleuchteten Bereiche ziehen die Aufmerksamkeit der Betrachter auf sich. Bei der Ausleuchtung wurden verschiedene Lichtstärken und Modi verwendet.

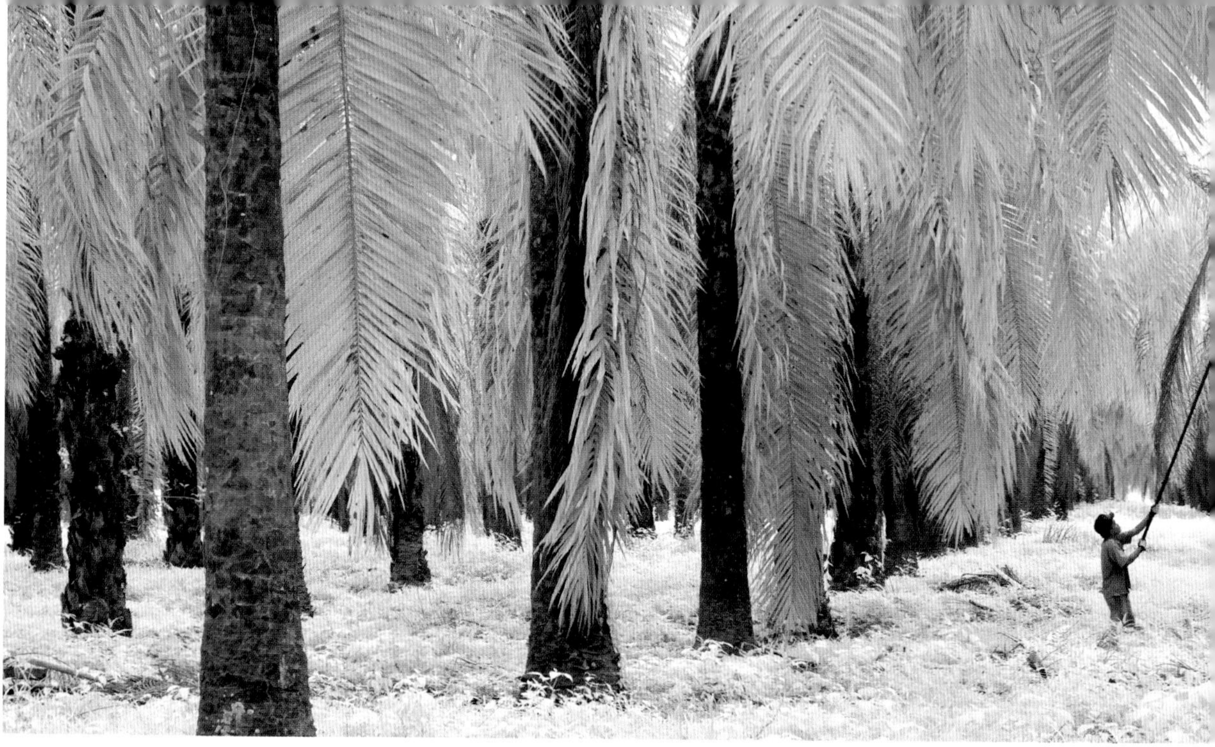

SPIEGELN

Das Zentrieren von Motiven genießt einen äußerst schlechten Ruf und sollte deshalb in aller Regel vermieden werden. Doch es gibt einige wenige Gelegenheiten, die eine zentrierte Komposition rechtfertigen, wenn sie eine besondere Bildwirkung nach sich zieht und vor allem überraschend ist. Das Spiegeln gehört zu dieser Kategorie.

Spiegelnde Oberflächen wie Wasser oder im spitzen Winkel fotografierte Schaufenster sind mögliche Kandidaten für solche Aufnahmen. Allerdings haben sie den Nachteil, dass sie zu offensichtlich und damit wenig überraschend wirken. Und gerade die Überraschung ist das zentrale Element einer gespiegelten Aufnahme. Das Überraschungsmoment muss die Betrachter nicht vom Hocker hauen, doch es sollte zumindest unerwartet oder ungewöhnlich sein – etwa dann, wenn sich Symmetrie in sich natürlich ergebenden Szenen herstellen lässt. In der Architektur ist Symmetrie allgegenwärtig, doch sie wirkt wenig interessant, da wir nahezu täglich mit entsprechenden Beispielen konfrontiert werden. Im Gegensatz dazu sind die meisten Menschen nicht mit großen Plantagen vertraut. Eine Aufnahme durch in vorgegebenen Reihen stehende Pflanzen oder Bäume, wie hier in einer Palmölplantage, wirkt deshalb wesentlich interessanter auf die meisten Betrachter.

↑ Diese Infrarotaufnahme von Ölpalmen in einer Plantage beeindruckt durch ihre strikte Symmetrie. Um sie ein wenig interessanter zu gestalten, wurde die Panoramaaufnahme ein wenig nach links versetzt. Die Versionen unten mit einem anderen Blickwinkel und ohne Person funktionieren nicht so gut.

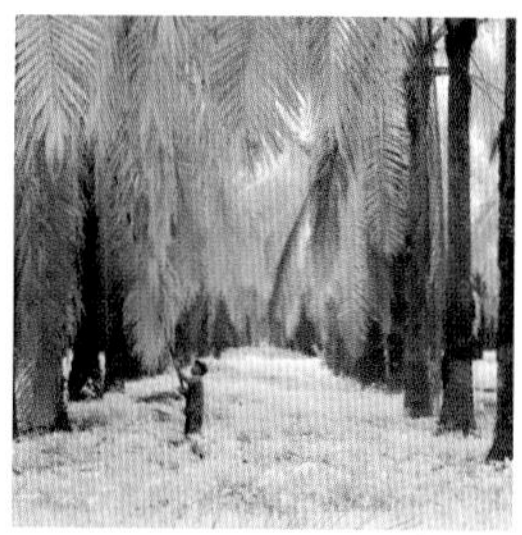

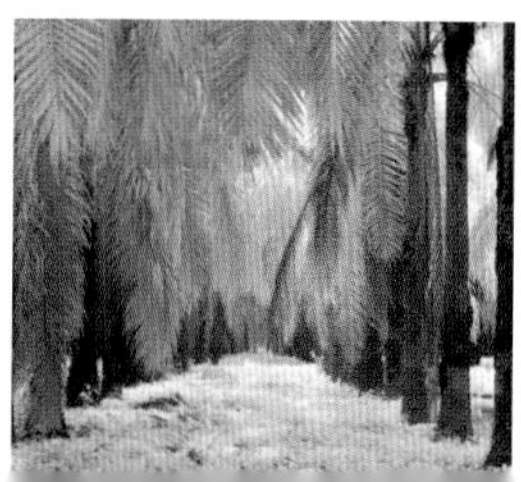

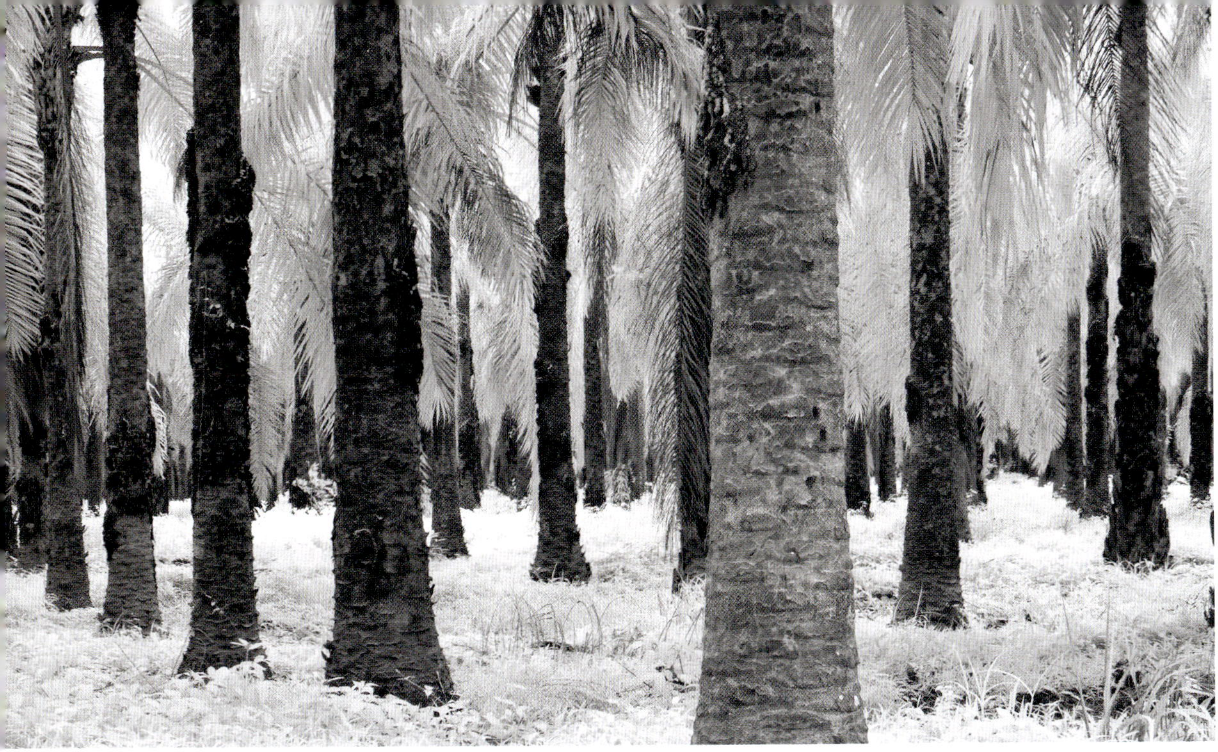

Ein wichtiger Aspekt für die Ordnung in gespiegelten Bildern ist die Teilung der Aufnahme in zwei Bereiche, die nicht nebeneinander abgebildet, sondern quasi zentriert aneinandergelegt werden. Findet die Teilung wie in der Aufnahme eines griechischen Fischerboots genau in der Mitte statt, steht das im direkten Widerspruch zu den in Kapitel 4 behandelten Möglichkeiten zur Strukturierung von Bildern – etwa Rabatment (Seite 68) oder Goldener Schnitt (Seite 70). Dadurch können die Aufnahmen etwas krude wirken, doch wenn sich eine gute Gelegenheit ergibt, können gespiegelte Bilder einen starken grafischen Eindruck hinterlassen.

Ein Teleobjektiv verdichtete die Aufnahme eines griechischen Fischerboots, während die roten und gelben Farbakzente an Takelage und Mast die bilaterale Symmetrie zusätzlich verstärken.

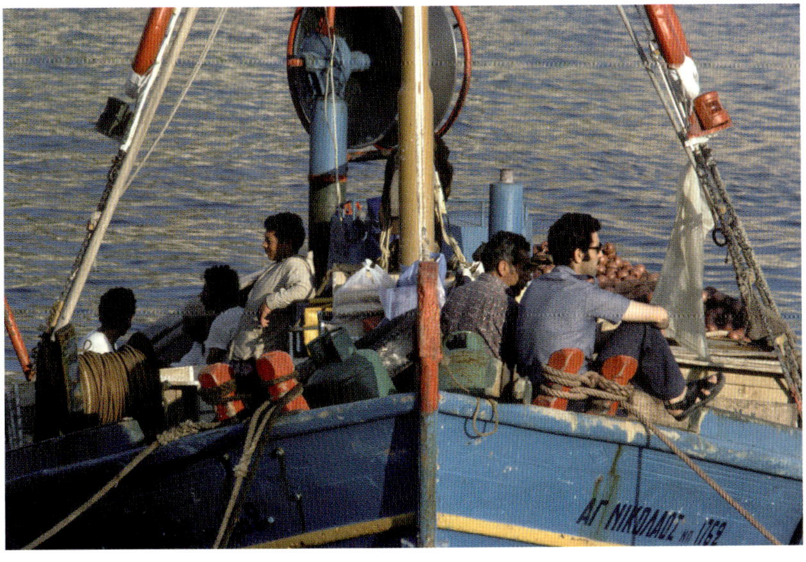

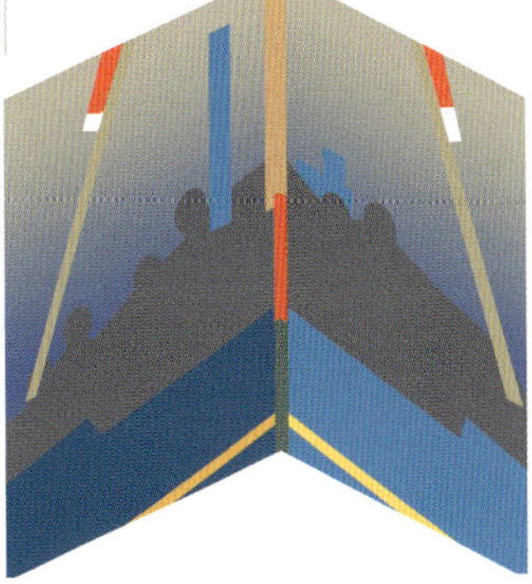

VERANKERN

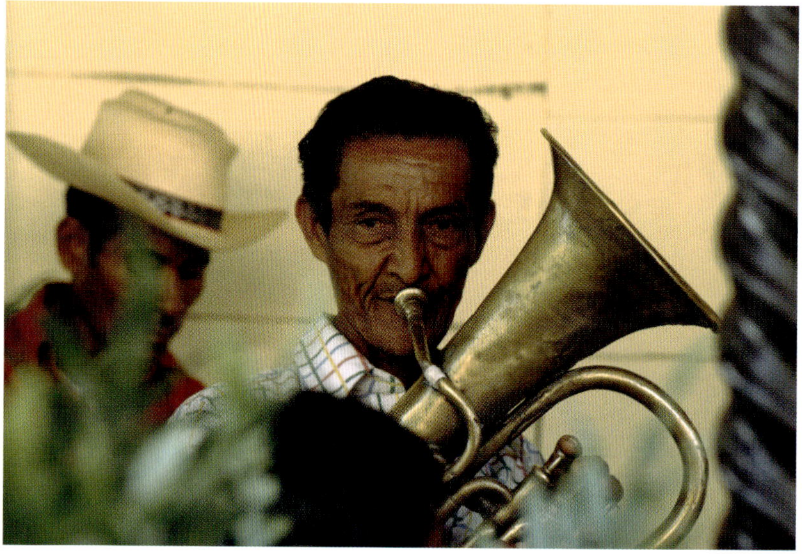

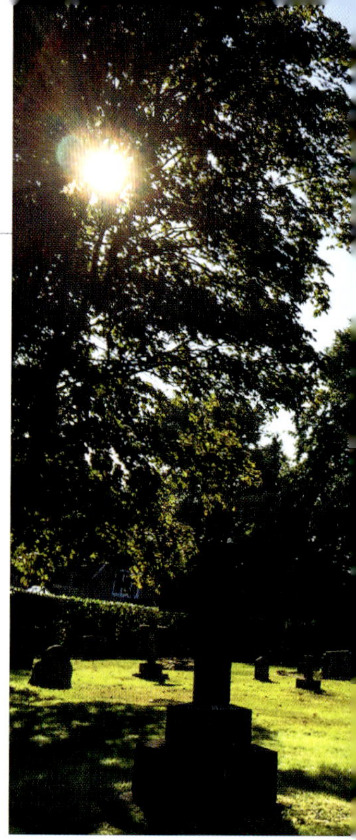

Bei einigen Bildern kann es sich lohnen, die Bildränder visuell zu blockieren, um der Szene mehr Stabilität zu verleihen und das Hauptmotiv zu verankern. Hauptsächlich wird durch solche Maßnahmen der Blick daran gehindert, über die Bildränder hinaus zu schweifen. Zwei oder drei solcher visuellen Anker rahmen darüber hinaus die Szene ein und lenken die Aufmerksamkeit dezent nach innen.

Wie nahezu jede Kompositionstechnik ist auch diese ein Stil, der manche Menschen anspricht und anderen weniger gut gefällt. Auf jeden Fall ist sie eine gute Möglichkeit, um mehr Ordnung ins Bild zu bringen. Darüber hinaus handelt es sich um eine opportunistische Technik, bei der in der Szene verfügbare Elemente in die Komposition miteinbezogen werden. Das Bild von einem Musiker in einer kolumbianischen Blaskapelle ist ein typisches Beispiel für diese Technik. Im Original war die Kameraposition einen Tick zu weit links, sodass sich die gelbe Wand bis zum rechten Bildrand erstreckte. Durch die helle Farbfläche und die Richtung, in die die Tuba weist, driftet die Komposition nach rechts ab. Durch einen leichten Schwenk nach rechts kam die schmale Säule ins Bild, die den Charakter des Bauernhauses illustriert und den rechten Bildrand visuell abschließt.

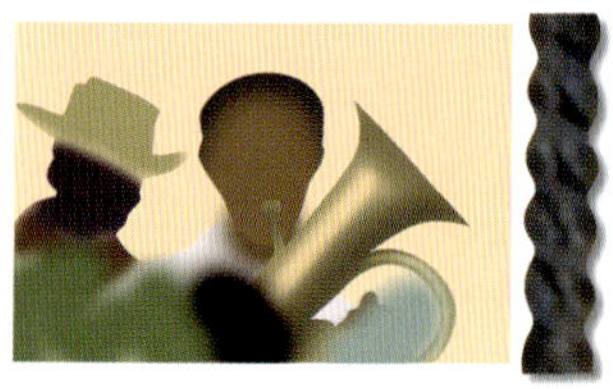

In dieser Aufnahme von Musikern, die in einer kolumbianischen Ranch aufspielen, sorgt eine gedrechselte Säule für einen guten Abschluss des rechten Bildrands. Der Mann und die Pflanzen am linken Bildrand rahmen die Aufnahme zusammen mit der Säule ein und lenken die Aufmerksamkeit auf den Tubaspieler.

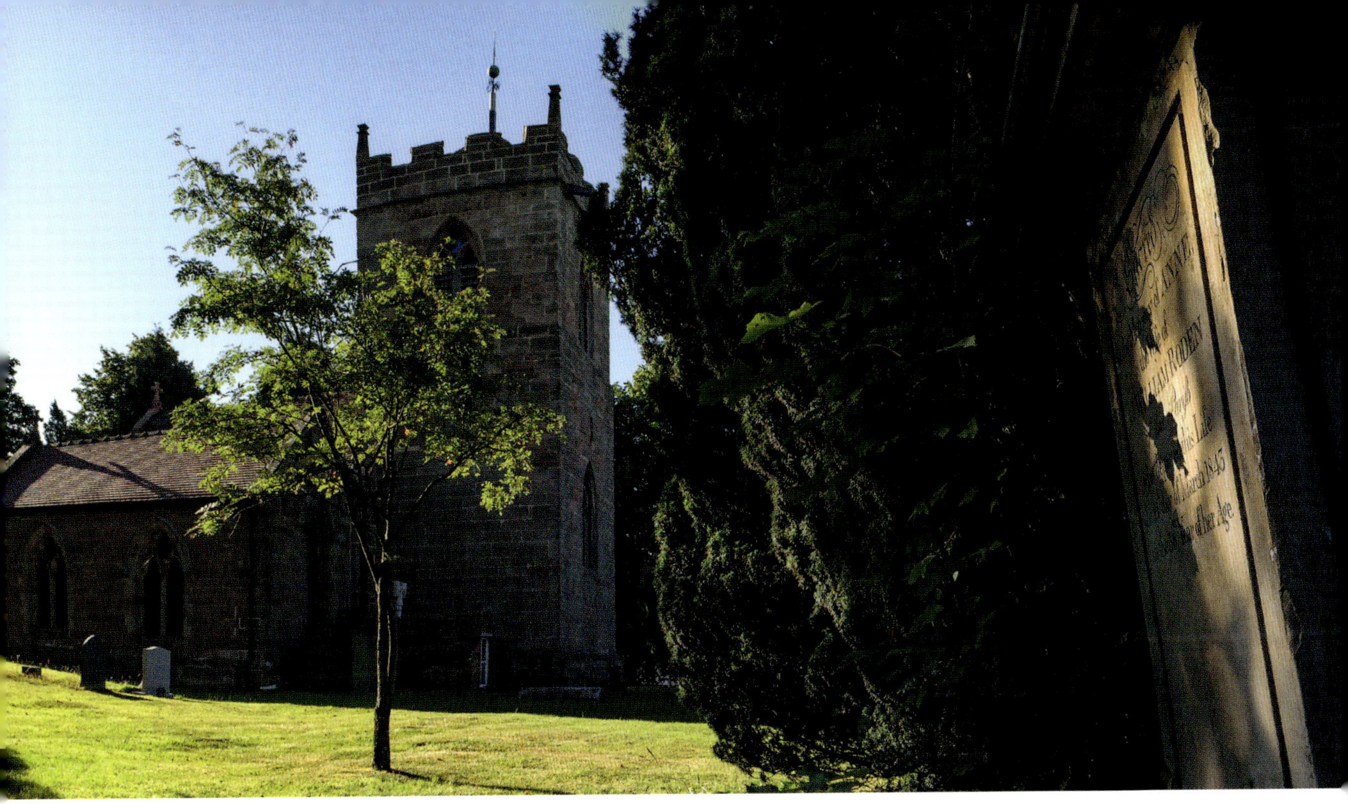

In dieser Breitbildaufnahme einer Kirche in Shropshire sorgen große Ankerelemente rechts und links für eine geschlossene Bildwirkung. Durch die gleichartigen Hell-Dunkel-Kontraste wird eine grafische Beziehung zwischen dem Baum links und dem Grabstein rechts hergestellt. Dadurch wird das Hauptmotiv eingerahmt und die Blicke der Betrachter werden sanft nach innen gelenkt.

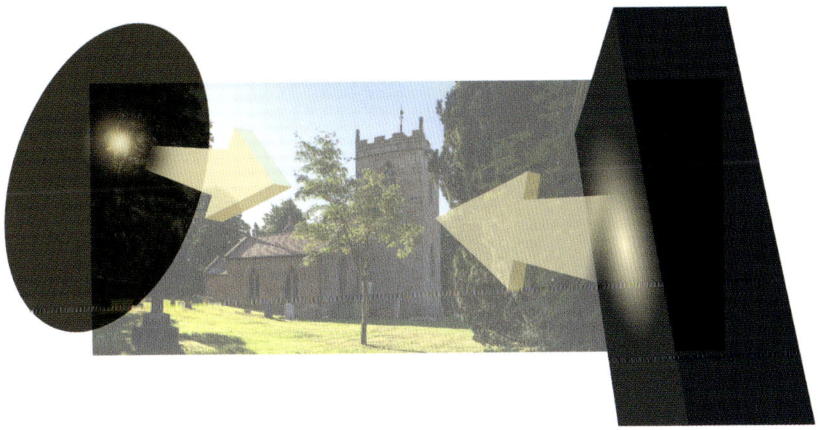

Das Bild der englischen Landkirche ist ein Beispiel für den proaktiven Einsatz von Bildankern. Das durch die Blätter gefilterte Sonnenlicht, das den alten Grabstein illuminiert, macht nicht nur den Vordergrund der Aufnahme attraktiver, sondern bringt auch Elemente ins Spiel, die bei vielen Breitbildaufnahmen fehlen: visuelle Abschlüsse an den Bildrändern. Breite Bildformate sind beliebt und schön anzusehen (siehe Kapitel 3 auf Seite 60), doch sie führen den Blick oft über den Bildrand hinaus. Die Ankerelemente links und rechts lösen dieses Problem.

KAPITEL 7

DER REGIESTUHL

Diese letzten drei Kapitel sind den drei Grundlagen der Komposition gewidmet, die ich Ihnen zu Beginn des Buches vorgestellt habe. Das vorangegangene Kapitel beschäftigte sich damit, Ordnung ins Chaos zu bringen, und das letzte Kapitel handelt von der Erzeugung von Aufmerksamkeit durch ungewöhnliches Design. In diesem Kapitel lernen Sie, wie Sie die Aufmerksamkeit der Betrachter lenken können. In einem Film genießen Sie weitgehende Kontrolle über Ihr Publikum (solange es sitzen bleibt und zuschaut): Wo immer die Kamera hinschwenkt, werden die Betrachter mitgenommen. Bei einem Foto sehen Sie sich dagegen mit einer vollkommen anderen Situation konfrontiert.

Betrachter sehen sich selbstständig in einem Bild um – in der Regel sehr schnell. Wie wir anhand des Eye-Trackings erfahren haben, spielen dabei auch individuelle Vorlieben und Eigenheiten der Betrachter eine Rolle. Die Kontrolle über die Blicklinien der Betrachter ist vergleichbar mit Flöhehüten. Das Beste, was Sie tun können, ist es, Elemente zu intgrieren, die das Interesse auf sich lenken, und die Blicklinien durch bestimmte Abfolgen von Objekten zu führen – stets in der Hoffnung, dass die meisten Betrachter Ihren visuellen Hinweisen folgen. Das funktioniert nicht immer, doch wenn Sie wissen, welche Elemente typischerweise die Blicke auf sich ziehen, können Sie durchaus beachtliche Ergebnisse erzielen.

Sie haben bereits einige Effekte kennengelernt, mit denen Sie auf natürlichem Wege für Aufmerksamkeit sorgen können. Die verschiedenen Perspektiven – Distanz-, lineare und Luftperspektive – nutzen unseren angeborenen Sinn für räumliche Tiefe, um die Betrachter durch die Szene zu führen. Geometrische Elemente wie gedachte Dreiecke oder Kreise können Blicke nach außen oder innen lenken, ebenso wie die Rahmeneffekte ab Seite 122. Andere Techniken wie das Vierteln (Seite 84) oder das Rabatment (Seite 68) lenken die Aufmerksamkeit durch geschicktes Gruppieren.

In diesem Kapitel präsentiere ich Ihnen weitere Werkzeuge, mit denen Sie die Blicke auf die gewünschten Elemente lenken können. Die meisten sind grafischer Natur, während andere stark von Inhalten abhängig sind – es besteht ein Unterschied zwischen strukturellen und semantischen Techniken. Idealerweise wird die Aufmerksamkeit auf das vom Fotografen als Hauptmotiv auserkorene Element gelenkt, was einen semantischen Ansatz darstellt.

Wir beginnen damit, wie Sie direkte Bezüge zwischen den Motiven innerhalb des Ausschnitts herstellen, was zusätzlich die Herausforderung an die Betrachter intensiviert. Im Anschluss geht es um Methoden, das Auge zu einem bestimmten Punkt im Bild zu lenken – selbst dann, wenn es sich nicht um den offensichtlichsten Punkt handelt. Einer der Hauptgründe für solche Verfahrensweisen ist die Verlängerung der Zeitspanne, die die Betrachter in das Bild investieren. Gerade in unserer Zeit, die von Bildschirmen dominiert wird, tendieren die Betrachter zum schnellen Wechsel zwischen Bildern. Entschleunigung bei der Betrachtung ist eine neue Maßeinheit für den Erfolg in der Fotografie.

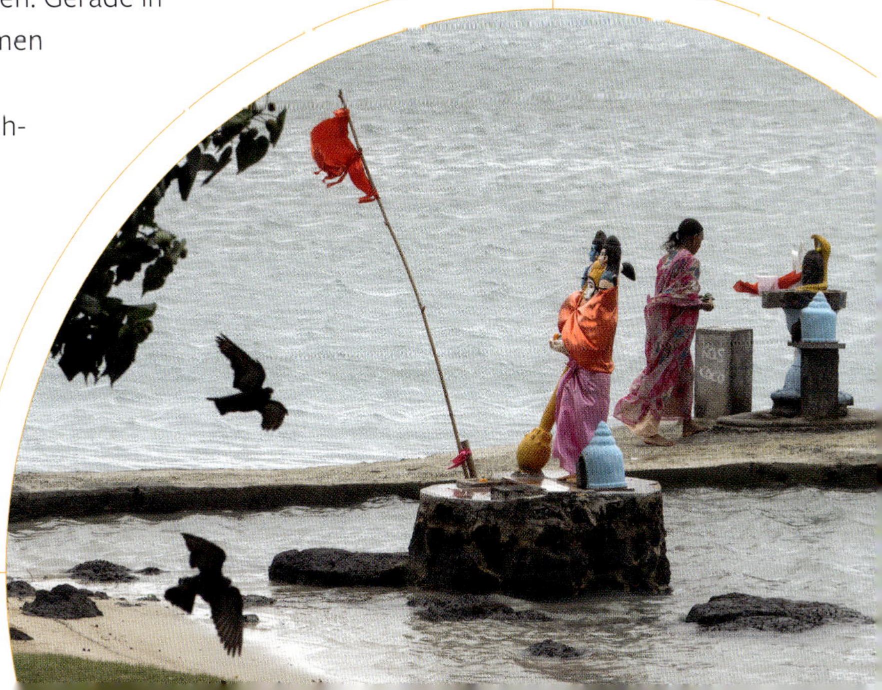

PAARE BILDEN

Das Bilden von Paaren ist eine verblüffend einfache Designmethode, die nahezu immer eine positive Wirkung auf die Betrachter hat. Ein Paar bezeichnet zwei Personen oder Elemente derselben Art oder zumindest mit großer Ähnlichkeit, die nah genug beieinanderstehen, um als Einheit wahrgenommen zu werden.

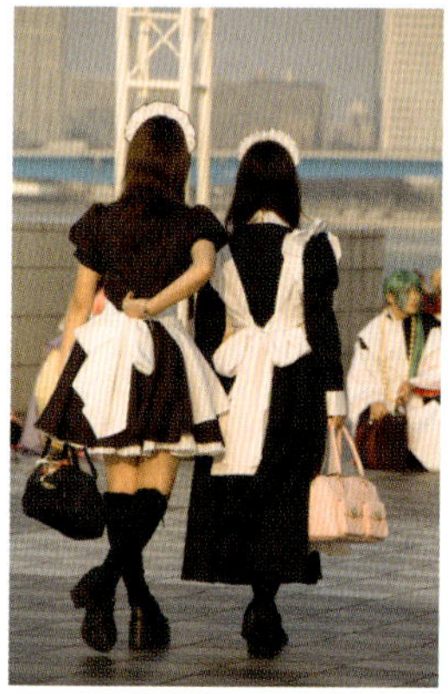

Ein Paar definiert sich über enge visuelle Ähnlichkeiten – je mehr, desto besser. Bei dieser in Tokio entstandenen Aufnahme von zwei Cosplay-Teilnehmerinnen trägt nicht nur die ähnliche Kleidung zur Paarbildung bei, sondern auch die gemeinsame Richtung, in die sich die beiden jungen Frauen bewegen.

Paare zu bilden ist eine so offensichtliche und wenig herausfordernde Wahl – es fällt mir schwer, sie als »Idee« zu bezeichnen –, dass ihre nahezu universelle Attraktivität fast schon als überraschend zu bezeichnen ist. Paare sind leicht zu finden, und sie ziehen nahezu unwiderstehlich die Aufmerksamkeit auf sich. Dabei geht es nicht nur um den Grundsatz »Zwei sind besser als eins«, sondern um eine vielschichtige Dynamik, die von Paaren ausgeht.

Mehrere Aspekte kommen hier ins Spiel, beginnend mit der Verbundenheit. Ein Paar erscheint unabhängig von seiner Art und Form als eine Einheit, die aus zwei Bestandteilen zusammengesetzt ist, die auf irgendeine Weise miteinander interagieren. Die Beziehung zueinander kann sowohl realer als auch grafischer Natur sein, und in vielen Fällen auch beides. Das Grundprinzip der Paarbildung beruht auf Ähnlichkeiten, die sich über mehrere Ebenen erstrecken können – von Art über Form und Verhalten bis hin zu Farbe. Je mehr Übereinstimmungen vorhanden sind, desto stärker werden die Einheiten als Paar wahrgenommen. Darüber hinaus füllen Paare ein Querformat nahezu vollständig aus und können Balance und sogar Symmetrie bewirken, wie am Beispiel der beiden Scharlachsichler gut zu sehen ist.

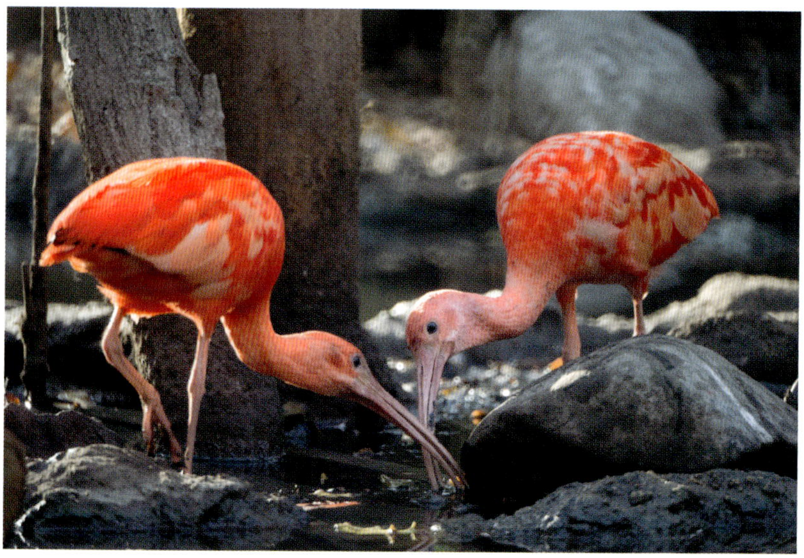

Diese zwei Scharlachsichler ähneln sich nicht nur in Form und Farbe, sondern strecken ihre Schnäbel in Richtung Bildmitte, was fast schon den Eindruck einer Spiegelung entstehen lässt (siehe Seite 130).

Zwei Lieferanten in Shanghai sind von ihren blauen Boxen umgeben, während sie ein schnelles Mittagessen zu sich nehmen. Hier entsteht die Paarbildung durch Farbe, ähnliche Aktionen und die gemeinsame Blickrichtung nach innen und unten.

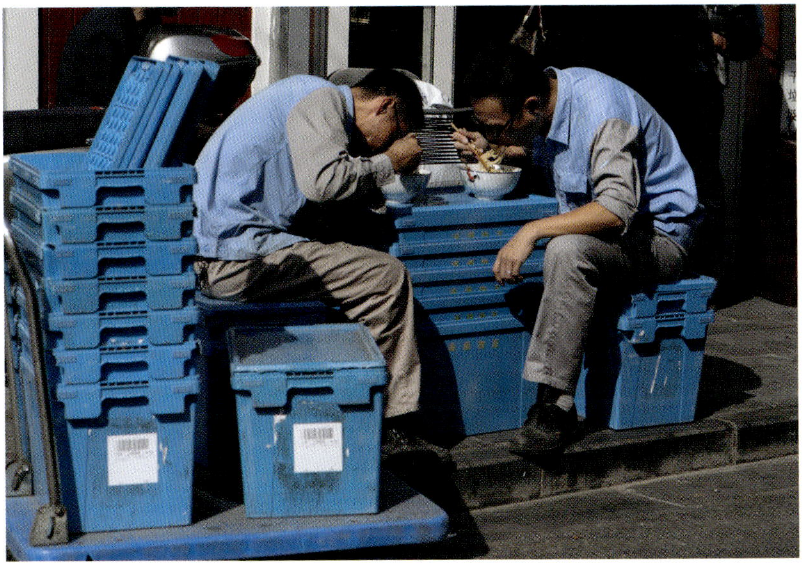

Zwei Männer machen es sich während eines Musikkonzerts am Strand der französischen Insel La Réunion bequem. Die Paarbildung wird hier verstärkt durch den entblößten Oberkörper, die identische Haltung und eine klare parallele Anordnung (siehe Seite 106).

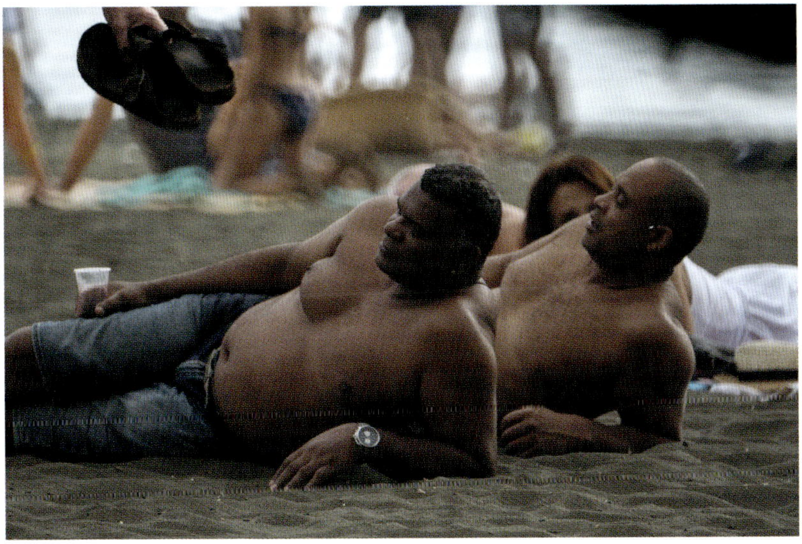

Eine dritte Dynamik wird durch die Suche nach Ähnlichkeiten und Unterschieden erzielt, die beim Betrachten von Paaren unbewusst erfolgt. Dabei suchen wir das Bild gleichzeitig nach Gemeinsamkeiten und Abweichungen ab. Dadurch werden die Betrachter sozusagen in den Investigativmodus versetzt, was die Aufmerksamkeit und die Bereitschaft, sich mit der Aufnahme auseinanderzusetzen, ein wenig erhöht. All das mag offensichtlich erscheinen und wird durch den fehlenden »Wow!«-Faktor geschmälert, unter dem Paaraufnahmen leiden. Auf der anderen Seite funktionieren sie, weil wir eine natürliche Affinität zu ihnen haben – schließlich sind wir soziale Wesen, die sich gerne zusammentun.

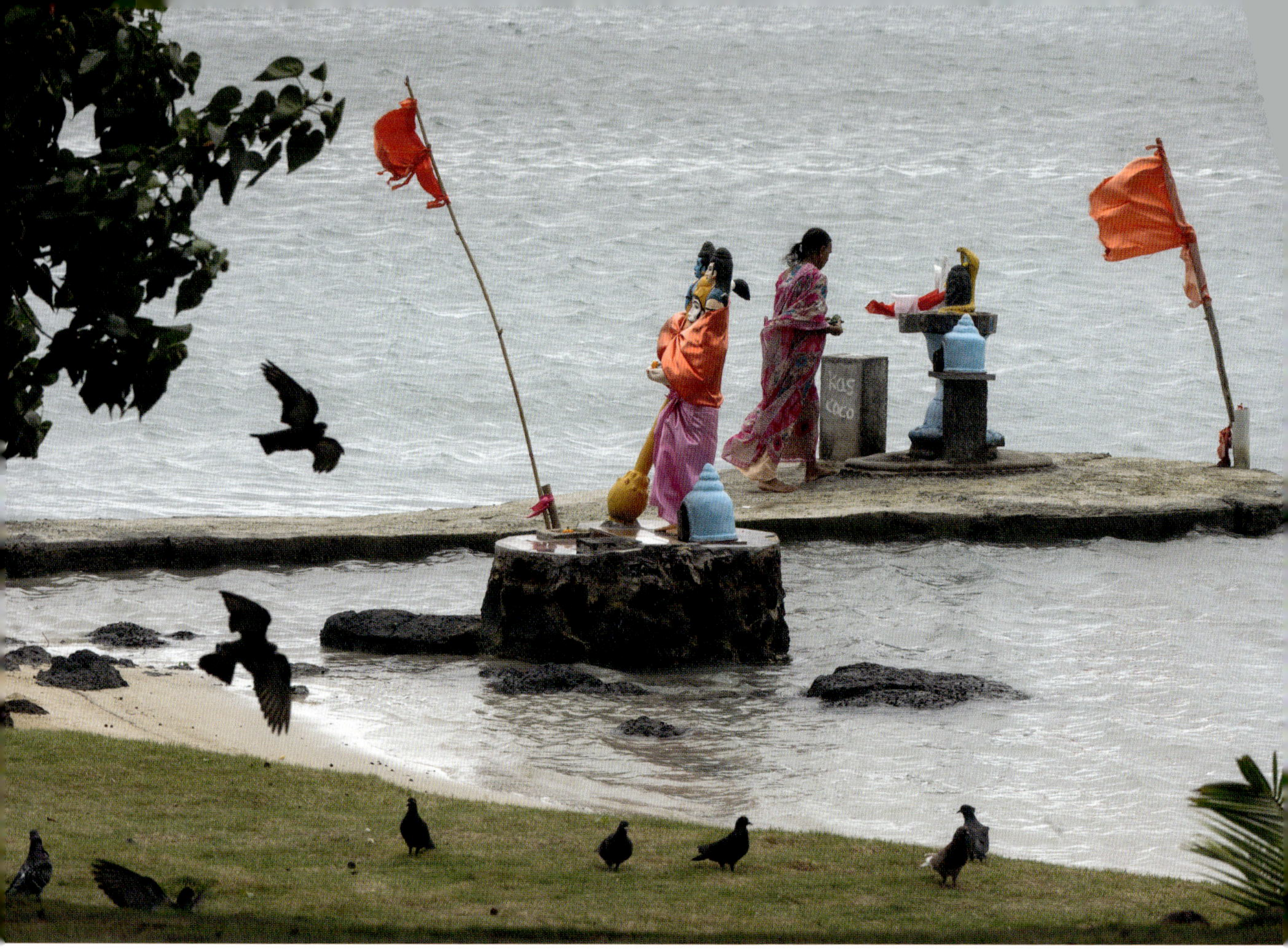

VERBINDUNGEN HERSTELLEN

Verbindungen spielen eine entscheidende Rolle in der Fotografie – viel mehr noch als in anderen kreativen Medien, da wir uns im realen Leben mit all seinen Unwägbarkeiten bewegen. Deshalb werten Sie Ihre Bilder auf, wenn Sie über eine gute Beobachtungsgabe verfügen, die es Ihnen erlaubt, Verbindungen zwischen den Elementen einer Szene herzustellen.

Wie bringt man zwei eigenständige Dinge zusammen und sorgt damit für eine gewisse inhaltliche Aufwertung? Das Zauberwort heißt *Juxtaposition* und bedeutet »enge Nachbarschaft«. Vereinfacht gesagt, sorgt diese Methode für Tiefe in Sachen Ausdruck und Erscheinungsbild. Meist erreicht man nur eines dieser Ziele, doch mit viel Glück auch beide gleichzeitig. Die möglichen Kombinationen sind endlos, und es

Ein Bildhauer arbeitet in Mandalay, Myanmar, an einer Buddha-Statue. Der Schatten auf dem Gesicht des Buddhas wirkt wie ein grafisches Echo der Maske, die der Mann trägt. Der Effekt kam erst richtig während der Nachbearbeitung zur Geltung. Dabei wurde die Aufnahme in Schwarzweiß umgewandelt und per Kanalmixer die lila Maske abgedunkelt sowie die Gesichtspartie aufgehellt, wie in der schematischen Darstellung zu sehen ist.

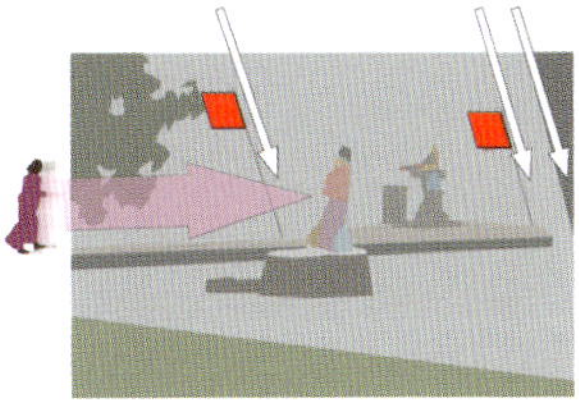

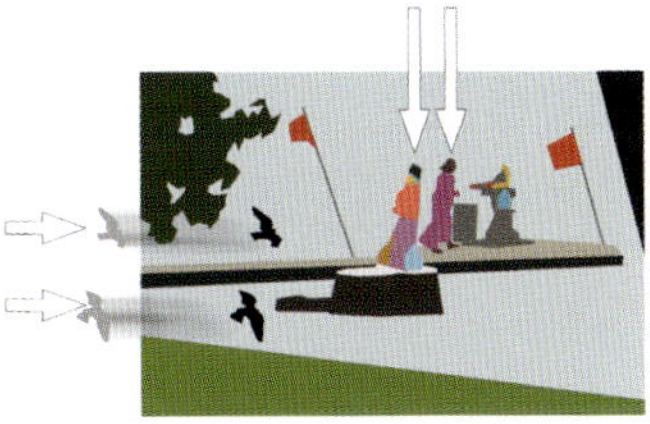

Ein kleiner Hindu-Schrein vor der Küste von Mauritius. Der Ausschnitt wurde bewusst so gewählt, dass die sich nähernde Person zwischen der bekleideten Statue und dem Steinaltar zum Stehen kommt und beide Elemente ein Paar bilden. Ein weiteres Paar aus roten Fahnen rahmt die Hauptmotive ein. Ein absoluter Glücksfall waren die beiden Vögel, die just in jenem Moment durchs Bild flogen, als sich die Person genau in der Lücke zwischen Statue und Altar befand.

geht darum, eine Verbindung zu erkennen, die anderen nicht sofort auffällt, und diese für die Betrachter kenntlich zu machen. Das erfordert neben viel Erfahrung auch eine Prise Glück. Wenn Ihnen eine Juxtaposition auffällt, die sowohl Ihr Auge als auch Ihren Verstand anspricht, müssen Sie in den meisten Fällen sehr schnell reagieren, um diese rechtzeitig einfangen zu können. Fallen Ihnen zwei Elemente auf, die inhaltlich harmonieren, aber zu weit voneinander entfernt sind, müssen Sie die magische Kombination aus Kameraposition, Brennweite und Komposition finden.

Das gekonnte Knüpfen von Verbindungen ist entscheidend in der Welt der Fotografie, da sich die besten Situationen nicht einfach nachstellen lassen, ohne einen riesigen Aufwand zu betrieben oder sich ins Studio zurückzuziehen. Das Überraschungsmoment einer guten Juxtaposition lebt von zwei Elementen, die sich zufällig zur selben Zeit am gleichen Ort aufhalten. Das ist auch ein Beweis für Ihre fotografischen Qualitäten: Sie sind aufmerksam und kreativ genug, um solche interessanten Situationen zu erkennen. In der Malerei, der Illustration oder mit Photoshop lassen sich zwei Motive problemlos vereinen. Die Idee hinter einer solchen Kombination mag gut sein, doch sie ist nichts Besonderes, da sie sich einfach realisieren lässt. In der Fotografie müssen Sie mit jenen Dingen arbeiten, die sich Ihnen präsentieren, und eine klare Verbindung zwischen zwei Motiven mit einem tieferen Sinn gehört zu den raren Ausnahmen – selbst dann, wenn Sie ganz bewusst nach solchen Situationen Ausschau halten. Dieser strikte Bezug zur Realität und deren Einschränkungen macht gelungene Juxtapositionen so mächtig und wertvoll.

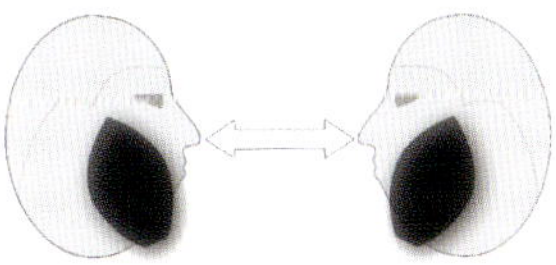

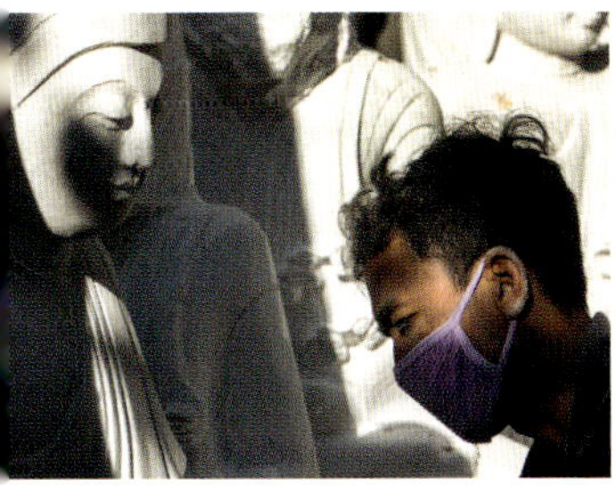

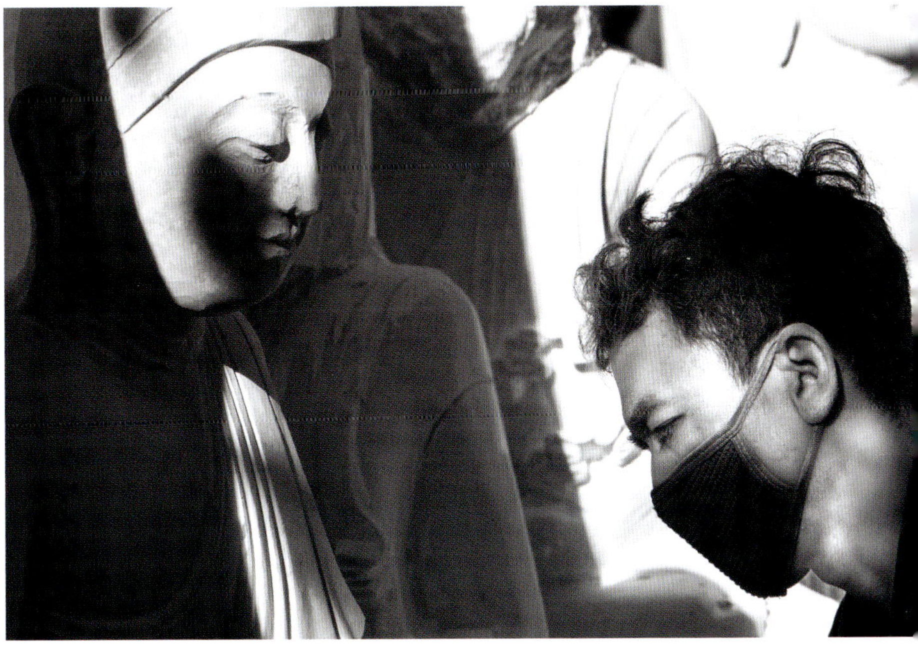

VERZÖGERTE ENTHÜLLUNG

Bei vielen Gelegenheiten lohnt es sich, das Geschehen klar und offensichtlich abzubilden, denn das ist eine Stärke der Fotografie. Das empfiehlt sich vor allem dann, wenn eine Szene akkurat abgebildet werden muss, wie beispielsweise in der Reportagefotografie. Hier gelten Richtlinien wie »nah rangehen«, »einfach halten« und »gleichmäßiger Hintergrund«. Auf der anderen Seite birgt strikte Klarheit auch Nachteile.

Denn Offensichtlichkeit fördert die »Wisch und weg«-Mentalität vieler Smartphone- und Tablet-User. Ganz anders stellt sich die Lage dar, wenn die Enthüllung ins Spiel kommt. Diese hat ihren Ursprung im Film und kann auf Standbilder übertragen werden, um dem Bild mehr Tiefe zu verleihen und die Betrachtungszeit zu verlängern. Die kinematografische Herangehensweise nimmt ein Motiv oder einen anderen Bereich ins Visier und offenbart durch Kamerabewegung das eigentliche (oder ein ganz anderes) Motiv. Die Bewegung kann durch eine Kamerafahrt, einen Schwenk oder Herauszoomen erfolgen und birgt am Ende eine Überraschung für das Publikum.

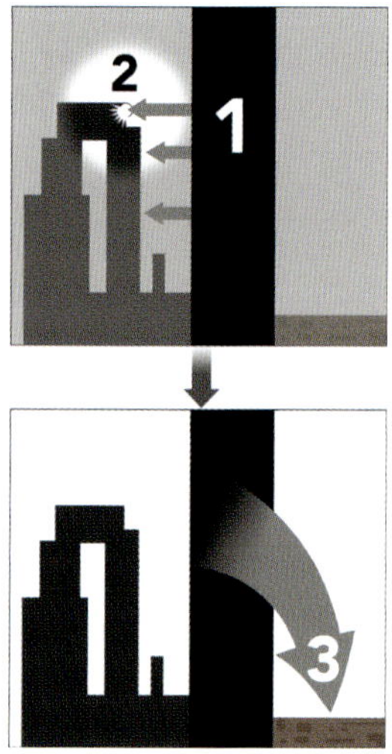

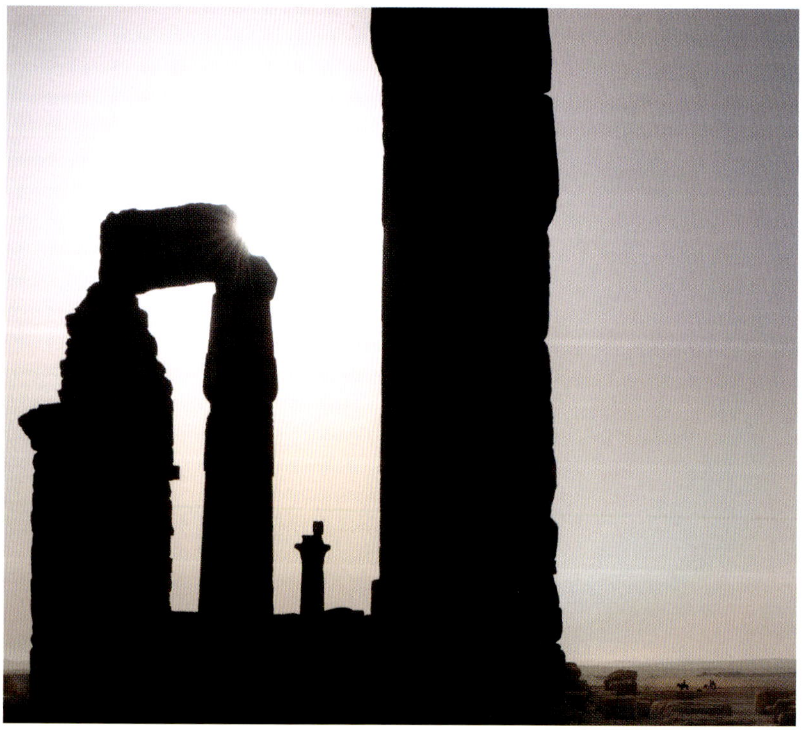

Der antike ägyptische Tempel des Amenhotep III in der nubischen Wüste, Sudan, wurde als Silhouette fotografiert. Für einen Größenvergleich und eine verzögerte Enthüllung wurden die Personen rechts unten sehr klein abgebildet. Die Blicke der Betrachter sollten zunächst von der wuchtigen Säule (1) im Zentrum angezogen werden, weiter zur Sonne (2) wandern und erst zuletzt den verbleibenden Bereich rechts unten (3) erreichen, um dort die Personen zu entdecken, die als einziges Bildelement nicht als Silhouette abgebildet wurden.

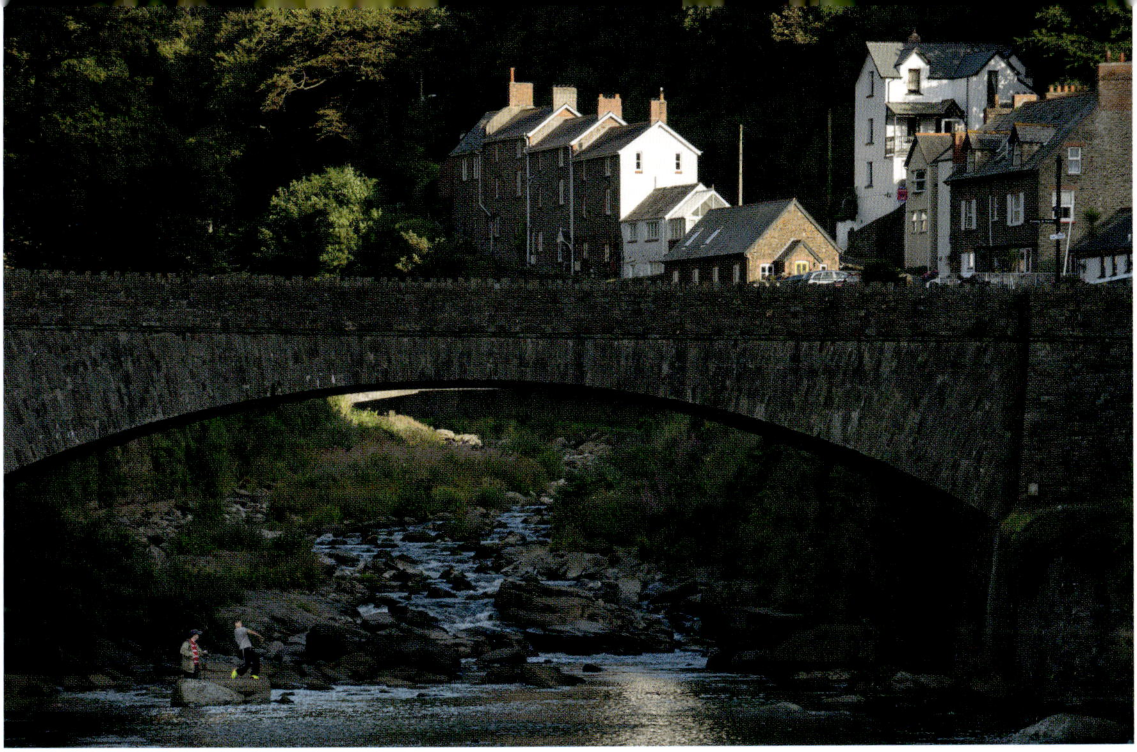

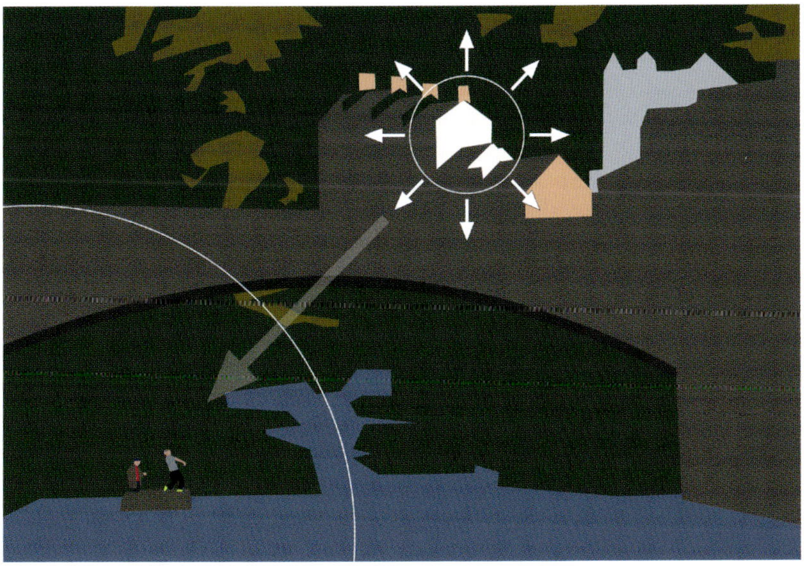

Die hell erleuchtete Fassade des Hauses in Lynmouth, Devon, zieht den Blick an wie ein Magnet und lässt ihn erst später nach außen weiterwandern. Wie Sie im Abschnitt »Balance« auf Seite 112 erfahren haben, erforscht das Auge nach einiger Zeit die andere Seite des Ausschnitts. Und in der Tat bietet der untere linke Bildbereich mit den beiden spielenden Jungen ein weiteres Motiv, das sich erst mit einer gewissen Verzögerung offenbart.

DEN BLICK FÜHREN

Wenn das Hauptmotiv sehr klein oder eher unauffällig abgebildet ist, möchten Sie sicherstellen, dass die Betrachter es dennoch wahrnehmen. Die Lösung ist eng verwandt mit der verzögerten Enthüllung und nutzt grafische Strukturen, um den Blick auf den gewünschten Bildbereich zu lenken.

In dieser Art der Blickführung spielen Linien eine große Rolle. Gegen Ende von Kapitel 4 haben Sie gelernt, wie Diagonalen und Kurven unser Auge durch ein Bild schweifen lassen. Mit anderen Worten: Sie funktionieren wie Vektoren. Das Bild unten ist ein gutes Beispiel für diese Herangehensweise. Es ist Bestandteil einer illustrierten Reportage über die Vogelnestsuppe, eine hochpreisige chinesische Delikatesse, deren Zutaten in abgelegenen Höhlen in Südostasien gesammelt werden. Solche Geschichten brauchen viele verschiedene Bilder, und eines davon war die Ankunft der Sammler an einem felsigen Küstenstreifen im Golf von Thailand. Das Boot sollte klein und dennoch deutlich sichtbar abgebildet werden, wie die schematische Abbildung rechts unten zeigt.

In der architektonischen Aufnahme rechts wurden die Aspekte der Konvergenz und der Kreuzung instrumentalisiert, da wir das geometrische Design des Raums präsentieren und dabei das Bett in den Fokus stellen wollten. Ein starkes Weitwinkelobjektiv (14mm) brachte viele Diagonalen ins Bild, die, wie im Schema rechts gezeigt, konvergieren und sich mit den Vertikalen kreuzen, um das Bett visuell zu umschließen, ohne die Dynamik des Raums zu vernachlässigen.

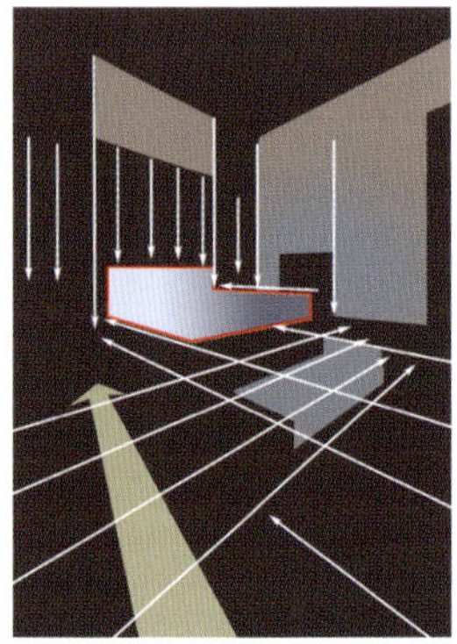

Eine Kameraposition in der Ecke brachte zusammen mit einem Weitwinkelobjektiv jede Menge Diagonalen vom Fußboden und Vertikalen von der Wand ins Bild, die in Höhe des Betts konvergieren (siehe Grafik oben). Diese Herangehensweise stellte sicher, dass die Geometrie der Inneneinrichtung herausgestellt wird, während das Bett dennoch im Fokus des Interesses bleibt.

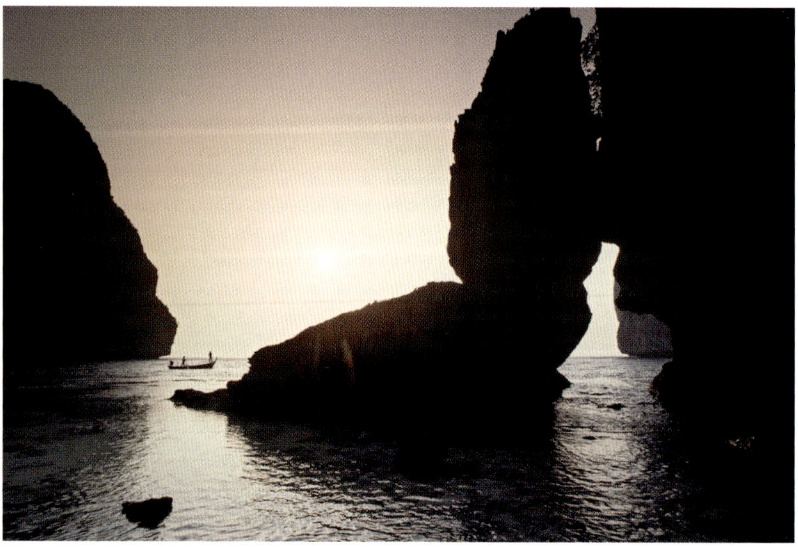

Um das Boot in seiner Umgebung so klein wie möglich abzubilden, aber es dennoch sofort sichtbar zu machen, wurden die abfallenden Kurven der Felsformationen zur Führung des Blicks herangezogen. Die ideale Kameraposition schließt das Boot in einer kleinen Lücke zwischen den großen Abhängen ein.

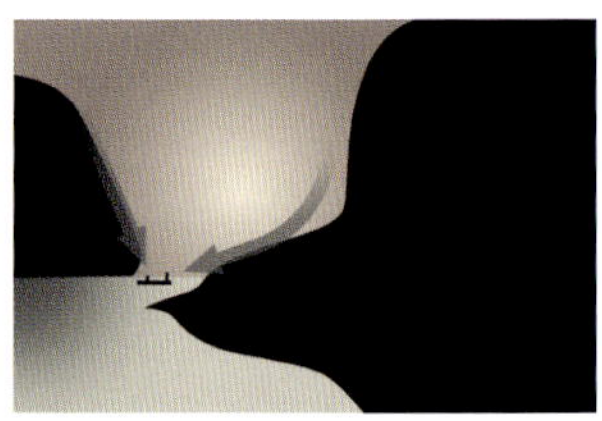

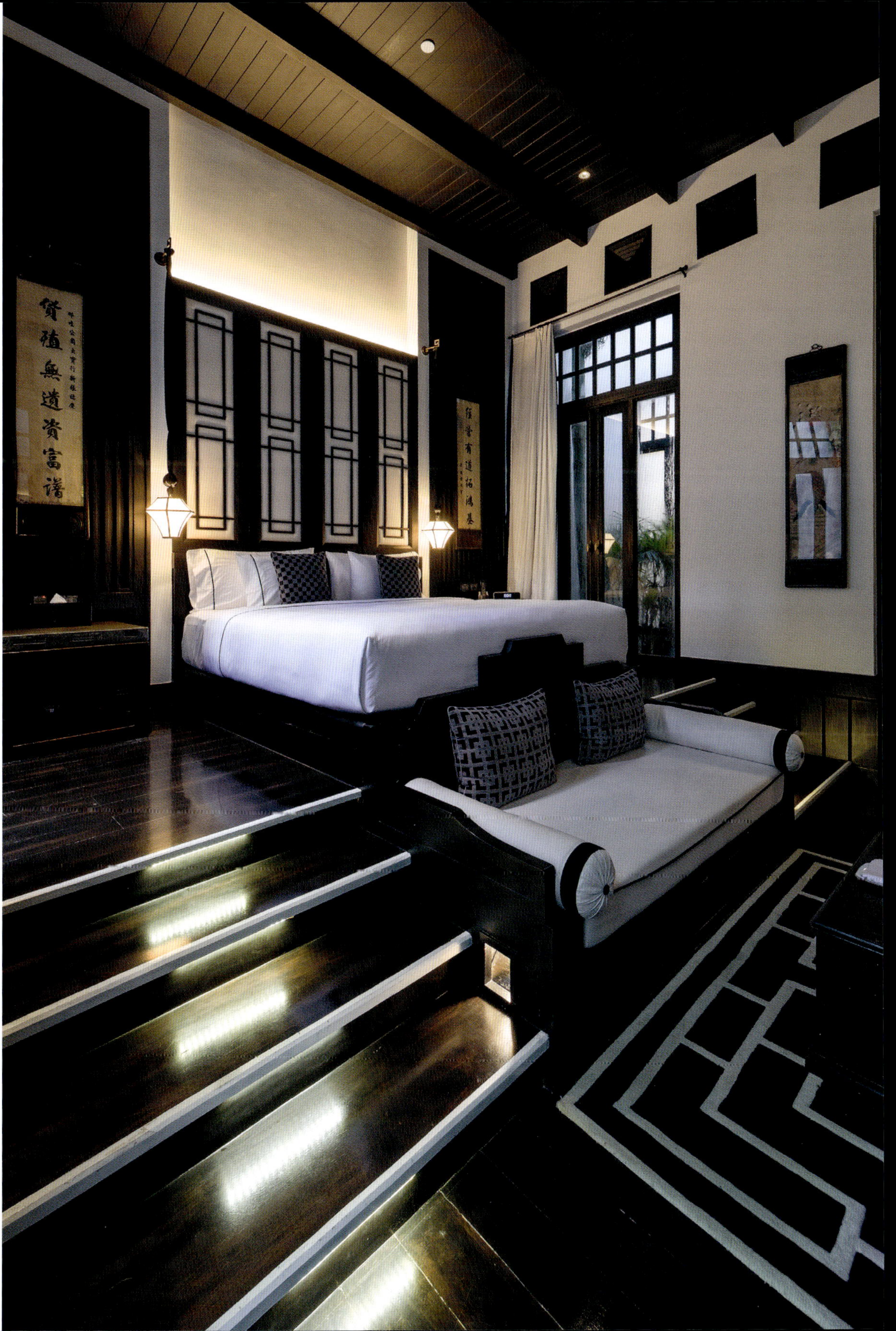

AUFMERKSAMKEIT DURCH FOKUS

Selektiver Fokus verstärkt nicht nur den Eindruck räumlicher Tiefe (siehe Seite 40), sondern kann auch die Aufmerksamkeit auf sich ziehen. Genau so, wie sich der Blick auf helle Bereiche in einem kontraststarken Foto konzentriert, wird er auch von den scharf abgebildeten Bereichen angezogen.

Das klingt offensichtlich und natürlich, doch wenn Sie es mit der Art und Weise vergleichen, wie unsere Augen die Welt wahrnehmen, ist es alles andere als natürlich. Denn ein gutes Sehvermögen (inklusive Korrekturmaßnahmen wie Brillen und Kontaktlinsen) produziert keine unscharfen, weichgezeichneten Bereiche, wie wir sie aus Fotos kennen – nicht einmal im peripheren Sichtfeld, das wir in Kapitel 1 kennengelernt haben. Was immer unsere Augen aufgrund der sogenannten räumlichen Ungenauigkeit nicht fokussieren können, ist zwar schwer zu erkennen, doch wir können immer noch harte Kanten unterscheiden.

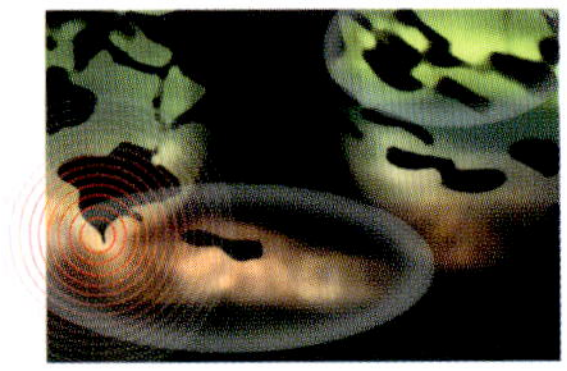

Ein dank Teleobjektiv stark selektiver Fokus mit unscharfem Hintergrund. Hier ziehen zwei Effekte die Aufmerksamkeit auf sich: erstens die beiden hellen Lichtflecken, die den Blick zunächst anziehen, und zweitens das im Fokus befindliche Blatt am linken Rand. Letzteres profitiert von beiden Effekten und erzeugt damit die größte Aufmerksamkeit.

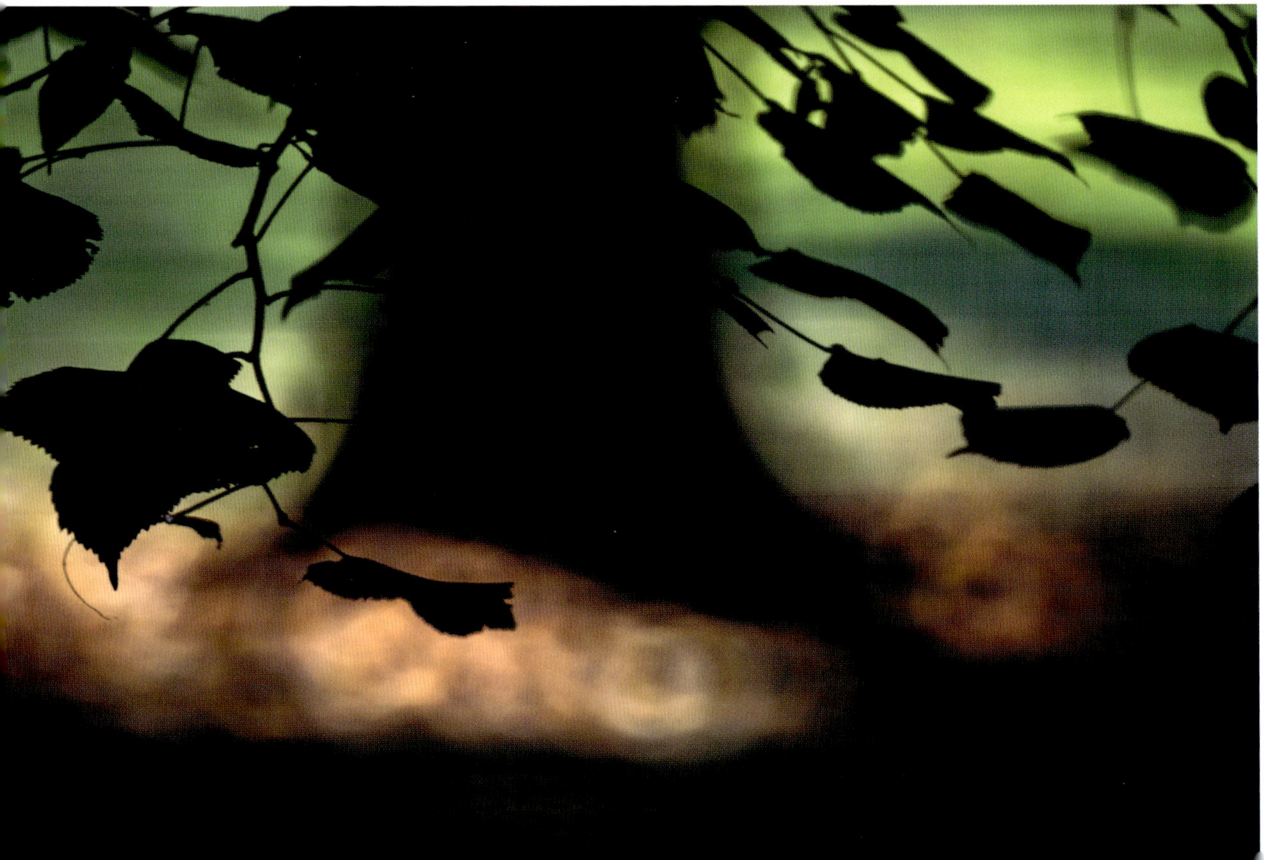

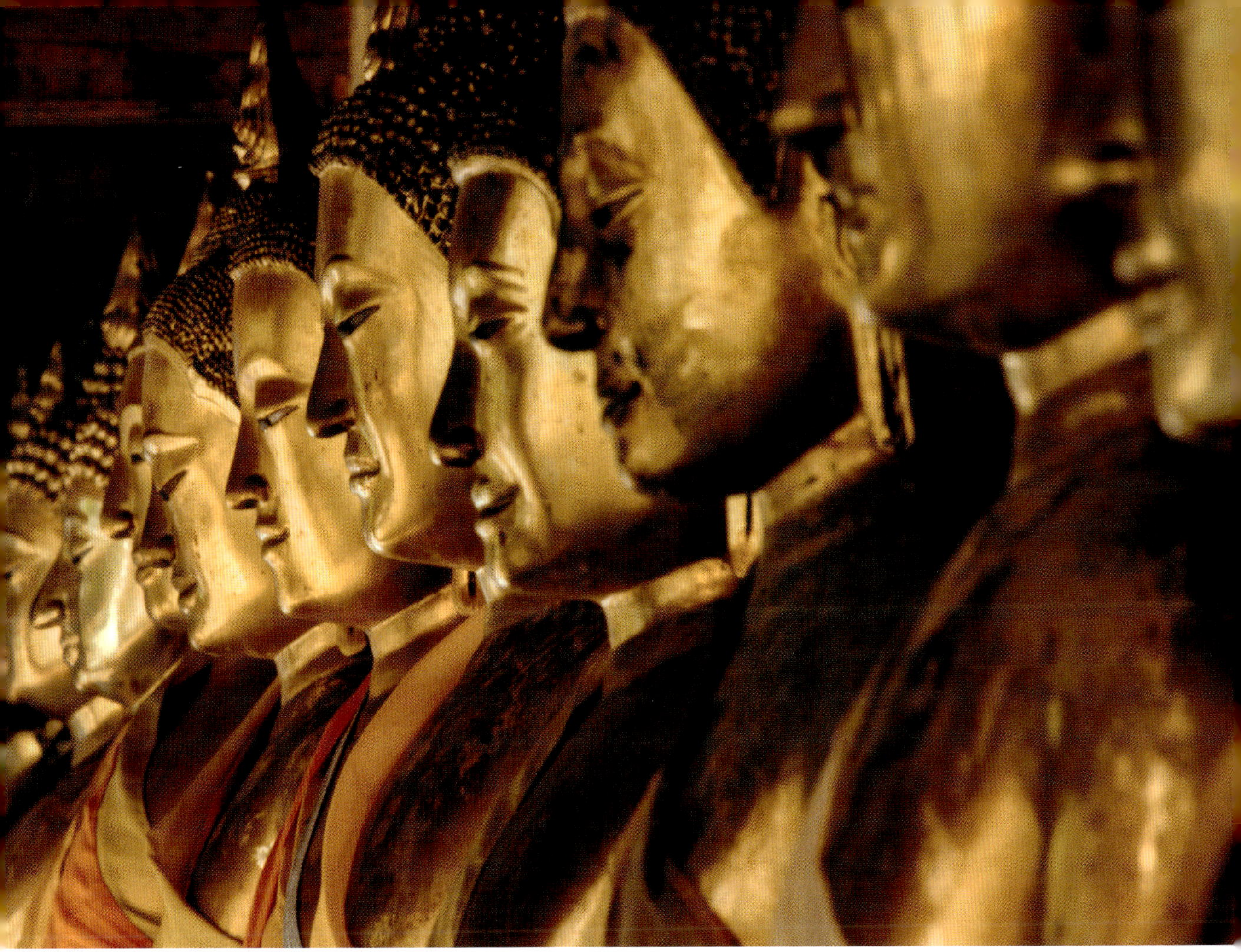

Dieser Umstand macht unscharfe Hintergründe bei großen Blendenöffnungen so attraktiv für uns Menschen, da wir diesen Effekt in der Realität gar nicht wahrnehmen können. Neben der Aufmerksamkeitswirkung erhöht sich auch der Kontrast zwischen einem kleinen Bereich im Fokus und einem größeren, unscharfen Bereich. Die Qualität der Unschärfe ist eine wichtige Größe für diese Art von Bildern. Viele Objektivhersteller investieren viel Zeit in das Feintuning der Linsen, um weiche Verläufe zu erzielen, die frei von Artefakten sind. Mit einem schmalen Fokusbereich wie im Bild mit den Blättern lässt sich ein scharfes Element klar vom unscharfen Hintergrund unterscheiden, und das Auge springt sofort darauf an. Bei einem Fokusverlauf wie im Bild oben nimmt die Schärfe graduell ab, sodass unser Blick zunächst über das gesamte Foto wandert, bevor er den schärfsten Bereich erreicht.

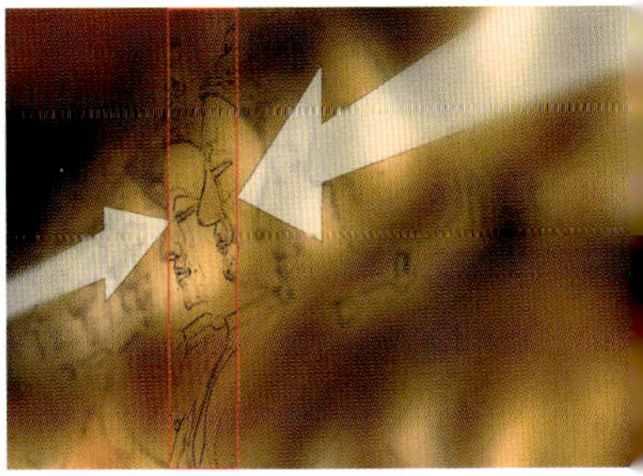

↑ Diese Reihe von goldenen Buddhas ist ebenfalls mit einer großen Brennweite entstanden. Der scharfe Bereich wird nach rund zwei Dritteln der Reihe erreicht, sodass der Blick von beiden Seiten bis zum fokussierten Abschnitt wandern kann.

KAPITEL

8

GEGEN DEN STROM SCHWIMMEN

Nachdem eine Szene strukturiert wurde und die gewünschten Aufmerksamkeitsbereiche festgelegt sind, sollte im dritten Schritt Interesse generiert werden. Das klingt leichter, als es ist, denn Sie müssen Erwartungen erfüllen und können dafür auf kein Patentrezept zurückgreifen. Dabei spielt Ihre Vorstellungskraft eine große Rolle. Wichtig ist auch Ihre Fähigkeit, verschiedene kompositorische Herangehensweisen auf jede Situation anzuwenden, die sich vor dem Objektiv ergibt. Stets offen zu sein für Experimente und ungewöhnliche Methoden ist nicht leicht, da Sie stets der Verlockung erliegen werden, auf einfache und erprobte Verfahrensweisen zurückzufallen. Deshalb gebe ich Ihnen im letzten Kapitel eine Reihe von Ideen an die Hand, die Sie in Ihre Überlegungen während des Fotografierens einbeziehen können. Wenn Sie möchten, können Sie diese Methoden als »Mini-Stile« betrachten.

Ist es möglich, es mit extremen Stilen und Techniken zu übertreiben? Wenn Sie kreative Grenzen durchbrechen und sich damit von anderen abheben möchten, ist es eher schädlich, sich selbst Grenzen zu setzen. Die Geschichte der Kunst im Allgemeinen und der Fotografie im Speziellen zeigt auf, dass bestimmte radikale Ansätze in einem Jahrzehnt nicht akzeptiert und im nächsten gefeiert wurden. Das Sprengen von Grenzen hält die Kreativität am Leben – auch dann, wenn viele experimentelle Ansätze nicht zum gewünschten Ergebnis führen. Damit gehen zwei grundlegende Probleme einher. Eines ist der Drang, um jeden Preis Alleinstellungsmerkmale zu erzielen, obwohl keine solide Idee zugrunde liegt. Das zweite Problem ist das hohe Risiko, bei Experimenten eine große Menge an Ausschuss zu erzeugen.

Die Anregungen auf den nächsten Seiten sind keine Garantie für erfolgreiche Aufnahmen und stellen lediglich einen kleinen Ausschnitt aus dem Spektrum der Möglichkeiten dar – wir alle müssen stets ausprobieren, an uns arbeiten und experimentieren. Selbstzufriedenheit ist Gift für jegliche Form der Kreativität. Das gilt besonders für den Trugschluss, dass das Meistern verschiedener Methoden für die Ewigkeit ausreichen wird. Dazu passt die Aussage des amerikanischen Fotografen Garry Winogrand: Wann immer er etwas Vertrautes im Sucher erblicke, wolle er es durcheinanderwürfeln.[1] Alexey Brodovitch, mehr als zwei Jahrzehnte Art Director von *Harper's Bazaar*, meinte: »Wenn du etwas siehst, das du bereits zuvor gesehen hast, drücke nicht auf den Auslöser.«[2] Zu seinen Fotografen sagte er stets: »Überrascht mich.« Umso besser, wenn Sie sich selbst überraschen können.

1 Garry Winogrand, zitiert von Caponigro, Paul: *www.johnpaulcaponigro.com/* blog/15219/27-quotes-by-photographer-gary-winogrand

2 Brodovitch, Alexey, *Alexey Brodovitch and His Influence* [Ausstellungskatalog], Philadelphia College of Art, 1972.

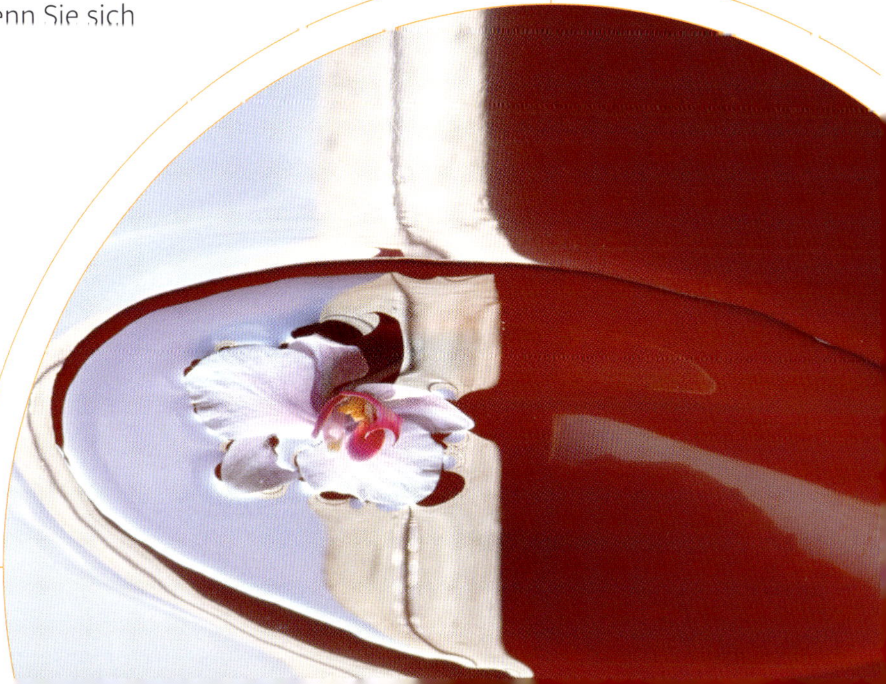

EINECK-KOMPOSITION

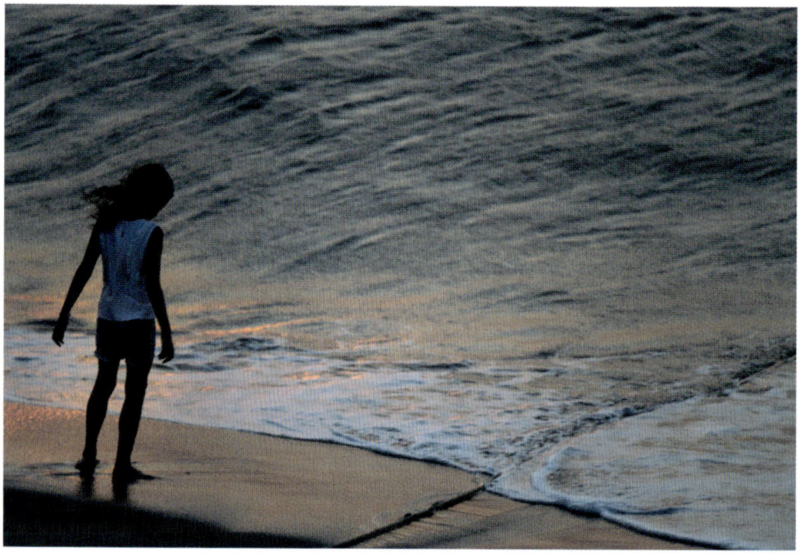

Die Stellung und die Haltung des Mädchens, das an einem südamerikanischen Strand steht, unterstreichen seine Verbindung zum Wasser. Die lange Brennweite von 500 mm verdichtet das Meer, sodass es sich zur vollen Bildhöhe auftürmt. Eineck-Kompositionen funktionieren am besten in einem Setting, das uns Weite suggeriert.

Diese ebenso spezielle wie extreme Kompositionsmethode hat ihren Ursprung in der chinesischen Malerei. Der einflussreiche Künstler Ma Yuan hat diese radikale Technik im 13. Jahrhundert entwickelt. Das hat ihm den Beinamen *ma yi jiao* eingebracht, zu Deutsch »Eineck-Ma«.

Das Motiv wurde dabei in einer unteren Ecke platziert, wobei der Rest der Leinwand nahezu vollkommen frei blieb – niemand hatte zu dieser Zeit eine vergleichbare Kompositionsmethode gesehen. Das Design war so exzentrisch, dass es nie seinen Weg in die klassische Malerei des Abendlands fand. Die Anwendung extremer Mittel, nur um Aufmerksamkeit zu erzeugen, macht keinen Sinn, wie ich schon in der Einleitung zu diesem Kapitel erwähnt hatte. Doch die Eineck-Kompositionen von Ma Yuan machen durchaus Sinn, denn sie stellen die greifbare Realität einer »Idee von Unendlichkeit«[1] gegenüber. Die Technik weist eine gewisse Ähnlichkeit zu Landschaftsbildern mit Personen (Seite 140) auf, wobei die Personen hier nicht zwangsläufig sehr klein abgebildet werden müssen: Die Leere, mit der sich die Person konfrontiert sieht, sorgt für den gewünschten Effekt.

1 Hearn, Maxwell, *How to Read Chinese Paintings* [Ausstellungskatalog]. New York, The Metropolitan Museum of Art, 2008.

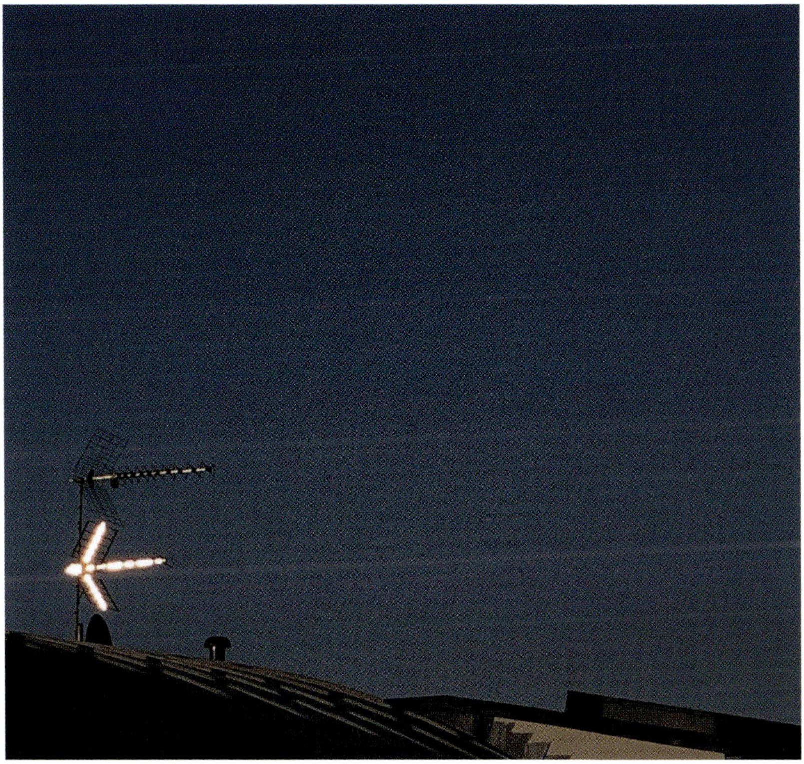

Eine das Sonnenlicht reflektierende Antenne vor einem tiefblauen Abendhimmel führt zu einer abstrakten Bildwirkung. Wieder ist es die Weite des Hintergrunds, von der diese Aufnahme lebt.

Eineck-Kompositionen rücken das Motiv so weit wie möglich aus dem Zentrum heraus. Bislang haben wir zentrierte, leicht außermittige oder dem Goldenen Schnitt sowie den Fibonacci-Reihen folgende Motive kennengelernt, während diese Position an die Grenzen des Rahmens stößt. Sie zieht ihre visuelle Kraft aus der Leere im Rest des Bilds, sodass Wasser, Nebel oder klarer Himmel gute Kandidaten sind. Für belebte Szenen sind solche Kompositionen eher weniger geeignet.

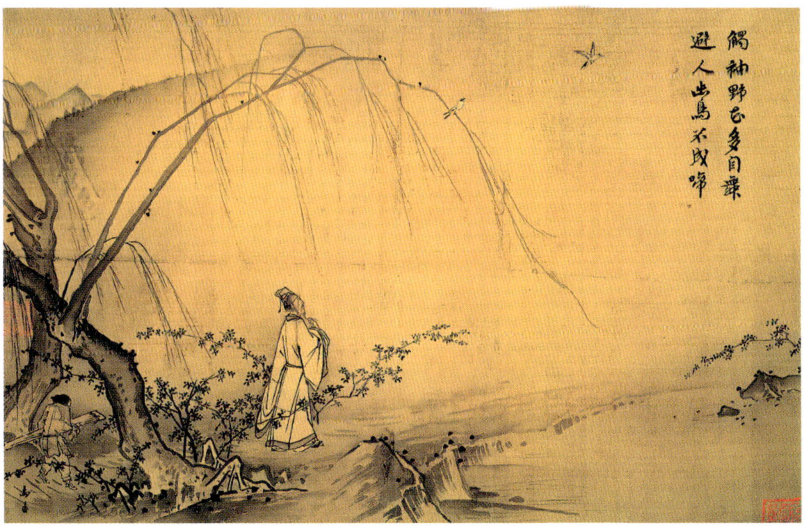

Frühlingsspaziergang, ca. 1160, ist ein typisches Werk des während der Südlichen Song-Dynastie wirkenden Malers Ma Yuan, der als Erfinder der Eineck-Komposition gilt. Das Motiv wird in die untere Ecke gedrängt und sieht sich quasi mit der Unendlichkeit konfrontiert.

GROSSE ABSTÄNDE

Bei den ersten paar Methoden in diesem Kapitel zeige ich Ihnen hauptsächlich, wie Sie Motive an ungewöhnlichen Orten innerhalb des Ausschnitts positionieren. Das ist nicht weiter schwer, sollte aber einen Sinn ergeben. Der Position sollte eine grafische oder inhaltliche Strategie zugrunde liegen – ähnlich wie bei der Eineck-Komposition in ihrer ursprünglichen Ausprägung.

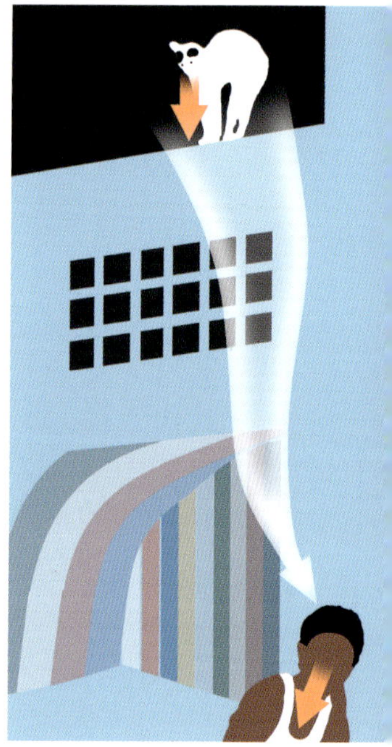

Zwei Motive erzeugen eine ganz besondere Dynamik, wie Sie auf Seite 136 und 138 gelernt haben. Dabei versuchen wir stets ein Verhältnis zwischen den beiden Elementen herzustellen. In konventionellen Paar-Aufnahmen befinden sich die Protagonisten in unmittelbarer Nähe zueinander. Nutzen Sie dagegen eine ähnlich extreme Technik wie die Eineck-Komposition und entfernen Sie die Motive weit voneinander – beispielsweise an den gegenüberliegenden Bildrändern oder in den Ecken –, geschehen zwei Dinge. Erstens wird das Auge dazu gezwungen, sich schnell zwischen den Motiven zu bewegen, was eine Art nervöser Energie erzeugt. Zweitens bleibt der komplette mittlere Bereich der Aufnahme leer, wenn er keine allzu präsenten Elemente enthält. Das wirkt weder komfortabel noch trägt es zur Entspan-

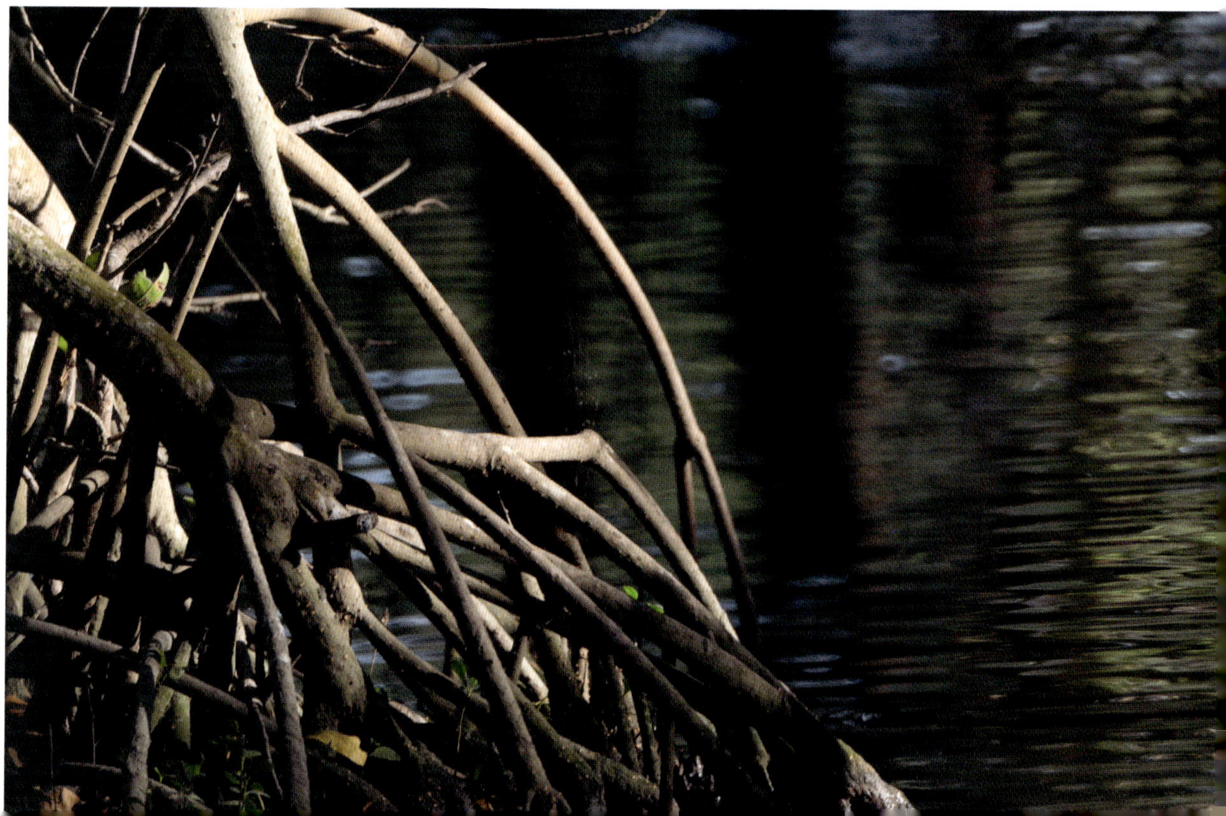

nung bei – doch das gehört dazu, wenn Sie gegen den Strom schwimmen möchten. Regisseur John Boorman, der bereits im Abschnitt zu Widescreen-Aufnahmen zitiert wurde, hat diese Kompositionsmethode in seinem 1967 entstandenen Film *Point Blank* auf die Spitze getrieben, um beim Publikum eine Art Stress zu erzeugen: »An den Rändern der Leinwand ist viel los, was das Publikum nervös macht. Ich habe versucht, Spannung durch Komposition zu erzeugen – und inmitten dieser visuellen Anspannung agierte dieser explosive, potenziell sehr gewalttätige Charakter [Lee Marvin].«[1]

Beide Beispiele auf diesen Seiten stellen eine visuelle Verbindung zwischen den beiden Motiven her. Im Bild rechts weisen die Blicke von Katze und Mensch nach unten, während im Bild unten sowohl die Mangrovenwurzeln als auch der Hals des Flamingos mit einem kurvigen Verlauf ins Wasser eintauchen.

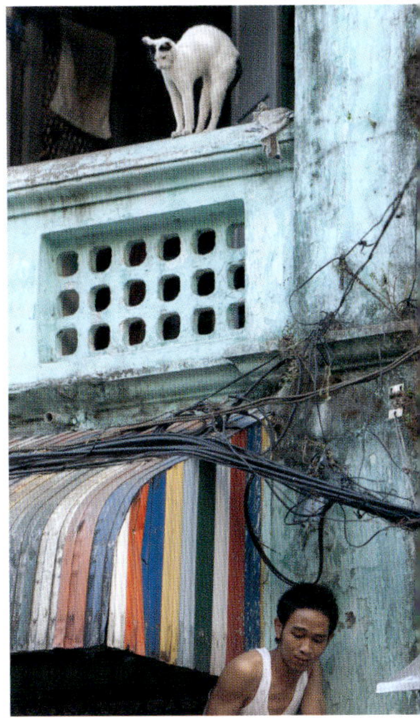

1 John Boorman, in: *CinemaScope: In Praise of Widescreen*, BBC, 1992, auf YouTube, *www.youtube.com/watch?v=QtLUy9l1a44*.

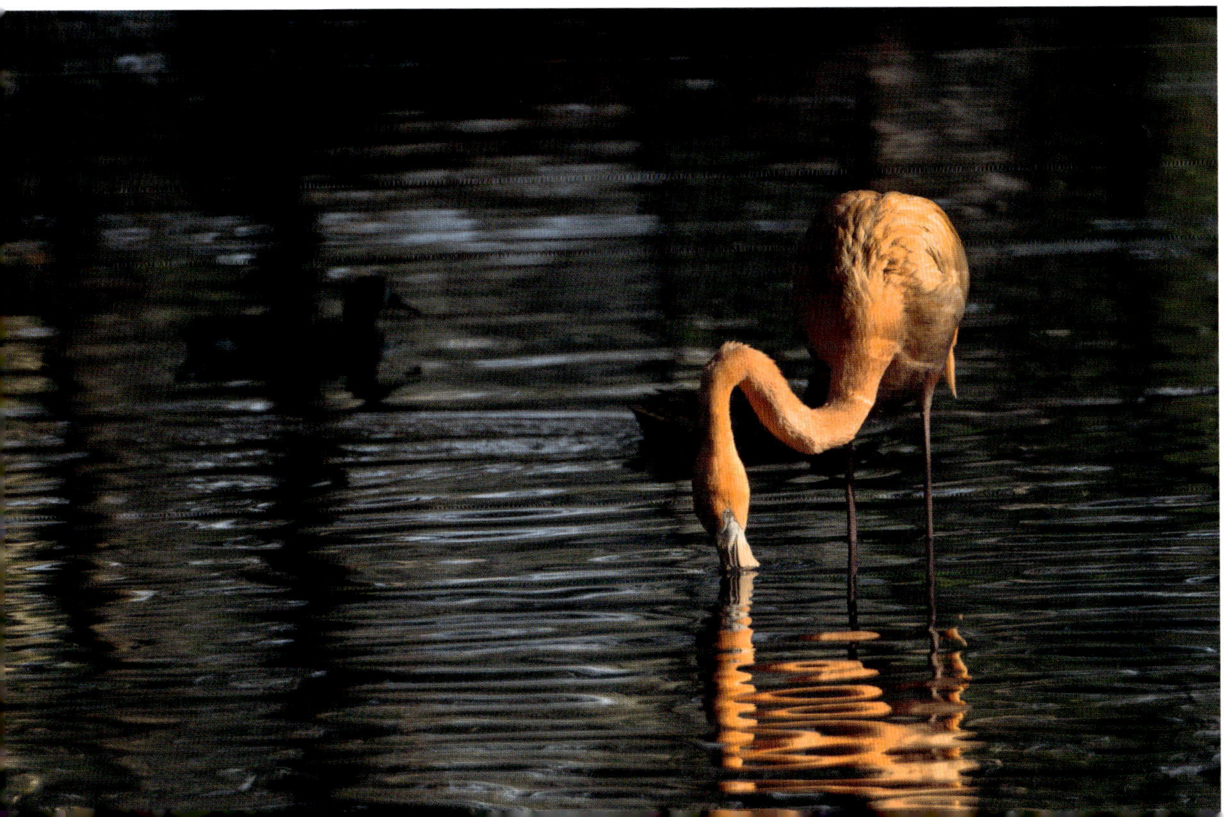

AUFMERKSAMKEIT ZERSTREUEN

Nach einem und zwei ungewöhnlich positionierten Motiven folgen nun mehrere, wodurch sich die Dynamik beim Betrachten des Bildes erneut verändert. Hier tritt weder die vergleichsweise einfache Wahrnehmung eines einzelnen Motivs gegen die Leere noch das nervöse Springen von einem Bildrand zum anderen auf.

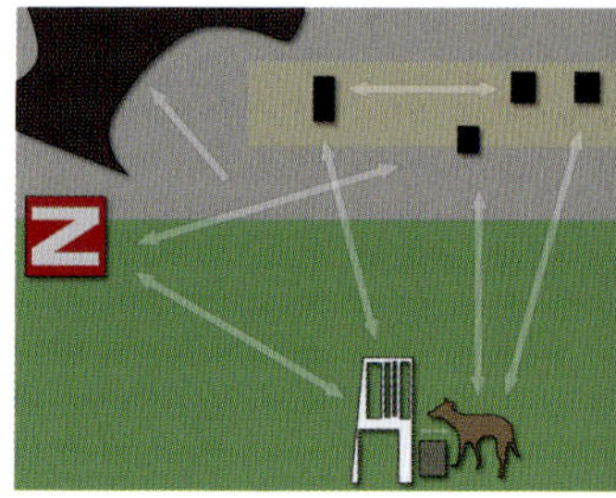

EYE-TRACKING

Stattdessen bietet die Aufnahme mehrere Elemente, zwischen denen der Blick schweifen kann. Dieser eher zeitgenössische statt traditionelle Ansatz ist nicht jedermanns Geschmack. Bei der Aufnahme müssen Sie mit Bedacht vorgehen, denn wenn Sie die Anzahl der Elemente erhöhen, leidet ihre individuelle Signifikanz, was schnell zu einem visuellen Chaos ohne inhaltliche Bezüge ausarten kann. Darüber hinaus wird dabei eine der Grundregeln guter Komposition missachtet: das Herstellen von Ordnung. Doch mit solchen Unwägbarkeiten haben Sie stets zu kämpfen, wenn Sie gegen den Strom schwimmen. Deshalb muss in diesem Fall die nötige Ordnung auf einer anderen Ebene hergestellt werden.

Das Verteilen von Motiven im Ausschnitt hat im Grunde genommen nichts mit einer fehlenden Struktur zu tun, da Sie selbst darüber bestimmen, wie die Elemente im Bild verteilt werden. So funktioniert das bloße Zusammenklumpen aller Motive in einem Bereich ebenso wenig wie das gleichmäßige Verteilen. Um eine »natürliche« Zerstreuung zu erzielen, muss die Szene genau bewertet werden. Um mit einem auf Seite 94 erklärten Begriff aus dem Eye-Tracking zu arbeiten, folgt das Auge hier mehreren Fixierpunkten statt klassischen Motiven. Die Betrachter sind dazu eingeladen, sich im Bild umzusehen, anstatt sich auf ein Motiv zu konzentrieren. Diese Einladung wird verstärkt durch die Leere in der Bildmitte.

Ich gehe davon aus, dass dieses Bild nur eine kleine Zahl von Betrachtern anspricht, wogegen viele denken werden, dass ein Bild ohne Motiv keinen Sinn ergibt. Meine Blicke wurden zunächst von den verschiedenen Farben angezogen – ich dachte, ich könnte ein Verhältnis zwischen dem intensiven Grün, dem blassen Gelb und dem rot-weißen Fensterladen herstellen. Eine präzise Frontalaufnahme schien der beste Weg zum Einfangen der Szene zu sein, doch mehr konnte ich der Szene nicht abgewinnen. Dann kam ein Hund ins Bild gelaufen, und ich hoffte, ihn zu einem Bestandteil dieser zerstreuten Szene machen zu können. Dabei bin ich davon ausgegangen, dass der Blick des Betrachters zwischen Fensterladen, Stuhl, Hund, Plastikeimer und den Fenstern im Hintergrund schweifen würde.

Dieses in der Stadt Entre Deux auf der französischen Insel La Réunion entstandene Bild hat einen flachen und undramatischen Stil mit einer quasi leeren Bildmitte und mehreren verstreuten Motiven. Hätte ich den rot-weißen Fensterladen zentriert angeordnet, hätte er das Bild dominiert. Doch die Idee war, die Betrachter zu einem visuellen Spaziergang durch das Bild einzuladen.

Das Eye-Tracking folgte wie bei den vorangegangenen Untersuchungen demselben Schema mit 30 Sekunden Betrachtungszeit durch mehrere Testpersonen. Allgemein folgten die Probanden der angenommenen Reihenfolge, doch es gab auch einige Überraschungen.

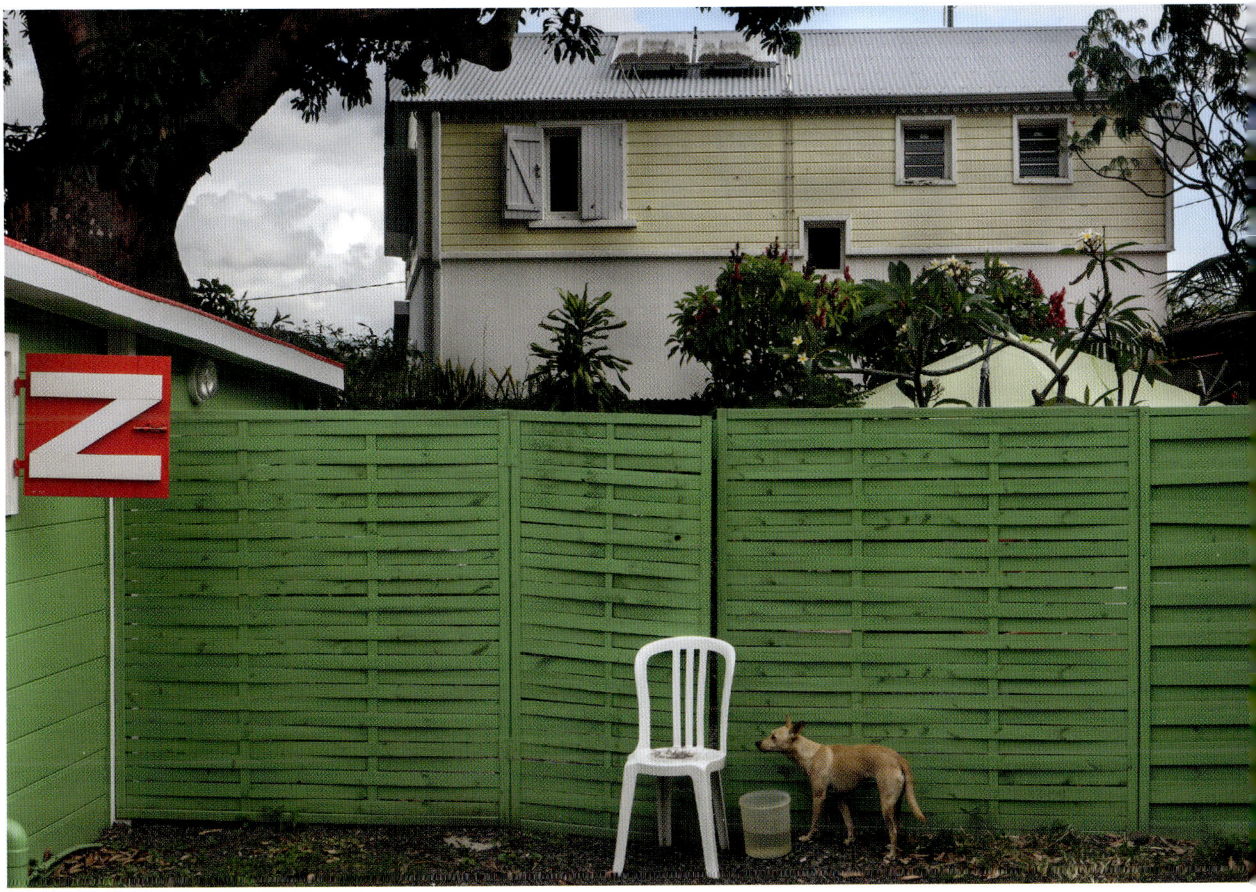

TESTPERSON 1

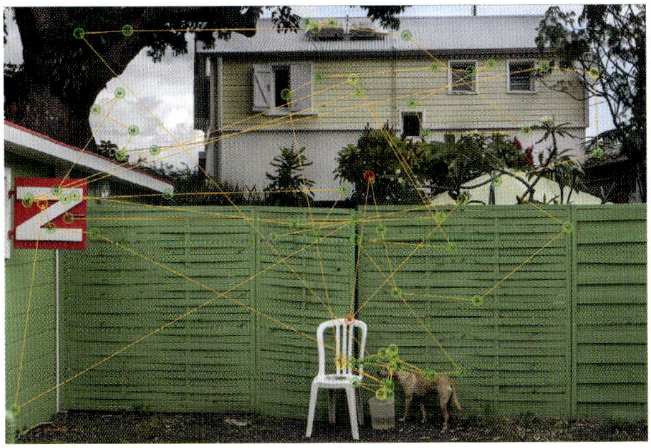

TESTPERSON 2

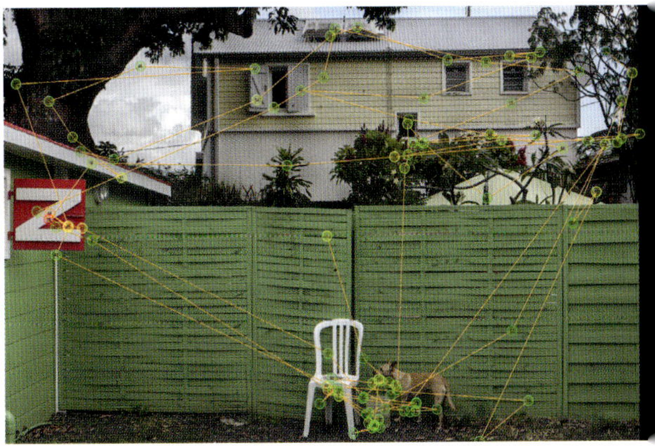

TESTPERSON 3

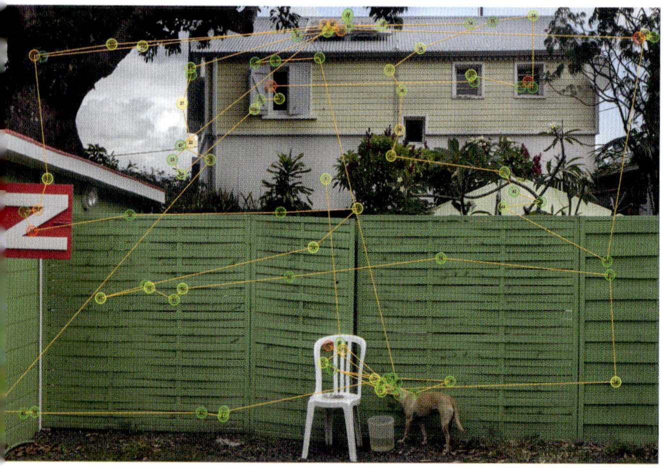

TESTPERSON 4

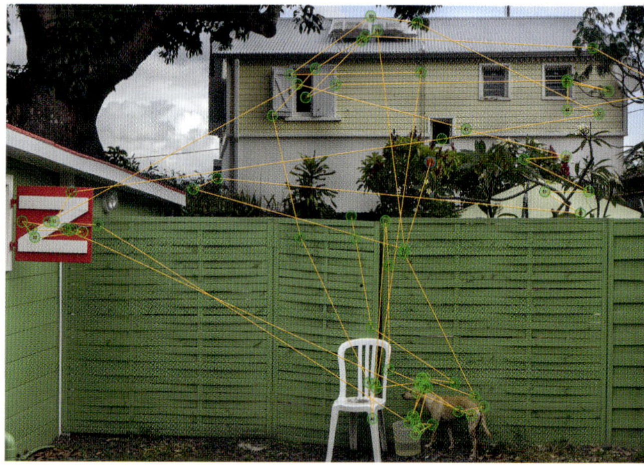

TESTPERSON 3 (ERSTE 10 SEK.)

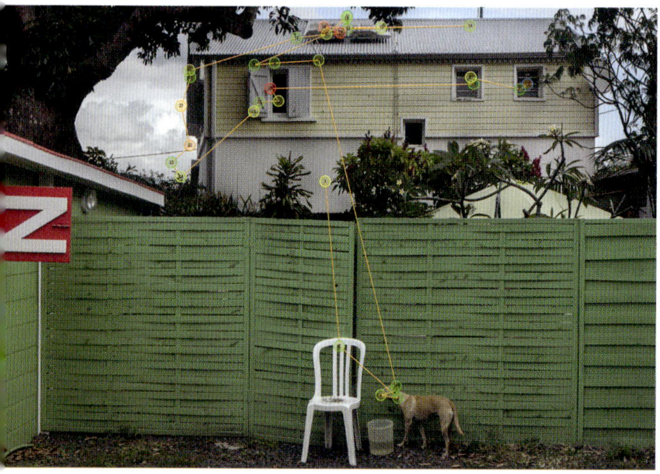

TESTPERSON 5 (ERSTE 10 SEK.)

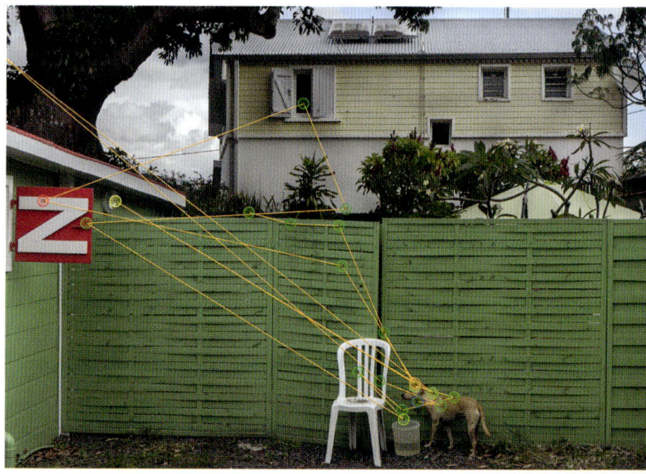

Das Bild wurde von iMotions mithilfe mehrerer Probanden untersucht. Die Ergebnisse entsprachen weitgehend meinen Annahmen, wobei die Heatmap zeigt, dass Hund, Stuhl und Eimer die meiste Aufmerksamkeit auf sich zogen. Persönliche Vorlieben werden während der ersten zehn Sekunden deutlich – Testperson 3 hat während dieses Zeitraums keinen einzigen Blick auf den auffälligen Fensterladen geworfen, was mich sehr überrascht hat. Ebenfalls unerwartet war die Fixierung des grünen Zauns durch die Probanden 1 und 3. Das kann seine Ursache darin haben, dass die Personen die Szene als Ganzes betrachteten, indem sie das periphere Sichtfeld verwendeten, was auf Seite 16 ausführlich erklärt wird. Eine Einschränkung des Eye-Trackings ist die Tatsache, dass wir nicht ermitteln können, wie groß die wahrgenommene Fläche rund um einen Fixierpunkt bei den einzelnen Testpersonen ist.

Die einzelnen Probanden unterschieden sich in ihrer Wahrnehmung des Bildes, wobei alle die Gruppe aus Stuhl, Eimer und Hund als Hauptmotiv definierten. Die ersten zehn Sekunden offenbarten die größten Unterschiede zwischen den Blicklinien der einzelnen Teilnehmer.

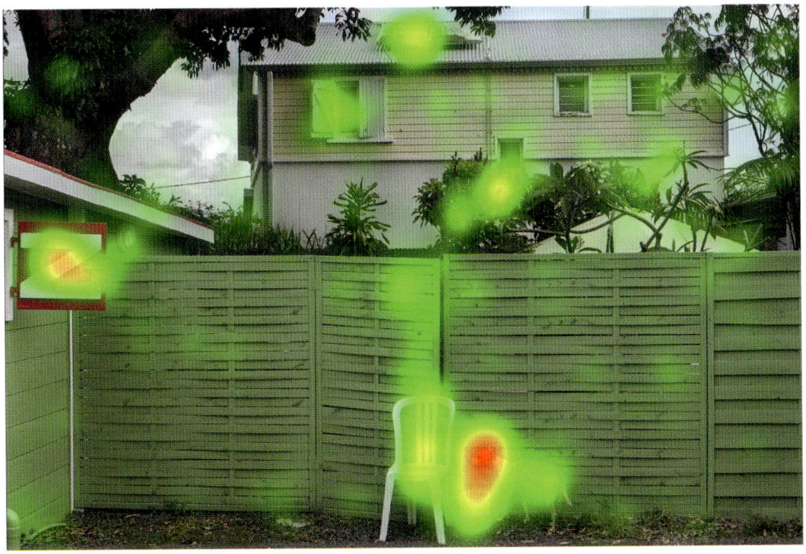

Zur Zerstreuung der Aufmerksamkeit gibt es verschiedene Ansätze, wie das Bild unten beweist. Die Beleuchtung der Säcke entspricht dem Stil des Chiaroscuro mit seinen Hell-Dunkel-Kontrasten. Der Mix aus Lichtflecken, Körpern und Händen in vergleichbarer Größe führt zu einer Aufteilung des Bildes in viele kleine Motivbereiche.

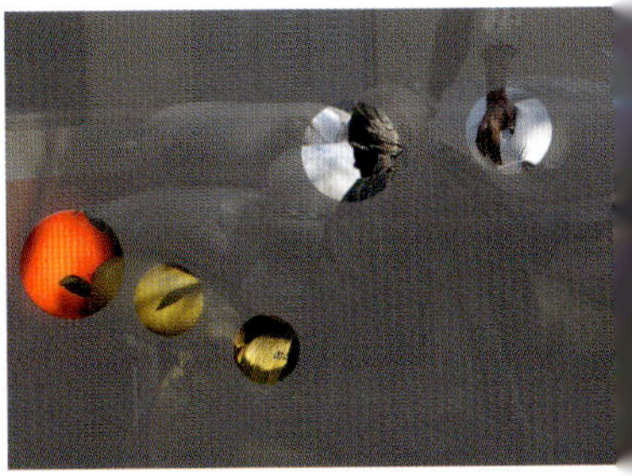

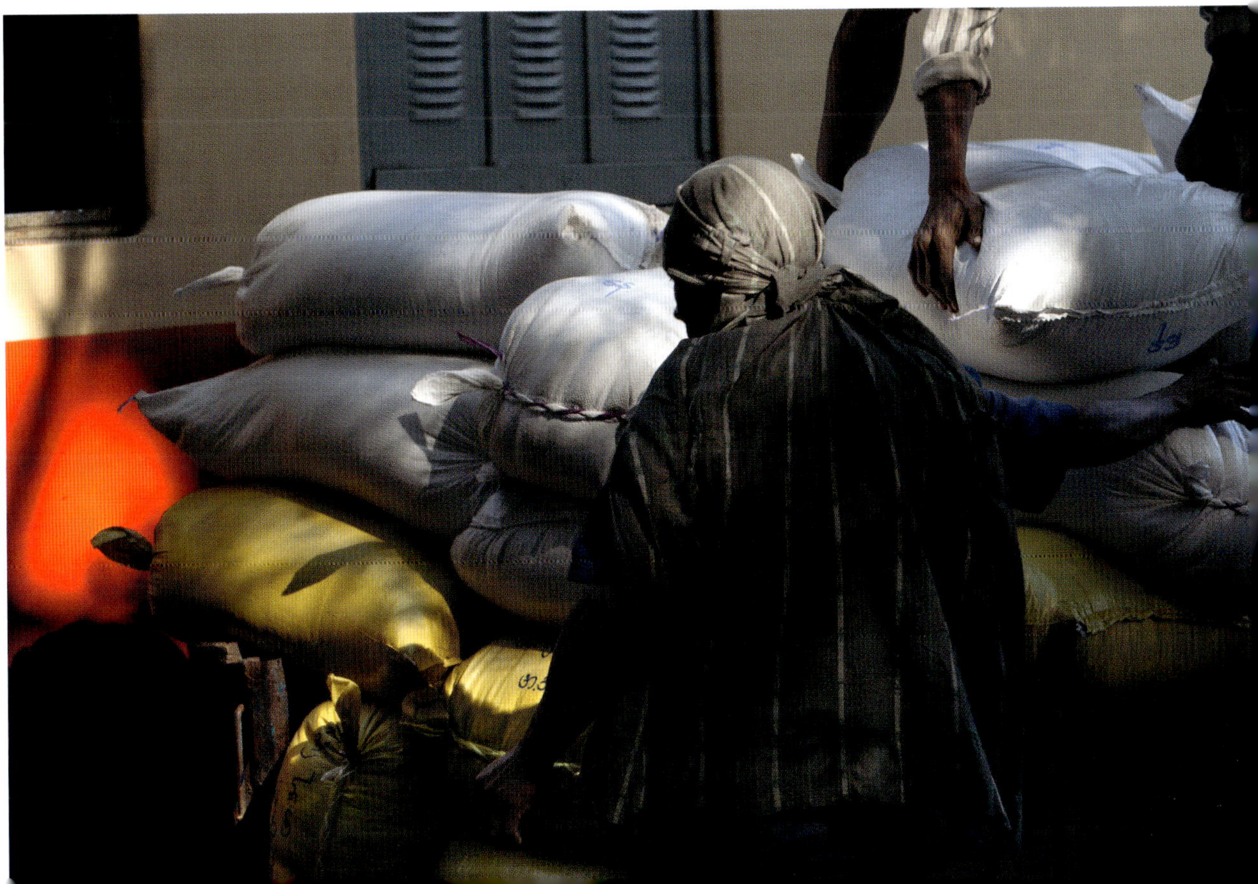

FELDFOTOGRAFIE

Der nächste Schritt führt uns vom Verteilen mehrerer Motive zu großen Ansammlungen weitgehend identischer Elemente. Mit diesem als Feldfotografie bezeichneten Stil bilden Sie einen großen Bereich ab, der sich nicht mehr auf einzelne Motive reduzieren lässt.

Das klingt zunächst einmal nach einer ziemlich unspektakulären Herangehensweise, doch sie hat es in der bildenden Kunst durch Maler wie Mark Rothko und Barnett Newman unter der Bezeichnung *Farbfeldmalerei* zu einem hohen Bekanntheitsgrad gebracht. Wie schon die Technik der zerstreuten Aufmerksamkeit widerspricht auch diese Methode nahezu allen gängigen Kompositionsrichtlinien in Bezug auf Struktur und Ordnung. Dennoch kann die Uniformität einen hohen Aufmerksamkeitswert nach sich ziehen, wenn es sich nicht um alltägliche oder allzu profane Aneinanderreihungen identischer Strukturen handelt. Ein ausgedehnter, gleichförmiger Bereich, was der Definition der Feldfotografie entspricht, ist aus vielen gleichförmigen Elementen zusammengesetzt, wobei deren Struktur eine entscheidende Rolle spielt. Ein blauer Himmel funktioniert nicht, da er keine sichtbare Struktur aufweist und viel zu gewöhnlich ist. Eine Wasserfläche hat Struktur, doch sie ist ebenfalls gewöhnlich, was auch für Gras oder Beton gilt. Zwei Ansätze können zu guten Ergebnissen führen. Die erste Herangehensweise zielt auf einzelne Strukturen ab, die für sich genommen visuell interessant und/oder ungewöhnlich sind. Die zweite Methode durchbricht die Uniformität der Feldaufnahme durch ein klein abgebildetes, einzelnes Element, das sich von allen anderen Elementen im Bild unterscheidet. Die Beispiele auf diesen Seiten präsentieren beide Ansätze.

Das Feld muss den gesamten Ausschnitt ausfüllen, was uns zurück zum Gestaltgesetz der *Guten Fortsetzung* von Seite 108 bringt. Solange die Strukturen sich bis an den Bildrand ausdehnen, entsteht beim Betrachter der Eindruck, dass sich die Reihe endlos fortsetzt. Sorgfalt bei der Wahl des Ausschnitts sowie passende Objektive (Teleobjektive empfehlen sich in dieser Disziplin) sind Grundvoraussetzungen für gute Feldaufnahmen. Die Qualität solcher Aufnahmen liegt dennoch in den meisten Fällen im Auge des Betrachters. Viele Menschen werden solche Bilder als Wallpapers für Desktop- oder Smartphone-Hintergründe einstufen. Einige wenige Betrachter könnten zum Nachdenken angeregt werden. Die Integration eines einzelnen, unterschiedlichen Motivs ist sehr beliebt, macht aber im Grunde genommen aus einer puren Feldaufnahme etwas ganz anderes.

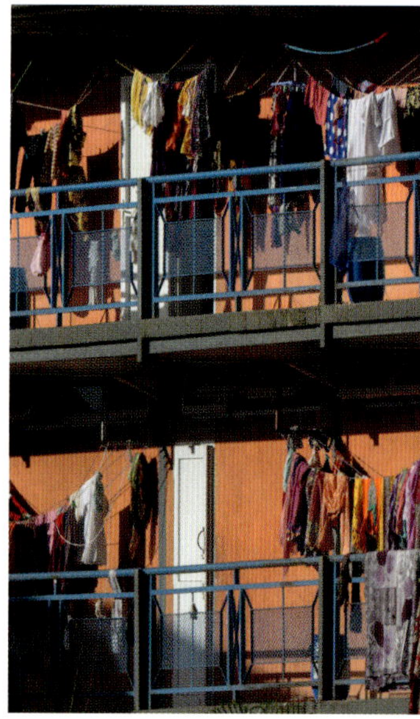

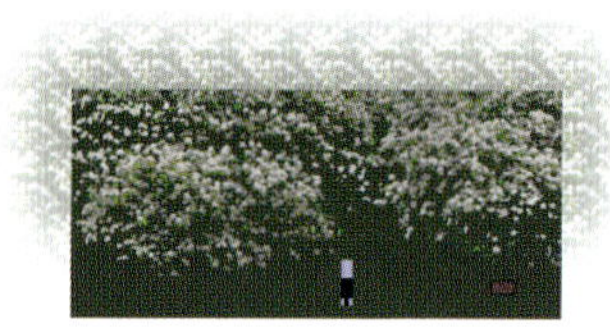

→ Dies ist ein Beispiel für die Kombination »Feld und Punkt«, wo eine einzelne Person mit Hund einen attraktiven Kontrast zur Unmenge an Kastanienblüten bildet, die sich dank des Anschnitts unendlich auszudehnen scheint.

↑ Diese Ansicht eines Häuserblocks in Mauritius mit unzähligen zum Trocknen aufgehängten Wäschestücken wirkt fast schon abstrakt.

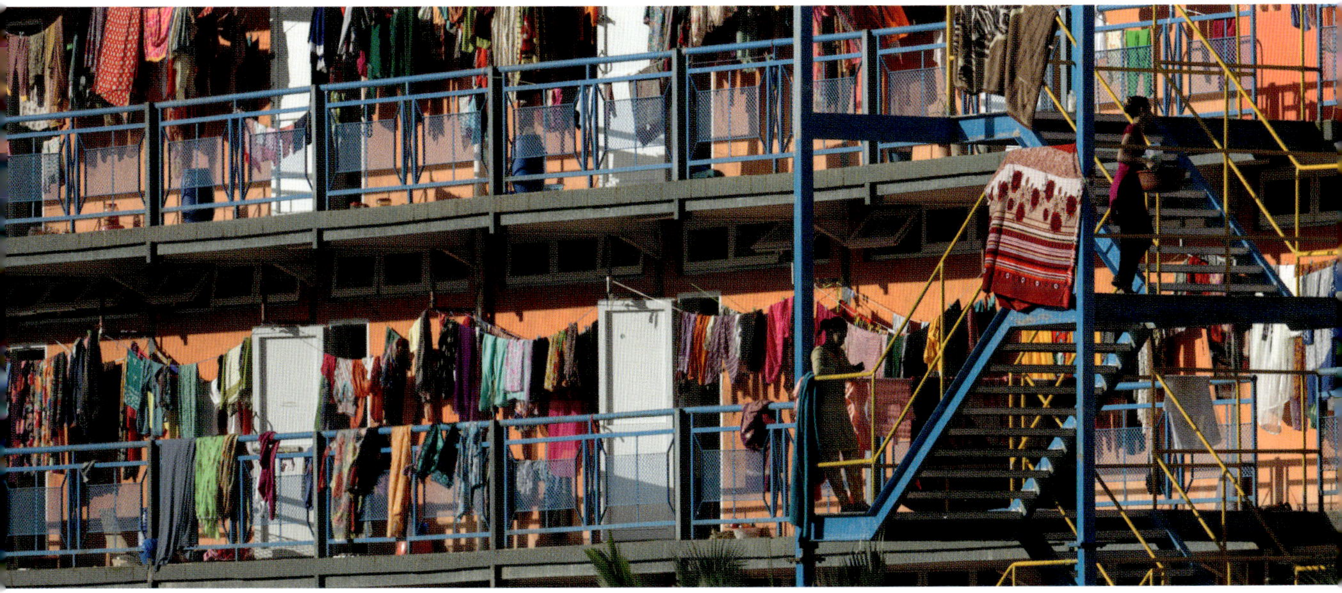

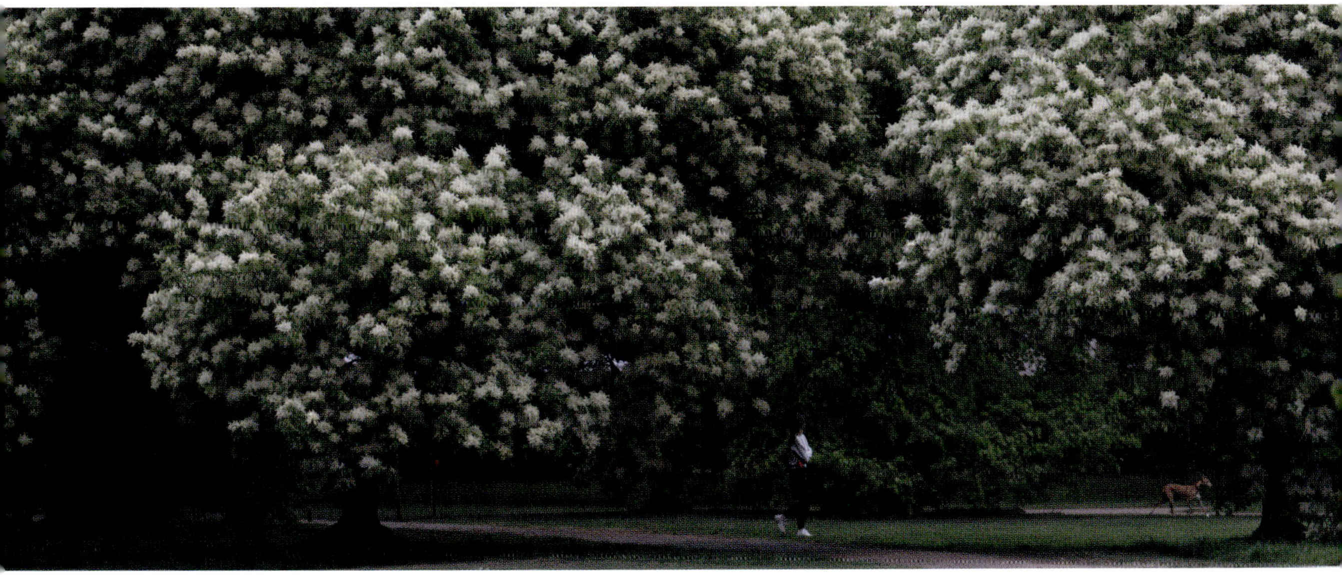

KONSTRUKTIVISMUS

Konstruktivismus hat seinen Ursprung in Russland zu Zeiten der Revolution und sollte den Begriff »Komposition« durch »Konstruktion« ersetzen.

Abgesehen von der politischen Aussage, handelt es sich um einen technischen, strikten und nahezu ingenieursmäßigen Ansatz zur Komposition. Wie ich bereits erwähnt habe, lässt sich Komposition – ungeachtet gelegentlicher Versuche – nicht

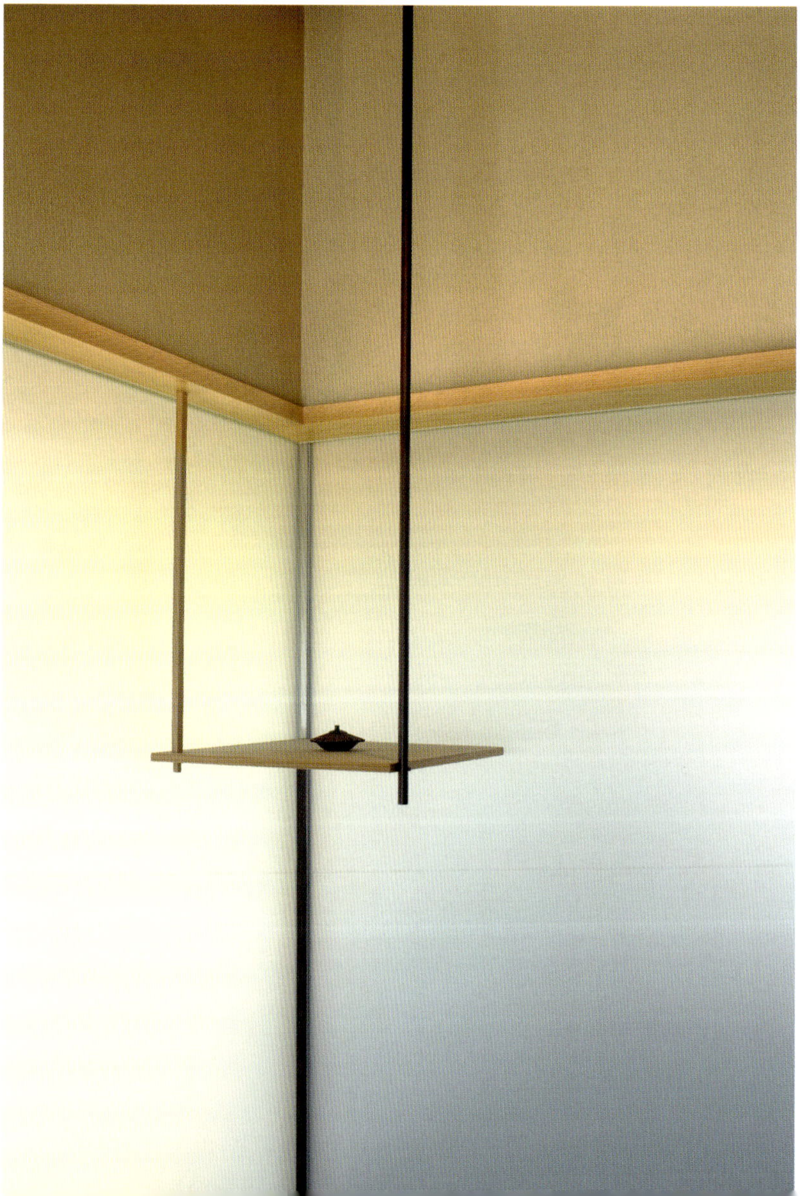

Die Strenge und Präzision des zeitgenössischen japanischen Designs spiegelt sich in diesem Teeraum aus Holz und Stahl wider. Er stammt von dem in Osaka wirkenden Architekten Chitoshi Kihara. Konstruktivistische Fotografie bildet Motive wie in der Ingenieurskunst ab, sodass sie selbst wie technisch konstruierte Objekte erscheinen.

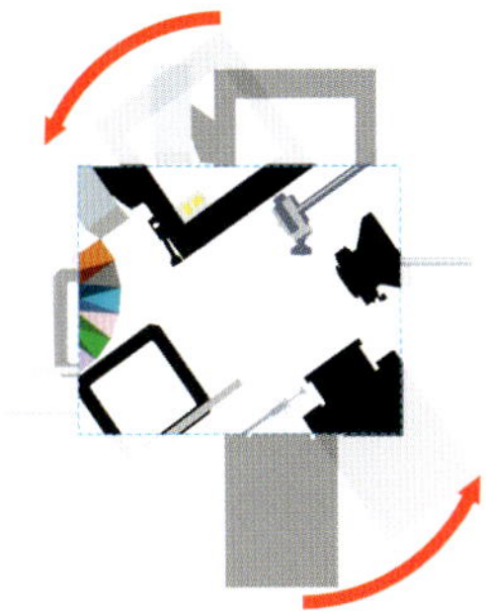

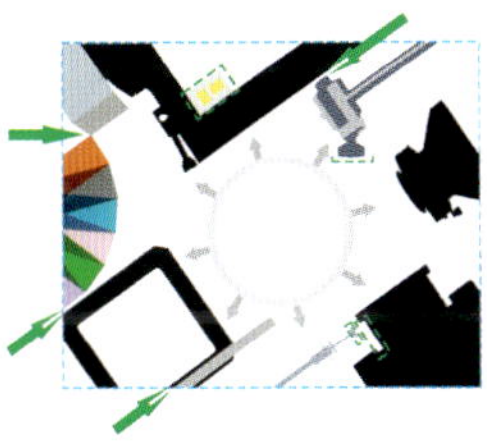

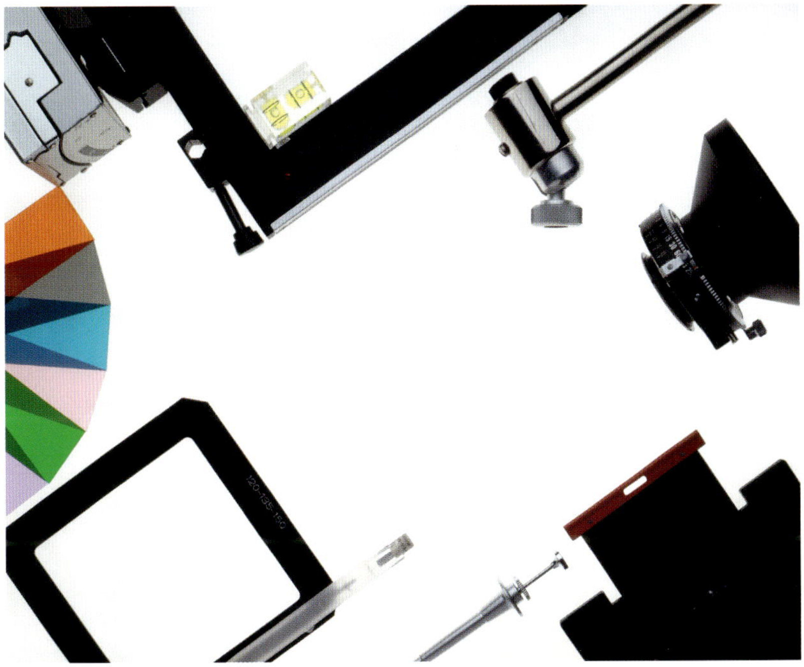

Ein im Studio entstandenes Stillleben aus den Bauteilen einer Großformat-Kamera. Diagonalen und Dreiecke umgeben ein leeres Zentrum – die Objekte sind exakt an den Rahmenkanten ausgerichtet. Wie die zwei Schemagrafiken zeigen, geht die Präzision beim Aufbau bis ins kleinste Detail. Die hintergrundbeleuchteten Objekte wurden um 30° gedreht, um den freien Bereich in der Mitte entstehen zu lassen. Die Abstände zwischen den parallelen Kanten wurden gleichmäßig eng gehalten (grüne Pfeile) und ein Kontakt erfolgt nur in der oberen linken Ecke. Die gestrichelte grüne Linie entspricht dem finalen Ausschnitt und hebt das Zusammenspiel der Elemente hervor.

komplett abschaffen. Der Ansatz des Konstruktivismus ist winkelbezogen, geometrisch und setzt auf Überschneidungen, wobei viele der traditionellen Harmonien und befriedigenden Verhältnismäßigkeiten der in Kapitel 4 und 5 diskutierten Grundlagen außer Acht gelassen werden. Der Stil birgt eine starke Dynamik, in der Elemente mit den Rahmenkanten kollidieren und sie überschreiten. Der italienische Futurist Umberto Boccioni beschrieb es einmal treffend in seinem »Technischen Manifest der futuristischen Maler« aus dem Jahre 1912: »Lasst uns unsere Figuren aufbrechen und die Umgebung in ihnen platzieren.«[1]

Die Bewegung überdauerte nicht lange, doch die Fotografie bedient sich auch heute noch der Mittel des Konstruktivismus, da wir den Umgang mit Maschinen, Bauteilen und Konstruktion beherrschen – vor allem im Studio. Es besteht sogar eine ganz spezielle Beziehung zwischen Ingenieurskunst und Fotografie. Der US-amerikanische Mode- und Auftragsfotograf Paul Outerbridge war in der zweiten Hälfte des 20. Jahrhunderts sehr bekannt und sein Stil erlebte erst kürzlich ein Revival in der Studiofotografie. Strikte Präzision ist sein Markenzeichen, mit maximalem Fokus auf Details, Platzierung und Ausrichtung. Dies kommt der Fotografie als Ingenieurskunst sehr nahe – so, als würden Sie einen Winkelmesser, ein Geodreieck und einen Kompass für das Arrangement Ihrer Motive nutzen.

1 Zitat aus Glueck, Grace, *Art Review: Blurring the Line Between the Present and the Future*, in: *The New York Times*, 13. Februar 2004.

KAMERA NEIGEN

Das Neigen der Kamera ist der einfachste Weg, diagonale Energie in ein Bild zu bringen. Diese simple Aktion entzweit noch immer die Gemüter, obwohl sie seit Jahrzehnten von Fotografen und Filmschaffenden genutzt wird.

Wie Sie auf den Seiten 64 und 88 erfahren haben, bringen stark ausgeprägte und lange Diagonalen eine starke Dynamik ins Bild und setzen ein grafisches Statement. Besonders prägnante Diagonalen erzielen Sie durch das Neigen der Kamera, da das ganze Bild gekippt wird. Das führt jedoch häufig zu negativen Reaktionen, da wir davon ausgehen, dass ein gerades Bild den Normalzustand darstellt. Auch die Tatsache, dass schiefe Aufnahmen oft aus Versehen passieren, schürt die Ressentiments. Daher ist das Neigen der Kamera aus kompositorischer Sicht mit Vorsicht zu genießen. Es kann aber zu interessanten Ergebnissen führen, wenn ein Grund für die Neigung ersichtlich ist. Solche Gründe können das Einbeziehen bestimmter Szenenbereiche in die Aufnahme, das Ausrichten von Schrägen mit dem Bildrahmen oder einfach nur eine Verstärkung der energetischen Bildwirkung sein.

Ein Fotograf, der oft mit der Kameraneigung in Verbindung gebracht wird, ist der US-Amerikaner Garry Winogrand. Auf seine Methodik angesprochen, entgegnete er oft, dass er den Winkel gar nicht wahrnehmen oder die Kamera neigen würde, um alle gewünschten Elemente einer Szene in den Ausschnitt zu bekommen. In der Tat kann es in der Straßenfotografie mit Weitwinkelobjektiv im Hochformat oft nötig sein, die Kamera zu neigen, um eine Person komplett abbilden zu können, da von Ecke zu Ecke mehr Platz zur Verfügung steht. Darüber hinaus erzeugt jedes

Die Neigung dieses Bilds vergrößerte den grünen Bereich, der in Kontrast zur blauen Kleidung des Mannes steht. Die Verschiebung der Wasserfläche zur linken oberen Ecke erzielte diesen Effekt und entfernte auch störende Details in der Ferne (siehe die Probeaufnahme unten). Das Rot des laufenden Jungen machte die Aufnahme komplett.

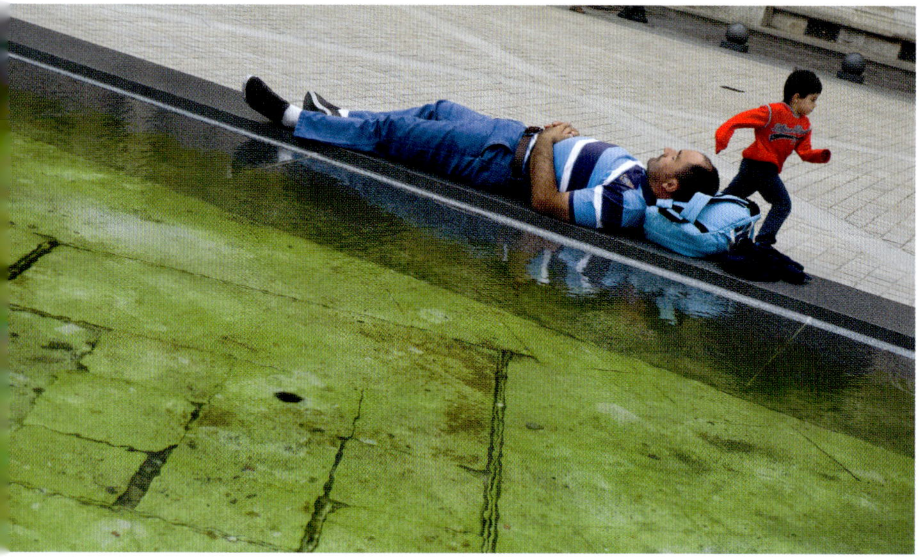

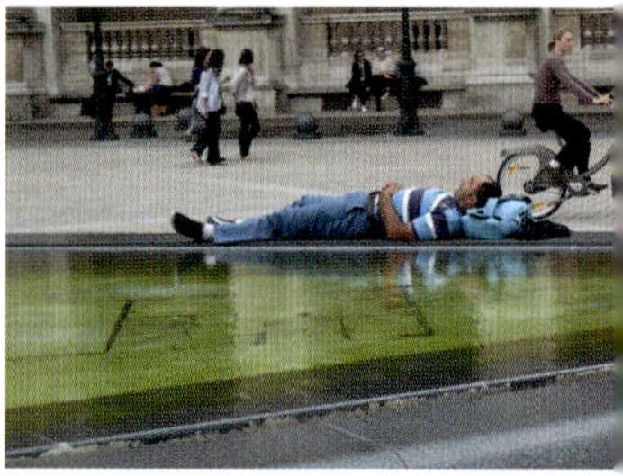

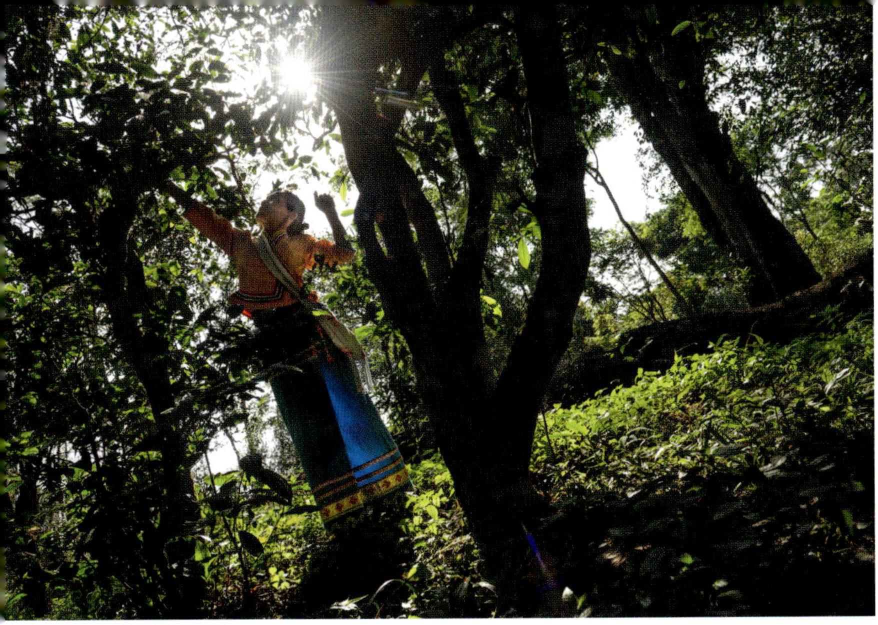

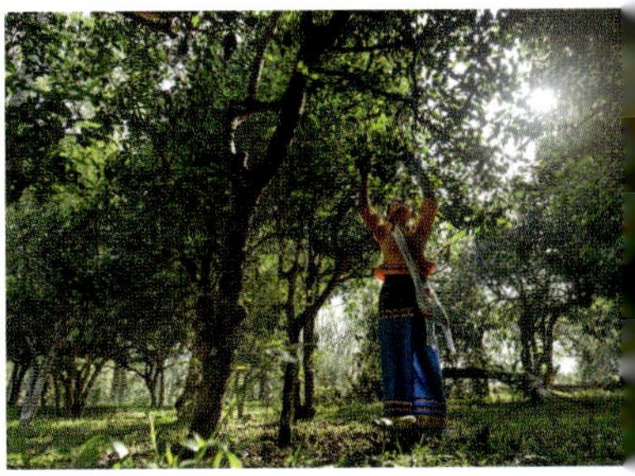

Eine zur ethnischen Minderheit der Bulang gehörende Frau in Yunnan, China, pflückt Blätter von einem alten Teebaum. Die Morgensonne schien durch die Zweige hindurch, setzte den blauen Sarong in Szene und sorgte für eine schöne Atmosphäre. Bei gerader Kamera (oben) funktionierte die Komposition nicht wie gedacht, sodass ich die Kamera neigte, was energetische Diagonalen der Person und der Bäume entstehen lies.

Weitwinkelobjektiv Diagonalen durch Winkelverzeichnung. In Filmen ziehen geneigte Einstellungen noch mehr Aufmerksamkeit auf sich, da sich das Geschehen in einem bestimmten Winkel entfaltet. Das als *Dutch Angle* bezeichnete Stilmittel wird durch das expressionistische Kino im Deutschland der 1920er und 1930er oft auch als *Deutscher Winkel* bezeichnet und dient dazu, unheimliche oder gefährliche Charaktere in besonderer Weise darzustellen. Carol Reed hat Orson Welles in *Der Dritte Mann* so oft stark angewinkelt darstellt, dass ihm die Filmcrew (oder der Regisseur William Wyler; es existieren zwei Versionen dieser Geschichte) eine Wasserwaage schenkte. Beispiele für diese Einstellung finden Sie in Filmen von *Der weiße Hai* bis *Citizen Kane*, und typischerweise dient die Kameraneigung zur Desorientierung des Publikums.

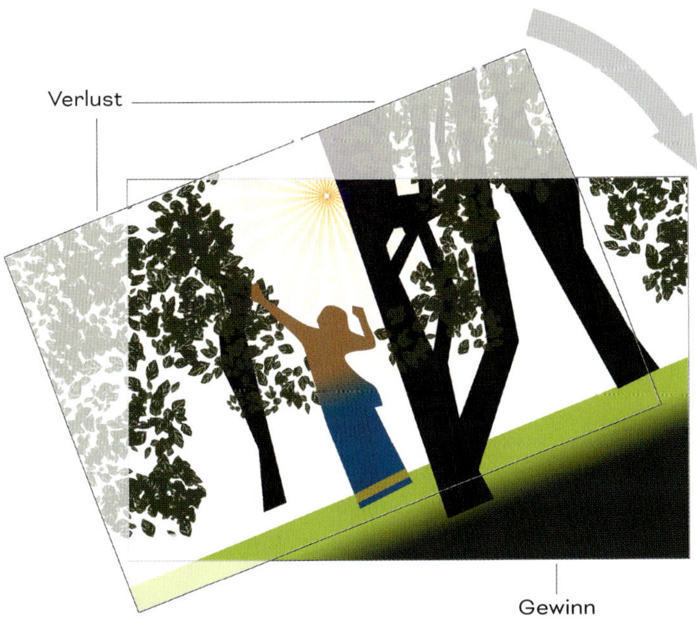

Es gibt auch pragmatische Gründe für eine Neigung der Kamera, da Sie stets einen Teil der Szene verlieren und einen anderen hinzugewinnen. In diesem Fall ging die schwarze Masse der Baumkronen verloren (gut), während ansprechend beleuchtete Vegetation hinzu kam (ebenfalls gut).

REDUKTION

In meinem Buch *Der fotografische Blick* habe ich an dieser Stelle den Begriff »Minimalismus« verwendet. Mittlerweile hat dieses Wort durch zu häufigen Ge- und Missbrauch seine Berechtigung verloren. Ich habe kein Problem damit, mit »-ismen« zu arbeiten, wie am vorangegangenen Abschnitt zum Konstruktivismus zu sehen ist, doch wenn wir Minimalismus sagen, meinen wir eigentlich ein weitgehend bereinigtes Bild mit so wenigen Elementen wie möglich.

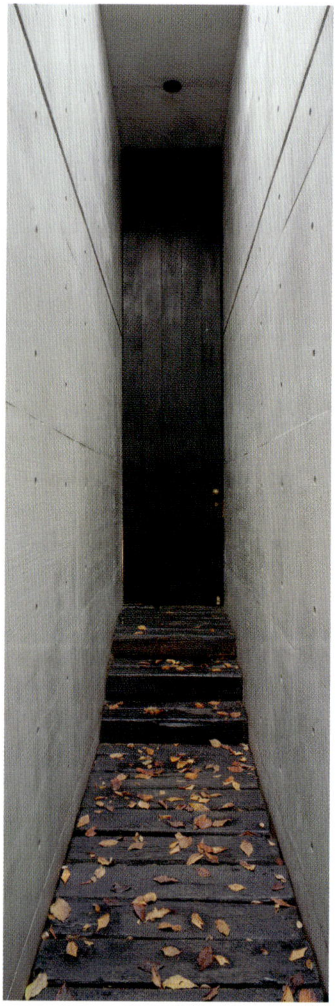

Für die Fotografie ist daher der Begriff *Reduktion* angemessener, da es nicht um ein künstlerisches Ideal geht, sondern um das bewusste Weglassen von Elementen, mit dem Ziel, ein Bild visuell zu entschlacken. Auf einen Nenner gebracht: Wir reduzieren Inhalte, um die Kraft der Einfachheit zu entfesseln. Passend dazu einige Worte aus der Werbung, die der Kreativdirektor John Hegarty niedergeschrieben hat: »Was immer du gestaltest, Einfachheit ist das ultimative Ziel. Die Kraft der Reduktion, wie wir in der Werbung sagen, besteht in der Transformation eines komplexen Gedankens zu einer einfachen, kraftvollen Aussage.«[1] Einer meiner Favoriten ist eine Aussage des französischen Philosophen Blaise Pascal, der einen Brief mit folgenden Worten beendete: »Ich möchte mich für die Länge dieses Briefes entschuldigen. Hätte ich mehr Zeit gehabt, wäre er kürzer geworden.«[2]

← In der Architektur offenbaren sich viele Möglichkeiten zur Reduktion auf das Wesentliche, indem man nach dem passenden Blickwinkel sucht. Diese strikt symmetrische und geometrische Aufnahme eines japanischen Hauseingangs instrumentalisiert eine der grundlegenden Methoden der reduzierten Fotografie: den großzügigen Einsatz von weitgehend unstrukturierten Oberflächen. Der nackte Beton und die schmucklose Tür werden lediglich durch das verstreute Laub konterkariert.

1 Hegarty, John, *Hegarty on Creativity: There Are No Rules*, London, Thames & Hudson Ltd, 2014.
2 Pascal, Blaise, *Les Provinciales Lettre XVI*, 1657.

Diese kraftvolle Reduktion eines Felsbogens in Utah kombiniert drei Techniken: 1. einen exzentrischen Ausschnitt mit dem Bogen im unteren Bereich ohne sichtbaren Vordergrund, 2. eine starke Unterbelichtung mit der Sonne hinter dem Bogen und 3. eine beeindruckende Blaufärbung durch die Unterbelichtung des wolkenlosen Himmels.

In der reduzierten Fotografie konzentriert sich alles auf das Vermeiden überflüssiger Bildelemente. Der Trick besteht darin, zu erkennen, was im Bild verbleiben soll, und dafür einen plausiblen Grund zu finden. Dies lässt sich mit einer optimalen Kameraposition, einer klugen Wahl des Ausschnitts und der richtigen Brennweite bewerkstelligen. Eines der überzeugendsten Argumente für visuelle Reduktion (abgesehen davon, dass viele Betrachter sie als positiv empfinden) ist die volle Kontrolle über das Dargestellte – Sie drücken einer solchen Aufnahme quasi Ihren Stempel auf. Doch wie schon Pascal am Ende seines Briefs erkannt hat, muss hierzu viel Zeit und Aufwand investiert werden.

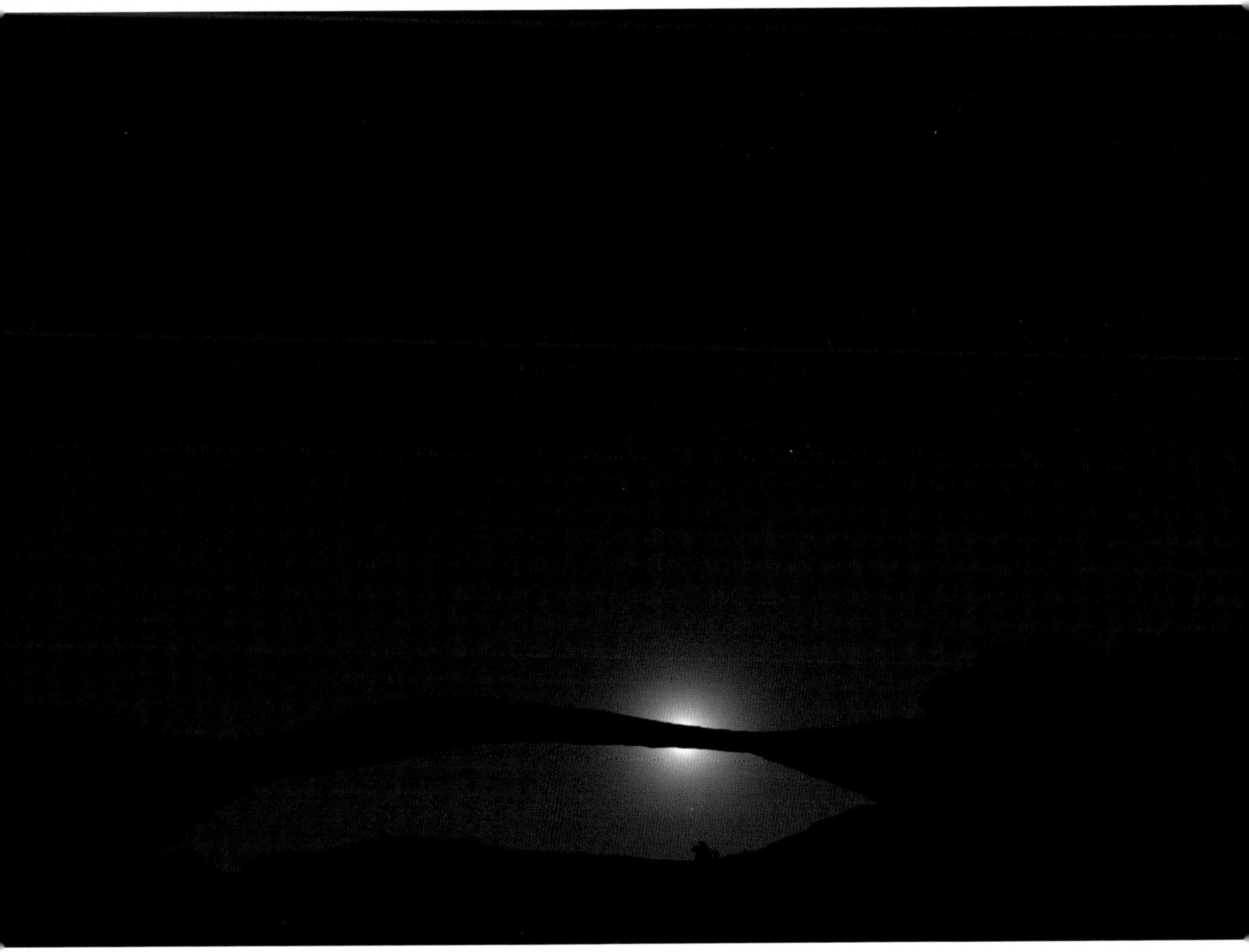

GETRENNTE EBENEN

Der Ansatz von klar voneinander getrenntem Vorder-, Mittel- und Hintergrund existiert schon lange in der Fotografie und ist ein zuverlässiges Mittel, um die Tiefe einer Szene zu strukturieren. Üblicherweise verstärkt das den räumlichen Eindruck: Sie sehen am Vordergrund vorbei auf die nächste Ebene, gefolgt von der dahinterliegenden.

Der hier gezeigte Stil weicht von dieser Tradition ab, da zwei Ebenen übereinandergelegt werden, die keinen logischen Bezug zueinander haben. Anstatt zu verbinden, lösen wir die visuelle Verbindung auf – in der Hoffnung, dass die Betrachter sich zumindest eine kurze Weile über die ungewöhnliche Tiefenstaffelung wundern. Genau genommen handelt es sich (wie bei den nächsten beiden Methoden) um eine Strategie zur Desorientierung. Ihr Erfolg misst sich am Grad der Verwirrung, die eine solche Aufnahme erzeugen kann. Solche Kompositionen sprechen nicht alle an und sind sehr situativ, doch der Aufwand kann sich bei zurückhaltendem Einsatz lohnen.

Eine zerrissene Fahne öffnet den Blick auf eine Gruppe diskutierender Menschen im Ort Kangding in Sichuan. Der Riss fokussiert den Blick auf die Gruppe, während die Fahne selbst für eine gewisse Mehrdeutigkeit sorgt.

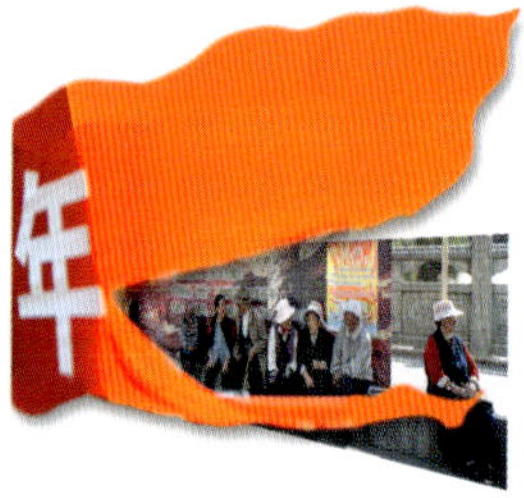

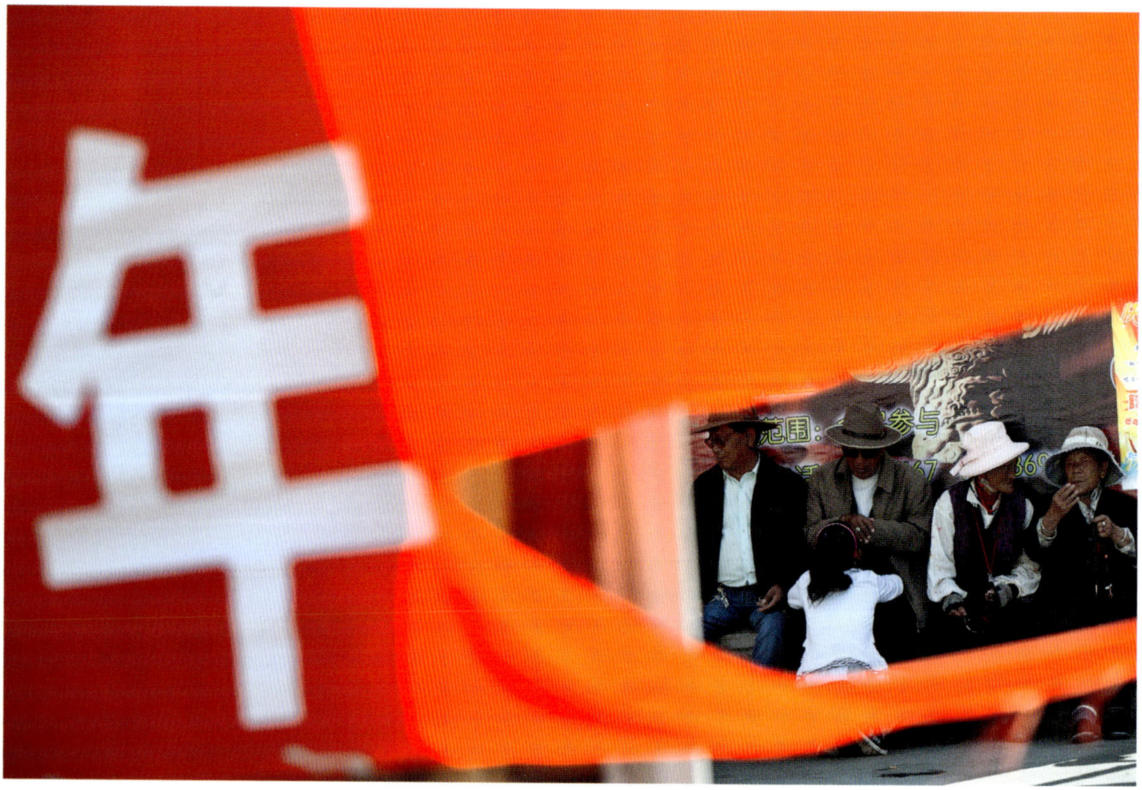

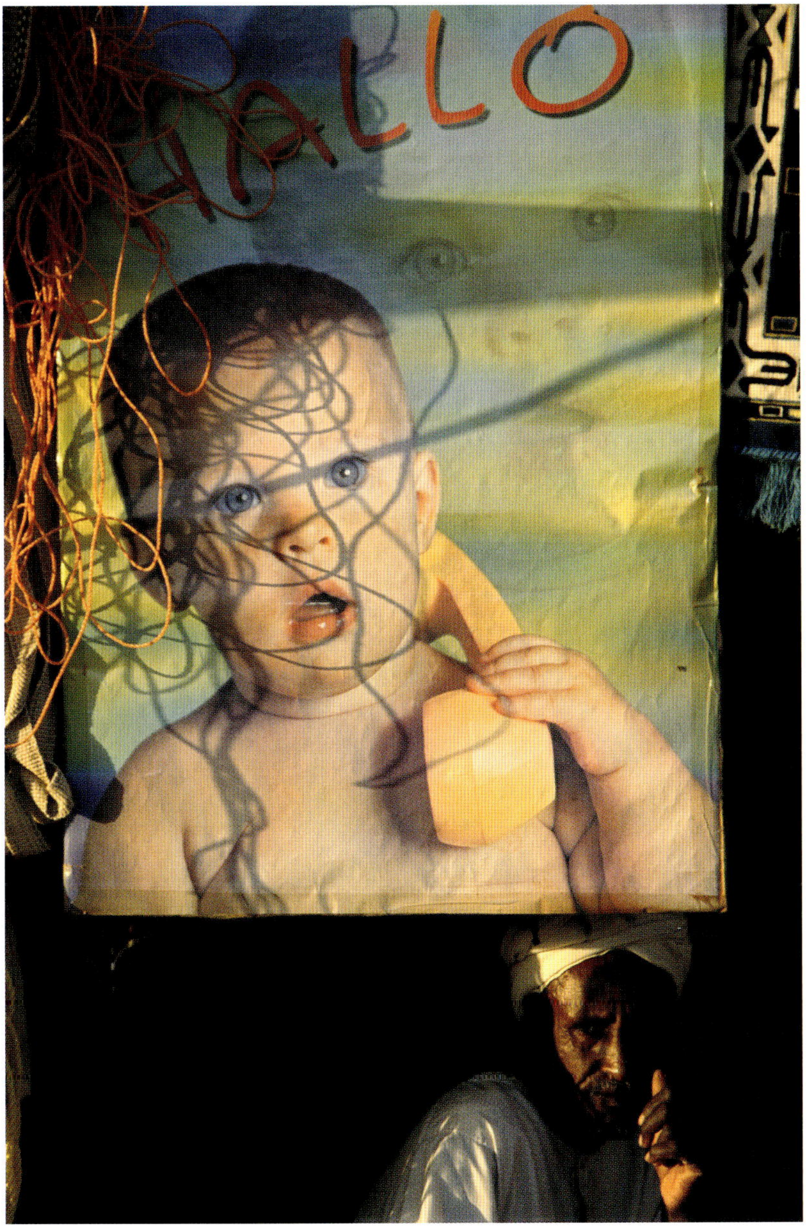

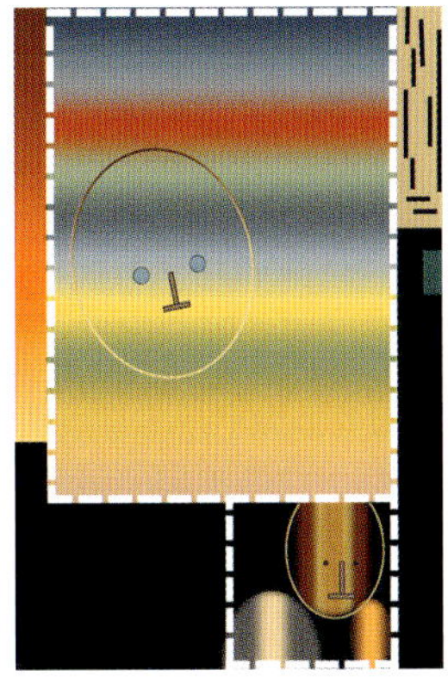

Bei dieser im sudanesischen Omdurman entstandenen Aufnahme entfernt der enge Ausschnitt überschüssige Elemente, sodass lediglich die Juxtaposition zwischen den Gesichtern des Babys und des älteren Mannes bestehen bleibt. Fehlende Umgebungsdetails und ein frontaler Blickwinkel reduzieren die Tiefenwirkung (siehe Seite 42), was die Betrachter zunächst einmal rätseln lässt, was hier eigentlich vorgeht.

Aufgrund der speziellen Voraussetzungen – zwei Ebenen mit einer Lücke oder einem »Fenster« im näheren Element – bietet sich diese Technik nur selten an. Aufgrund ihres zufälligen Charakters sollten Sie aktiv Ausschau nach solchen Möglichkeiten halten. Solche Aufnahmen funktionieren am besten, wenn die Schärfentiefe groß genug ist, um beide Ebenen im Fokus zu halten, was Smartphone-Kameras mit ihren kurzen Brennweiten und kleinen Sensoren einen Vorteil verschafft. So lange einige Details erkennbar bleiben, kann die vordere Ebene auch ein wenig unscharf abgebildet werden, wie die Aufnahme links beweist.

ÜBERBLENDEN

Oberflächlich betrachtet, ähnelt diese Methode den Ebenen von den vorangegangenen Seiten. Doch in Wirklichkeit entstehen Überblendungen auf eine andere Weise und werden auch unterschiedlich wahrgenommen. Bei Überblendungen legt sich ein Bild über ein anderes, was meist durch Reflexionen entsteht.

Es gibt auch andere Wege zur Herstellung von Überblendungen, wie Photoshop-Ebenen mit verschiedenen Überblendmodi, doch solche nachträglich konstruierten Effekte haben eher mit Illustration als mit Fotografie zu tun. Da sich Überblendungen in Photoshop so leicht bewerkstelligen lassen, haben sie einen Großteil ihrer Faszination aus den Tagen des Analogfilms verloren. In der Vergangenheit wurden mehrfach belichtete Negative mithilfe eines Vergrößerers in der Dunkelkammer miteinander kombiniert. Zwei Personen, die häufig mit dieser Technik in Verbindung gebracht werden, sind der New Yorker Werbefotograf und Fotoreporter Art Kane und der amerikanische Künstler Jerry Uelsmann. Kane hat hauptsächlich Negative kombiniert und diese erneut fotografiert, um Juxtapositionen herzustellen, während Uelsmann in der Dunkelkammer mit einer Reihe von Vergrößerern arbeitete, die mit verschiedenen Negativen bestückt waren, um surrealistische Effekte zu erzielen.

Die abgenutzten Lettern einer Beschriftung auf dem Fenster eines Londoner Pubs liegen über der Reflexion eines Hauses auf der anderen Straßenseite. Das Problem hier bestand in der Ausrichtung der Buchstaben mit der Fassade. Die Helligkeit der goldenen Buchstaben erforderte eine Belichtung, die die Details im Fenster dunkel und sichtbar hielt.

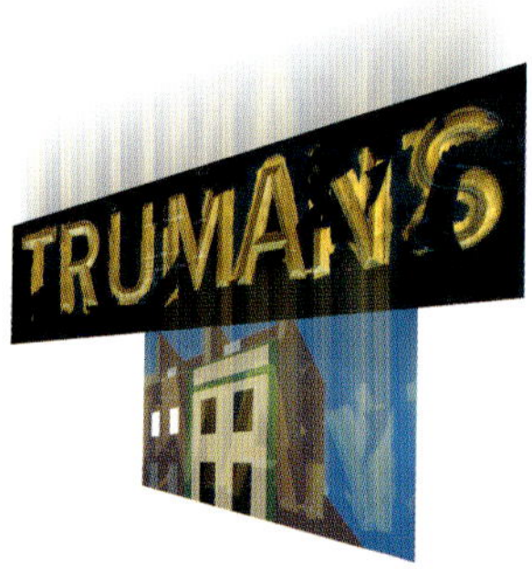

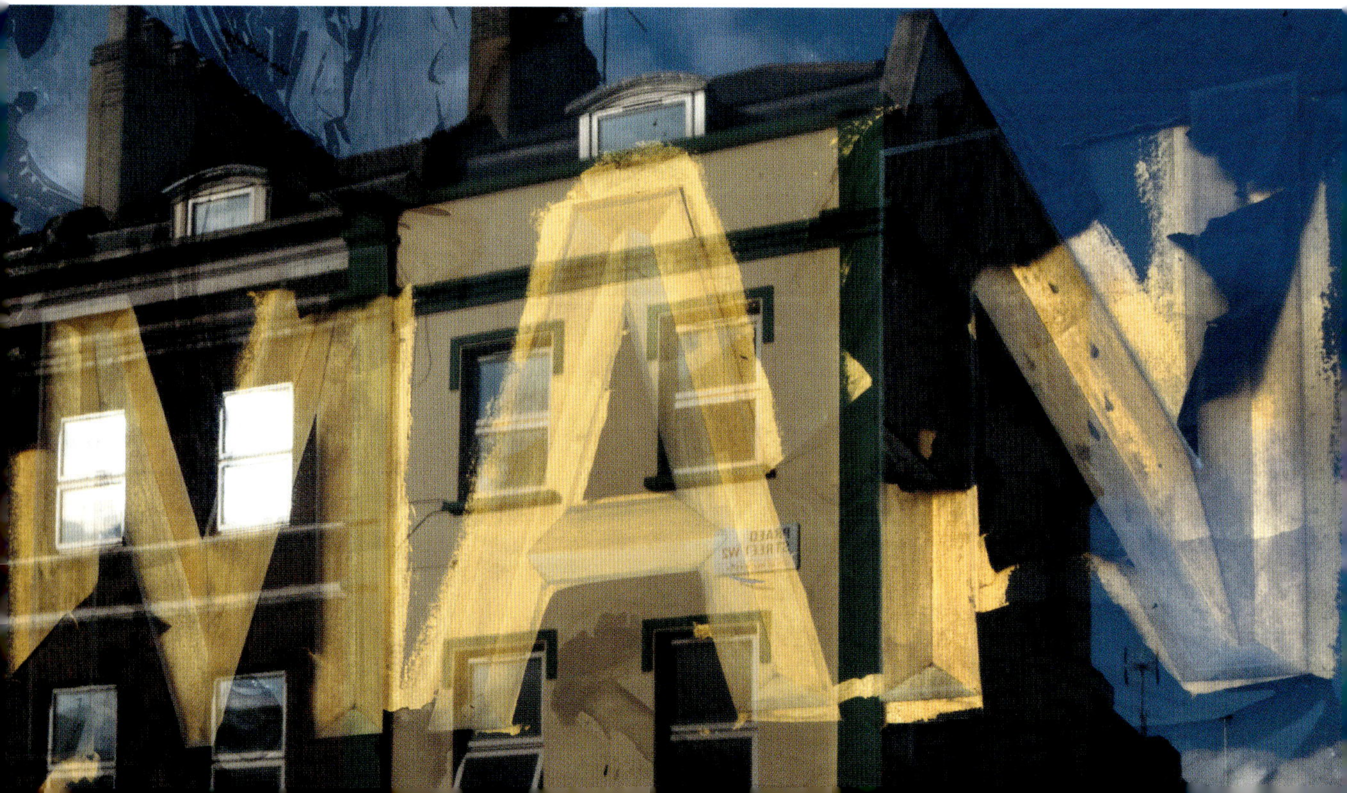

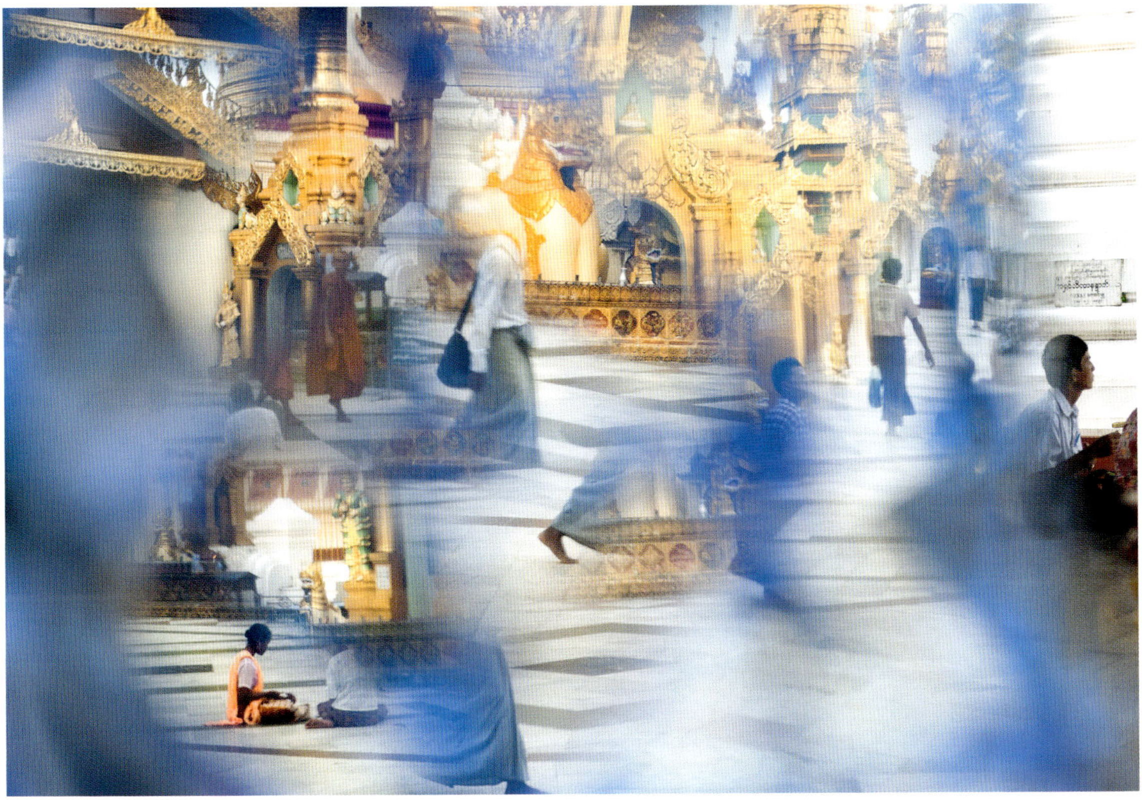

Wenn wir auf eine Nachbearbeitung verzichten wollen, sind wir in der Regel auf Reflexionen angewiesen. Solche Spiegelungen lassen sich im Studio relativ leicht herstellen, doch draußen in freier Wildbahn entstehen wenig vorhersehbare und damit interessantere Aufnahmen. Die Straßen von Städten sind das vielversprechendste Jagdgebiet für solche Effekte. Für gute Ergebnisse brauchen Sie zwei Fertigkeiten. Erstens sollten Sie in der Lage sein, eine Verbindung zwischen den Ebenen herzustellen. Das kann rein grafisch oder mit einem tieferen Sinn geschehen. Dazu passen Sie die Kameraposition, den Blickwinkel und die Optik entsprechend an. Zweitens müssen die Helligkeitswerte beider Bildelemente miteinander harmonieren. Üblicherweise warten Sie dafür, bis sich die Lichtverhältnisse ändern oder nehmen vorsichtige Korrekturen während der Nachbearbeitung vor.

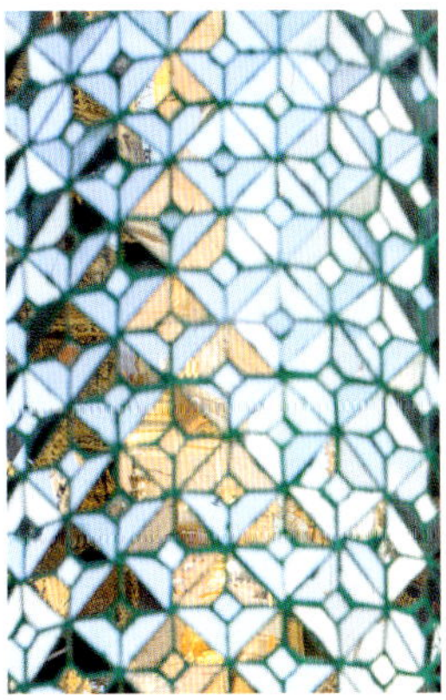

Die spiegelnden Ornamente eines Glasmosaiks auf einer Säule (oben) eröffneten einen fragmentierten Blick auf Teile der Shwedagon-Pagode in Rangun, Myanmar. Das Objektiv war dabei sehr nah an der Säule. Der Fokus war auf unendlich gestellt und die Blende weit geöffnet (*f*/3.2), was die Säulendetails erheblich reduzierte.

VERBERGEN UND VERDECKEN

Es ist nur ein kleiner Schritt vom Überblenden zum Verbergen, da ähnliche Methoden zum Einsatz kommen. Während beim Überblenden die Balance zwischen zwei Bildebenen gehalten wird und damit beide Bestandteile sichtbar bleiben, geht es hier um das Verdecken oder Verbergen großer Bereiche hinter der sichtbaren Ebene.

Obwohl auch hier die richtige Balance eine große Rolle spielt, unterscheidet sich jedoch das Ziel. Die übliche Herangehensweise beim Fotografieren folgt den Grundsätzen *Zeigen*, *Erzählen*, *Dinge aufdecken* und *Erklären*. Gerade deshalb kann es zu sehr interessanten Ergebnissen führen, diese ehernen Regeln zu missachten. Viele von uns haben gelernt oder sich selbst beigebracht, diesem Ideal zu folgen. In der Reportagefotografie müssen Bilder stets klar und allumfassend sein, um so viele Informationen wie möglich zu transportieren. Harold Evans, ehemaliger Redakteur bei *The Sunday Times* und *The Times*, hat einmal die Fähigkeiten eines guten News-Fotografen wie folgt beschrieben: »Den Eindruck erzeugen, selbst vor Ort zu sein und ein Bild zu machen, das in Erinnerung bleibt.«[1] Dennoch liegt großes kreatives Potenzial darin, weniger direkt zu sein, Dinge zu verschleiern und das Publikum zumindest für eine Weile zum Nachdenken anzuregen. Das funktioniert auch mit ande-

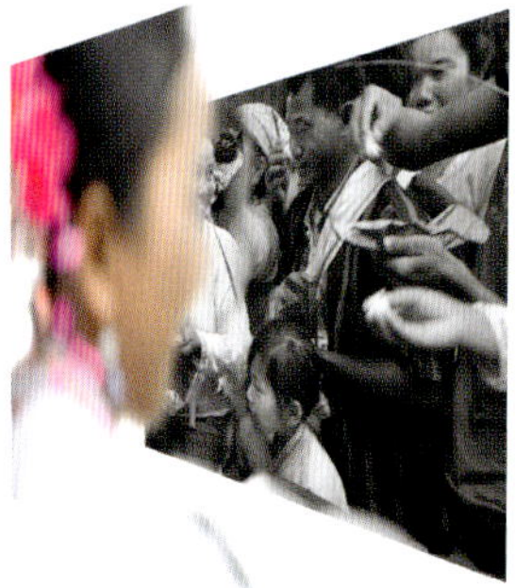

Ein nahes Motiv wird zugunsten einer dahinter liegenden Szene unscharf abgebildet. Das ist ungewöhnlich und entspricht nicht den Erwartungen. Bei den Feierlichkeiten einer ethnischen Minderheit im südwestlichen China habe ich den Kopfschmuck in einen großen Farbtupfer verwandelt, der sich bei näherem Hinsehen immer noch identifizieren lässt.

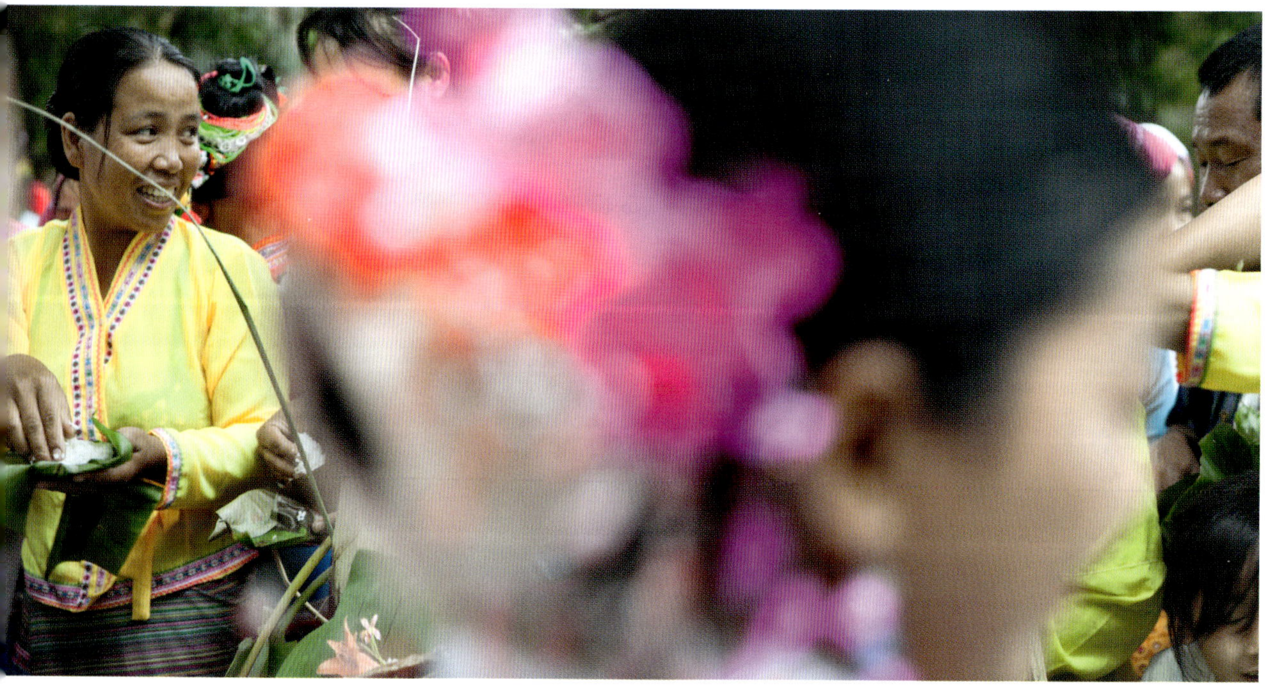

Dieses traditionelle, mit Holzkohle betriebene Bügeleisen habe ich auf den Malediven fotografiert. Schon an und für sich ist es ein sehr interessantes Objekt. Ich wollte jedoch keine Katalogaufnahme erstellen, sondern viel lieber mit dem dichten Dampf experimentieren. Die Kamera richtete ich gegen die Sonne, wodurch die Dampfschwaden attraktiv von hinten durchleuchtet wurden. Am Ende fiel meine Wahl auf das Bild mit der größten Dampfentwicklung.

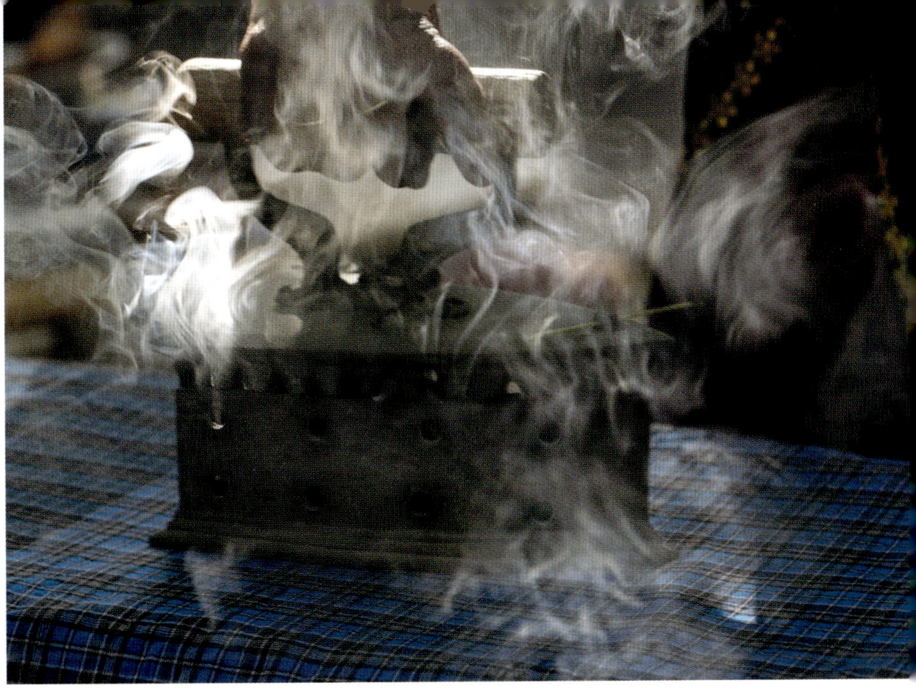

ren kreativen Medien. Diese Herangehensweise birgt gewisse Risiken (die Betrachter könnten bereits nach ein bis zwei Sekunden das Interesse verlieren), doch wenn Sie eine erfolgreiche Aufnahme produzieren, ziehen Sie das Publikum in Ihre fotografische Welt hinein. Sie involvieren die Betrachter und laden sie dazu ein, etwas zu tun. Das Bild eines antiken Bügeleisens ist ein gutes Beispiel. Es gab Momente, wo es klar zu sehen war, doch meist war es von Dampf umhüllt. Welches Bild ist effizienter? Ich würde auf das mit Dampf gefüllte Foto tippen, da es auf den ersten Blick eine Aktion vermittelt und näheres Hinsehen erfordert, um herauszufinden, was für diese Aktion verantwortlich ist.

1 Evans, Harold, *Pictures on a Page*, London: Heinemann, 1978.

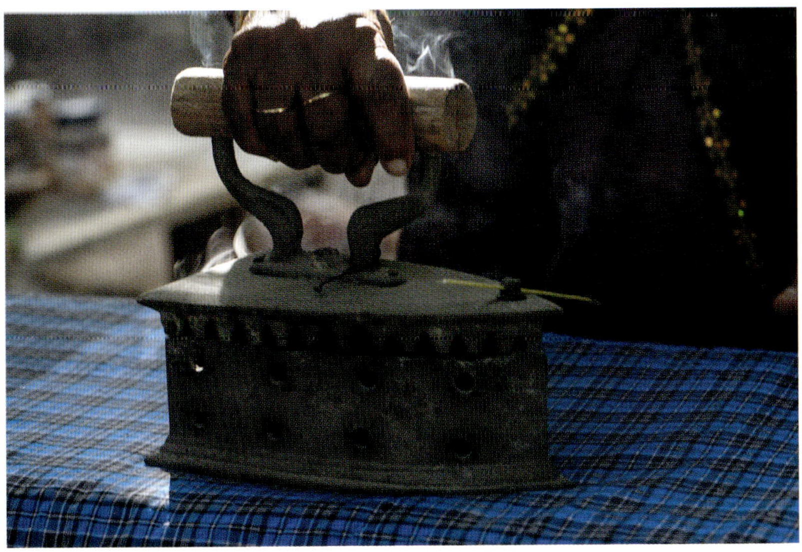

FREIES BILDFORMAT

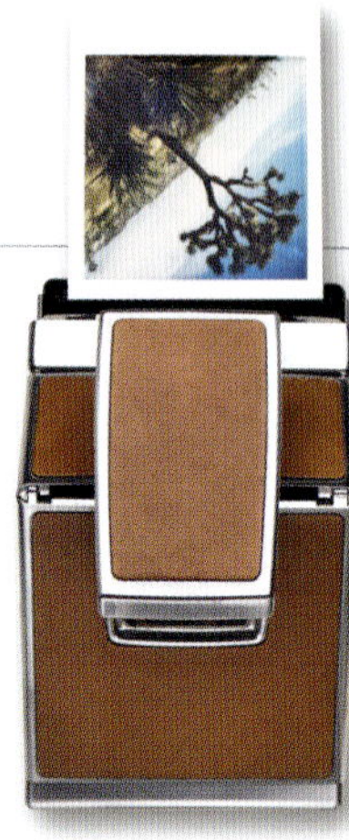

Anders als Maler fühlten sich Fotografen stets der Form des Rahmens verpflichtet, der durch die Film- und Kameraformate vorgegeben wurde, wobei alternative Zuschnitte eher mit Argwohn betrachtet wurden. Mit der Digitalfotografie änderte sich diese Situation fundamental.

Die Polaroid SX-70 hat das quadratische Format hoffähig gemacht. Drehen Sie ein solches Bild um 45°, ergibt sich ein karoförmiger Rahmen, der perfekt zur Aufnahme eines Joshua-Baums in der kalifornischen Wüste passt. Dadurch ergeben sich neue Möglichkeiten zur Präsentation, wie am Textverlauf links zu sehen ist.

Sie haben diverse Seitenverhältnisse – und damit Bildformate – in Kapitel 3 kennengelernt und über verschiedene Methoden gelesen, wie sich Motive innerhalb dieser vorgegebenen Grenzen platzieren lassen. Es kann durchaus befriedigend sein, innerhalb eines definierten Rahmens zu arbeiten, doch die Möglichkeiten, diese Grenzen zu durchbrechen, sind verlockend. So sind per Stitching entstandene Aufnahmen ein echter Game Changer, obwohl gar nicht so oft von dieser Möglichkeit Gebrauch gemacht wird. Das kann sowohl an einer konservativen Einstellung als auch an einem handwerklichen Ideal liegen, das die Beherrschung des von der Kamera vorgegebenen Formats favorisiert.

In jedem Fall sind alternative Formate ein Alleinstellungsmerkmal, das allerdings mit Vorsicht genossen werden sollte. Die Gefahr ist groß, dass abweichende Formate als Gimmick und nicht als ernsthaftes kreatives Element wahrgenommen werden.

Auch in dieser Disziplin gibt es eine Reihe von Vorbildern. So hat Jacques-Henri Lartigue mit sehr schmalen und hohen Formaten experimentiert. In der Malerei hat sich J.M.W. Turner an quadratischen, runden und oktagonalen Rahmen versucht. Die klassische chinesische Malerei hat erweiterte Seitenverhältnisse in Form von gerollten Leinwänden hervorgebracht.

Heutzutage werden die Rahmengrenzen durchs Stitching gesprengt, da Sie bereits während der Aufnahme nach oben, unten, rechts und links ausweichen können. Extrem schmale und hohe Formate werden nur selten genutzt. Einer der Gründe hierfür ist pragmatischer Natur: Wie präsentiert man so ein Bild? In einer Galerie ist genug Platz in alle Richtungen, doch auf einem Bildschirm oder in einem Magazin sind die Platzverhältnisse eingeschränkter.

Das größte Problem mit erweiterten Formaten ist deren Berechtigung – das Motiv muss die ausgefallene Form rechtfertigen. Breite oder hohe Bilder können nicht auf einen Blick erfasst werden, sodass Sie die Betrachter linear durch eine Sequenz führen müssen. Nutzen Sie eine Form, die nicht rechteckig ist – wie das nebenstehende Polaroid – muss die Komposition oder sogar das Motiv mit der gewählten Rahmenform harmonieren.

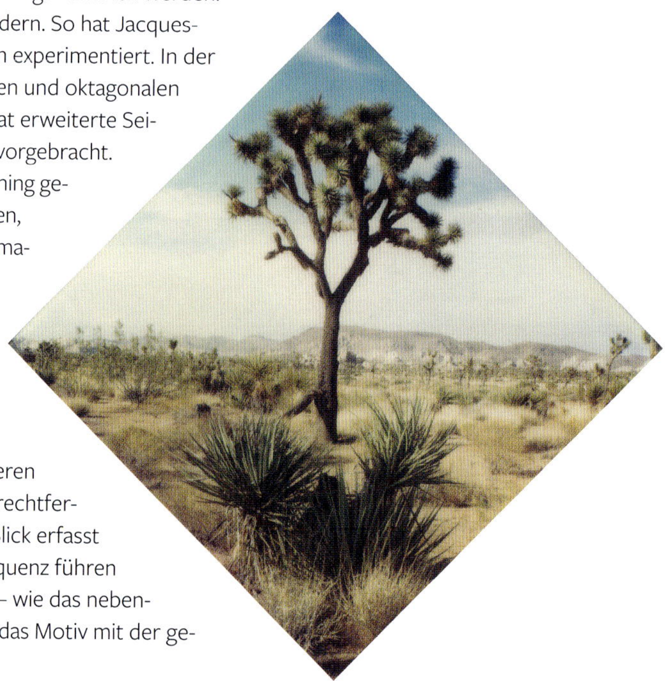

Eine in Schwarzweiß gehaltene Straßenszene in Lijiang, China. Die Aufnahme entstand mit einem 500-mm-Objektiv von einer Anhöhe herab, sodass die charakteristischen Dächer wie übereinandergestapelt wirken und über der Frau mit dem Korb zu schweben scheinen. Der ungewöhnlich hohe und schmale Ausschnitt unterstreicht die Bildwirkung und ist eine Referenz auf die traditionelle chinesische Landschaftsmalerei auf vertikal orientierten Rollen, die ebenfalls Elemente in gestapelter Form dargestellt hat.

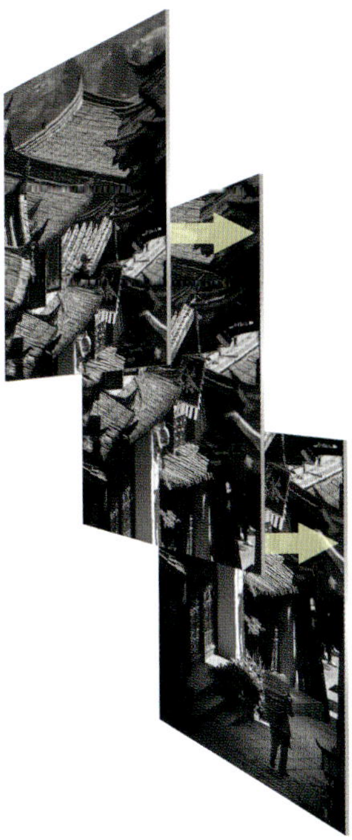

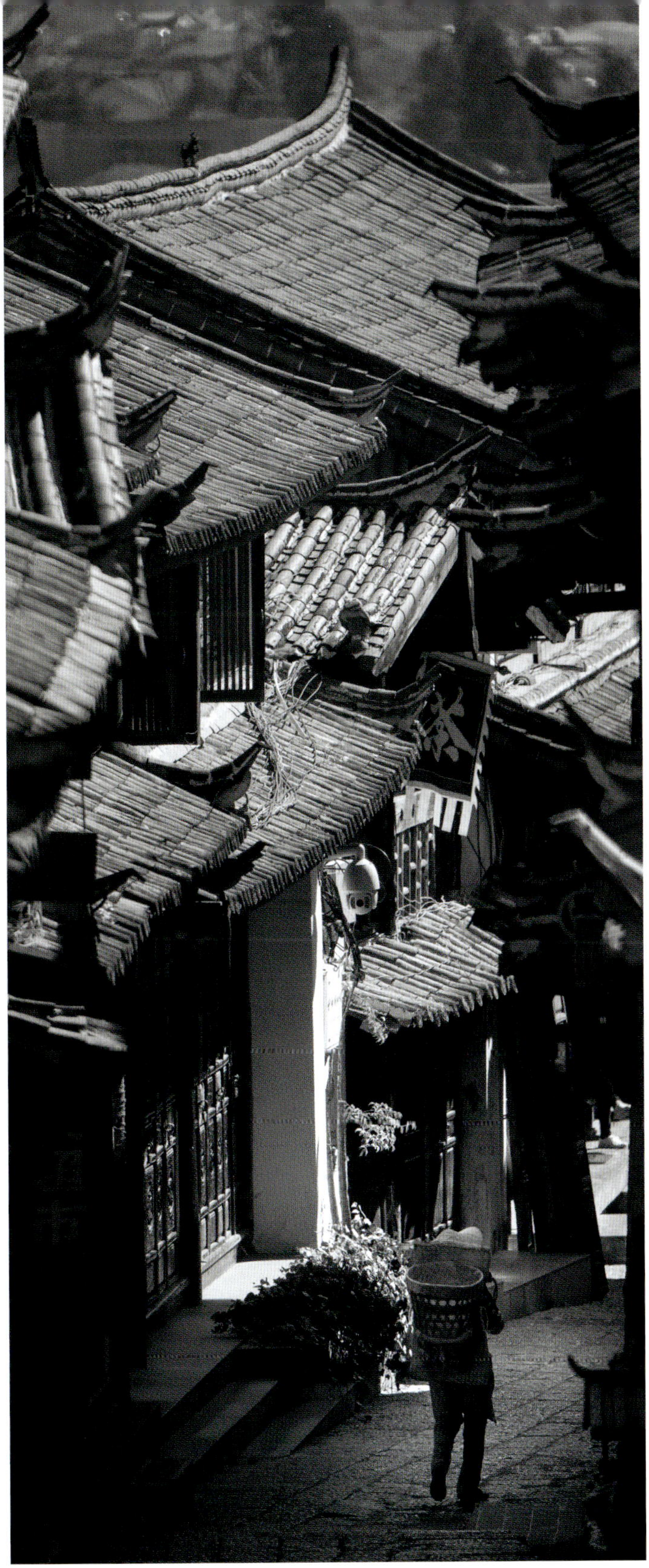

INDEX

INDEX

DANKSAGUNG

Mein besonderer Dank geht an Dr. Jessica Wilson und an das Team von iMotions für das Eye-Tracking.